이중표

전남대학교 철학과를 졸업한 뒤 동국대학교 대학원에서
불교학 석·박사 학위를 취득했다. 이후 전남대학교 철학과
교수로 재직했으며, 정년 후 동 대학교 철학과 명예교수로
위촉됐다. 호남불교문화연구소 소장, 범한철학회 회장, 불
교학연구회 회장을 역임했으며, 현재 불교 신행 단체인
'붓다나라'를 설립하여 포교와 교육에 힘쓰고 있다.
저서로는 『정선 디가 니까야』, 『정선 맛지마 니까야』,
『정선 쌍윳따 니까야』, 『니까야로 읽는 반야심경』,
『니까야로 읽는 금강경』, 『불교란 무엇인가』,
『붓다가 깨달은 연기법』, 『근본불교』 외 여러 책이 있으며,
역서로 『붓다의 연기법과 인공지능』,
『불교와 양자역학』 등이 있다.

한국 불교학의 고전
『아함의 중도체계』
개정증보판

붓다의 철학

Buddha's philosophy

중도, 그 핵심과 사상체계

이중표 지음

붓다의 중도(中道)는 모순된 사유의 초월이다

붓다의 철학

Buddha's philosophy

중도, 그 핵심과 사상체계

이중표 지음

불광출판사

독자에게

필자의 박사학위 논문 「아함의 중도체계 연구」가 1991년 『아함의 중도
체계』라는 책으로 불광출판사에서 출간된 지 27년의 세월이 흘렀습니
다. 그동안 이 책에 관심과 애정을 보내준 독자 여러분께 진심으로 감사
의 마음을 전합니다.

『아함의 중도체계』는 박사학위 논문을 그대로 출판했기 때문에,
진작부터 다시 원고를 보충하고 다듬어서 더 충실한 내용의 책으로 만들
어야겠다는 생각을 했는데, 이제야 그 작업을 마무리하게 되었습니다.

그동안의 초기경전에 대한 연구와 번역을 더하여 증보하였고 제
목도 『붓다의 철학』으로 새롭게 바꾸었습니다. 전체적인 내용에 큰 변화
는 없지만, 독자들이 원문을 참고할 수 있도록 원전의 내용을 많이 수록
하였습니다. 특히 『니까야』의 내용을 많은 부분 보충하였습니다. 부디
독자들이 부처님의 가르침을 바르게 이해하는 데 도움이 되기를 기원합
니다.

게으른 필자를 재촉하여 이 책이 나오도록 애써 준 불광출판사
편집부 여러분에게도 감사드립니다.

2018년 여름
이중표 합장

I

___

현대는 갖가지 종교와 사상이 각기 다른 진리를 주장하며 대립하고 있
는 혼돈의 시대라 할 수 있다. 유물론과 관념론, 과학과 종교, 종교와 종
교, 자본주의와 사회주의, 기성세대와 젊은이, 남자와 여자, 남편과 아
내, 아버지와 아들, 나와 친구의 사고방식이 각기 다르고 가치관, 인생
관, 세계관, 진리관이 각기 다르다. 현대인은 이것을 자유라고 말한다.
사상의 자유인 것이다. 이렇게 사상의 자유를 향유하고 있는 것처럼 보
이는 현대는 진리의 개인주의 시대라고 할 수 있다.

　　진리의 개인주의는 진리의 부재(不在)를 의미한다. 아니 진리에 대
한 회의와 무관심을 의미한다. 현대가 진리의 개인주의에 빠져있는 이유
는 진리 추구의 긴 역사 속에서 진리로 주장된 것이 항상 허위로 드러났
기 때문이라고 생각된다. 서양철학의 역사는 전대(前代)의 진리가 허위임
을 밝히는 역사였다. 수많은 철학자들이 전대의 철학자가 주장한 진리를
진리로 확인하는 것이 아니라 허위임을 확인한 것이다. 이 같은 역사의
반복은 진리란 나름대로 생각하는 것으로 인식하게 하였으며, 현대인의
진리에 대한 회의와 무관심은 근본적으로 여기에 기인한다고 생각된다.

　　그뿐만 아니라 현대는 진리를 필요로 하지 않는 시대인지도 모

른다. 불변의 진리, 누구나 인정하지 않을 수 없는 진리, 누구나 추구하지 않으면 안 되는 진리 등은 애초부터 자유를 구속하는 무가치한 것으로 인식되고 있거나, 어쩌면 존재하지 않는다고 생각되는지도 모르며, 존재한다고 할지라도 우리의 자유로운 삶과는 무관한 것으로 느껴지는지도 모른다. 개인주의를 자유로 생각하는 현대인에게는 어쩌면 진리가 자유의 구속으로 인식되고 있는지도 모르는 것이다.

　　자유는 인류가 갈망하는 최고의 이상이고, 인류는 자유의 실현을 위해 끊임없이 투쟁해 왔으며, 그 투쟁은 지금도 계속되고 있다. 이 같은 자유에 대한 갈망은 자유가 우리의 행복을 보장하리라는 신념에서 비롯된 것이다. 그러나 피나는 투쟁을 통해서 자유를 얻었다고 하는 자유세계에서 현대인은 자유보다는 보이지 않는 더 많은 구속을 느끼며, 즐거움 뒤에는 항상 허무와 갈증을 느낀다. 개인과 개인, 계층과 계층, 사회와 사회, 국가와 국가가 이기적으로 대립하는 가운데 갈등하고 있으며, 갈등을 피하는 길은 무관심으로 이해되는 가운데 개인주의가 팽배해 있다. 진리에 기초하지 않고 추구한 자유는 결코 행복을 보장하는 진정한 자유가 될 수 없음을 자유세계의 실상이 여실히 보여 주고 있는 것이다.

　　자유를 보장하면서도 역사와 시대와 개인을 초월하는 보편타당한 진리는 없을까? 주지하듯이 붓다는 진리를 깨달아 해탈을 성취했으며, 해탈은 문자 그대로 모든 구속에서 벗어나는 자유를 의미한다. 이와 같은 진리의 인식과 자유 실현의 길을 열어 보인 가르침이 불교다. 따라서 불교에서 제시하는 진리와 자유는 인류가 최고의 가치와 이상으로 추구하고 있는 행복을 보장하는 자유, 시대와 지역을 초월하는 불변의 보편타당한 진리, 바로 그것이라 할 수 있다. 붓다가 깨달아 가르친 진리는 후대의 조사(祖師)들에 의해 부정되지 않고 확인되었으며, 그들은 붓다의 가르침을 통해 진정한 자유[解脫]를 성취하였다. 불교는 서양철학의 역사보다 긴 역사를 통해서, 그리고 불교가 전해진 많은 지역에서, 그 내용을 완전하게 이해하지 못한 사람은 있을지언정 불교의 허위를 입증한 사람은 아무도 없었다.

혹자는 불교는 종교이기 때문에 그렇다고 말할지 모른다. 물론 불교는 종교다. 그러나 맹목적인 신앙을 요구하는 종교가 아니라 진리를 이해하고 실천하여, 체험하고 실현하려는 사람들이 심사숙고를 통해 선택한 진리에 대한 신념에 바탕을 둔 종교다. 불교를 믿는 것은 불교가 초월자의 계시나, 초월자에 의해 선택된 자의 가르침이어서가 아니라, 진리를 발견한 붓다가 자신이 발견한 진리를 남김없이 보여 주었기 때문에 그 진리를 받아들이며, 초월자의 구원을 목표로 하는 것이 아니라 붓다의 가르침을 통해 스스로 붓다와 같은 진리의 자증(自證)과 해탈의 성취를 목표로 한다.

불교의 종교성은 초월자에 대한 믿음에 있는 것이 아니라 진리성에 있다. 붓다가 남에게 의지하지 말고 법[眞理]에 의지할 것을 강조하는 까닭이 여기에 있다. 불교는 역사를 통해 시대와 지역을 초월하여 확인되고 실현된 진리임에도 불구하고 과거의 고루한 사상이나 특정한 신념을 가진 사람들의 종교로 인식되는 가운데 현대인들로부터 소외되고 있다. 불교인들도 붓다의 깨달음을 중생이 미치지 못할 요원한 종교적 이상으로 인식하고 있고, 열반의 세계는 현실의 피안(彼岸)으로 믿고 있는 것이 현실이다. 그 이유를 필자는 불교의 본질에 대한 이해의 부족에 있다고 생각한다. 불교는 열반을 현실의 피안에서 구하지 않으며, 붓다가 깨달은 진리는 붓다의 전유물이 아니다. 따라서 불교인은 붓다의 가르침에 의지해 스스로 진리를 발견해야 하며, 그 진리를 실천하여 현실에서 열반을 성취해야 한다. 그리고 불교의 본질을 바르게 이해하여 실천하기 위해서는 붓다의 가르침을 바르게 이해하지 않으면 안 된다.

붓다의 가르침은 빠알리(Pāli)어로 기록된 5부『니까야(Nikāya)』가 남방불교권에 전해지고 있고, 북방불교권에는 4부『아함경(阿含經)』이 전해지고 있다. 그런데『아함경』에 대하여 대승불교권으로 불리는 북방불교권에서는『아함경』은 소승경전으로서, 근기가 낮은 중생을 대상으로 설해진 수준이 낮은 경전으로 인식되어 왔다. 이러한 인식은 자기 종파의 우월성을 드러내기 위해 자신들의 소의경전을 최상의 법문으로 평가하고, 다른 경전은 그 경전을 설하기 위한 예비적 법문으로 평가한 후대의 교상판석(教相判釋)에 기인한다.

　　대승과 소승은 경전에 의해 구별되는 것이 아니라 불교를 수행하는 사람에 의해 구별된다. 대승경전으로 공부한다고 할지라도 그 목적이 일신(一身)의 안락에 있다면 그 사람은 소승이고, 『아함경』으로 공부한다고 할지라도 중생의 구원을 추구한다면 그 사람은 대승이다. 그러므로 경전으로 대승과 소승을 구별하는 것은 대승에 대한 올바른 이해가 아니다. 역사적으로도 대승불교의 발흥은 초기경전에 대한 비판에서 비롯된 것이 아니라 아비달마불교에 대한 비판에서 비롯된 것이다. 대승불교운동은 붓다의 가르침으로 돌아가 아비달마불교에 의해 왜곡된 불교의 본질을 회복하기 위한 것이다. 대승(大乘) 경론(經論)은 붓다의 가르침의 참된 의미를 재천명한 것이다. 그러므로 대승불교의 올바른 이해와 실천을 위해서도 초기경전은 그 기초가 된다.

　　초기경전에는 12입처(十二入處), 18계(十八界), 5온(五蘊), 연기(緣起), 선정(禪定), 4성제(四聖諦) 등 수많은 교리가 설해져 있다. 이들 교리는 언어나 개념을 통한 피상적인 사유로 만들어진 이론이 아니라 붓다가 수행을 통해 자증(自證)한 체험의 내용이다. 붓다는 중도(中道)라는 독자적인 방법으로 철학적 문제를 해결했으며, 초기경전은 붓다의 철학적 방법과 진리인식의 과정, 그리고 그 결과 자각된 연기법과 4성제라는 사상체계를 충실하게 전해 주고 있다.

8정도(八正道)나 9차제정(九次第定)과 같은 실천행으로서의 중도행과 사상체계로서의 연기법이나 4성제를 분리해서 이해하면 사상체계는 공허하고 관념적인 것이 되고, 실천행은 애매하고 환상적인 것이 된다. 그렇지만 이들을 하나의 체계 속에서 이해하면 연기법이나 4성제는 8정도와 같은 실천행을 통해 자각되는 명증적(明證的) 진리로 자증(自證)되고, 8정도나 9차제정은 연기법과 같은 진리를 인식하여 진정한 가치를 실현하는 구체적이고 현실적인 방법이 된다.

이 책에서는 이상과 같은 시각에서 초기경전의 교리들을 철학적으로 이해하고자 한다. 불교가 과거의 고루한 사상으로 소외되지 않고, 현대 속에서 현대철학의 제 문제를 해결하는 가장 현실적이고 능동적인 사상으로 되살아나, 현대인을 구원하는 현대사상의 구심점이 되기 위해서는 불교가 철학적으로 해석되어야 한다고 생각한다.

혹자는 불교가 어떻게 철학의 제 문제와 함께 다루어질 수 있느냐고 의문을 제기할지도 모른다. 필자는 이 책에서 그 의문을 해소할 것이다. 철학에서 추구하는 인식의 문제, 존재의 문제, 가치의 문제가 붓다의 가르침 속에서 빠짐없이 논의되고 있으며, 그 답을 명쾌하게 제시하고 있음을 철학적으로 해석하여 입증하고, 아울러 불교를 현대적인 의미로 해석하려는 것이 이 책의 목표다.

||

과연 붓다가 서양철학에서 철학의 중심 문제로 생각해왔던 인식의 문제, 존재의 문제, 가치의 문제를 분명하게 구분하여 다루었을까? 불교에 확실한 인식론과 존재론과 가치론이 있는가? 오히려 붓다는 철학적 사변을 멀리하고 실천을 중요하게 여기지 않았는가? 이와 같은 반문에 대하여 필자는 이러한 반론의 근원이 되는 붓다의 침묵[無記]에서 오히려 붓다의 철학적 입장과 체계를 밝혀낼 것이다.

주지하는 바와 같이 무기(無記; avyākata)는 당시에 거론되던 철학적 문제에 대한 붓다의 침묵을 의미한다. 세계의 시간적, 공간적 한계성에 관한 문제, 육체와 영혼의 동일성 여부, 자아의 존재 여부 등에 대하여 택일적인 판단을 요구받았을 때, 붓다는 판단을 거부한다. 그리고 이런 문제를 거론하는 것은 사견이라고 배척한다. 붓다의 침묵에 대하여 당시의 사상계에서는 "사문 구담(瞿曇)의 지혜는 빈 집[空舍]과 같아서 대중들 가운데서 이 문제에 대하여 옳고 그름을 논의하지 못한다. 이것은 마치 눈 먼 소가 밭 가운데에 들어가지 못하고 밭두둑만 다니는 것과 같다."고 비난했다. 이와 같은 비난에 대하여 붓다는 "외도들이 이 문제의 시비를 논하는 것은 성법률(聖法律, 불교)의 측면에서 본다면 아이들

말장난[小兒戱]과 같은 것이다."라고 평가한다. 붓다는 이들 문제에 대해 논의하는 것 자체를 사견(邪見)으로 규정하고 철저하게 배척했다.

　이러한 붓다의 침묵은 철학 내지 형이상학에 대한 소극적이고 부정적인 태도로 이해되고 있는데, 이것은 올바른 이해가 아니다. 붓다의 침묵은 철학에 대한 배척을 의미하는 것이 아니라 잘못된 철학적 논의를 배척하고 진정한 철학적 방법을 드러내기 위한 것이다. 붓다는 이들 문제에 침묵하는 데 그치지 않고 이들이 문제되고 있는 원인이 어디에 있는지를 지적하고 있다. 그리고 어떻게 하면 이러한 물음의 무의미성을 자각하여 문제 삼지 않게 될 수 있는지를 소상하게 밝히고 있다. 모든 사견(邪見)은 유무(有無)라는 모순된 개념에서 비롯된 것이기 때문에 자신은 모순대립하는 입장을 모두 버리고 중도의 입장에서 철학하며, 그 결과 드러난 진리가 연기법이라는 것이다. 그리고 모든 사견을 멸하기 위해서는 4념처(四念處)를 수행해야 하며, 그렇게 함으로써 해탈을 얻게 된다고 가르치고 있다.

　뿐만 아니라 모순된 명제 가운데서 택일적으로 진리를 판단하려는 것은 진리에 대한 인식에 도움이 되지도 못하고, 존재의 실상에 대한 깨달음에도 도움이 되지 못하며, 행복을 추구하는 데에도 도움이 되지 못하는 무의미한 것이라고 비판하고, 자신은 이 같은 무의미한 문제 가운데서 진리를 판단하지 않고 진리의 인식, 존재의 실상에 대한 깨달음,

행복의 추구에 도움이 되는 4성제(四聖諦)라는 진리를 한결같이 설한다고 주장한다. 붓다가 배척하고 있는 것은 무의미하고 부당한 인식론, 존재론, 가치론이며 4성제는 보편타당하고 의미 있는 인식론, 존재론, 가치론이라는 것이다.

이렇게 모순된 명제를 떠나 철학하는 방법이 중도(中道)인데, 그렇다고 해서 모순의 해결을 포기한 것이 중도는 아니다. 붓다는 모순된 생각의 근원을 알아 이를 끊었으며, 이것이 중도이다. 중도에서 보면 모든 모순은 착각이며 환상이다. 이와 같이 붓다의 침묵은 사견(邪見)을 파기(破棄)하고 중도(中道)를 드러낸 것이다. 붓다는 침묵에 그치지 않고 철학의 모든 영역을 충족시키는 4성제라는 철학체계가 있음을 천명하고 있다. 붓다의 침묵은 중도라는 철학적 입장에서 취해진 것이며, 붓다의 철학을 우리는 중도철학이라고 할 수 있다.

III

이 책에서 인용한 초기경전은 『대정신수대장경』의 아함부(阿含部)와 영국의 팔리성전협회(The Pali Text Society : P.T.S)에서 간행한 로마자판 5부 『니까야』이다.

이 책에서 사용된 약자는 다음과 같다.

대정장 - 大正新修大藏經

D.N. - Dīgha Nikāya

M.N. - Majjhima Nikāya

S.N. - Saṃyutta Nikāya

A.N. - Aṅguttara Nikāya

sk. - sanskrit

제 1 장

중도(中道)

제 2 장

인식론

제 3 장

존재론

중도(中道)

불교의 사상적 특징을 한 마디로 표현한다면 그것은 중도(中道)이다. 일반적으로 중도사상은 대승불교사상이고, 그 기원이 초기불교시대에 있다고 보지만, 사실은 붓다의 사상적 특징이 중도이며, 중도사상은 초기불교와 대승불교를 관통하는 불교의 핵심사상이다.

중도는 초기불교경전인 『아함경』과 『니까야』에 크게 두 가지 형태로 나타나는데, 하나는 8정도(八正道)로 대변되는 실천 수행으로서 중도(中道)이고, 다른 하나는 12연기(十二緣起)로 대변되는 철학체계로서의 중도이다. 이와 같이 붓다의 중도사상은 이론과 실천이라는 두 가지 측면의 중도가 하나의 사상체계를 형성하고 있다.

본 장에서는 붓다의 중도사상을 구체적으로 고찰하기에 앞서 당시의 철학적 관심사에 대한 붓다의 침묵, 즉 무기(無記)의 의미를 밝히고, 다음으로 붓다의 침묵에 대한 현대 학자들의 잘못된 이해를 비판한 후에 붓다의 사상적 특징인 중도사상이 당시의 외도사상과 어떤 차이가 있는가를 살펴볼 것이다. 그리고 마지막으로 붓다의 중도사상이 개별적으로는 어떤 의미를 지니고 있고, 전체적으로는 어떻게 하나의 체계를 이루고 있는지를 살펴볼 것이다.

I. 붓다의 침묵

1. 기존의 해석

붓다는 제법(諸法)의 무상(無常)을 설하면서도 '세계는 영원한가, 무상한가?'라는 질문에 대해서는 침묵하고, 무아(無我)를 설하면서도 자아의 유무(有無)에 대한 물음에 대해서는 대답하지 않는다.[01] 생사에서의 해탈을 설하면서도 여래의 사후에 대한 질문에는 답하지 않고,[02] 업보(業報)를 설하면서도 업(業)을 지어 받는 괴로움이 자작(自作)인가 타작(他作)인가를 물으면 침묵한다.[03] 이와 같은 붓다의 침묵을 우리는 어떻게 이해해야 할까? 당시의 제자들까지도 이와 같은 붓다의 태도에 대하여 당황해하고 의심하고 있었음을 『중아함경(中阿含經)』의 「전유경(箭喩經)」[04]과 M.N. 63. Cūḷamāluṅkya-sutta는 다음과 같이 전하고 있다.

한때 세존께서는 싸왓티의 제따와나 아나타삔디까 승원(僧園)

••••••••••••••••

01_ 云何 瞿曇 爲有我耶 爾時 世尊默然不答(『잡아함경(961)』, 대정장 2, p.245b).

02_ 云何 舍利弗 如來有後生死耶 舍利弗言諸外道 世尊說言 此是無記 又問 云何 舍利弗 如來無後生死耶 舍利弗答言諸外道 世尊說言 此是無記 又問舍利弗 如來有後生死 無後生死耶 舍利弗答言 世尊說言 此是無記 又問舍利弗 如來非有後生死 非無後生死耶 舍利弗答言諸外道 世尊說言 此是無記(『잡아함경(905)』, 대정장 2, p.226ab).

03_ 阿支羅迦葉白佛言 云何 瞿曇 苦自作耶 佛告迦葉 苦自作者 此是無記 迦葉復問 云何 瞿曇 苦他作耶 佛告迦葉 苦他作者 此亦無記 迦葉復問 云何 瞿曇 苦自他作耶 佛告迦葉 苦自他作 此亦無記 迦葉復問 云何 瞿曇 苦非自非他無因作耶 佛告迦葉 苦非自非他 此亦無記(『잡아함경(303)』, p.86a).

04_ 대정장 1, pp.804a-805c 참조.

에 머무시었습니다. 그때 말룽꺄뿟따(Māluṅkyaputta) 존자는 홀로 좌선(坐禪)을 하다가 이런 생각을 일으켰습니다.

"세존께서는 '세계는 상주(常住)한다.'라거나, '세계는 상주하지 않는다.'라거나, '세계는 끝이 있다.'라거나, '세계는 끝이 없다.'라거나, '생명과 육신은 같은 것이다.'라거나, '생명과 육신은 서로 다른 것이다.'라거나, '여래는 사후(死後)에 존재한다.'라거나, '여래는 사후에 존재하지 않는다.'라거나, '여래는 사후에 존재하기도 하고, 존재하지 않기도 한다.'라거나, '여래는 사후에 존재하지도 않고, 존재하지 않지도 않는다.'라는[05] 그러한 사변(思辨)으로 도달한 견해[06]들에 대하여 확언(確言)하지 않고, 내팽개치고, 배척하셨다.[07] 세존께서는 그러한 사변으로 도달한 견해들에 대하여 나에게 확언하지 않으시는데,[08] 나는 이것이 마음에 들지 않고, 이것을 용인할 수가 없다. 나는 세존을 찾아가서 이 문제에 대하여 물어보아야겠다. 만약 세존께서 나에게 이 문제에 대하여 확언을 해 주신다면, 나는 세존 밑에서 청정한 수행[梵行]을 실천하겠다. 그러나 나에게 확언을 해 주시지 않는다면, 나는 공부를 포기하고 환속하겠다."

• • • • • • • • • • • • • • • • •

05_ 'sassato loko iti pi, asassatto loko iti pi, antavā loko iti pi, anantavā loko iti pi, taṁ jīvaṁ taṁ sarīraṁ iti pi, aññaṁ jīvaṁ aññaṁ sarīraṁ iti pi, hoti tathāgato param－maraṇā iti pi, na hoti tathāgato param－maraṅā iti pi, hoti ca na ca hoti tathāgato param－maraṇā iti pi, n'eva hoti na na hoti tathāgato param － maraṇā iti pi'의 필자 번역.

06_ 'diṭṭhigata'의 필자 번역. 'diṭṭhi'는 '견해'를 의미하고, 'gata'는 '도달한'의 의미이다. '思辨을 통해 결론에 도달한 견해'를 의미한다.

07_ 'yān' imāni diṭṭhigatāni Bhagavatā abyākatāni ṭhapitāni paṭikkhittāni'의 필자 번역.

08_ 'tāni me Bhagavā na byākaroti'의 필자 번역.

말룽꺄뿟따 존자는 저녁에 좌선(坐禪)에서 일어나 세존을 찾아가서 세존께 예배하고 한쪽에 앉았습니다. 말룽꺄뿟따 존자는 한쪽에 앉아서 홀로 좌선을 하다가 일으킨 생각을 세존께 말씀드린 후에 다음과 같이 말했습니다.

"세존이시여, 만약에 세존께서 '세계는 상주한다.'라고 알고 계신다면, 저에게 '세계는 상주한다.'라고 확언해 주십시오. 만약에 세존께서 '세계는 상주하지 않는다.'라고 알고 계신다면, 저에게 '세계는 상주하지 않는다.'라고 확언해 주십시오. 만약에 세존께서 세계가 상주하는지 상주하지 않는지 몰라서, 알지 못하고 있고 보지 못하고 있다면, '나는 알지 못한다. 나는 보지 못한다.'라고 말씀하시는 것이 솔직하지 않겠습니까? 〈중략〉 만약에 세존께서 여래는 사후(死後)에 존재하는지, 존재하지 않는지, 존재하기도 하고 존재하지 않기도 하는지, 존재하지도 않고 존재하지 않지도 않는지 몰라서, 알지 못하고 있고, 보지 못하고 있다면, '나는 알지 못한다. 나는 보지 못한다.'라고 하는 것이 솔직하지 않겠습니까?"[09]

이 문제는 후대의 여러 논사들에게도 커다란 관심사였다. 여러 논사 가운데 가장 큰 관심을 보인 사람은 용수(龍樹, Nāgārjuna, 150~250 A.D.)이다. 그는 『중론(中論)』의 귀경게(歸敬偈)에서 '붓다는 연기법(緣起法)을

• • • • • • • • • • • • • •
09_ 이중표 역해, 『정선 맛지마 니까야(상)』(광주: 전남대학교출판부, 2016), pp.447~449.

설하여 희론(戲論)을 적멸(寂滅)했다.'[10]라고 하면서, 『중론』의 결론이라 할 수 있는 「관사견품(觀邪見品)」에서는 세계의 상(常), 무상(無常) 등을 문제 삼는 것이 곧 붓다가 끊어 없애고자 했던 사견(邪見)이라고 밝히고 있다.[11] 용수는 붓다의 침묵을 희론을 적멸하기 위한 것으로 이해하고 있고, 그 사상적 근거는 연기법이라고 보고 있다.

다른 논사들도 비슷한 이해를 하고 있다. 무착(無着, Asaṅga, 310-390 A.D.)은 『현양성교론(顯揚聖敎論)』 「섭정의품(攝淨義品)」에서 이 문제를 자세히 논하고 있는데, 그도 역시 이들 문제에 대한 논의 자체가 도리에 맞지 않는 희론이라고 말하고 있으며,[12] 「성현관품(成現觀品)」에서는 이들 논의는 유무가 모순대립하는 희론으로서, 법(法)과 법공(法空)에는 이 같은 희론이 없기 때문에 이들 논의에 대하여 어떤 판단도 하지 않는다고 하고 있다.[13] 안혜(安慧, Sthiramati, 470-550 A.D.)도 그의 『대승아비달마잡집론(大乘阿毘達磨雜集論)』에서 붓다가 침묵한 이유에 대하여 그 문제들이 이치에 맞지 않기 때문이라고 설명하고 있다.[14]

중국의 종사(宗師)들도 이 문제에 대하여 언급하고 있다. 천태종(天台宗)의 개조 지의(智顗, 538-597)는 『유마경현소(維摩經玄疏)』에서 '이들 문제에 대하여 외도들은 저마다 자신들의 견해가 진실이라고 주장하지만 이것은 실상(實相)이 아니며, 생사에 유전하는 행업(行業)을 짓

• • • • • • • • • • • • • • •

10_ 能說是因緣 善滅諸戲論(대정장 30, p.1b).

11_ 一切法空故 世間常等見何處於何時 誰起是諸見 瞿曇大聖主 憐愍說是法 悉斷一切見(대정장 30, p.39b).

12_ 대정장 31, pp.526a~530c 참조.

13_ 法與法空 俱無二種戲論 故名無分別 云何爲二 謂有及無(대정장 31, p.563b).

14_ 何故建立諸無記事 由彼所問 不如理故(대정장 31, p.763b).

는 희론으로서 이와 같은 희론은 혜안(慧眼)을 파괴하여 진실을 볼 수 없게 한다.'15라고 이야기한다. 화엄종의 징관(澄觀, ?-839)은 『화엄경소(華嚴經疏)』에서 이들 문제에 답하지 않은 이유는 이들이 무의미한 말이기 때문이라고 설명하고 있으며,16 삼론종(三論宗)의 길장(吉藏, 549-623)은 『법화의소(法華義疏)』에서 이들 문제를 논의하는 것은 허망법(虛妄法)을 심착(深着)함으로써 나타난 변견(邊見)이라고 주장한다.17 법상종(法相宗)의 규기(窺基, 632-682)는 『묘법연화경현찬(妙法蓮華經玄贊)』에서 붓다가 이들 문제에 답하지 않은 이유는 본질[理]에 있어서나 현상[事]에 있어서나 이들 문제가 추구하는 체성(體性)이 본래 없기 때문이라고 이야기한다.18

이와 같이 고래의 논사와 종사들은 붓다의 침묵을 한결같이 무의미한 희론의 파기로 이해하고 있음에 반하여, 현대의 불교학자들은 각기 다른 해석을 하고 있다.

1) 소극적인 해석

붓다의 침묵에 대한 가장 일반적인 해석은 '붓다는 현실의 고통에서 중생들을 벗어나게 하려는 실천적인 목적을 가지고 있었기 때문에 세계가 영원한 것인가 무상한 것인가 하는 것과 같은 실천과 무관한 형이상

• • • • • • • • • • • • • •

15_ 外道多起身邊邪見 … 如是墮十四難 生六十二見 … 以其各各因見 起諸煩惱 作種種行業 流轉生死 … 皆是屬見戲論 戲論破慧眼 不見於眞實(대정장 38, p.555b).

16_ 所以不答者何 謂此乃無義語也 … 所以不答十四難者 此事無實故(대정장 35, p.677c).

17_ 六十二見屬邊見也 深著虛妄法者 … 虛妄法者謂諸見也(대정장 34, p.503bc).

18_ 體性有者可記 無者不可記 如十四不可記 理事本無故不可記(대정장 34, p.787a).

학적인 문제를 근본적으로 배척했다.'는 것이다.[19] 이들 견해의 전거는 M.N. 63. Cūḷamāluṅkya-sutta와 이에 상응하는 『중아함경』의 「전유경(箭喩經)」인데, 이 경에서 붓다는 세계의 상(常), 무상(無常) 등의 문제에 대하여 확답을 요구하는 말룽꺄뿟따(Māluṅkyaputta)라는 제자에게 다음과 같은 비유를 설한다.

> 말룽꺄뿟따여, 어떤 사람이 독화살을 맞았는데, 그에게 그의 친구와 친척들이 화살 뽑는 의사를 불러왔다고 하자. 그가 "나에게 화살을 쏜 사람이 크샤트리아인지, 바라문인지, 바이샤인지, 수드라인지를 내가 알 때까지 나는 화살을 뽑지 않겠다."라고 말한다고 하자. 그가 "나에게 화살을 쏜 사람의 이름은 무엇이고, 성은 무엇인지를 내가 알 때까지 나는 화살을 뽑지 않겠다."라고 말한다고 하자. 그가 "나에게 화살을 쏜 사람이 키가 큰지, 작은지, 중간인지를 내가 알 때까지 나는 화살을 뽑지 않겠다."라고 말한다고 하자. 그가 "나에게 화살을 쏜 사람이 검은색 피부인지, 갈색 피부인지, 황금색 피부인지를 내가 알 때까지 나는 화살을 뽑지 않겠다."라고 말한다고 하자. 그가 "나에게 화살을 쏜 사람이 어떤 마을이나 동네나 도시에 사는지를 내가 알 때까지 나는 화살을 뽑지 않겠다."라고 말한다고 하자. 그가 "나를 쏜 활과 활시위와 화살과 화살의 깃털 등에

• • • • • • • • • • • • • • • •

19_ 水野弘元, 『原始佛教』(京都: 平樂寺書店, 1956), pp.100-102, 木村泰賢, 『原始佛教思想論』(東京: 大法輪閣, 昭和 43), pp.84-87 참조.

대하여 그것이 어떤 것으로 만들어진 것인지를 내가 알 때까지 나는 화살을 뽑지 않겠다."라고 말한다고 하자. 말룽꺄뿟따여, 그 사람은 그것에 대하여 알기 전에 죽을 것이다. 말룽꺄뿟따여, 이와 마찬가지로, '세존께서 나에게 세계는 상주하는지, 상주하지 않는지, 〈중략〉 여래는 사후(死後)에 존재하는지, 존재하지 않는지, 존재하기도 하고, 존재하지 않기도 하는지, 존재하지도 않고, 존재하지 않지도 않는지에 대하여 확언을 해 주지 않는다면, 나는 세존 밑에서 청정한 수행[梵行]을 하지 않겠다.'라고 말하는 사람은, 말룽꺄뿟따여, 그 사람은 여래가 그에게 확언을 해 주기 전에 죽을 것이다.[20]

이 비유를 통해서 붓다의 침묵을 현실성과 실천성을 강조한 것으로 이해하는 것을 부당하다고 할 수는 없다. 그러나 철학적 사색이나 형이상학을 배척했다는 주장은 속단이다. 왜냐하면 모든 철학과 형이상학이 현실성이나 실천성과 무관한 것은 아니기 때문이다. 오히려 대부분의 철학과 형이상학은 현실적인 실천의 이론적 토대이며, 특히 인도철학은 생사의 괴로움을 벗어나 해탈하는 데 그 목적이 있다는 것은[21] 주지의 사실이다. 붓다의 침묵을 형이상학에 대한 배척으로 이해한 것은 「전유경」의 독화살을 생사라는 인간의 현실적인 괴로움의 비유로 이해했기 때문이다. 따라서 독화살을 뽑을 수 없다는 사람은 현실의 괴로움을 문

• • • • • • • • • • • • •
20_ 이중표 역해, 『정선 맛지마 니까야(상)』, pp.449-450. 대정장 1, pp.804c-805b 참조.
21_ 원의범, 『인도철학사상』(서울: 집문당, 1977), p.17.

제 삼지 않고 지적 호기심에서 철학적 사색이나 형이상학적 문제에 집착하는 사람을 의미한다고 이해한 것이다.

그러나 독화살을 뽑기를 거부하는 사람은 단순한 지적 호기심에서 독화살에 대하여 알고자 하는 것이 아니다. 그는 괴로움의 원인이 독화살이라고 생각하고 있기 때문에 그 원인을 알면 괴로움에서 벗어날 수 있으리라는 생각에서 독화살을 문제 삼고 있는 것이다. 그러나 괴로움의 원인은 화살이라는 '존재(存在)'가 아니라 화살이 꽂혀 있는 '상황(狀況)'이다. 따라서 화살의 존재를 문제 삼지 말고 꽂혀 있는 화살을 뽑으라는 붓다의 충고는 현실의 괴로움에서 벗어나기 위해 우리가 추구해야 할 올바른 철학의 방법에 대한 충고이지 철학의 배척은 아니다.

뿐만 아니라 독화살은 인간의 현실적인 괴로움에 대한 비유가 아니라 사견(邪見)에 대한 비유이다. 독화살은 세계의 상(常), 무상(無常) 등과 같이 모순된 명제 가운데 어느 하나가 진리이고 다른 것은 허위라고 생각하고 있는 사견을 의미한다.[22] 중생들은 독화살을 맞아 죽어가는 사람과 같이 사견에 빠져서 생사의 현실의 괴로움을 느끼고 있다. 붓다는 생사라는 인간의 괴로운 현실이 독화살과 같은 어떤 존재에서 비롯된 것이 아니라, 독화살에 맞은 것처럼 사견에 빠져 있는 상황에서 비롯된 것으로 보고 있다. 따라서 화살을 뽑듯이 사견을 버리는 것이 생사에서 벗어나는 바른길[中道]이며, 진정한 철학이라고 보고 있다. 그러므로 「전유경」의 비유를 철학적 사색에 대한 배척이나 무관심으로 이해하

22_ 실제로 독화살은 戱論에 대한 비유로 설해진다.
所有戱論 皆悉是病 如癰 猶如毒箭(『起世經』「鬪戰品」, 대정장 1, p.350a).

기보다는 잘못된 철학적 태도를 비판하고 진정한 철학의 방법을 제시한 것으로 이해해야 한다.

한편 형이상학적 문제가 우리의 인식이나 경험의 영역을 벗어나 있기 때문에 붓다는 이를 배척했다고 보는 견해가 있다.[23] 이 같은 견해는 붓다의 침묵을 회의론(懷疑論)이나 불가지론(不可知論)의 표현으로 이해한 것인데, 붓다는 M.N. 74. Dīghanakha-sutta에서 당시의 회의론자와 다음과 같은 대화를 나누고 있다.

편력수행자 디가나카(Dīghanakha)는 한쪽에 앉아서 세존께 말씀드렸습니다.

"고따마 존자여, 나는 '모든 것을 인정하지 않는다.'는 견해를 주장하는 사람입니다."

"악기웨싸나(Aggivessana)여, 그대는 '모든 것을 인정하지 않는다.'라고 하는 그대의 견해도 인정하지 않겠군요?"

"고따마 존자여, 만약에 제가 이 견해를 인정한다면, 참으로 그것도 또한 그렇게 되는군요! 참으로 그것도 또한 그렇게 되는군요!"[24]

"악기웨싸나여, 세상 대부분의 사람들은 '참으로 그것도 또한 그렇게 되는구나! 참으로 그것도 또한 그렇게 되는구나!'라고 하면서도, 그것을 버리지 않을뿐더러 다른 견해를 취한다오.

• • • • • • • • • • • • • •

23_ 水野弘元, 앞의 책, pp.99-100 참조.

24_ 자신의 주장도 부정할 수밖에 없는 모순에 빠지게 된다는 의미이다.

악기웨싸나여, '참으로 그것도 또한 그렇게 되는구나! 참으로 그것도 또한 그렇게 되는구나!'라고 하면서, 그것을 버리고 다른 견해도 취하지 않는 사람은 세상에 많지 않다오."[25]

이 경에서 붓다는 불가지론 자체가 모순된 것임을 지적하고 있다. 이와 같이 불가지론과 회의론의 모순을 알고 있는 붓다가 불가지론의 입장에서 침묵했다고 보는 견해는 납득하기 어렵다.

　　　　독일의 불교학자 올덴베르그(H. Oldenberg)는 이들 문제는 대답되어서도 안 되고, 대답될 수도 없는 것이라고 주장하면서, 자아(自我)의 문제에 대한 붓다의 침묵에 대해 "자아가 존재하는가, 존재하지 않는가 하는 물음을 회피함으로써 불교가 지향하는 바의 대답이 주어지고 있다. 불교의 대답은 자아는 없다는 것이며, 이와 상응하는 것으로서 … 열반은 모든 것이 멸해 버린 허무한 상태라는 것이다."라고 해석하고 있다.[26] 이것은 불교를 허무주의로 이해한 것이다. 불교가 허무주의라는 오해는 당시에도 있었다. 그러나 붓다의 제자들은 결코 허무주의로 생각하고 있지 않았음을 『잡아함경(966)』은 다음과 같이 보여 주고 있다.

"우리는 사문(沙門) 구담(瞿曇)이 중생을 단멸, 파괴한다고 들었는데 그런 가르침이 있는가?"
"나는 그렇게 알고 있지 않다. 세존께서 가르치신 말씀이 중생

∙∙∙∙∙∙∙∙∙∙∙∙∙∙∙∙

25_ 이중표 역해, 『정선 맛지마 니까야(하)』(광주: 전남대학교출판부, 2016), pp.51-52.

26_ T.R.V.Murti, 『The Central Philosophy of Buddhism』(London: Geonge Allen and Unwin Ltd.,1960), p.37 재인용.

을 단멸(斷滅)하고, 파괴하여 아무것도 없게 한다는 것은 있을
수 없는 일이다. 내가 이해한 바로는, 세존께서는 모든 중생들
이 잘못 생각하여 '자아(自我)가 있다'고 한다고 말씀하셨으며,
세존께서는 그 '있다고 잘못 생각하고 있는 자아'를 단멸하라
고 말씀하셨다."[27]

외도뿐만 아니라 당시의 제자 가운데도 불교를 허무주의로 오해한 사람
이 있었다. 『잡아함경(104)』과 이에 상응하는 S.N. 22. 85. Yamaka에서
야마까(Yamaka)라는 비구는 다음과 같이 주장한다.

> 나는 세존께서 가르치신 법을 이렇게 이해하고 있다. 번뇌가
> 멸진한 비구는 죽은 후에 몸이 파괴되어 소멸하고, 사라지고,
> 존재하지 않게 된다.[28]

이 경에서 야마까는 붓다와 동료들의 꾸지람을 듣고 붓다로부터 무아에
대한 설법을 들은 후에 스스로 자신의 생각을 뉘우치고 있다. 이와 같이
붓다는 허무주의를 용납하지 않고 있다. 붓다가 설한 '무아(無我)'는 결
코 자아(自我)의 부정이 아니다. 따라서 자아의 유무에 대한 붓다의 침묵
이 자아는 없다는 결론을 지향하고 있으며, 열반이란 허무한 상태라는

27_ 我聞沙門瞿曇作斷滅破壞有敎授耶 今問尊者富隣尼 竟爲爾不 富隣尼語諸外道出家 我不如是
知世尊敎語衆生斷滅壞有 令無所有者 無有是處 我作如是解 世尊所說有諸衆生 計言有我 我慢
邪慢 世尊爲說 令其斷滅(대정장 2, p.248ab).

28_ S.N. Vol. 3, p.109의 필자 번역.
如我解佛所說法 漏盡阿羅漢身壞命終更無所有(대정장 2, p.30c).

주장은 불교에 대한 커다란 오해이다.

　　붓다의 침묵을 형이상학의 폐기(廢棄)로 이해하면서도 철학 자체의 배척은 아니라고 보는 견해가 있다. 깔루빠하나(D.J.Kalupahana)는 붓다의 침묵을 논리실증주의의 형이상학 비판과 같은 맥락으로 이해하고 있다. 그에 의하면 붓다가 비판한 형이상학은, 첫째, 이들 이론이 경험적 근거가 없이 아프리오리(a priori)한 추론에 근거하고 있으며, 둘째, 형이상학자들은 그가 알고 있는 것에 만족하지 않고 직접적인 인식이 없는 상태에서 미리 인식의 어떤 대상은 무엇과 같아야 한다고 결정하려 했고, 셋째, 형이상학적 진술은 단어의 무의미한 나열로서 문법에는 어긋나지 않지만 의미가 없는 문장이며, 넷째, 이들은 일상 언어 사용의 피상적인 이해에 근거하는 것이기 때문에 붓다는 이와 같은 비판적인 관점에서 침묵했다는 것이다. 그리고 붓다의 침묵은 사유의 변증법적인 사용에 집착하거나 언어적 관습의 한계를 벗어나지 않으면 안 된다는 충고이며, 붓다는 형이상학적인 문제를 피하기 위해 때때로 실용주의나 적절함으로부터 논증을 이끌어내고 있다고 한다.[29]

　　그의 주장과 같이 붓다가 경험적 실증을 중요시했음은 사실이다.[30] 그러나 붓다의 침묵이 실용주의와 마찬가지로 형이상학의 폐기(廢棄)에 목적이 있었다고 보기는 어렵다.『잡아함경(299)』에서 붓다는 자신이 깨달은 연기법에 대하여 다음과 같이 말하고 있다.

．．．．．．．．．．．．．．．．

29_ David J. Kalupahana, 『Buddhist Philosophy』(Honolulu: The University Press of Hawaii, 1976), pp.153-161 참조.

30_ M.N. 95. Caṅki-sutta에서 붓다는 어떤 주장의 진리성은 실제로 시험해 봄으로써 입증되어야 한다고 말한다. (이중표 역해,『정선 맛지마 니까야(하)』, pp.201-205. 참조).

연기법은 내가 만든 것도 아니고, 다른 사람이 만든 것도 아니다. 여래가 세상에 나오건 나오지 않건 법계(法界)는 상주(常住)하며, 여래는 이 법을 자각하고 등정각(等正覺)을 이루어 중생들을 위해 분별하여 연설하고 개발하여 현시(顯示)한다.[31]

주지하듯이 형이상학은 언제나 초월의 계기를 내포한다. 즉, 초경험적 대상을 다룬다. 그런데 붓다가 깨달은 법계가 상주한다는 사실은 결코 경험적으로 인식할 수 있는 것이 아니다. 왜냐하면 우리의 경험은 유한하기 때문에 상주한다는 사실은 인식할 수 없기 때문이다. 따라서 상주하는 법계를 자각하여 그것을 현시한 것이 연기법이라면, 연기법은 일종의 형이상학이다. 붓다의 침묵은 형이상학의 폐기에 목적이 있는 것이 아니라, 그릇된 형이상학에 대한 비판에 목적이 있는 것이다.

2) 적극적인 해석

붓다의 침묵이 형이상학에 대한 무관심이나 불가지론의 표현이 아니라는 견해 가운데 주목되는 것은 중관학(中觀學)을 연구하는 학자들의 견해이다. 씽(Jaideva Singh)은 붓다의 침묵이 용수의 변증법의 근원이 되었으며, 용수는 붓다의 침묵을 심사숙고한 결과 붓다의 침묵은 실체(reality)가 사유를 초월해 있기 때문에 취해진 태도라는 결론에 도달했다고 주장한다.[32] 체르바스키(Th. Stcherbatsky)는 붓다의 침묵은 베단따 학자

• • • • • • • • • • • • • • •

31_ 緣起法者 非我所作 亦非餘人作 然彼如來出世及未出世 法界常住 彼如來自覺此法 成等正覺 爲諸衆生分別演說 開發顯示(대정장 2, p.85b).

32_ Th. Stcherbatsky and Jaideva Singh, 『The conception of Buddhist Nirvana』(Delhi: Motilal Ba-

(Vedantin)들이 그들의 불이적(不二的) 브라마(Brahma)의 초월적 성격을 확신시키고자 할 때 침묵으로 대답한 것과 같은 맥락에 있으며, 절대자(The Absolute)는 말할 수 없고 규정할 수 없기 때문에 취해진 태도라고 보고 있다.[33]

　　이들과 같은 맥락에서 붓다의 침묵을 중관학의 전조(前兆)로 보고, 이를 세심하게 연구한 사람은 무르띠(T.R.V. Murti)다. 그에 의하면, 침묵에 관련된 문제들은 4자택일(四者擇一)의 형식을 보이고 있는데, 이것은 칸트(I.Kant, 1724-1804)의 이율배반이나 중관학의 4구(四句)와 유사점이 있다. 붓다는 이들 문제는 해결할 수 없다고 단정했다. 왜냐하면 이들 모순은 경험의 차원을 초월해 있기 때문에 끝없이 계속될 수밖에 없는데, 붓다는 이 사실을 잘 알고 있었기 때문이다. 붓다는 한 차원 높은 입장으로 올라가 이 문제를 해결했다. 그리하여 변증법이 생겼는데, 붓다는 서구에서 공식화된 그와 비슷한 어떤 변증법보다 훨씬 일찍 변증법을 발견했으며, 매우 높은 철학적 의식에 도달해서 그 문제에 대한 해답을 주었다. 그리고 현상적 언어로는 무제약적인 것을 규정하거나 서술할 수 없는데, 독단론자들은 항상 초월적인 것을 경험적인 것과 혼동했으며, 붓다는 실재(實在, The Real)는 사유를 초월해 있다는 것을 체득하고 있었기 때문에 침묵의 태도를 취했다.[34]

　　그는 이상과 같이 고찰한 다음에 다음과 같이 결론짓고 있다.

• • • • • • • • •
　　narsidass, 1977), Part 1, pp.14-16 참조.
33_ 위의 책, Part 2, pp.24-26 참조.
34_ T.R.V.Murti, 앞의 책, pp.38-41 참조.

그는 당시의 철학적 사색에 정통하고 있었을 뿐만 아니라 그 자신이 훌륭한 형이상학자였다. 그는 예리한 분석으로 이성의 독단적 진행을 초월하여 그것을 폐기하는 위치에 도달했다. 사변적 형이상학에 대한 붓다의 폐기는 의도적이며 지속적이었다. 붓다에게는 비판주의(criticism) 그 자체가 철학이다.[35]

붓다의 침묵을 중관학파와의 관계에서 이해한 무르띠의 해석은 몇 가지 중요한 의미를 밝히고 있다. 붓다의 침묵이 중관학의 기원이 된다는 지적이나, 이성의 독단적 진행을 초월하여 그것을 폐기하는 경지에 도달했음을 보여 준다는 지적은 탁견이라 할 수 있다. 이후의 고찰에서 드러나겠지만 붓다의 중도는 모순된 사유를 초월한 입장이다.[36] 따라서 모순된 명제에 대한 붓다의 침묵은 중도의 입장에서 취해진 태도이기 때문에 중도를 핵심으로 하는 중관사상이 붓다의 침묵과 깊은 연관이 있다는 것은 의심의 여지가 없다.

그러나 붓다의 침묵이 불이론적 베단따(Advaita Vedanta)의 입장과 같이 어떤 궁극적인 실체의 초월적 성격을 표현한 것이라는 주장은 붓다의 무아설(無我說)과 어긋난다. 무르띠의 견해는 중관학 뿐만이 아니라 불교 전체를 크게 왜곡하고 있다. 만약 붓다의 침묵이 베단따와 동일한 입장에서 취해질 것이라면, 불교와 베단따 철학은 궁극적으로 동일한 사상이라고 할 수밖에 없기 때문이다.

• • • • • • • • • • • • • •
35_ 위의 책, p.47.
36_ 中道는 항상 모순, 대립하는 양자를 떠나는 것으로 표현된다.

실제로 무르띠는 중관학, 유식학, 베단따 절대주의(Vedanta Abso-lutism) 사이에는 용어의 차이가 있을 뿐 실질적인 차이는 없다고 주장한다.[37] 그러나 이와 같은 견해는 침묵의 근본 취지를 파악하지 못한 것이다. 붓다는 베단따 학파와 같이 초월적인 문제이기 때문에 침묵한 것이아니라, 사견에서 비롯된 무의미한 문제이기 때문에 침묵했다. 따라서붓다의 침묵이 높은 수준의 철학적 의식에서 취해진 것은 사실이지만,침묵으로 답하는 베단따 철학과 동일한 것은 아니다.

붓다와 용수의 철학을 비판주의로 보는 것도 바른 이해가 아니다. 붓다가 침묵을 통해 무의미한 사견을 의도적이고 지속적으로 파기한 것은 사실이다. 그렇지만 붓다는 사견의 파기에 그치지 않고 중도라는 철학적 입장에서 연기법이라는 진리를 설하고 있다. 붓다는 침묵을통한 비판 그 자체를 자신의 철학으로 생각한 것이 아니라, 연기설을 자신의 철학으로 삼고 있는 것이다. 따라서 붓다가 침묵했다는 사실만으로 붓다의 철학을 비판주의나 변증법이라고 보는 견해는 불교에 대한이해의 부족이라 하지 않을 수 없다. 그리고 용수의『중론』이 붓다의 침묵과 깊은 관계를 가지고 있는 것은 사실이지만, 귀경게(歸敬偈)에서 밝히고 있듯이, 용수는 사견의 파기가 연기법을 근거로 이루어진 것임을잘 알고 있었다. 따라서 용수의『중론』은 중도와 연기법의 진리성을 천명하려는 의도에서 이루어진 것이지 변증법적 체계를 수립하려는 의도에서 이루어진 것이 아니다. 그러므로 중관학을 비판주의나 변증법적 철학으로 이해하는 것도 바른 이해라 할 수 없다.

· · · · · · · · · · · · · · · ·
[37]_ 위의 책, p.311 참조.

2. 붓다의 침묵과 관련된 중요 경전

이상과 같이 붓다의 침묵은 현대학자들에 의해서 다양하게 해석되고 있다. 그런데 이들 해석은 붓다가 침묵했다는 사실만을 문제 삼고 있다. 그러나 붓다는 여러 경전에서 침묵의 이유를 다양하게 그리고 매우 자세하게 밝히고 있다. 붓다의 침묵에 대한 해석이 서로 다른 까닭은 이와 같은 붓다의 해명을 간과했기 때문이다. 따라서 단편적인 해석이나 독단적인 이해를 피하기 위해 침묵의 문제가 가장 면밀하게 거론되고 있는 몇 가지 경전을 고찰하여 붓다의 침묵의 의미와 의의를 밝혀보고자 한다.

1) 전유경(箭喩經, Cūlamāluṅkya-sutta)[38]

붓다의 침묵과 관련된 경전 가운데 가장 주목을 받는 경전은 『중아함경』의 「전유경(箭喩經)」과 M.N. 63. Cūlamāluṅkya-sutta이다. 「전유경」은 붓다의 침묵에 대한 말룽꺄뿟따라는 제자의 질문과 이에 대한 붓다의 비유, 그리고 침묵에 대한 붓다의 해명으로 구성되어 있다. 이 경에서 붓다가 침묵한 문제는 다음과 같다.

　　〈세계의 시간적 한계에 관한 문제〉
　　① 세간은 상주하는가? (sassato loko, 世有常)
　　② 세간은 상주하지 않는가? (asassatto loko, 世無有常)

　　〈세계의 공간적 한계에 관한 문제〉

．．．．．．．．．．．．．
38_ 대정장 1, pp.804a-805c. M.N. Vol. 1, pp.426-432.

③ 세간은 끝이 있는가? (antavā loko, 世有底)

④ 세간은 끝이 없는가? (anantavā loko, 世無底)

〈생명과 육신의 문제〉

⑤ 생명은 육신과 같은 것인가? (taṁ jīvaṁ taṁ sarīraṁ, 命則是身)

⑥ 생명은 육신과 다른 것인가? (aññaṁ jīvaṁ aññaṁ sarīraṁ, 命
異身異)

〈여래(如來)의 사후(死後)에 관한 문제〉

⑦ 여래는 사후에 존재하는가? (hoti tathāgato param maraṇā, 如
來不終)

⑧ 여래는 사후에 존재하지 않는가? (na hoti tathāgato param
maraṅā, 如來終)

⑨ 여래는 사후에 존재하기도 하고, 존재하지 않기도 하는가?
(hoti ca na ca hoti tathāgato param maraṇā, 如來終不終)

⑩ 여래는 사후에 존재하는 것도 아니고, 존재하지 않는 것도
아닌가? (n' eva hoti na na hoti tathāgato param maraṇā, 如來亦非
終亦非不終)

이상과 같이 모순된 명제로 구성된 문제에 대하여 말룽꺄뿟따는 어떤
것이 진실이고 어떤 것이 허위인지 확답해 줄 것을 요구한다. 그러나 붓
다는 이것을 문제 삼는 사람은 독화살을 맞고서 그것을 뽑으려 하지 않
고 독화살의 재료나 출처를 알려고 하는 사람과 같이 어리석은 사람이

라고 하면서, 자신이 이들 문제에 대하여 침묵하는 이유를 다음과 같이
밝힌다.

①의(義)에 상응하지 않는다. (na attha saṃhita)

②법(法)에 상응하지 않는다. (na dhamma saṃhita)[39]

③범행(梵行)의 근본이 아니다. (na ādibrahmacariyaka)

④지(智)로 이끌지 않는다. (na abhiññāya saṃvattati)

⑤각(覺)으로 이끌지 않는다. (na sambodhāya saṃvattati)

⑥열반(涅槃)으로 이끌지 않는다. (na nibbānāya saṃvattati)

이어서 붓다는 자신이 항상 설하는 것은 4성제(四聖諦)이며 이것을 설하
는 이유는 다음과 같다고 한다.

①의(義)에 상응한다.

②법(法)에 상응한다.

③범행(梵行)의 근본이다.

④지(智)로 이끈다.

⑤각(覺)으로 이끈다.

⑥열반(涅槃)으로 이끈다.

• • • • • • • • • • • • • •

39_ 「전유경」에는 이 내용이 있으나 M.N. 63. Cūlamāluṅkya-sutta에는 이 내용이 없다. 붓다의 침묵이
설해지는 D.N. 29. Pāsādika-sutta에는 이 내용이 포함되어 있다.

이상이 「전유경」의 개요인데, 여기에서 주목되는 것은 붓다가 제시한 침묵의 이유이다. 그 이유 가운데 붓다가 철학이나 형이상학을 배척했다고 할 만한 내용은 어디에도 없다. 김동화 박사는 이와 같은 내용을 통해 붓다가 철학적 사색을 배척했다는 견해의 오류를 다음과 같이 지적하고 있다.

> 의(義) 법(法) 등이 모두 철학적 진리를 가리키는 것이 아니고
> 무엇이며, 지(智) 각(覺)이라는 것이 진리에 대한 주관적 인식
> 을 말하는 것이 아니고 무엇인가? … 붓다는 다만 해탈, 열반에
> 대한 실천적인 설법만이 있는 것은 아니고, 그 분석적이고 또
> 비판적인 철학적 태도는 철학적인 문제가 주로 되어 있다.[40]

김동화 박사의 지적과 같이 붓다가 제시한 침묵의 이유는 붓다가 철학적 측면에서 이들 문제를 파기하고 있음을 보여 준다. 의(義)와 법(法)에 상응하지 않고 범행(梵行)의 근본이 되지 못하는 철학은 지(智)와 각(覺)과 열반(涅槃)으로 나아갈 수 없으므로 진정한 철학이라 할 수 없고, 자신이 항상 설하고 있는 4성제는 의와 법에 상응하고 범행의 근본이 되기 때문에 지와 각과 열반으로 나아가는 진정한 철학이라는 것이다. 그렇다면 의, 법, 범행, 지, 각, 열반 등은 구체적으로 어떤 의미를 지니는 것일까? 우선 원어가 지닌 의미를 살펴보면 다음과 같다.[41]

· · · · · · · · · · · · · ·
40_ 김동화, 『원시불교사상』(서울: 보련각, 1988), p.53.
41_ ( )안의 pāli語는 M.N. 63. Cūlamāluṅkya‐sutta의 내용.

의(義, attha); work, aim, meaning, thing, object; 목적, 의미, 사물, 대상

법(法, dhamma); established order, rule, right, law; 질서, 규율, 진리, 법

범행(梵行, brahmacariya); good and moral living, religious life; 도덕생활, 해탈을 위한 종교적 생활이나 수행

지(智, abhiññā); special knowledge; 사물의 본질에 대한 완벽한(abhi) 지식(jña), 체험적 지식

각(覺, sambodhi); awakening; 언제나 누구에게나 일치하는(sam) 진리에 대한 깨달음(bodhi)

열반(涅槃, nibbāna); final emancipation, extinction; 모든 번뇌의 적멸(寂滅), 행복

이와 같은 어의를 통해 볼 때, 의(義)와 법(法)에 상응하지 않는다는 것은 철학하는 목적과 진리에 맞지 않는다는 것을 의미한다고 할 수 있다. 그리고 범행(梵行)의 근본이 아니라는 것은 윤리나 수행의 토대가 되지 못한다는 의미다. 우리가 철학하는 목적은 진리를 발견하고 그 진리에 의해 올바른 가치관을 세워 올바른 삶을 영위하는 데 있다. 따라서 그것이 진정한 의미 있는 철학이 되기 위해서는 이와 같은 목적을 충족시킬 수 있어야 한다.

올바른 철학은 정당한 인식론이 있어야 한다. 어떤 주장이 정당한 인식에 의한 것이 아니라면 진리라고 할 수 없기 때문이다. 목적[義]에 상응하지 않는다는 붓다의 비판은 모순대립하는 문제를 가지고 대립

하는 사람들의 인식론에 대한 비판이다. 그렇다면 정당한 인식론은 어떤 것일까? 올바른 인식론은 우리에게 진실에 대하여 누구나 체험할 수 있는 완벽한 이해를 줄 수 있어야 한다. 따라서 지(智)로 나아가지 못한다는 비판은, 의(義)에 상응하지 못하는 인식론은 결코 사물의 본질에 대한 완벽한 이해를 가져다주지 못한다는 의미라 할 수 있다.

인식론이 잘못되어 있다면, 그와 같은 인식론에 근거하여 주장되고 있는 진리는 진정한 진리일 수 없을 것이다. 법(法)에 상응하지 않는다는 붓다의 비판은, 문제되고 있는 모순된 명제 가운데 그 어느 것도 진리가 아니라는 것을 의미한다. 모순대립하는 문제들은 그릇된 인식론에서 비롯된 무의미한 명제들의 대립일 뿐이라는 것이다.

그렇다면 진리는 무엇이며 어떤 조건을 갖추어야 하는 것일까? 진리는 존재의 실상에 대한 지식이며, 보편타당성을 지녀야 한다. 존재의 본질에 대해 언제 어느 때 누가 어떻게 인식을 해도 항상 일치된 인식을 가져다주는 지식이 진리이다. 따라서 진리에는 모순이 있을 수 없다. 그러나 붓다가 침묵한 문제들은 서로 모순대립하고 있다. 이와 같이 모순된 지식은 우리에게 보편타당한 인식을 가져다 줄 수 없다. 각(覺)으로 나아가지 못한다는 붓다의 비판은 모순대립하고 있는 명제들은 그 어느 것도 보편타당성을 갖지 못하고 있다는 비판이다. 다시 말해서, 모순대립하는 존재론은 존재의 실상에 대한 바른 견해가 아니라고 비판하는, 그릇된 존재론에 대한 비판이다.

도덕적 생활이란 진정한 가치, 즉 선(善)을 추구하는 삶이다. 그렇다면 선은 무엇인가? 그것은 우리를 행복하게 하는 것이다. 그리고 행복은 모든 욕구가 충족되어 고뇌가 없이 평화로운 상태다. 우리는 이렇게 행복하게 살기를 희망한다. 그러나 우리의 희망은 항상 좌절된다.

우리의 욕구 가운데 가장 큰 욕구는 죽지 않고 살고 싶은 욕구다. 그러나 우리는 태어나서 죽지 않을 수 없다. 따라서 가장 가치 있는 일이 있다면 그것은 죽음에서 해방되는 일이다. 범행(梵行, brahma-cariya)이란 좁은 의미에서는 일상적인 삶에서 행복을 추구하는 도덕적 생활을 의미하지만, 종교적인 의미에서는 죽음이 없는 범천(梵天, Brahma), 즉 불사(不死)의 세계로 돌아가기 위한 행위(cariya)[42]를 의미한다. 따라서 범행이야말로 가장 큰 가치의 추구라 할 수 있다.

그렇다면 범행은 어떻게 가능할까? 범행이 불사의 세계로 가기 위한 실천이라면 이를 실천하기 위해서는 불사의 세계에 대한 지식, 즉 진리가 문제되지 않을 수 없다. 그리고 진리를 안다면 우리는 그 진리에 의해 올바른 가치의 추구가 가능할 것이다. 다시 말하면 진리에 기초하여 범행의 근본이 되는 가치관을 정립할 수 있는 것이다. 그러므로 모순된 주장이 진리일 수 없음을 지적한 붓다가 이들은 범행의 근본이 되지 못한다고 비판하는 것은 지극히 당연한 것이며, 이와 같은 붓다의 비판은 가치론의 측면에서 이루어진 것이다. 그리고 가치관이 바르게 확립되지 않은 철학을 통해 모든 고뇌가 종식된 열반의 세계에 갈 수는 없으므로 열반으로 나아갈 수 없다고 이야기한 것이다.

이상의 고찰을 통해서 붓다가 침묵한 이유는 명백하게 드러난다. 모순된 명제 가운데 어느 하나를 취하여 그것이 진리라고 주장하는 것

42_ cariya는 '옮아가다'의 뜻을 가진 동사 car에서 파생된 중성명사로서 행위를 의미한다. 당시의 우파니샤드 철학에서는 범천에 가면 거듭되는 생사윤회를 그치고 불사에 이른다고 주장했다.

은 그릇된 인식론에 근거하여 수립된 존재론을 진리로 생각하기 때문이며, 그것은 도덕적 생활이나 종교적 수행의 근본이 되지 못하는 무의미한 것이라는 판단에서 이와 같은 논의 자체를 파기하고 있는 것이다.

우리는 여기에서 붓다의 비판이 철학의 모든 측면에서 이루어지고 있음을 발견할 수 있다. 의(義)에 상응하지 않기 때문에 사물의 본질에 대한 완벽한 이해에 미칠 수 없다는 비판은 인식론의 측면에서 취해진 것이고, 법(法)에 상응하지 않기 때문에 보편타당한 깨달음에 도달할 수 없다는 비판은 존재론의 측면에서 취해진 것이며, 범행(梵行)의 근본이 아니기 때문에 열반으로 나아갈 수 없다는 비판은 가치론의 측면에서 취해진 것이라 할 수 있다.

붓다는 사견(邪見)의 파기에 그치지 않고 자신의 철학을 분명히 밝히고 있다. 의(義)와 법(法)에 상응하고 범행(梵行)의 근본이 되며, 지(智)와 각(覺)과 열반(涅槃)으로 갈 수 있는 4성제(四聖諦)가 자신의 철학이라고 천명하고 있는 것이다.

2) 청정경(清淨經, Pāsādika-sutta)[43]

『장아함경』의 「청정경」과 이에 상응하는 D.N. 29. Pāsādika-sutta에서는 36종의 사견에 대하여 침묵한 후, 이들을 종류별로 분류하여 소개하고, 이와 같은 사견을 갖게 되는 원인을 지적한 다음, 사견에서 벗어날 수 있는 방법을 제시한다. 「청정경」에서 거론되고 있는 사견의 내용을 정리하면 다음과 같다.

• • • • • • • • • • • • • • •
43_ 대정장 1, pp. 72c-76b. D.N. Vol. 3, pp. 117-141.

〈세계의 시간적 한계에 관한 견해〉

① 세간상존(世間常存) ② 차세무상(此世無常) ③ 세간유상무상(世間有常無常) ④ 세간비유상비무상(世間非有常非無常)

〈세계의 공간적 한계에 관한 견해〉

① 세간유변(世間有邊) ② 세간무변(世間無邊) ③ 세간유변무변(世間有邊無邊) ④ 세간비유변비무변(世間非有邊非無邊)

〈생명과 육신의 관계에 관한 견해〉

① 시명시신(是命是身) ② 비명비신(非命非身) ③ 명리신리(命異身異) ④ 비리명비리신(非異命非異身)

〈여래의 사후에 관한 견해〉

① 여래종(如來終) ② 여래부종(如來不終) ③ 여래종부종(如來終不終) ④ 여래비종비부종(如來非終非不終)

〈자아의 본질에 관한 견해〉

① 색시아(色是我) ② 무색시아(無色是我) ③ 역유색역무색시아(亦有色亦無色是我) ④ 비유색비무색시아(非有色非無色是我)

〈자아의 크기에 관한 견해〉

① 아유변(我有邊) ② 아무변(我無邊) ③ 아유변무변(我有邊無邊) ④ 아비유변비무변(我非有邊非無邊)

〈자아와 본성〔苦樂〕의 관계에 관한 견해〉

① 아유락(我有樂) ② 아무락(我無樂) ③ 아유고락(我有苦樂) ④ 아무고락(我無苦樂)

〈자아와 상(想)의 관계에 관한 견해〉

① 일상시아(一想是我) ② 종종상시아(種種想是我) ③ 소상시아(少想是我) ④ 무량상시아(無量想是我)

〈생성의 문제〉

① 세간자조(世間自造) ② 세간타조(世間他造) ③ 자조타조(自造他造) ④ 비자조비타조(非自造非他造) 홀연이유(忽然而有)

이상이 「청정경」의 36견(見)이다. 이들 견해에 대하여 붓다는 다음과 같이 비판한다.

> 이 모든 견해 속에는 저마다 결사(結使)가 있다. … 이 모든 사견
> 은 단지 말만 있을 뿐이어서 함께 논의할 만한 내용이 없다.[44]

「전유경」에서는 사견이 올바른 철학이 되지 못한다고 비판하면서도 이들 사견에 대한 구체적인 언급은 없었다. 그러나 「청정경」에서는 이들

•••••••••••••••

[44]_ 此諸見中各有結使 我以理推 諸沙門婆羅門中 無與我等者 況欲出過 此諸邪見但有言耳 不中共論(대정장1, pp.76a).

을 분류하고, 그것이 사견인 이유는 '결사(結使)'가 있기 때문이라고 구체적으로 지적하고 있다. 이와 같은 붓다의 비판은 이들 사견이 감정이나 욕망이나 편견에 사로잡힌 무지한 상태에서 망상을 가지고 주장하고 있는 무의미한 언어의 나열에 지나지 않음을 지적한 것이며, 아울러 진리의 판단이나 주장에 감정이나 편견이 개입되어서는 안 된다는 진리의 객관성과 보편타당성을 강조한 것으로 볼 수 있다.

붓다는 이들 사견이 객관성이 결여된 무의미한 것일 수밖에 없는 까닭을 다음과 같이 지적한다.

> 이들 사문과 바라문의 주장은 모두 촉인연(觸因緣)에서 비롯된 것이다. 만약 촉인(觸因)을 떠난다면 이 같은 주장을 할 수가 없다. 왜냐하면 6입신(六入身)으로 말미암아 촉이 생기고, 촉으로 말미암아 수가 생기며, 수로 말미암아 애가 생기고, 애로 말미암아 취가 생기며, 취로 말미암아 유가 생기고, 유로 말미암아 생이 생기며, 생으로 말미암아 노사우비고뇌의 대환음(大患陰)이 집(集)하는데, 만약 6입(六入)이 없다면 촉이 없게 되고, … 노사우비고뇌(老死憂悲苦惱)의 대환음(大患陰)이 집(集)하는 일도 없게 되기 때문이다.[45]

• • • • • • • • • • • • •

45_ 是沙門婆羅門皆因觸因緣 若離觸因而能說者 無有是處 所以者何 由六入身故生觸 由觸故生受 由受故生愛 由愛故生取 由取故生有 由有故生生 由生故有老死憂悲苦惱大患陰集 若無六入則無觸 無觸則無受 無受則無愛 無愛則無取 無取則無有 無有則無生 生則無老死憂悲苦惱大患陰集 又言此世間他造 又言此世間自造他造 又言此世間非自造非他造 忽然而有 亦復如是 因觸而有 無觸則無(대정장 1, pp.76a).

이것은 일반적으로 6촉연기(六觸緣起)라고 부르는 것이다. 연기법은 세속의 모든 허망한 생각과 중생들의 망념이 생기고 없어지는 원인과 과정을 설명하는 법문이다. 따라서 연기법에는 유전문(流轉門)과 환멸문(還滅門)이 시설된다. 허망한 망념이 일어나는 원인과 과정을 여실하게 알도록 하는 것이 유전문이고 이를 알아서 망념을 없애도록 시설된 것이 환멸문이다.

　　붓다는 모든 사견을 이와 같은 연기법의 유전문으로 설명하고 있다. 모든 사견은 촉(觸)에서 비롯된 망념의 세계에서 주장되고 있는 허망한 언어의 유희에 지나지 않는다는 것이다. 따라서 이 같은 사견은 마땅히 버려야 하는 것이고, 이를 버리기 위해서는 다음과 같이 4념처(四念處)를 수행해야 한다고 설한다.

　　이 모든 사악한 견해를 멸하고자 하거든 4념처(四念處)에서 3행(三行)을 닦아야 한다. … 이것이 여러 악법을 멸하는 것이다. 4념처에서 3종(三種)으로 수행하면 8해탈(八解脫)이 있나니 색관색(色觀色)이 초해탈(初解脫)이고 … 멸진정(滅盡定)이 8해탈(八解脫)이다.[46]

주지하는 바와 같이 4념처(四念處)는 신(身), 수(受), 심(心), 법(法)을 관하

. . . .

46_ 若欲滅此諸邪惡見者 於四念處當修三行 云何比丘滅此諸惡 於四念處當修三行 比丘謂內身身觀 精勤不懈 憶念不忘 除世貪憂 外身身觀 精勤不懈 憶念不忘 除世貪憂 內外身身觀 憶念不忘 除世貪憂 受 意 法觀 亦復如是 是爲滅衆惡法 於四念處 三種修行 有八解脫 云何爲八 色觀色 初解脫 … 滅盡定 八解脫(대정장1, p.76b).

는 수행법이다. 이 경에서는 4념처가 6촉연기(六觸緣起)의 환멸문임을 시사하고 있다. 사견은 촉에서 연기한 것이고, 4념처는 사견을 멸하는 수행법이기 때문에, 4념처는 6촉연기의 환멸문인 것이다. 6촉연기와 4념처를 비교해 보면 이것은 더욱 분명하게 드러난다.

앞서 인용한 경전에서 6촉연기는 6입신(六入身)에서 시작되어 촉(觸), 수(受), 애(愛), 취(取), 유(有), 생(生), 노사(老死)가 차례로 연기하고 있음을 보여 주고 있다. 이와 같은 6촉연기를 4념처와 비교하면, 4념처에서 관하는 신(身)은 6입신(六入身)이라 할 수 있고, 수(受)는 촉(觸)과 수(受)라 할 수 있으며, 심(心)은 애(愛)와 취(取)라 할 수 있고, 법(法)은 유(有)와 생(生)과 노사(老死)라 할 수 있다. 따라서 4념처는 6촉연기의 과정을 반야(般若)로 통찰하여 이들을 멸진하는 수행법이라 할 수 있으며, 그 결과 얻게 되는 것이 8해탈(八解脫)이다.[47]

그렇다면 8해탈은 어떤 것일까? 8해탈에 대한 자세한 논의는 뒤로 미루고,[48] 우선 간단히 언급한다면 번뇌와 망상으로부터 벗어나는 것이다. 다시 말해서 편견과 무지에서 벗어나 존재의 실상에 대한 바른 인식을 하게 되는 것이 해탈이다. 그리고 이와 같은 바른 인식, 즉 중도(中道)에서는 세계가 유한하다거나 무한하다고 주장하는 사견이 나올 수 없다는 것이 「청정경」의 내용이다.

• • • • • • • • • • • • • •

47_ 八解脫은 九次第定의 수행을 통해 얻어지는데 4념처는 8정도에서 正定의 예비적 수행으로 되어 있다. 따라서 4념처를 통해 정정에 들어가면 8해탈이 있게 된다는 의미로 이해할 수 있다.

48_ 八解脫은 九次第定을 통해 사견으로부터 단계적으로 벗어나 正見을 성취하는 것이므로 인식론을 다루는 다음 장에서 9차제정과 함께 고찰한다.

3) 범동경(梵動經, Brahmajāla-sutta)[49]

「청정경」이 사견의 인식론적 토대를 비판한 것이라면,『장아함경』의 「범동경」과 이에 상응하는 D.N. 1. Brahmajāla-sutta에서는 이와 더불어 모든 사견의 논리적 근거가 비판되고 있다. 이 경에서 붓다는 실천적 계율의 측면에서 자신을 찬탄하는 것은 매우 사소한 일에 대한 찬탄에 지나지 않으며, 자신이 진정으로 찬탄을 받아야 할 측면은 본겁본견(本劫本見)과 말겁말견(末劫末見)을 가지고 주장되는 당시의 모든 사견에 대하여 이들이 무엇에 근거해서 성립된 주장이고, 어떤 논리에 의해 유지되고 있으며, 그들의 논리가 어떤 편견에서 비롯된 것인 줄을 알 뿐만 아니라, 이들 사견을 극복하고 있는 점이라고 말한다.[50] 이와 같이 붓다는 자신을 단순한 실천가로 보는 것을 명백히 거부하고 있다.

「범동경」에는 62견(見)이 본겁본견(本劫本見)과 말겁말견(末劫末見)으로 분류되어 이들의 논리적 근거가 설명되고 있는데, 이것을 정리하면 다음과 같다.

〈본겁본견(本劫本見, pubbāntakappika)〉[51]: 18견(見)

(1) 상론(常論); 자아와 세계는 상존한다. (결론은 같지만 이 같은 주장을 하는 논리적 근거에는 다음의 4종이 있다.)

••••••••••••••
49_ 대정장 1, pp.88b~94a. D.N. Vol. 1, pp.1~46.

50_ 諸比丘 此是持戒 小小因緣 彼寡聞凡夫 以此嘆佛 … 更有餘法 甚深微妙 大光明法 賢聖弟子 能 以此法 讚嘆如來 … 唯有如來 知此見處 如是持 如是執 亦知報應 如來所知 又復過是 雖知不著 以不著則得寂滅 知受滅味過出要 以平等觀 無餘解脫(대정장 1, pp.89c~90b).

51_ 本劫本見은 과거세계의 유무에 관한 견해를 의미한다.

① 입정의삼매(入定意三昧): 20성겁패겁(二十成劫敗劫)을 기억하여 주장함

② 입정의삼매(入定意三昧): 40성겁패겁(四十成劫敗劫)을 기억하여 주장함

③ 입정의삼매(入定意三昧): 80성겁패겁(八十成劫敗劫)을 기억하여 주장함

④ 첩질상지(捷疾相智)를 가지고 잘 관찰하는 능력이 있어서 첩질상지로 방편관찰(方便觀察)한 것을 심제(審諦)라고 하면서 자신의 소견과 변재(辯才)를 가지고 주장함

(2) 반상반무상론(半常半無常論); 자아와 세계의 일부는 상존하고 일부는 무상하다. (상론과 같은 4종이 있음)

(3) 유변무변론(有邊無邊論); 자아와 세계의 공간적 한계에 관한 이론
① 유변(有邊): 정의삼매(定意三昧)에 근거함
② 무변(無邊): 정의삼매(定意三昧)에 근거함
③ 상방유변(上方有邊) 하방무변(下方無邊): 정의삼매(定意三昧)에 근거함
④ 비유변비무변(非有邊非無邊): 첩질상지(捷疾相智)에 근거함

(4) 이문이답(異問異答); 궤변론(詭辯論) (회의론과 불가지론)

① 선악의 과보가 있는지 없는지 알 수 없다. [我不見善惡有
報無報] (업보에 대한 불가지론)

② 다른 세상이 있는지 없는지 알 수 없다. [我不見不知 爲有
他世耶無他世耶] (내세에 대한 불가지론)

③ 어떤 것이 선(善)이고 어떤 것이 악(惡)인지 알 수 없다.
[我不知不見 何者爲善 何者爲不善] (가치에 대한 불가지론)

④ 어리석고 우둔해서 타인이 질문하면 타인의 주장을 따
라 대답한다. [愚冥闇鈍 他有問者 彼隨他言答] (인식에 대한
회의론)

(5) 무인론(無因論)

① 과거세에 없던 내가 현세에 홀연히 존재한다. 이 세간도
과거에 없던 것이 지금 존재한다. [我本無 今有忽然有 此
世間 本無今有]: 정의삼매(定意三昧)에 근거함

② 이 세간은 원인이 없이 지금 존재한다. [此世間 無因而
有]: 첩질상지(捷疾相智)에 근거함

〈말겁말견(末劫末見, aparantakappika)〉: 44견(見)[52]

(1) 유상론(有想論); 사후에는 상(想)이 있어서 자아로 존속한
다는 견해

① 자아는 형색이 있고 상이 있다. [有色有想]

• • • • • • • • • • • • • •

52_ 미래에 자아가 존속하는지의 여부에 대한 견해를 의미함.

② 자아는 형색이 없이 상이 있다. [無色有想]

③ 자아는 형색이 있기도 하고 없기도 하며 상이 있다.

　[有色無色有想]

④ 자아는 형색이 있지도 않고 없지도 않으며 상이 있다.

　[非有色非無色有想]

① 자아는 한계가 있으며 상이 있다. [有邊有想]

② 자아는 한계가 없으며 상이 있다. [無邊有想]

③ 자아는 한계가 있기도 하고 없기도 하며 상이 있다.

　[有邊無邊有想]

④ 자아는 한계가 있지도 않고 없지도 않으며 상이 있다.

　[非有邊非無邊有想]

① 자아는 한결같이 즐거우며 상이 있다. [一向有樂有想]

② 자아는 한결같이 괴로우며 상이 있다. [一向有苦有想]

③ 자아는 즐겁기도 하고 괴롭기도 하며 상이 있다. [有樂有

　苦有想]

④ 자아는 즐겁지도 않고 괴롭지도 않으며 상이 있다. [不苦

　不樂有想]

① 자아는 하나의 상을 가지고 있다. [有一想]

② 자아는 약간의 상을 가지고 있다. [有若干想]

③ 자아는 적은 상을 가지고 있다. [少想]

④ 자아는 한량없는 상을 가지고 있다. [有無量想]

(2) 무상론(無想論); 사후에는 자아에 상이 없다는 견해
　　① 유색무상(有色無想)
　　② 무색무상(無色無想)
　　③ 유색무색무상(有色無色無想)
　　④ 비유색비무색무상(非有色非無色無想)

　　① 유변무상(有邊無想)
　　② 무변무상(無邊無想)
　　③ 유변무변무상(有邊無邊無想)
　　④ 비유변비무변무상(非有邊非無邊無想)

(3) 비상비비상론(非想非非想論); 사후에는 비유상비무상
　　(非有想非無想)이 자아로 존속한다는 견해
　　① 유색비유상비무상(有色非有想非無想)
　　② 무색비유상비무상(無色非有想非無想)
　　③ 유색무색비유상비무상(有色無色非有想非無想)
　　④ 비유색비무색비유상비무상(非有色非無色非有想非無想)

　　① 유변비유상비무상(有邊非有想非無想)
　　② 무변비유상비무상(無邊非有想非無想)
　　③ 유변무변비유상비무상(有邊無邊非有想非無想)

④ 비유변비무변비유상비무상(非有邊非無邊非有想非無想)

(4) 단멸론(斷滅論); 자아는 사후에 단멸한다는 견해

　① 4대(四大)와 6입(六入)으로 된 몸이 자아이며 무상하여

　　마침내 마멸한다. [我身四大六入 無常必歸磨滅]

　② 욕계천이 자아이며 남김없이 단멸한다. [我欲界天 斷滅無餘]

　③ 색계화신이 자아이며 남김없이 단멸한다. [色界化身 斷滅

　　無餘]

　④ 무색공처가 자아이며 단멸한다. [無色空處 斷滅]

　⑤ 무색식처가 자아이며 단멸한다. [無色識處 斷滅]

　⑥ 무색불용처가 자아이며 단멸한다. [無色不用處 斷滅]

　⑦ 무색유상무상처가 자아이며 단멸한다. [無色有想無想處

　　斷滅]

(5) 현재생니원론(現在生泥洹論); 현생에서 성취할 수 있는 열

　반에 관한 견해

　① 현재의 오욕락을 즐기는 것이 열반이다. [現在五慾自恣]

　② 초선(初禪)이 열반이다.

　③ 2선(二禪)이 열반이다.

　④ 3선(三禪)이 열반이다.

　⑤ 4선(四禪)이 열반이다.

이상이 「범동경」에 나오는 62견이다. 여기에서 붓다가 이들의 논리적 근거라고 지적한 것은 정의삼매(定意三昧)와 첩질상지(捷疾相智)이다. 그렇다면 정의삼매와 첩질상지는 각각 무엇을 의미하는 것일까? 먼저 그 어의를 살펴보면 정의삼매는 'samāhita citta'의 한역으로서 의(意, citta)가 삼매(三昧, samāhita)에 들어간 상태를 의미한다. 그리고 첩질상지는 'takka'의 한역인데, 'takka'는 추측, 추론, 심사숙고 등의 뜻과 논리학(science of logic)의 뜻이 있으므로 논리적인 추론을 의미한다. 이들의 의미를 보다 구체적으로 알아보기 위해 「범동경」의 내용을 살펴보기로 하자. 먼저 정의삼매를 살펴보면 다음과 같다.

> 갖가지 방편으로 정의삼매(定意三昧)에 들어가 삼매에 든 마음으로 이십(二十) (四十, 八十) 성겁(成劫)과 패겁(敗劫)을 기억하여 보니, 그동안에 중생들이 늘지도 줄지도 않고 항상 흩어지지 않고 모여 있었다. 나는 이와 같은 지식으로 자아와 세계는 상존한다고 주장한다.[53]

정의삼매는 과거를 기억해 내는 삼매이다. 그리고 그 기억을 토대로 주장된 것이 정의삼매에 근거하여 주장된 견해이다. 즉, 경험한 내용을 토대로 어떤 사실을 추론하는 것이 정의삼매라 할 수 있다. 따라서 정의삼매는 경험론에 입각한 귀납적 추론이라 할 수 있다.

첩질상지에 의존한다고 하는 경우는 이와는 전혀 다르다.

• • • • • • • • • • • • • •
53_ 대정장 1, p.90a.

어떤 사문과 바라문은 첩질상지를 가지고 잘 관찰할 수 있는
데 첩질상지를 방편으로 관찰한 것을 심제(審諦)라고 하면서
자기의 소견과 변재를 가지고 이렇게 말한다.(「범동경」)[54]
비구들이여, 어떤 사문이나 바라문은 논리적으로 추론하는 사
변가라오. 그는 논리학을 익혀, 논리적으로 사유하고, 스스로
이해하여 이렇게 말한다오.(Brahmajāla-sutta) [55]

「범동경」의 첩질상지(捷疾相智)는 D.N. 1. Brahmajāla-sutta에 의하면
논리학이다. 따라서 첩질상지에 의한 주장은 논리학에 의한 연역적(演
繹的) 추론이라고 할 수 있다. 첩질상지에 의지하는 사람들은 경험을 도
외시하고 합리적인 추론만으로 진리를 발견하려고 한다. 그런데 첩질상
지에 의해 주장되고 있는 견해 가운데는 일반 형식논리학에서는 용납
될 수 없는 주장이 있다. 유변무변론(有邊無邊論) 가운데 네 번째 견해인
비유변비무변(非有邊非無邊)이 그것인데, 이 명제는 모순을 내포하고 있
다. 형식논리학의 측면에서 본다면 이와 같은 명제는 모순율에 위배되
므로 성립할 수 없다. 따라서 이와 같은 주장은 단순한 연역적 추론에 의
지한 것이라고 할 수 없으며, 모순된 두 명제를 부정하여 모순의 통일을
보여 준다는 점에서 변증법적 추론에 의한 것이라고 할 수 있다. 이렇게
생각할 때 첩질상지에는 형식논리적인 연역적 추론뿐만 아니라 변증법

• • • • • • • • • • • • • • •

54_ 或有沙門婆羅門 有捷疾相智 善能觀察 以捷疾相智 方便觀察 爲謂審諦 以己所見 以己辯才 作
是說言(대정장 1, p.90b).

55_ 이중표 역해, 『정선 디가 니까야』(광주: 전남대학교출판부, 2014), p.28.
Idha bhikkhave ekacco samaṇo vā brāhmaṇo vā takkī hoti vīmaṁsī. So takkapariyāhataṁ
vīmaṁsānucaritaṁ sayaṁpaṭibhānaṁ evam āha(D.N. Vol. 1, p.16.)

적 추론도 포함되어 있음을 알 수 있다.

이상의 고찰에서 드러났듯이 당시의 사견들은 다양한 논리적 근거를 가지고 주장되고 있었고, 붓다는 이것을 잘 알고 있었다. 즉, 붓다는 논리학에 정통해 있었으며, 모든 사견이 의지하고 있는 근거는 귀납적 추론이거나 연역적 추론이라고 비판했다. 이들을 비판한 붓다에게는 이들과는 다른 어떤 논리가 있었을까? 붓다가 제시하고 있는 색다른 논리학은 없다. 붓다의 비판은, 형식논리건 변증논리건, 논리학 자체에 대한 것이 아니다. 붓다는 논리학의 잘못된 사용을 비판하고 있다.

이미 살펴본 바와 같이 사견이 의지하고 있는 논리는 귀납법이거나, 연역법이거나 변증법이다. 그러나 동일한 논리에 의지하는 경우에도 주장되는 견해는 천차만별이다. 이것은 논리학에 결함이 있어서가 아니라 논리학을 잘못 사용한 결과다.

논리학은 우리의 인식을 판정하는 규준이며 형식일 뿐이다. 논리학은 우리가 경험을 통해 인식한 내용을 질서 있게 정리하거나, 어떤 판단이 정리된 우리의 인식체계에 부합되는가의 여부를 판정하는 데 사용되는 도구일 뿐, 경험을 초월한 어떤 새로운 내용을 인식하는 수단은 될수 없다. 그럼에도 불구하고 논리학을 경험의 한계를 넘어서 사용하려한다면 칸트의 지적과 같이 공리공론으로밖에는 더 나아갈 수가 없다.[56]

그런데 이들 사견은 논리학을 통해 초월적인 문제를 논하고 있다. 그렇기 때문에 그들의 주장은 공리공론일 수밖에 없으며, 이와 같은 공리공론을 진리라고 주장하는 까닭은 자신들의 생각이 촉(觸)에서 연

56_ I. Kant, *Kritik der reinen Vernunft* (Hamburg; Felix Meiner Verlag, 1956), pp.102-103 참조.

기(緣起)한 망념(妄念)이라는 사실을 모르고 있기 때문이다. 따라서 「범동경」에서도 「청정경」에서와 마찬가지로 이 모든 사건은 촉연(觸緣)에 기인하고 있다고 지적하고 있으며,[57] 사건의 근원인 6촉(六觸)의 집(集), 멸(滅), 미(味), 과(過), 출요(出要)를 여실하게 아는 것이 가장 훌륭하다고 하고 있다.[58]

3. 붓다의 침묵의 의의

「전유경」, 「청정경」, 「범동경」에 나오는 여러 사건들은 논리학의 한계를 모르고 논리학에 의지하여 초월적인 영역을 논의하는 가운데 서로 모순된 주장을 하고 있었고, 이 모든 주장에 대하여 붓다가 침묵했음은 전술한 바와 같다. 따라서 붓다가 칸트보다 훨씬 먼저 이러한 오류와 이율배반을 깨달았음은 분명한 사실이다. 그러나 붓다는 칸트처럼 "이성은 스스로 정말 피할 수 없이 이 모순대립 속에 빠진다."[59]고 생각하지도 않았고, 헤겔(G.W.F. Hegel)처럼 생성이라는 개념을 통해 변증법적으로 모순을 지양, 통일시키려고 하지도 않았다. 붓다는 이와 같은 이율배반이 피할 수 없는 것이라거나, 어떻게 해서라도 극복해야 할 것이라고 생각하지 않았다. 붓다는 헤겔식의 변증법, 즉 첩질상지에 의지해서 비유비무(非有非無)를 주장하는 견해를 사견으로 배척하고 있다.

. . . .

57_ 彼因觸緣故 若離觸緣而立論者 無有是處(대정장 1, p.93c).

58_ 若比丘於六觸 集 滅 味 過 出要 如實而知 則爲最勝(대정장 1, p.94a).

59_ I.Kant, 위의 책, p.438.

붓다는 모순을 극복하려고 하지 말고 모순된 생각 자체를 버려야 한다고 이야기한다.

> 악기웻싸나여, 세상 대부분의 사람들은 '참으로 그것도 또한
> 그렇게 되는구나! 참으로 그것도 또한 그렇게 되는구나!'라고
> 하면서도, 그것을 버리지 않을뿐더러 다른 견해를 취한다오.
> 악기웻싸나여, '참으로 그것도 또한 그렇게 되는구나! 참으로
> 그것도 또한 그렇게 되는구나!'라고 하면서, 그것을 버리고 다
> 른 견해도 취하지 않는 사람은 세상에 많지 않다오.[60]

'참으로 그것도 또한 그렇게 되는구나!'라는 말은 어떤 주장이 자가당착하게 되는다는 의미이다. 이 경에서 붓다는 모순을 자각하고 다른 견해를 취하려 하지 말고 모순에 빠지는 견해를 버리도록 충고하고 있다.

A.N. 7. 51. Avyākata에서 붓다는 당시의 훌륭한 제자들이 붓다의 침묵에 대해 왜 의심하지 않는지를 묻는 비구에게 다음과 같이 설명하고 있다.

> 어떤 비구가 세존에게 와서 다음과 같이 물었다.
> "세존이시여, 왜 배움이 많은 거룩한 제자[多聞聖弟子]는 침묵
> 에 대해 의심하지 않습니까?"
> "사문이여, 그것은 견(見, diṭṭhi)을 멸했기 때문이다. 사후에 여

••••••••••••••••
60_ 이중표 역해, 『정선 맛지마 니까야(하)』, pp.51-52.

래가 존재하는가, 그렇지 않은가 하는 것은 견에 빠져 있음[見趣; diṭṭhigata]일 뿐이다. 배움이 없는 범부[無聞凡夫]는 견(見)을 알지 못하고, 견의 집(集)을 알지 못하며, 견의 멸(滅)을 알지 못하고, 견의 멸(滅)로 가는 길[出要]을 알지 못한다. 그에게 견이 증장한다. 그리하여 그는 생로병사에서 해탈하지 못하며, 괴로움에서 벗어나지 못한다고 나는 설한다. 그러나 배움이 많은 거룩한 제자는 견을 알고 … 견의 멸로 가는 길을 안다. 그에게 견(見)이 멸(滅)하며, 그는 생로병사에서 해탈된다. 그가 괴로움에서 벗어났다고 나는 설한다. 이렇게 알고, 이렇게 보고 있기 때문에 많은 거룩한 제자는 침묵한 문제를 분별하지 않는 것이다. 이렇게 알고, 이렇게 보고 있기 때문에 침묵했을 때(avyākatavatthu) 놀라지 않고, 동요하지 않고, 두려워하지 않고, 혼란에 빠지지 않는다. 사문이여, 이러한 문제를 거론하는 것은 애(愛)에 빠져 있음(taṇhāgata)이며, 상(想)에 빠져 있음(saññāgata)이며, 착각이며, 환상이며, 취(取)에 빠져 있음(upādānagata)이며, 후회막급이다. … 배움이 없는 범부(凡夫)는 이것을 알지 못하고 … 배움이 많은 거룩한 제자는 이것을 안다."[61]

이렇게 모순된 생각을 버리는 것이 중도이다. 중도는 모순을 해결하는 방법이 아니라, 모순된 견해의 근원을 알아 모순에서 벗어나는 길이다.

••••••••••••••••
61_ A.N. Vol. 4, pp.68-69의 필자 번역.

중도에서 보면 모순되는 견해들은 착각이며 환상일 뿐이다. 붓다의 침묵은 사견을 파기하고 중도를 드러낸 것일 뿐, 비판주의의 표현도 아니고, 변증법적 철학을 함축하는 것도 아니다.

「전유경」에서 살펴보았듯이 붓다는 침묵에 그치지 않고 철학의 모든 영역을 충족시키는 4성제(四聖諦)라는 철학체계가 있음을 천명하고 있다. 따라서 붓다의 철학이 어떤 것인가를 이해하기 위해서는 붓다가 설한 여러 교리들을 침묵의 입장, 즉 중도에서 체계적으로 살펴보아야 하며, 침묵은 붓다가 자신의 철학적 입장, 즉 중도를 바르게 이해하도록 시설한 무언의 법문이다.

II. 중도의 내용과 체계

1. 당시의 외도사상(外道思想)

붓다의 철학은 중도(中道)에서 이해하지 않으면 안 된다. 중도는 당시의 사상을 비판하고 그 비판의 토대에서 제시된 새로운 철학적 입장이다. 중도를 이해하기 위해서는 당시의 여러 사상을 살펴보지 않을 수 없다. 따라서 붓다의 중도를 고찰하기에 앞서 당시의 사상조류를 간단히 살펴보고자 한다.

고래로 철학의 중심으로서 역사적으로 지배적인 위치를 차지하고 있는 것은 형이상학(形而上學) 또는 존재론(存在論)이라고 할 수 있다. 생성 변화하는 삼라만상의 근원 또는 본질이 되는 제일의적(第一義的) 존재에 대한 문제는 철학의 출발점이며, 여전히 논의되고 있는 문제이다. 인도철학도 예외는 아니다. 인도철학의 시원(始原)이라고 할 수 있는 리그베다(Ṛg-Veda) 시기에 이미 일자(一者, Tad Ekam), 생주신(生主神, Prajāpati), 조일체신(造一切神, Viśvakarman)과 같은 형이상학적 존재가 사유되기 시작했다. [01]

이와 같은 철학적 사색은 우파니샤드(Upaniṣad) 시기에 이르러 우주의 궁극적 실체인 브라만(Brahman)으로부터 현실세계는 현현한 것

01_ S. Radhakrishnan and Ch. A. Moore, *A Source Book in Indian Philosophy* (Princeton, New Jersey: Princeton University Press, 1973), pp.16-25 참조.

이므로, 개체의 본질인 모든 아트만(Ātman)은 본질에 있어서 브라만과 동일하다고 하는 범아일여(梵我一如)의 전변설적(轉變說的) 사상체계를 형성하게 된다.[02]

이와 같은 정통바라문교의 사상은 상공업을 중심으로 하는 도시 문화의 발달로 바라문교가 약화되자, 새롭게 출현한 자유사상가들의 도전을 받게 된다. 사문(沙門, śramaṇa)이라고 불리는 새로운 사상가들이 출현하여 베다의 종교적 권위를 부정하고 각기 다른 사상을 전개했던 것이다.[03] 이들은 대부분 다양한 요소들을 제일의적 존재로 취하여 요소들의 이합집산으로 세계를 설명했기 때문에 일반적으로 이들의 사상을 통칭하여 적취설(積聚說)이라고 부른다.

붓다 당시의 인도사상계는 이와 같이 정통바라문의 전변설(轉變說)과 사문들의 적취설(積聚說)이 대립하고 있었다. 이와 같은 사상적 대립은 근본적으로는 제일의적 존재에 대한 견해의 차이에서 비롯된 것이다. 인도인의 형이상학적 사고가 해탈을 추구하는 종교적 관심 아래서 이루어진 것이라 할지라도, 해탈이라는 이상을 실현하기 위해서는 인간과 세계의 본질과 구조가 문제되지 않을 수 없었던 것이다.[04]

이와 같은 본질, 즉 제일의적 존재가 문제된다면 여기에는 필연적으로 인식의 문제가 제기된다. 본질적 존재가 문제되고 있다는 것은 그 존재에 대한 인식의 문제가 제기되고 있음을 의미하기 때문이다. 실

02_ 정태혁, 『인도철학』(서울: 학연사, 1988), pp.132-135 참조.

03_ 길희성, 『인도철학사』(서울: 민음사, 1984), pp.43-44 참조.

04_ 위의 책, p.14 참조.

제로 인도의 철학 학파들은 자신들의 형이상학적 세계 해석을 뒷받침하기 위해 인식의 문제를 중요하게 다루고 있다.[05]

인도철학에서는 일찍부터 무엇이 인식의 타당한 방법(pramāṇa)인가 하는 문제에 깊은 관심을 가져왔다. 이 문제가 구체적이고 체계적으로 논의되기는 여러 사상들이 본격적으로 체계화되기 시작한 B.C. 3-4세기경이라고 생각되지만,[06] 이에 대한 관심은 그보다 훨씬 이른 시기부터 있었다.

사문들의 출현은 우파니샤드의 형이상학에 대한 인식론적 비판에서 비롯된 것이다. 다시 말해서 브라만이나 아트만과 같은 실체의 인식론적 근거에 대하여 사문들은 의심을 제기했고, 그 결과 「범동경」에서 살펴본 바와 같이, 나름대로의 인식론과 논리학을 토대로 저마다 다른 사상을 전개하였다.

인식의 타당한 방법(Pramāṇa)의 수가 얼마나 되는가 하는 것은 학파 사이에 이론이 많은 주제 가운데 하나인데, 학파에 따라서는 여섯 가지 또는 그 이상이 있다고 주장하는 학파도 있다. 그러나 대부분의 인도 논리학자들은 그 중 세 가지를 인정한다.[07] 지각(知覺, 現量; pratyakṣa), 추론(推論, 比量; anumāna), 그리고 믿을 만한 타인의 증언, 특히 베다의 계시적(啓示的) 증언[聖言量; śabda]이 그것이다.[08]

• • • • • • • • • • • • • • •

05_ 위의 책, p.15 참조.

06_ M. Hiriyanna, *The Essentials of Indian Philosophy*(London: George Allen and Unwin LTD, 1949), pp.41-42 참조.

07_ 위의 책, pp.42-43 참조.

08_ 이 가운데 聖言量이 인식의 타당한 방법에 포함되어 있다는 것이 인도논리학의 두드러진 특징이다. 후대에는 불교도 불경을 가장 중요한 인식의 근원으로 생각함으로써 이를 타당한 인식의 방법으로

정통바라문 사상가들은 이 가운데 베다의 계시적 증언을 가장 타당한 인식의 수단으로 생각하고, 지각적 인식은 가장 피상적인 것으로 생각한다. 그들은 추론에 의한 사유도 사물의 본질을 인식하는 데는 적당하지 못한 것으로 생각한다. 참된 실체는 주객의 대립을 초월한 존재인데 사유는 언제나 주객의 대립관계에서 이루어지기 때문이다. 따라서 범아일여(梵我一如)와 같은 진리는 베다나 스승을 통해 우리에게 알려지는 것이며, 우리는 이와 같은 진리를 요가(yoga)와 같은 선정(禪定, dhyāna)을 통해 파악할 수 있다는 것이다.[09]

이러한 정통바라문의 사상에 대하여 그 독단적 허구성을 비판한 것이 사문들의 사상이다. 이들은 원칙적으로 감각적 지각을 떠난 인식은 무의미하다고 생각한다. 가장 확실한 인식의 방법은 감각적 지각이라고 생각한 것이다.

『장아함경』의 「사문과경(沙門果經)」[10]과 이에 상응하는 D.N. 2. Sāmaññaphala-sutta[11]에는 육사외도(六師外道)로 불리는 여섯 명의 사상이 나타난다. 마가다의 왕 아자따쌋뚜 웨데히뿟따(Ajātasattu Vede-hiputta)는 붓다를 찾아가서 자신이 만났던 여섯 명의 사상가에 대하여 다음과 같이 이야기한다.

••••••••

수용하지만, 붓다 당시에는 베다에 기록된 계시적 증언을 의미한다. 사문들은 바로 이와 같은 성언량을 인정하지 않음으로써 정통바라문과 대립한다.

09_ M. Hiriyanna, 앞의 책, pp.25-27 참조.

10_ 대정장 1, pp.107-109.

11_ D.N. Vol. 1, pp.47-86.

세존이시여, 뿌라나 깟싸빠(Pūraṇa Kassapa)는 나에게 이렇게 말했습니다. "대왕이시여, 베고, 베도록 시키고 … 생명을 해치고 … 거짓말을 해도 죄가 되지 않습니다. 설령 날카로운 칼끝의 전차바퀴로 이 땅의 생명들을 한 덩어리로 짓이기고, 한 덩어리로 만들어도, 그것 때문에 죄가 있는 것이 아니며, 죄의 과보가 있는 것도 아닙니다. 설령 갠지스 강의 남쪽 언덕에 가서 때리고, 죽이고, 자르고, 자르도록 시키고, 굽고, 굽도록 시켜도, 그것 때문에 죄가 있는 것이 아니며, 죄의 과보가 있는 것도 아닙니다. 설령 갠지스 강의 북쪽 언덕에 가서 보시하고, 보시하도록 하고, 공양을 올리고, 공양을 올리게 해도, 그것 때문에 복이 있는 것이 아니며, 복의 과보가 있는 것도 아닙니다. 보시하고, 수행하고, 금욕하고, 정직함으로써 복이 있는 것이 아니며, 복의 과보가 있는 것도 아닙니다."

세존이시여, 막칼리 고쌀라(Makkhali Gosāla)는 나에게 이렇게 말했습니다. "대왕이시여 … 모든 중생, 모든 생명, 모든 생물, 모든 목숨은 자제력(自制力)이 없고, 위력이 없고, 정진이 없이, 숙명(宿命)[12]이 결합하여 존재로 성숙하며, 여섯 가지 계층(階層)[13]에서 고락(苦樂)을 겪습니다. … 어리석은 사람이든, 현명한 사람이든 (숙명에 의해 정해진 만큼) 유전(流轉)하며 윤회(輪廻)

• • • • • • • • • • • • • • •

12_ 'niyati'의 필자 번역. 'niyati'는 확정되고 결정된 법칙이나 운명을 의미한다. 결정론자이면서 숙명론자인 막칼리 고쌀라는 모든 존재 속에는 'niyati'라고 하는 확정된 숙명적인 요인이 결합되어 있다고 주장함으로써 우연론을 극복하려고 했다.

13_ 'abhijāti'의 필자 번역.

하고 나서 괴로움을 끝냅니다. 그때 '나는 계행(戒行)이나, 덕행(德行)이나, 고행(苦行)이나, 범행(梵行)으로 미숙한 업을 성숙시키고, 성숙한 업을 자주 겪어 없애야겠다.'고 할 수 없습니다. 이와 같이 고락(苦樂)의 양이 정해진 윤회에 우열(優劣)이나 증감(增減)은 없습니다. 비유하면 던져진 실타래가 풀리면서 굴러가듯이, 어리석은 사람이든, 현명한 사람이든 (숙명에 의해 정해진 만큼) 유전하며 윤회하고 나서 괴로움을 끝냅니다."

세존이시여, 아지따 께싸깜발린(Ajita Kesakambalin)은 나에게 이렇게 말했습니다. "대왕이시여, 보시도 없고, 제물(祭物)도 없고, 헌공(獻供)도 없으며, 선악업(善惡業)의 과보(果報)도 없습니다. 현세도 없고, 내세도 없으며, 부모도 없고, 중생의 화생(化生)도 없습니다. 세간에는 현세와 내세를 스스로 알고 체험하여 가르치는, 바른 수행으로 바른 성취를 한 사문과 바라문도 없습니다. 인간은 4대(四大)로 된 것이며, 죽으면 흙은 지신(地身)[14]으로 녹아 돌아가고, 물은 수신(水身)[15]으로 녹아 돌아가고, 불은 화신(火身)[16]으로 녹아 돌아가고, 바람은 풍신(風身)[17]으로 녹아 돌아가며, 감관[根]들은 허공으로 흩어집니다. … 유론(有論)[18]을 주장하는 사람들은 누구든, 그들의 주장은

14_ 'paṭhavi-kāya'의 필자 번역.
15_ 'apo-kāya'의 필자 번역.
16_ 'tejo-kāya'의 필자 번역.
17_ 'vāyo-kāya'의 필자 번역.
18_ 'atthika-vāda'의 필자 번역. 사후(死後)에 존재하는 자아가 있다는 이론을 의미한다.

허망한 거짓말이며, 낭설입니다. 어리석은 사람이든, 현명한 사람이든, 몸이 파괴되면 단멸하여 사라지며, 사후에는 존재하지 않습니다."

세존이시여, 빠꾸다 깟짜야나(Pakudha Kaccāyana)는 나에게 이렇게 말했습니다. "대왕이시여, 일곱 가지 실체[身][19]는 만들어진 것이 아니며, 만들어진 것으로 구성된 것이 아니며, 창조된 것이 아니며, 석녀(石女)처럼 생산할 수 없으며, 기둥처럼 움직일 수 없는 것입니다. … 일곱 가지는 어떤 것인가? 지신(地身), 수신(水身), 화신(火身), 풍신(風身), 락(樂),[20] 고(苦)[21] 그리고 명아(命我)[22]가 일곱째입니다. … 그것들은 움직이지 않고, 변화하지 않고, 상호간에 상호간의 괴로움이나 즐거움이나 고락을 부족하게 방해하지 않습니다. 거기에는 살해하는 자나 살해되는 자, 듣는 자나 들리는 자, 인식하는 자나 인식되는 자가 없습니다. 누군가 날카로운 칼로 머리를 자른다 할지라도 아무도 어느 누구의 목숨을 빼앗지 못하며, 일곱 가지 실체 사이에 칼이 지나간 틈이 생길 뿐입니다."

세존이시여, 니간타 나따뿟따(Nigaṇṭha Nātaputta)는 나에게 이렇게 말했습니다. "대왕이시여, 니간타(nigaṇṭha)[23]는 네 가지

19_ 'kāya'의 필자 번역.
20_ 'sukha'의 필자 번역.
21_ 'dukha'의 필자 번역.
22_ 'jīva'의 필자 번역.
23_ 자이나(Jaina) 교도를 의미함.

금계(禁戒)[24]를 지켜 (자신을) 제어합니다. 대왕이시여, 그렇다면 니간타는 어떻게 네 가지 금계를 지켜 제어하는 것일까요? 대왕이시여, 니간타는 모든 찬물을 금제(禁制)하고,[25] 모든 악을 금제하기 위해 노력하고, 모든 악의 금제를 즐기고, 모든 악의 금제를 성취합니다. 대왕이시여, 이와 같이 니간타는 네 가지 금계(禁戒)를 지켜 제어합니다. 대왕이시여, 니간타는 이와 같이 네 가지 금계를 지켜 제어하기 때문에, 대왕이시여, 니간타는 자아를 성취하고, 자아를 제어하고, 자아를 확립했다고 말해지는 것입니다."

세존이시여, 싼자야 벨랏띠뿟따(Sañjaya Belaṭṭiputta)는 나에게 이렇게 말했습니다. "대왕이시여, 만약 당신이 '내세는 있는가?'라고 묻는다면, 그리고 만약 내가 '내세는 있다.'고 생각한다면, 나는 당신에게 '내세는 있다.'라고 대답할 것입니다. 그러나 나는 이와 같이 생각하지 않습니다. 나는 그렇다고도 생각하지 않습니다. 나는 달리 생각하지도 않습니다. 아니라고 생각하지도 않고, 아닌 것이 아니라고 생각하지도 않습니다. … '여래는 사후에 존재하는가?' '여래는 사후에 존재하지 않는가?' '여래는 사후에 존재하기도 하고, 존재하지 않기도 하는가?' '여래는 사후에 존재하지도 않고, 존재하지 않지도 않은가?'라고 묻는다면, 그리고 만약 내가 … '여래는 사후에 존재

24_ 'yāma'의 필자 번역.

25_ 자이나교는 살생(殺生)을 엄격하게 금한다. 찬물 속에는 눈에 보이지 않는 생명이 살고 있을 수 있으므로 찬물을 먹는 것을 금한다고 하는 것이다.

하지도 않고, 존재하지 않지도 않는다.'라고 생각한다면, 나는 당신에게 '여래는 사후에 존재하지도 않고, 존재하지 않지도 않는다.'라고 대답할 것입니다. 그러나 나는 이와 같이 생각하지 않습니다. 나는 그렇다고도 생각하지 않습니다. 나는 달리 생각하지도 않습니다. 아니라고 생각하지도 않고, 아닌 것이 아니라고 생각하지도 않습니다."[26]

도덕부정론자인 뿌라나 깟싸빠는 아무리 몹쓸 행위도 그것은 악이 아니며, 그에 대한 죄보도 없고, 아무리 착한 행위도 그것은 선이 아니며, 그에 대한 복보도 없다고 주장한다.

　　유물론자인 아지따 께싸깜발린은 선악업의 과보도 없고, 현세와 내세도 없으며, 부모도 없고, 태어나는 존재도 없다고 주장한다. 인간 존재는 지(地), 수(水), 화(火), 풍(風)의 4대(大)로 구성된 것으로서 죽으면 4대는 각각 지, 수, 화, 풍으로 흩어질 뿐이라는 것이다. 이들이 도덕을 부정하고 세계와 인간을 물질적 요소의 우연한 결합으로 설명하고 있다는 것은 그들이 감각적 지각만을 인식의 타당한 방법으로 인정하고 있음을 시사한다. 지(地), 수(水), 화(火), 풍(風), 고(苦), 락(樂), 명아(命我) 등의 7요소설을 세워 기계적 불멸론을 주장하는 빠꾸다 깟짜야나도 마찬가지다. 그가 내세우는 7요소는 현실적인 경험을 통해 인식되는 것으로서, 그도 역시 현실적인 경험 이외의 인식은 타당한 것으로 인정하지 않고 있음을 보여 주고 있다.

・・・・・・・・・・・・・
26_ 이중표 역해, 『정선 디가 니까야』, pp.65-74.

대부분의 사문들은 이와 같이 감각적 지각만을 인정한 가운데 인과론을 부정하는 무인무연론(無因無緣論), 즉 우연론에 빠져 있었다. 세계와 인간은 몇 가지 요소들의 우연한 이합집산에 지나지 않는다는 것이다. 이와 같은 우연론을 극복하고자 한 것이 사명파(邪命派, Ajivika)로 알려진 막칼리 고쌀라의 숙명론(宿命論)이라고 생각된다. 막칼리 고쌀라는 지(地), 수(水), 화(火), 풍(風), 허공(虛空), 득(得), 실(失), 고(苦), 락(樂), 생(生), 사(死), 영혼(靈魂) 등의 12요소설을 세워 세계와 인간을 설명하는데, 인간의 행동이나 운명은 모두 이들 요소가 결정된 법칙에 의해 결합된 것으로서, 태어날 때 이미 숙명적으로 결정되어 있다고 한다. 이와 같은 막칼리 고쌀라의 주장도 일차적으로는 감각적 지각에 기초하고 있지만, 이들 요소의 결합을 어떤 필연적인 법칙으로 설명하고 있다는 것은 그가 추론을 어느 정도는 인정하고 있음을 시사한다. 그가 주장하는 필연적인 법칙은 추론의 결과라 하지 않을 수 없다.

가장 철저하게 감각적 지각만을 인식의 타당한 방법으로 인정한 사람은 싼자야 벨랏띠뿟따라고 생각된다. 당시의 사문들은 감각적이고 현실적인 경험에 의지하여 업보나 내세 등을 부정한 반면, 그는 그런 문제들에 대하여 가부조차 논하려 하지 않는다. 이러한 무관심은 그가 철저하게 감각적 인식에 의존하고 있음을 시사한다. 감각적으로 인식되지 않는 것에 대하여 가부를 논한다는 것 자체가 그에게는 무의미한 일이었던 것이다. 따라서 그는 불가지론의 입장에 있는 회의론자라고 할 수 있다.

이와 같은 싼자야 벨랏띠뿟따의 회의론을 단순한 불가지론으로 평가해서는 안 된다. 그의 불가지론은 타당한 인식으로 입증될 수 없는 문제는 결코 거론할 수 없다는 솔직한 철학적 태도이며, 당시의 사상계에서 논의되고 있는 문제들이 과연 정당한 방법으로 논의되고 있는가에 대한 반성의 토대를 마련해 주는 것으로서, 붓다에게도 적지 않은 영향을 주었을 것이다.

이와 같이 범아일여론, 유물론, 도덕부정론, 기계적 불멸론, 숙명론, 회의론과 같은 다양한 사상이 모순대립하는 상황에서 자이나(Jaina)교의 교조 니간타 나따뿟따는 당시의 모든 사상을 조화롭게 종합함으로써 대립과 모순을 극복하려 하고 있다. 그의 세계 구성 원리는 5종의 실재신(實在身, astī-kāya), 즉 명아(命我, Jīva)와 4종의 비명아(非命我, Ajīva; 物質: pudgala, 虛空: ākāśa, 法: dharma, 非法: adharma)이다.[27] 명아(命我)는 지, 수, 화, 풍, 동물, 식물 등 모든 존재에 내재하는 생명력으로서 모든 정신작용의 주체이며, 행동의 주체로서 그 본성은 인식 내지 지각능력이다.[28] 명아(命我)는 현실세계에서는 물질과 결합하여 그 속에 내재하게 되는데, 이때 명아(命我)는 자신이 취한 물질의 크기와 같은 크기로 존재한다.[29] 명아(命我)는 본래 무한한 지(知, jñāna), 견(見, darśana), 력(力, vīrya), 안락(安樂, sukha)의 성질을 갖는 동질의 것이지만 업(業, karma) 때문에 이들 성품들이 가려져서 현실적으로는 서로 다르게 존재한다.[30]

니간타 나따뿟따에 의하면 현실에서의 경험적 인식은 비명아(非命我)에 의해 제한을 받는 상태에서의 한정된 인식이다. 우리의 감관은 인식을 돕는 것이 아니라 오히려 명아의 무한하고 절대적인 인식을 방

- - - - - - - - - - - - - -

27_ 정태혁, 앞의 책, p.378 참조.
28_ M. Hiriyanna, 앞의 책, p.61.
29_ 같은 책.
30_ 같은 책.

해한다는 것이다. 따라서 인생의 궁극적인 목적은 비명아를 명아로부터 완전히 제거하여 명아의 본성을 회복하는 일이다. 이렇게 명아가 비명아와 떨어져 독존함으로써 얻게 되는 완전하고 포괄적인 인식을 독존지(獨存知, Kevala-jñana)라 한다.[31]

이와 같은 니간타 나따뿟따의 사상은 바라문 사상과 사문들의 사상을 종합한 것으로 볼 수 있다. 그는 물질적 존재를 포함하여 모든 존재에 명아(命我)가 내재한다고 함으로써 바라문 사상의 아트만(Ātman)론을 수용하고 있다. 그러나 명아(命我)와 비명아(非命我)를 독립적인 실체로 봄으로써 적취설의 입장을 취함으로써 모든 존재를 산출하는 브라만(Brahman)과 같은 실체는 인정하지 않는다. 그에 의하면 비명아 가운데 물질(pudgala)은 부분을 갖지 않아 나눌 수 없고 파괴될 수 없는 무수한 원자(paramāṇu)로 이루어져 있다. 이러한 원자 자체는 색(色), 미(味), 향(香) 등을 가지고 있으나 현실적으로 지각되지는 않는다. 그러나 이들이 결합하면 가촉성(可觸性)이 생겨 현실적으로 지각되는 물질(pudgala)의 형태가 된다.[32]

이와 같이 물질이 원자의 집합체라는 생각은 유물론을 수용한 것이다. 한편 그가 운동의 조건인 법(法, dharma)과 정지(停止)의 조건인 비법(非法, adharma)을 실재하는 실체로 생각한 것은 막칼리 고쌀라와 마찬가지로 우연론을 극복하기 위한 것으로 생각된다. 생성과 운동은 법과 비법이라는 결정되어 있는 불변의 원리에 의해 이루어진다고 생각한 것

....
31_ 같은 책.
32_ 정태혁, 앞의 책, pp.378-379 참조.

이다. 이것은 그가 결정론을 수용하고 있음을 시사한다.

그는 명아(命我)가 무한한 지(知), 견(見), 력(力)을 갖는 존재라고 함으로써 자발적인 해탈의 가능성을 보여 준다. 즉, 숙명론에서처럼 해탈까지도 숙명으로 보지 않고, 명아(命我)의 자유성에 근거해서 숙명을 극복할 수 있다고 본 것이다. 이와 같은 명아(命我)의 자유성과 전지전능성 등은 우파니샤드의 아트만론을 수용한 것이라 할 수 있다.

이와 같이 니간타 나따뿟따는 우파니샤드의 독단적인 세계전개설은 유물론을 수용하여 극복하려고 했고, 유물론의 우연론은 막칼리 고쌀라의 결정론을 수용하여 극복하려고 했으며, 결정론은 우파니샤드의 아트만론으로 극복하려고 했다.

인식론의 측면에서는 상대주의적 인식론(syād-vāda)으로 회의론에서 벗어나려고 했다. 니간타 나따뿟따에 의하면 실체는 모순성을 배제하지 않는다. 실체는 그 본질에 있어서 확정될 수 없다(anekanta)는 것이다.[33] 그러나 이것은 실체가 전적으로 한계가 없는 막연한 것이라는 의미가 아니라, 절대적으로 한정될 수는 없다는 의미이다. 따라서 실체는 하나의 명제로 단정되어서는 안 되고, 일곱 가지의 모순된 명제로 서술되어야 한다고 주장한다.[34]

대체로 당시에 실체가 이해되는 데는 세 가지 개별적인 방법이 있었다. 혹자는 '실체는 존재한다(asti)'고 했고, 혹자는 '실체는 존재하지 않는다(nāsti)'고 했다. 그리고 혹자는 '실체는 사량(思量)할 수 없다'는 생

33_ M. Hiriyanna, 앞의 책, p.67.
34_ 같은 책.

각에서 이 두 가지 방법으로 표현된 것을 인정하지 않았다(avaktavya).³⁵

니간타 나따뿟따는 이들 가운데 전적으로 옳은 것도 없고, 전적으로 틀린 것도 없다고 주장한다. 이들은 실체의 일면만을 이야기하고 있기 때문에 그 측면에 관해서 말할 때는 그것이 옳지만, 그 추종자들이 주장하듯이 그것만이 절대적으로 옳지는 않다는 것이다.[36] 따라서 어느 한 견해만을 진리라고 주장해서는 안 되고, 모든 견해를 종합하여 다음과 같이 일곱 가지로 서술할 때 실체에 대한 완전한 서술이 된다고 주장한다.[37]

① 실체는 존재한다고 할 수 있다. (syāt asti)

② 실체는 존재하지 않는다고도 할 수 있다. (syān nāsti)

③ 실체는 존재하면서 존재하지 않는다고도 할 수 있다. (syāt asti ca nāsti ca)

④ 실체는 말로 표현할 수 없다고 할 수도 있다. (syāt avaktavyaḥ)

⑤ 실체는 존재하지만 말로는 표현할 수 없다고 할 수도 있다. (syāt asti ca avaktavyaḥ)

⑥ 실체는 존재하지 않으므로 말로 표현할 수 없다고 할 수도 있다. (syān nāsti ca avaktavyaḥ)

⑦ 실체는 존재하면서 존재하지 않으므로 말로 표현할 수 없다고 할 수도 있다. (syāt asti ca nāsti ca avaktavyaḥ)

35_ 같은 책.

36_ 같은 책.

37_ 아래의 7종 진술은 정태혁의 앞의 책, pp.384-385와 M. Hiriyanna의 앞의 책, pp.67-68의 내용을 참고하여 필자가 정리한 것이다.

이것이 소위 칠종서술론(七種敍述論, sapta-bhaṅgī; sevenfold predicable)인데, 그는 인식론에 있어서도 이와 같은 상대주의를 통해 당시의 모든 주장을 수용하려 했다.

　　니간타 나따뿟따의 실천적 교리는 그의 독특한 업설(業說)에 기초하고 있다. 일반적으로 인도인들은 선악의 과보를 주는 것은 신이라고 믿고 있다.[38] 그러나 니간타 나따뿟따는 신의 존재를 믿지 않고 업이 스스로 작용한다고 주장한다.[39] 그에 의하면 업(karma)은 명아(Jīva)에 침투하여 명아의 본성을 더럽히는 미세한 물질(pudgala)이다.[40] 이 같은 업이 명아에 침투함으로써 명아와 비명아(Ajīva)의 결합이 있게 되는데, 이 상태가 윤회하는 상태다.[41] 따라서 인생의 목적은 명아와 비명아를 분리시켜 원래의 순수한 상태를 회복함으로써 독존지(kevela-jñana)를 얻는 데 있다.[42]

　　세속적인 상태의 명아에는 업이 철저하게 고루 침투해 있다. 따라서 비명아와 분리하기 위해서는 명아와 비명아를 결합시키고 있는 업을 없애야 한다.[43] 니간타는 이 같은 업이 명아에 침투하는 과정과 소멸하는 과정을 다음과 같이 설명한다.

　　먼저 명아가 행위를 하면 명아에 업이 침투한다(ásrava). 그러면 명아는 비명아에 구속된다(bandha). 업은 고락을 현실적으로 느낌으로

. . . .

38_ M.Hiriyanna, 앞의 책, p.61.
39_ 같은 책.
40_ 같은 책.
41_ 같은 책.
42_ 위의 책, p.69 참조.
43_ 같은 책.

써, 즉 보(報)를 받음으로써 명아로부터 빠져나간다. 그러나 보통 사람의 경우에는 그 사람의 새로운 행위로 인해 업이 계속해서 명아 속으로 침투하기 때문에 결코 해탈할 수가 없다. 그리고 사후에는 업의 잔여물(kārmaṇa-śarīra)이 새로운 형태의 존재 속으로 명아와 함께 들어가게 된다. 이렇게 윤회는 시작도 끝도 없이 계속된다.[44]

해탈(mokṣa)은 이 같은 사실을 알아 새로운 업의 침투를 막음으로써 가능하다. 즉, 새로운 업의 침투를 막고(saṃvara), 과거에 침투한 업을 고행을 통해 남김없이 내보내면(nirjarā) 해탈은 저절로 이루어진다는 것이다.[45] 따라서 새로운 업의 침투를 막고, 침투한 업을 몰아내기 위해서는 고행을 해야 한다고 주장한다.

2. 붓다의 중도(中道)

사문들의 사상은 독단적인 바라문 사상에 대한 비판적 각성이다. 현실적인 경험이나 인간적인 사유가 무시된 가운데 주장된 범아일여론(梵我一如論)과 같은 독단론은 결코 인정할 수 없다는 것이다. 그러나 이들도 세계와 인간을 설명하는 데는 실패하고 말았다. 산자야의 회의론이 이것을 보여 준다. 그들이 불멸의 실체라고 주장하는 4대(四大)와 같은 요소들은 경험을 통해 인식되는 것이기 때문에 실질적이기는 하지만, 그것을 불멸하는 실체라고 주장할 때는 이미 경험의 한계를 벗어나고 있

· · · · · · · · · · · · ·
44_ 위의 책, pp.69-70 참조.
45_ 같은 책.

는 것이다. 이 같은 문제를 해결하기 위해 니간타는 결국 상대주의에 빠지게 되었음은 상술한 바와 같다.

뿐만 아니라 사문들의 사상은 사회적으로 윤리의 파괴를 초래했다. 도덕부정론자 뿐만 아니라 세계와 인간을 비인격적인 요소의 우연한 결합체라고 주장하는 유물론자나 결정적 인과론을 주장하는 숙명론자 그리고 회의론자까지도 결국은 윤리를 부정하고 세속적인 쾌락에 빠져들었으며, 자이나교에서는 맹목적인 고행을 일삼고 있었다. 붓다는 이와 같은 현실을 매우 우려했다. 『중아함경』의 「도경(度經)」에서 붓다는 당시의 현실을 다음과 같이 비판하고 있다.

어떤 사문(沙門)과 범지(梵志)는 일체는 모두 숙명의 조작에 의한 것이라고 주장하고, 또 어떤 사문과 범지는 존우(尊祐)의 조작에 의한 것이라고 주장하며, 또 어떤 사문과 범지는 인(因)도 없고 연(緣)도 없다고 주장한다. … 만약 그와 같다면 그들은 숙명이나 존우(尊祐)의 조작에 의해 또는 아무 이유도 없이 살생 같은 악행을 하게 될 것이다. 그러나 비구들이여, 숙작인(宿作因)이나 존우작인(尊祐作因) 등에 의지하면, 거기에는 하고자 하는 욕구도 있을 수 없고, 노력도 있을 수 없으며, 이 행위는 해야 하고 이 행위는 해서는 안 된다는 당위성도 있을 수 없게 된다.[46]

• • • • • • • • • • • • • •
46_ 대정장 1, p.435.

소위 삼종외도설(三種外道說)로 불리는 이와 같은 붓다의 비판은, 붓다가 그릇된 사상에 기인하는 당시의 혼란한 사회상에 대하여 크게 우려하고 있었음을 보여 준다. 붓다의 관심은 이와 같은 윤리적 타락을 막을 수 있는 진정한 윤리의 확립에 있었다. 그러나 윤리의 확립은 단순한 도덕률의 제시로 해결되는 문제가 아니다. 당시의 윤리적 타락이 외도들의 사상에 기초하고 있듯이, 진정한 도덕률이 되기 위해서는 이들 사상을 극복할 수 있는 사상체계가 필연적으로 요구된다고 할 수 있다. 따라서 붓다의 관심이 윤리적인 측면에 있었다고 해서 형이상학적인 측면에 관심이 없었을 것이라고 생각할 수는 없다.

　　그런데 붓다는 당시의 형이상학적 문제에 대하여 일관된 침묵으로 대응하고 있다. 이와 같은 붓다의 침묵이 무관심이나 불가지론의 표현이 아님은 이미 상술한 바 있다. 그렇다면 붓다의 철학적 입장은 어떤 것일까? 필자는 이것을 중도라고 지적한 바 있다. 이제 붓다의 철학적 입장인 중도에 대하여 살펴보고자 한다.

1) 고락중도(苦樂中道)

일반적으로 고락중도를 이야기할 때 거문고의 비유를 든다. 『증일아함경』에 의하면, 어떤 비구가 잠을 자지 않고 정진했으나 욕루(欲漏)에서 벗어나지 못함을 자책하고 환속할 생각을 일으키자, 붓다는 거문고의 줄을 너무 죄거나 늦추면 그 소리가 아름답지 못하듯이 수행에 있어서도 극단적인 정진이나 해태(懈怠)를 피하여 그 중간에서 수행할 것을 권한다.[47]

• • • • • • • • • • • • • • • •

47_ 極精進者 猶如調戲 若懈怠者 此墮邪見 若能才中者 此則上行(대정장 2, p.612b).

이 비유가 중도를 의미한다면 중도는 중용(中庸)과 다르지 않다. 그러나 거문고의 비유는 고락중도를 의미하지 않는다. 중도는 결코 중용이 아니다.

『중아함경』의 「구루수무쟁경(拘樓瘦無諍經)」[48]과 이에 상응하는 M.N. 139. Araṇavibhaṅga-sutta에서 붓다는 고락중도에 대하여 다음과 같이 이야기한다.

성자(聖者)의 행(行)이 아닌 범부(凡夫)의 하천(下賤)하고 무익한 감각적 쾌락을 추구하지도 말고, 성자의 행이 아닌 고통스럽고 무익한 자신을 괴롭히는 고행을 추구하지도 마시오. 이들 막다른 두 길을 멀리하면 여래가 깨달은 중도가 있으며, 이 길은 안목이 생기고 앎이 생기며, 평온과 수승한 지혜와 깨달음과 열반으로 이끈다오. … '이들 막다른 두 길을 멀리하면 여래가 깨달은 중도가 있으며, 이 길은 안목이 생기고 앎이 생기며, 평온과 수승한 지혜와 깨달음과 열반으로 이끈다.'라고 했는데, 이 말은 무엇을 이야기한 것인가? 정견(正見), 정사유(正思惟), 정어(正語), 정업(正業), 정명(正命), 정정진(正精進), 정념(正念), 정정(正定)이라고 하는 성자의 8정도(八正道)가 있다오.[49]

• • • • • • • • • • • • •
48_ 대정장, 1, p.701ab.
49_ 이중표 역해, 『정선 맛지마 니까야(하)』, pp.388-390.

당시의 바라문교에서는 수정주의(修定主義)를 수행법으로 취했고, 자이나교에서는 고행주의(苦行主義)를 취했으며, 대부분의 사문들은 쾌락주의(快樂主義)를 택했다. 그런데 붓다는 이 경에서 자신은 쾌락주의와 고행주의를 버리고 8정도(八正道)를 수행법으로 취하고 있음을 보여 주고 있다. 그렇다면 붓다는 왜 당시의 사문들이 취했던 수행법을 버리고 8정도라는 새로운 수행법을 택하였을까?

수행의 목적은 열반(涅槃), 즉 최고의 가치를 성취하는 데 있다. 당시의 사문들은 대부분 세속적인 감각적 쾌락을 최고의 가치로 생각했다. 윤리적 인과율과 내세를 부정하는 이들에게는 살아있는 동안 어떤 방법으로든 세속적인 욕구를 충족시키는 것이 가장 가치 있는 일이었다.

한편 자이나교에서는 현실에서의 삶을 부정적으로 보고 있다. 그들에게 현생은 전생의 업에 대한 보를 받는 괴로운 세계일뿐이다. 따라서 현생에서 쾌락을 추구하는 일은 내생의 괴로움을 만드는 일이므로 끝없이 윤회를 지속하게 할 뿐 결코 가치 있는 일이 아니다. 현생은 이와 같이 괴로운 것이기 때문에 현생에서 빨리 괴로움을 받고, 다음 세상에서 윤회를 벗어나는 것이 가장 가치 있는 일이다.

이와 같이 쾌락주의와 고행주의는 나름대로의 세계관과 인생관에 의해 선택된 가치관이다. 우리의 삶이 현생뿐인가 아니면 내생이 있는 것인가 하는 견해의 차이에서 쾌락주의와 고행주의라는 상반된 가치관이 나올 수 있다. 위에 인용한 경에서 붓다는 이와 같은 가치관을 모두 부정하고 있다. 붓다가 이들의 가치관을 배척한 것은 붓다에게 이들과는 다른 세계관과 인생관이 있고, 그에 따른 새로운 가치관이 있기 때문이다. 붓다가 중도로 제시한 8정도(八正道)는 붓다의 세계관과 인생관

그리고 가치관을 함축하고 있다.

8정도의 내용을 보면 마지막 지(支)가 정정(正定)으로 되어 있다. 이것은 8정도의 다른 지는 바른 선정(禪定)에 이르는 과정이라는 것을 의미한다. 바꾸어 말하면, 붓다가 추구한 최고의 가치는 선정(禪定)을 통해 성취된다고 할 수 있다. 따라서 붓다의 중도는 일종의 수정주의(修定主義)라고 할 수 있고, 이와 같은 붓다의 입장은 수정주의를 택했던 당시의 바라문교와 다를 바가 없어 보인다.

당시의 우파니샤드 철학자들은 윤회(saṁsāra)에서 해탈(mokṣa)하는 것을 최고의 가치로 삼았고, 해탈을 위해서는 진정한 자아인 브라만(Brahman)에 대한 무지에서 벗어나야 되며, 브라만에 대한 인식은 선정(禪定)을 통해 이루어진다고 생각하여 수정주의를 취하고 있었다.[50] 그러나 8정도는 우파니샤드의 수정주의와 그 내용이 다르다. 무엇보다도 8정도의 첫 지분(支分)인 정견(正見), 즉 진리관(眞理觀)이 우파니샤드와 크게 다르다. 이후에 고찰할 붓다의 중도는 바로 이와 같은 붓다의 진리관을 표명한 것이다.

2) 자작타작중도(自作他作中道)

인도철학의 목적은 궁극적으로 괴로움에서 해탈하는 데 있다.[51] 진리의 체득도 중요한 목표이기는 하지만, 이것은 해탈과 무관한 것이 아니라 해탈의 조건이 된다. 이와 같이 해탈을 목표로 한다고 할 때 문제가 되는

• • • • • • • • • • • • • • •
50_ M.Hiriyanna, 앞의 책, p.28 참조.
51_ 원의범, 앞의 책, p.17 참조.

것은 괴로움의 발생에 관한 것이다. 괴로움에서 벗어나기 위해서는 괴로움이 누구에 의해 어떻게 생기는가를 문제 삼지 않을 수 없다. 자작타작중도(自作他作中道)는 이와 같은 괴로움의 발생에 관한 문제에 대하여 외도들의 견해를 비판하고 붓다의 입장을 밝힌 것이다. 따라서 8정도가 실천적 측면의 중도라면, 자작타작중도는 8정도의 실천에 앞서 갖추어야 할 정견(正見)을 밝힌 이론적 측면의 중도다.

　　자작타작중도가 설해지고 있는 『잡아함경(302)』에서 붓다는 '괴로움은 자작(自作)인가, 타작(他作)인가, 자타작(自他作)인가, 비자비타무인작(非自非他無因作)인가' 하는 물음에 대하여 침묵한다.[52] 여기에 나오는 네 가지 견해는 각각 우파니샤드, 숙명론, 자이나교, 유물론의 주장이다.

　　우파니샤드의 경우, 자기동일성을 지닌 상주불멸하는 아트만은 행위의 주체임과 동시에 그 행위에 대한 과보를 받는 자이다. 괴로움은 불멸(不滅)의 자아(自我, Ātman)가 짓고 받는다는 것이다. 따라서 자작(自作)은 우파니샤드의 견해다.

　　숙명론의 입장에서 보면 괴로움은 숙명에 의해 이미 결정된 것이다. 따라서 타작(他作)은 숙명론의 견해다.

　　자이나교에서는 명아(命我, Jīva)가 행위는 하지만 괴로움은 업(業, karma)이라는 물질 때문에 생긴다고 주장한다. 업이 침투하는 측면에서 보면 괴로움은 자작(自作)이지만, 괴로움이 생기는 측면에서 보면 타작(他作)이다. 따라서 자타작(自他作)은 자이나교의 견해다.

• • • • • • • • • • • • • • • •
52_ 대정장 2, p.86ab 참조.

세계와 인간을 물질적 요소의 우연한 결합으로 설명하는 유물론자의 입장에서 보면, 괴로움의 발생은 우연한 것일 뿐 윤리적 행위의 결과가 아니다. 따라서 무인작(無因作)은 유물론자의 견해다.

붓다는 이와 같은 외도들의 주장에 대하여 침묵한 후, 자신은 이들 사견을 모두 배척하고 중도에서 이 문제에 대하여 논의한다고 하면서 연기법, 즉 12연기(十二緣起)를 설한다.[53] 붓다가 외도들의 견해를 비판하고 연기법을 설하는 까닭은 괴로움의 발생에 대한 시각이 외도들과 근본적으로 다르기 때문이다.

외도들은 괴로움을 무엇인가가 만든 것으로 보고 있지만, 붓다는 어떤 조건에서 생긴 것으로 본다. 따라서 괴로움의 멸진을 위해서는 괴로움을 만든 자[作者]가 문제되는 것이 아니라, 괴로움이 발생하는 조건이 문제된다고 보고 있다. 괴로움이 생기는 조건을 알 때, 그것을 멸하는 방법을 알 수 있으며, 괴로움에서 벗어날 수 있다는 것이다.

12연기(十二緣起)는 이러한 괴로움의 발생과 멸진(滅盡)의 과정을 잘 보여 주고 있다. 무명(無明)의 상태에서 괴로움이 발생하기 때문에 무명을 없애면 괴로움도 없어진다는 것이 12연기다. 그런데 괴로움의 멸진을 위해 무명을 멸진해야 한다고 할 때, 여전히 남게 되는 문제는 무명이 어떤 것인가 하는 점이다.

무명(無明)은 진리에 대한 무지(無知)를 뜻한다. 우파니샤드에서도 괴로움은 브라만과 아트만에 대한 무지에서 비롯된다고 주장하고,[54]

<hr />

53_ 離此諸邊 說其中道 如來說法 此有故彼有 此起故彼起(같은 책).

54_ 苦가 생사윤회의 고를 의미한다고 할 때, 일례로 카타(Katha) 우파니샤드에서 "만일 한 사람이 그의 육신을 벗어던지기 전에 브라만을 얻지 못한다면, 그는 피조물의 세계에 있는 육신으로 다시 들어가

자이나교에서도 명아(命我)에 업이 침투하여 괴로움이 생기므로 이 과정을 알아서 업이 침투하지 못하게 해야 한다고 주장한다. [55]

이와 같이 외도들의 견해도, 괴로움의 발생이 근본적으로는 진리의 무지에서 비롯되므로 괴로움의 멸진을 위해서는 반드시 진리를 알아야 한다는 점에서는, 붓다와 다를 바가 없다. 문제는 '무엇이 진리인가?'이다.

당시의 외도들이 발견하고자 한 진리는 '본질이 되는 존재', 즉 근본 실체(實體)였다. 외도들은 세계와 인간을 구성하는 근본실체를 문제 삼았다. 우파니샤드의 브라만과 아트만, 유물론의 4대(四大), 자이나교의 오실재신(五實在身) 등은 모두 이 문제의 해답으로 제시된 것이다.

외도들의 전변설과 적취설은 상반된 입장에서 모순대립하고 있지만 세계와 인간이 어떤 '실체'로 되어 있는가를 추구한 점에서는 다를 바가 없다. 그들이 괴로움의 작자(作者)를 문제 삼는 까닭도 여기에 있다. 세계와 인간이 실체로 구성된 것이라면, 그 실체들 가운데 괴로움을 일으키는 실체는 무엇인가를 문제 삼은 것이다.

붓다의 연기법은 실체를 문제 삼지 않는다. 이후에 살펴보겠지만, 붓다에게 모든 존재는 망념으로 조작된 허구적인 것이다. 붓다는 철학의 문제를 '세계와 인간을 구성하는 실체는 무엇인가'의 문제가 아니라, '우리가 인식하는 세계와 인간은 어떤 과정을 통해 이루어진 것인가'의 문제라고 본다. 연기법은 이와 같은 관점에서 괴로운 세간의 성립과

....
야만 한다."라고 하여 윤회의 근원이 브라만에 대한 무지임을 시사하고 있다. 〈박석일 역, 『우파니샤드』(서울: 정음사, 1978), p.32.〉

55_ M. Hiriyanna, 앞의 책, pp.69-70 참조.

정을 밝힌 것이다.

붓다가 사견이라고 비판한 철학은 망념으로 조작된 허구적인 존재들 가운데서 본질적 존재를 추구하는 모든 철학이며, 중도는 이러한 무의미한 철학을 버리고 올바른 방법으로 철학하는 태도를 의미한다. 그리고 연기법은 중도를 통해 드러난 진리이기 때문에 정견(正見)으로 제시된다. 바꾸어 말하면 붓다가 이야기하는 무명은 연기법에 대한 무지이며, 연기법에 대한 바른 이해가 정견이다.

3) 단상중도(斷常中道)

외도들은 세계와 인간을 구성하는 실체를 추구한 결과 각기 달리 자아(自我)를 규정하였다. 우파니샤드에서는 브라만과 동일한 불멸의 정신적 실체로서 환희에 충만한 아트만이 자아라고 주장했고, 유물론자들은 물질적 요소들이 일시적으로 결합해 있는 상태가 우리의 자아라고 생각했으며, 자이나교에서는 무한한 지(知), 견(見), 력(力)을 지닌 명아(命我; Jīva)가 진정한 자아라고 주장했다.

외도들은 이와 같이 각기 달리 자아를 규정하고 있었으나, 자아를, 영원하게든 일시적으로든, 자기동일성을 지니고 시간적으로 존속하는 존재라고 생각했다. 이와 같이 시간적으로 존속하는 존재로서의 자아가 사후에도 변함없이 존재한다는 견해가 상견(常見)이고, 죽으면 존속하지 못하고 단멸(斷滅)한다는 견해가 단견(斷見)이다. 단상중도는 이와 같은 외도들의 자아관(自我觀)을 비판한 것이다. 『잡아함경(300)』에서는 단상중도를 다음과 같이 설하고 있다.

자작자각(自作自覺)이라고 하면 상견(常見)에 떨어지고, 타작타각(他作他覺)이라고 하면 단견(斷見)에 떨어진다. 의미 있고 여법(如法)한 주장은 이들 이변(二邊)을 떠나 중도(中道)에서 설한 법이니, 소위 이것이 있기 때문에 저것이 있고, 이것이 일어나기 때문에 저것이 일어남이라. 무명을 연(緣)하여 행(行)이 있고…56

주지하듯이 붓다는 무아(無我)를 주장한다. 무아설(無我說)의 입장에서 본다면, 판단의 대상이 되는 자아가 없기 때문에, '자아는 상주하는가, 단멸하는가?'의 문제는 무의미한 것이다. 그러나 붓다의 무아설을 단순한 자아의 부정이라고 생각해서는 안 된다. 무아설의 근저에는 연기법이라는 이론적 토대가 자리하고 있으며, 무아설은 연기법의 이해를 통해서 비로소 바르게 이해될 수 있기 때문이다.

이 경에서 붓다가 무아를 이야기하지 않고 연기법으로 자신의 입장을 표명하고 있는 까닭은 붓다의 무아설이 연기법의 입장에서 취해진 것이기 때문이다. 자아의 상존(常存)과 단멸(斷滅)을 문제 삼고 있는 상견(常見)과 단견(斷見)은 모두 무아의 진리에 무지한 상태에서 허구적으로 자아를 계탁(計度)하여 논의하는 가운데 나타난 사견이다. 이 경에서 붓다는 이러한 사견을 비판하고 있으며, 외도들이 주장하는 자아가 무명에서 연기한 망념임을 깨닫고 무지에서 벗어나면 자아의 상존과 단멸을 문제 삼고 있는 상견과 단견에서 벗어날 수 있다는 의미에서 연기법을 설한 것이다.

• • • • • • • • • • • • • • •
56_ 대정장 2, p.85c.

4) 일이중도(一異中道)

자아는 상주불멸(常住不滅)하는 것인가 단멸(斷滅)하는 것인가 하는 문제는 영육일이(靈肉一異)의 문제와 밀접한 관계에 있다. 상견에서 주장하는 상주불멸(常住不滅)하는 자아는 영혼과 같은 정신적 존재이고, 단견에서 주장하는 단멸(斷滅)하는 자아는 물질의 집합체인 육신(肉身)이기 때문에, 상견에서는 육신과는 다른 영적 존재가 있다고 보고 있고, 단견에서는 정신이란 물질이 결합한 상태에서 나타난 현상일 뿐 육신과 별개의 것이 아니라고 본다. 『잡아함경(297)』에서 일이중도(一異中道)는 이와 같은 맥락으로 이야기된다.

> 영혼[命]이란 곧 육신[身]이라고도 주장하고, 영혼과 육신은 서로 다르다고도 주장하지만, 이들 주장의 의미는 한 가지인데 갖가지로 다르게 주장될 뿐이다. 만약 영혼이 곧 육신이라고 한다면 거기에는 범행(梵行)이 있을 수 없으며, 영혼과 육신이 다르다 해도 범행은 있을 수 없다. 그러므로 이들 이변(二邊)에 따르지 말고 마음을 바르게 중도로 향할지니, 그것이 현성(賢聖)이 세간에 나와 전도되지 않고 여실하게 정견(正見)하여 알아낸 것으로서 소위 무명을 연하는 행이며…[57]

• • • • • • • • • • • • • •

[57]_ 대정장 2, pp.84c-85a.
　　'命身一異'의 문제에 침묵하는 「箭喩經」과 이에 상응하는 M.N. Cūlamāluṅkya-sutta를 대조해 보면 '命'은 'Jīva'의 한역이고, '身'은 sarīra의 한역이다. 'Jīva'는 '살다(to live)'라는 의미의 동사 'jīvati'에서 파생된 명사로서 생명(life)을 의미하고, 'sarīra'는 肉身, 특히 屍身을 의미한다. 따라서 '命身一異'의 문제는 생명현상이 전적으로 물질적인 요소의 집합체인 육신에서 비롯된 현상인지, 아니면 육신과는 별개의 생명이 존재하는지의 문제이다. 필자가 '命'을 '영혼'으로 번역한 것은 일반적으로 영혼이 육신과는 별개의 존재로서 생명현상의 주체로 인식되고 있기 때문이다.

이 경에서 이야기하듯이 영육일이(靈肉一異)의 문제는 서로 모순된 견해의 대립처럼 보이지만, 범행(梵行), 즉 생사에서 벗어나는 수행을 부정하게 된다는 점에서는 차이가 없다. 범행(梵行)의 목적은 생사에서 벗어나 해탈을 성취하는 데 있다. 그런데 영혼과 육신이 동일한 것이라고 한다면 육신의 죽음과 함께 영혼도 사라지기 때문에 생사에서의 해탈이란 근본적으로 불가능하다. 따라서 범행을 행할 필요가 없다.

한편 육신은 죽어도 영혼은 죽지 않는다고 한다면, 영혼은 수행을 하든지 하지 않든지 죽지 않기 때문에, 죽음에서 벗어나기 위한 수행은 무의미하다. 영혼과 육신이 같은 것인가 다른 것인가의 모순대립은 인간을 어떤 존재로 설명하려고 하는 전변설이나 적취설의 사고방식에서 비롯된 것이다.

그러나 이와 같은 견해는 결코 인간의 가치실현에 대한 타당성을 부정한다는 점에서 중도를 취해야 한다는 것이 이 경의 주제이다. 일이(一異)의 문제도 단상(斷常)의 문제와 마찬가지로 무아의 진리에 대한 무지에서 비롯된 사견으로서 논의할 가치가 없으므로 중도에서 연기법을 정견으로 삼아 사견을 벗어나야 한다는 것이다.

5) 유무중도(有無中道)

실천적 측면에서 설해진 고락중도(苦樂中道)는 그 내용이 8정도(八正道)이다. 그리고 8정도의 출발이 되는 정견으로, 이론적 측면에서 설해진 자작타작중도(自作他作中道), 단상중도(斷常中道), 일이중도(一異中道) 등은 그 내용이 연기법이다. 유무중도(有無中道)는 이들 이론적 측면에서 설해진 중도를 총괄하는 중도이다.

자작타작(自作他作), 단상(斷常), 일이(一異)의 모순대립은 본질적으로 유무(有無)의 모순대립에서 비롯된 것이다. 자작타작(自作他作)의 대립은 상주(常住)하는 괴로움의 작자(作者)에 대한 유무(有無)의 모순대립이고, 단상(斷常)의 모순대립은 불멸하는 자아의 존재에 대한 유무(有無)의 모순대립이며, 일이(一異)의 모순대립은 영혼이라는 존재에 대한 유무(有無)의 모순대립이다. 따라서 붓다는 모순대립하는 외도의 모든 사상을 유무(有無) 이견(二見)으로 분류한다.[58] 그리고 이와 같이 모순대립하는 사상은 아무리 배우고 익혀도 결국 그 법을 따를 수가 없으므로 이들 사견을 버려야 한다고 강조한다.[59]

붓다의 중도는 이와 같이 어떤 실체를 상정하여 그 실체의 유무(有無)를 문제 삼음으로써 나타난 모순대립하는 모든 사견을 비판하고 연기법을 드러낸 것이다. 유무중도(有無中道)는『잡아함경(301)』에서 다음과 같이 이야기된다.

세상 사람들이 전도되어 있는 것은 유무 이변(二邊)에 의지하기 때문이다. 세상 사람들은 여러 경계를 취하여 마음으로 계착(計著)한다. 가전연이여, 만약 경계를 취하지 않고, 머물지 않고, 아(我)를 계탁하지 않으면, 고(苦)가 생길 때 생기는 것

58_ 世尊告諸比丘 有此二見 云何爲二見 所謂有見無見 彼云何爲有見 所謂欲有見 色有見 無色有見 彼云何爲欲有見 所謂五欲是也 云何爲五欲 所謂眼見色 甚愛敬念 未曾捨離 世人宗奉 若耳聞聲 鼻嗅香 口知味 身知細滑 意了諸法 是謂有見 彼云何名爲無見 所謂有常見 無常見 有斷滅見 無斷滅見 有邊見 無邊見 有身見 無身見 有命見 無命見 異身見 異命見 此六十二見 名曰無見 亦非眞見 是謂名爲無見 是故 諸比丘 當捨此二見(『증일아함경』, 대정장 2, p.577b).

59_ 所謂有見無見 諸有沙門婆羅門 於此二見 習已誦已 終不從其法 … 於此二見 不應習行 不應諷誦 盡當捨離(위의 책, p.577a).

에 대하여, 멸할 때 멸하는 것에 대하여 의혹이 없이 다른 사람을 의지하지 않고도 능히 알 수가 있다. 이것을 정견(正見)이라고 하며, 여래가 설하는 것은 이것이다. … 세간의 집(集)을 여실하게 정관(正觀)하면 세간의 무견(無見)은 생기지 않고, 세간의 멸을 여실하게 정관하면 세간의 유견(有見)은 생기지 않으므로 여래는 이변(二邊)을 떠나 중도에서 설한다. 소위 이것이 있기 때문에 저것이 있고, … 무명(無明)을 연하여 행(行)이 있고….[60]

이와 같이 붓다는 모든 사견이 유무(有無) 이변(二邊)에 의지할 때 생긴다고 보고 있다. 여기에서 붓다가 버려야 한다고 충고하고 있는 이변(二邊)이란 다름 아닌 모순이다. 모든 모순은 전술한 바와 같이 유무의 모순관계에서 비롯되고 있으며, 유와 무는 가장 근본적인 모순관계에 있는 개념이다. 이 경에서 붓다는 이와 같은 모순이 있게 된 원인을 경계(境界)를 취하여 계착(計著)하기 때문이라고 하고 있다. 우리가 외부에 실재하고 있다고 생각하는 존재는 우리의 경험에 주어진 내용[境界] 가운데서 마음이 취사선택[取著]하여 허구적으로 꾸며낸[計度] 것일 뿐, 객관대상으로서의 존재가 아니라는 것이다. 사견에서 유무를 문제 삼고 있는 존재는 모두 이렇게 자신들의 마음으로 구성한 허구적 관념일 뿐이다.

　자아의 존재도 마찬가지다. 자아라는 명칭은 동일하지만 그들이 취착(取著)하여 계탁(計度)한 내용은 각기 다르다. 상견(常見)을 주장하

● ● ● ● ● ● ● ● ● ● ● ● ● ● ● ●

60_ 대정장 2, pp.66c-67a.

는 사람은 자아는 불멸하는 존재라고 계탁하고 있고, 단견(斷見)을 주장하는 사람은 단멸하는 존재라고 계탁하고 있을 뿐, 불멸하는 자아나 단멸하는 자아가 실재하는 것은 아니다. 이렇게 각기 달리 계탁한 존재를 놓고 그것이 있는가, 없는가를 논하기 때문에 모순이 발생한다.

　　이와 같은 모순은 러셀(B. Russel; 1872-1970)의 지적과 같이 전체에 대한 잘못된 개념에서 생긴 것이다. '모든 명제는 진(眞)이거나 위(僞)이다.'고 할 때, 여기에서의 '모든 명제'는 실제에 있어서는 '무의미한 명제'를 포함하고 있지 않기 때문에 '모든 명제'가 아니다. 즉, '모든 명제는 진(眞)이거나 위(僞)이거나 무의미한 것이다.'라고 할 때의 '모든 명제'가 실제로 '모든 명제'를 포함한다. '모든 명제는 진(眞)이거나 위(僞)이다.'라는 말은 얼른 생각하면 그럴 듯하다. 그러나 명제 가운데는 '용은 바다 속에 산다.'와 같은 무의미한 명제도 있다. 이렇게 무엇을 의미하는 것 같지만 실상은 그렇지 않은 데서 모순이 발생한다. 따라서 모든 모순은 그럴 듯하지만 주의하여 분석해 보면 그것은 모두 난센스임을 알 수 있다는 것이 러셀의 지적이다.[61]

　　전술한 바와 같이 사견의 모든 명제는 얼른 보면 무엇을 의미하는 것 같지만 실제에 있어서는 자신들이 계탁(計度)한 관념을 설명하는 데 지나지 않는 무의미한 명제이다. 즉, 그것은 진(眞)도 위(僞)도 아닌 무의미한 것일 뿐이다. 따라서 이러한 명제를 놓고 그것이 진리인가 아닌가를 논한다는 것은 실로 말장난에 지나지 않다. 붓다가 세상 사람들은 유무 이변(二邊)에 의지하여 전도되어 있다고 하는 것은 외도들이 무

. . . .
61_　김준섭, 『논리학』(서울: 정음사, 1979), p.158 참조.

의미한 주장을 분별하지 못하고 그 속에서 진리를 구하고 있음을 지적한 것이다.

　　이와 같은 무의미한 명제에 대하여 논의하지 말고, 우리가 있다고 할 때는 어떤 경우에 있다고 하고, 없다고 할 때에는 어떤 경우에 없다고 하는지를 여실하게 알아야 한다는 것이 붓다의 주장이다. 즉, 우리의 의식에 어떤 인식된 내용이 집기(集起)할 때 우리는 그것이 있다고 하는 것이므로 이것을 바르게 관찰하면 없다고 할 수 없고, 그 내용이 우리의 의식에서 사라지면 없다고 하는 것이므로 이것을 바르게 관찰하면 있다고 할 수 없다는 것이다. 중도는 이렇게 취착이나 계탁(計度)을 하지 않고, 우리의 의식을 여실하게 관찰하는 입장이다. 그리고 이와 같은 중도에 섰을 때 모든 사견에서 벗어날 수 있으며, 그 중도에서 바르게 관찰된 생사의 실상은 무명에서 연기한 망념이라는 것이 유무중도의 내용이다.

3. 붓다의 철학

붓다의 중도는 매우 체계적으로 설해져 있다. 고락중도에서 외도들의 가치 추구가 지극히 천박한 것이거나 맹목적이고 무의미한 것임을 지적한 붓다는 정견에 토대를 둔 8정도라는 진정한 가치 추구의 길을 제시하고 있으며, 정견으로 연기설을 제시하고 있다. 필자는 여기에서 실천적 중도로 제시된 8정도와 이론적 중도로 제시된 12연기의 관계에 주목하고자 한다.

　　8정도와 12연기는 붓다가 「전유경(箭喩經)」 등에서 의(義)와 법(法)에 상응하고 범행(梵行)의 근본이 되며, 지(智)와 각(覺)으로 나아가고 열반으로 나아가는 진정한 철학이기에 항상 그것을 설한다고 했던 4 성제(四聖諦)를 구성하는 핵심 교리이다. 12연기의 유전문(流轉門)은 4 성제의 고성제(苦聖諦)와 집성제(集聖諦)를 구성하고 환멸문(還滅門)은 멸성제(滅聖諦)와 도성제(道聖諦)를 구성하며, 8정도는 도성제를 의미한다. 이와 같이 붓다의 이론적 중도와 실천적 중도는 4성제라는 하나의 철학체계를 구성하고 있다.

그런데 「전유경」 등에서 붓다는 4성제가 인식론, 존재론, 가치론 등, 철학의 모든 영역을 충족시키는 완벽한 사상체계임을 시사하고 있다. 그렇다면 8정도와 연기법은 붓다의 인식론과 존재론 그리고 가치론을 의미한다고 할 수 있고, 이와 같은 철학의 모든 영역은 4성제라는 하나의 체계를 구성하고 있다고 할 수 있을 것이다.

실제로 8정도와 12연기를 살펴보면 이들은 인식론, 존재론, 가치론의 내용을 함축하고 있음을 알 수 있다. 먼저 8정도를 살펴보면, 8정도는 가치실현의 방법임과 동시에 인식론적 요소를 가지고 있다. 8정도의 첫 지(支)인 정견은 진리에 대한 바른 인식, 즉 연기법에 대한 인식을 의미한다. 따라서 8정도에서 정견을 이야기하는 붓다에게는 분명히 연기법을 진리로 인식하게 된 인식론이 있을 것이다.

그런데 지금까지 살펴본 중도 가운데는 인식론에 대한 구체적인 언급이 없다. 그러나 유무중도를 주의 깊게 살펴보면 붓다는 암시적으로 그것을 밝히고 있다. 세간의 집(集)과 멸(滅)을 여실하게 정관(正觀)함으로써 유무 이견(二見)을 떠나 중도에 설 수 있다는 이야기는 그것이 연기법을 발견하는 인식론적 방법임을 이야기한 것이다.

그렇다면 그것은 구체적으로 어떤 것일까? 그것은 붓다가 가르친 선정(禪定)이다. 유무 이견을 떠난 중도에서 현실세계의 실상을 여실하게 통찰할 때 세간의 연기하는 모습을 발견할 수 있으며, 이와 같은 통찰은 선정을 통해 이루어진다. 8정도는 진리인식의 방법도 내포하고 있으며, 정정(正定)은 '진리를 인식하는 방법'이라고 할 수 있다.

붓다에게 열반은 깨달음, 곧 진리의 인식이다. 왜냐하면 무명이 멸하면 생사도 멸하기 때문이다. 이렇게 생각할 때 8정도, 그중에서도 특히 정정(正定)은 진리 인식의 구체적인 방법이다. 연기설(緣起說)은 존재론적 의미를 지닌다. 전변설(轉變說)과 적취설(積聚說)이 외도들의 존재론으로서 현실세계의 본질과 구조를 설명하는 것이라고 할 때, 연기설은 외도들의 전변설이나 적취설에 대하여 중도의 입장에서 이를 비판하고 현실세계의 성립을 설명한 붓다의 존재론이다. 따라서 필자는 붓다의 철학을 중도의 관점에서 4성제라는 가치론적 체계 속에 인식론과 존재론을 통일시키고 있는 철학체계로 보고, 이것을 붓다의 철학이라고 부르고자 한다.

필자는 『붓다의 철학』이라는 제목의 이 책을 통해서 붓다가 가르친 선정(禪定), 즉 9차제정(九次第定)을 붓다의 인식론으로 보고, 붓다가 정견이라고 주장하는 연기법이 어떤 인식론적 방법에 의해 발견된 것인지를 고찰하고, 12연기를 비롯한 5온(五蘊), 12입처(十二入處), 18계(十八界), 6계(六界) 등의 교리를 존재론이라는 이름 아래서 고찰한 다음, 이들이 어떻게 4성제(四聖諦)라는 하나의 체계를 이루고 있는지를 가치론이라는 이름으로 살펴보고자 한다.

인식론

인식론은 '지식 또는 인식에 관한 이론'이며 여기에서의 지식은 '참된 지식', 즉 '진리(眞理)'를 의미한다. 인식론은 지식이나 인식을 다루되, 그것은 어디까지나 참된 지식이나 참된 인식이다. 본장에서는 먼저 붓다는 어떤 인식을 참된 인식으로 생각하고 있는지를 붓다의 진리관(眞理觀)이라는 항목에서 다루고, 붓다가 진리라고 주장하는 연기설(緣起說)이 어떤 인식론적 근거를 가지고 있는지를 9차제정(九次第定)을 중심으로 살펴보고자 한다.

Ⅰ. 붓다의 진리관

1. 붓다의 두 가지 인식설(認識說)

김동화 박사가 『원시불교사상』에서 "원시불교(原始佛敎)에서도 일심(一心)을 제법의 주(主)로 하고, 이로부터 일체의 현상이 연기되는 것이라고 보느니만치 이에 인식론이 있어야 할 것은 당연한 일이다. 아니 단도직입적으로 말한다면 불교는 깨달음의 종교요, 붓다는 깨달은 자이며, 깨달음은 지식의 완성인 만큼, 전불교의 이론이 모두 인식론의 부분이 아닌 것이 없다."[01]고 지적한 바와 같이 불교의 이해에 무엇보다도 우선해야 하는 것은 인식론에 대한 올바른 이해라고 생각된다. 그런데 『아함경』과 『니까야』에는 인식론으로 다룰 수 있는 두 가지 매우 상이한 형태의 교설이 있기 때문에 어떤 것을 붓다의 인식론이라고 해야 할 것인지에 적지 않은 혼란을 주고 있다.

김동화 박사는 이를 명쾌하게 구분하여, 하나는 범부(凡夫)의 견지에서 보는 지각적(知覺的) 인식설로 명명하고, 다른 하나는 성자(聖者)의 증오적(證悟的) 인식설로 명명하여 이러한 혼란을 불식시키고 있다. 즉, 12입처(十二入處)에 의해 식(識)이 발생하는 것을 설명하는 일련의 교설을 지각적 인식설이라고 부르고, 보편적 인식의 대상, 즉 법(法)을 일심상(一心上)에서 구하여 진리를 증오각득(證悟覺得)하는 것을 증오적

<hr>

01_ 김동화, 앞의 책, p.205.

인식설이라고 불렀다.[02] 그리고 불교의 본질은 증오적(證悟的)인 절대보편적 인식을 가르치는 인식교(認識敎)라고 보았다.[03]

그러나 김동화 박사는 이와 같은 간단한 설명에 그치고 있을 뿐, 구체적으로 증오적(證悟的) 인식설(認識說)의 내용이나 지각적(知覺的) 인식설(認識說)의 의의를 자세히 다루지 않았다. 따라서 본장에서는 이 문제에 대하여 구체적으로 살펴보기로 한다.

『아함경』과 『니까야』에 설해진 두 가지 인식설은 개별적인 것이 아니라 하나의 체계를 이루고 있다. 지각적 인식설은 범부들이 어떻게 지각을 통해 인식한 내용을 취착(取著)하고 계탁(計度)하여 세간을 구성하는지를 보여 주고, 증오적 인식설은 범부들의 지각적 인식에 의해 취착되고 계탁된 중생들의 세계, 즉 세간의 실상을 밝히는 인식론이다.

지각적 인식설은 세속제(世俗諦)의 의미를 갖고, 증오적 인식설은 제일의제(第一義諦)의 의미를 갖는다. '모든 부처님은 이제(二諦)에 의지하여 중생들을 위해 설법하셨기 때문에 세속제(世俗諦)에 의지하지 않고는 제일의제(第一義諦)를 얻을 수 없고, 제일의제를 얻지 못하고서는 열반(涅槃)을 얻을 수 없다.[04]'는 용수(龍樹)의 표현을 빌리자면, 범부들이 지각적 인식을 통해 계탁한 세간에 대한 바른 이해[世俗諦]에 의지하지 않고서는 세간의 실상에 대한 인식[第一義諦]이 있을 수 없고, 세간의 실상에 대한 인식이 없이는 열반을 얻을 수 없다는 것이 이들 인식설의 관계다.

• • • • • • • • • • • • • • •

02 같은 책.

03 위의 책, p.217.

04 諸佛依二諦 爲衆生說法 一以世俗諦 二第一義諦 若人不能知 分別於二諦 則於深佛法 不知眞實義 若不依俗諦 不得第一義 不得第一義 則不得涅槃(『中論』 「觀四諦品」).

1) 지각적(知覺的) 인식설(認識說)

붓다는 중생들의 현실세계를 전변설처럼 어떤 실체의 자기발전으로 보지도 않았고, 적취설처럼 요소들의 이합집산(離合集散)으로 보지도 않았다. 붓다는 중생들의 세계를 진리에 대한 무지, 즉 무명(無明)에서 연기한 것으로 본다. 세간을 연기한 것으로 보는 연기설의 입장에서 보면, 우리가 인식하는 모든 존재는 대상과의 접촉, 즉 촉(觸, phassa)에서 생긴 의식을 마음이 취착하고 계탁하여 이루어낸 망념이다. 따라서 연기설에서는 촉(觸)이 어떻게 성립되는가를 문제 삼지 않을 수 없으며, 여기에서 설해지고 있는 것이 12입처(十二入處)로 6식(六識)의 성립을 설명하고, 이를 통해서 촉(觸)의 성립을 설명하는 연기법(緣起法)이다.

모든 인식작용에는 객관대상과 인식주관이라는 두 요인이 있다고 보고, 이들의 이원성(二元性)과 양극성(兩極性) 속에서 어떻게 인식이 성립하고 있으며, 이렇게 인식된 내용 가운데 어떤 것이 진리인가를, 다시 말해서 어떤 것이 객관대상과 일치하는 인식인가를 규명하려고 하는 것이 이른바 인식론이라는 학문이다.[05] 그러나 이러한 인식론은 붓다에게는 진리를 발견하는 인식론이 아니라 중생들이 허망한 세간을 구성하는 인식작용이다. 이러한 인식설이 항상 연기법과 관련하여 설해지고, 세간을 설명하는 이론으로 설해지고 있는 까닭이 여기에 있다.

이와 같은 인식설은 엄밀히 말해서 붓다의 인식론이 아니라 존재론이다. 붓다에 의하면 우리가 인식하는 존재는 의식 내용을 취착(取著)하여 계탁(計度)함으로써 조작된 허구적 관념이며, 이러한 인식설은 존

05_ 요한네스 헤센, 『인식론』, 이강조 역(서울: 서광사, 1988), p.20 참조.

재로 취착되고 계탁되는 의식이 어떻게 성립하는가를 보여 주는 교설이다. 그러므로 이것은 세간을 구성하는 의식이 성립하는 과정을 보여 주는 존재론이라고 할 수 있다. 따라서 이러한 인식설은 존재론을 다루는 다음 장에서 구체적으로 살펴볼 것이다.

붓다가 추구한 진리도 근본적으로 세계와 인간의 본질과 구조적 실상에 대한 보편타당한 지식을 추구한다는 점에서는 여타의 인식론과 다르지 않다. 그러나 붓다는 주관과 객관의 양극성 속에서 성립된 인식 내용 가운데는 진리가 있을 수 없음을 깨달았다. 왜냐하면 그렇게 성립한 인식 내용은 항상 주관적일 뿐 결코 객관적일 수가 없기 때문이다. 따라서 이와 같은 인식 내용은 우리에게 진리를 알려주기보다는 오히려 진리를 은폐시킨다. 그렇다면 진리는 어떻게 발견될 수 있는 것일까? 이어서 살펴볼 증오적 인식설은 바로 이와 같은 물음에 대한 답이다.

2) 증오적(證悟的) 인식설(認識說)

붓다가 당시의 전변설이나 적취설은 진리가 되지 못한다고 비판하고, 연기설이 진리라고 주장하고 있음은 상술한 바와 같다. 「청정경(淸淨經)」의 고찰에서 지적했듯이 붓다는 어떤 이론이나 사상에 결사(結使), 즉 감정이나 욕망, 무지 등에 사로잡힌 편견이 있을 때, 그것은 진리가 되지 못한다고 비판하고 있다. 이것은 붓다가 진리의 객관성과 보편타당성을 강조한 것이라고 할 수 있다. 다시 말해서 진리는 객관적이고 보편타당한 인식을 통해 알려진 것일 때 진리일 수 있다는 것이다. 여기에서 문제되는 것이 인식론이다. 붓다는 과연 어떤 것이 진리를 인식할 수 있는 인식의 타당한 방법(pramāṇa)이라고 생각하고 있었을까 하는 것이 문제되는 것이다.

필자는 당시의 외도사상을 고찰하는 가운데 당시의 외도들이 지각(知覺, 現量: pratyakṣa), 추론(推論, 比量: anumāna), 믿을만한 타인의 증언, 특히 베다의 계시적 증언[聖言量: śabda] 등을 인식의 타당한 방법으로 인정하고 있었음을 밝힌 바 있다. 그렇다면 붓다는 어떤 것을 자신의 인식론적 근거로 생각했을까? 「범동경」은 이 문제에 시사하는 점이 많다. 「범동경」의 고찰에서 살펴보았듯이, 붓다는 당시의 사상들을 경험론적인 것, 합리론적인 것, 그리고 변증법적인 것으로 구분하여, 이들이 의지하고 있는 논리가 경험을 토대로 하는 귀납법(歸納法)이거나, 사변(思辨)에 의존하는 연역법(演繹法)이거나, 부정을 통해 모순을 통일하려는 변증법(辨證法)임을 지적하고 이들을 파기하고 있다.

이와 같이 「범동경」은 붓다의 인식론적 입장이 당시의 외도들과는 차원을 달리하는 것임을 시사하고 있다. 그리고 「청정경」에서와 마찬가지로 외도들의 사견은 촉연(觸緣)에서 비롯되고 있다고 지적한 후, 6촉(觸)의 집(集), 멸(滅), 미(味), 과(過), 출요(出要)를 여실하게 아는 것이 가장 훌륭한 인식이라고 하고 있다.

붓다는 여기에서 우리가 목표로 해야 할 인식의 대상을 지시하고 있다. 당시의 외도들이 목표로 했던 인식의 대상은 세계와 인간의 본질이 되는 제일의적 존재이다. 그들은 이 존재를 인식하기 위해 경험적인 방법, 사변적인 방법, 변증법적인 방법을 각기 사용하여 나름대로 그것을 인식했다고 생각했다. 그러나 유무중도(有無中道)의 고찰에서 지적한 바와 같이, 이들이 발견했다고 주장하는 본질적 실체나 자아는 경계(境界)를 취착(取著)하여 허구적으로 계탁(計度)한 조작된 관념일 뿐이다.

이와 같이 붓다는 중생들이 인식하는 외부의 존재는 마음이 취착하여 계탁한 허구적 관념이라는 것을 깨달았다. 따라서 존재의 본질을 외부의 객관 세계에서 찾으면, 아무리 엄밀한 경험과 정밀한 추론에 의지한다고 할지라도 모순을 벗어날 수 없다. 따라서 붓다는 외부에 눈을 돌리지 말고 자신의 마음속에서 존재가 어떻게 취착되고 계탁되는지를 관찰해야 한다고 가르친다.

모든 존재는 경계(境界), 즉 경험된 것[所觸]을 취한 것이므로[06] 경험된 것을 취하여 구성한 세간의 집(集), 멸(滅) 등을 여실하게 알 때 존재의 본질이 드러난다는 것이 붓다의 주장이다.[07] 붓다가 인식하고자 하는 진리는 외부에 존재하는 제일의적 존재가 아니다. 제일의적 존재를 포함하여 우리가 존재라고 생각하고 있는 모든 것은 마음으로 계탁한 망념에 지나지 않는다. 붓다에 의하면, 중생들이 인식하고 있는 존재가 우리의 마음에서 어떻게 조작된 것인가를 바르게 관찰함으로써 드러나게 되는, 존재의 본질로서의 우리의 의식과 존재의 실상이 우리가 인식해야 할 진리이다.

그렇다면 이와 같은 진리는 어떻게 인식할 수 있을까? 이 문제에 대한 해답은 「청정경」에 나타난다. 「청정경」에서는 사견(邪見)을 없애기 위해서는 4념처(四念處)를 수행해야 하며, 그렇게 하면 8해탈(八解脫)이

....

06_ 『잡아함경(301)』에서는 有와 無가 所觸을 취한 것이라고 하고, 『잡아함경(262)』에서는 경계를 취한 것이라 하여 경계가 소촉을 의미함을 보여 준다.

07_ 世間集如實正知見 若世間無者不有 世間滅如實正知見 若世間有者無有(『잡아함경(301)』, 대정장 2, p.85c).

있다고 하고 있다.[08] 사견(邪見)의 멸(滅)은, 바꾸어 말하면, 정견(正見)의 생(生)이다. 따라서 4념처는 정견, 즉 진리에 대한 올바른 인식을 가능케 하는 인식론적 방법이라고 할 수 있으며, 8해탈은 그 결과 인식된 진리의 내용이라고 할 수 있다. 왜냐하면 붓다에게 해탈은 진리의 인식을 가로막고 있는 욕탐과 무명으로부터 벗어나는 것을 의미하기 때문이다.[09]

이렇게 생각할 때, 4념처뿐만 아니라 해탈을 가져다주는 것은 모두 인식론적 의미를 함축하고 있다. 37조도품(助道品)으로 불리는 붓다가 가르친 모든 수행은 열반의 성취를 위한 실천의 길임과 동시에 진리에 대한 바른 깨달음을 위한 인식론적 방법이다. 붓다에게 진리의 인식은 사변적 인식이 아니라 실천적 체험이므로 진리의 인식과 가치의 실현[修行]은 이분(二分)될 수 없다. 그러므로 붓다의 인식론을 논하기 위해서는 붓다가 가르친 모든 수행을 다루어야 한다.

붓다가 가르친 모든 수행은 8정도(八正道)로 귀착되고, 8정도는 다시 정정(正定)으로 귀결된다. 따라서 정정은 붓다의 가장 체계적이고 종합적인 인식론적 구조를 갖는다. 본장에서 다루는 인식론은 바로 이와 같은 정정의 구조와 내용이다.

• • • • • • • • • • • • • • •

08_ 於四念處 三種修行 有八解脫(대정장 1, p.76b).

09_ 若比丘 於欲離欲心解脫身作證 離無明故慧解脫 是名比丘 斷諸愛欲 轉結縛 止慢無間等 究竟苦邊(『잡아함경(1027)』, 대정장 2, p.268b).

2. 붓다의 진리관(眞理觀)

전술한 바와 같이 붓다는 당시의 모든 사상을 사견(邪見, micchā-diṭṭhi)이라고 배척한다. 그리고 자신은 8정도라는 정도(正道, sammā-paṭipadā)를 통해 정각(正覺, sammā-sambodhi)을 성취했으며, 따라서 자신이 깨달은 연기법은 정견(正見, sammā-diṭṭhi)이라고 주장한다. 그렇다면 붓다는 무엇을 기준으로 정사(正邪)를 구분 짓고 있는 것일까? 다시 말해서 자신의 깨달음이 진리에 대한 진정한 인식[正覺]이라고 주장하는 근거는 무엇일까?

정(正)과 사(邪)의 원어인 'sammā'와 'micchā'의 뜻을 살펴보면, 'sammā'는 '일치하는, 통일된, 결합된(going along with, united, combined)'을 의미하고, 'micchā'는 '상반되게, 전도되게(contrarily, invertedly)'를 의미한다. 따라서 누구나 일치할 수 있는 것이 정(正)이고, 서로 상반되는 것은 사(邪)라고 할 수가 있다. 외도들의 사상이 사견이라는 것은 그들의 주장이 상반된 주장을, 다시 말해서 모순을 내포하고 있다는 의미이고, 연기설이 정견이라는 것은 연기설이 누구나 일치할 수 있는 모순 없는 견해라는 의미이다. 붓다가 자신의 수행법을 정도(正道)라 하고, 깨달음을 정각(正覺)이라고 한 것은 자신의 수행법인 8정도는 누구나 일치된 결과를 얻을 수 있는 방법이고, 자신은 그 방법을 통해 누구나 일치할 수 있는 연기법을 깨달았다고 생각했기 때문이다.

정(正)이 이와 같은 의미를 지니고 있다면 그것은 바로 진리에 상응하는 개념이다. 언제 어디에서 누가 어떻게 인식을 해도 항상 일치된 인식을 가져다주는, 즉 객관성과 보편타당성을 지닌 지식이 진리라고 할 때, 정(正, sammā)은 바로 이러한 객관성과 보편타당성을 의미하기 때문이다. 그렇다면 붓다는 어떤 지식을 객관적이고 보편타당하며 모순

없는 지식으로 생각하고 있었을까? 다시 말해서 어떤 지식이 진리인가 아닌가를 구별할 수 있는 진리의 기준이 문제된다.

이 물음에 대한 답은 M.N. 95. Cāṅkī-sutta에서 발견된다. 이 경에서 바라드와자(Bharādvāja)라는 바라문이 바라문들의 견해만이 진리이고, 이와 다른 견해는 모두 거짓이라고 주장하자, 붓다는 그러한 주장은 한낱 신념일 뿐 진리가 되지 못한다고 반박한다. 이에 바라드와자는 자신들의 주장은 신념에서 비롯된 것이 아니라 베다의 전통(anussava)에 근거하고 있다고 주장한다.[10] 그러나 붓다는 신념과 마찬가지로 베다의 전통도 진리의 기준이 될 수는 없다고 반박하면서 우리가 진리를 판별하는 기준으로 삼아서는 안 될 것을 다음과 같이 설하고 있다.

바라드와자여, 지금 여기 현실에서 두 가지 결과가 있는 다섯 가지 법이 있다오.[11] 그 다섯 가지는 어떤 것인가? 신념(信念),[12] 기호(嗜好),[13] 전통(傳統),[14] 논리적(論理的)인 추론(推論),[15] 사변적 견해의 이해와 승인(承認)이라오.[16] 바라드와자

••••••••••••••

10_ M.N. Vol. 2, p.170 참조.

11_ 'pañca kho ime, Bhāradvāja, dhammā diṭṭhe va dhamme dvidhā vipākā'의 필자 번역. '두 가지 결과가 있다.'는 것은 상반된 결론, 즉 이율배반에 봉착한다는 것을 의미한다.

12_ 'saddhā'의 필자 번역.

13_ 'ruci'의 필자 번역.

14_ 'anussava'의 필자 번역.

15_ 'ākāraparivitakka'의 필자 번역. 'ākāra'는 '기호, 특징, 형태, 양식' 등의 의미이고, 'parivitakka'는 '심사숙고, 성찰' 등의 의미이다. '논리학'은 기호나 언어에 의한 논리 형식에 의하여 추론하는 것인데, 'ākāraparivitakka'는 기호나 논리형식으로 추론하는 것을 의미하기 때문에 'ākāraparivitakka'는 '논리적인 추론'을 의미한다. 부처님 당시에 이미 아리스토텔레스의 논리학과 같은 논리학이 인도에 있었음을 알 수 있다.

16_ 'diṭṭhinijjhānakhanti'의 필자 번역. 'diṭṭhi'는 '사변에 의한 이론'을 의미하고, 'nijjhāna'는 '이해'를 의

여, 이들이 지금 여기 현실에서 두 가지 결과가 있는 다섯 가지 법이라오. 바라드와자여, 굳게 믿고 있는 신념이 허망하고 공허하고 거짓일 수 있고, 전혀 믿기지 않는 것이 사실이고 진리이고 진실일 수 있다오. 바라드와자여, 진정으로 마음에 드는 것, 들어서 잘 알고 있는 전통, 잘 추론된 이론, 잘 이해한 견해가 허망하고 공허하고 거짓일 수 있고, 마음에 들지 않고, 들어보지 못하고, 추론을 벗어나고, 잘 이해되지 않는 견해가 사실이고 진리이고 진실일 수 있다오. 바라드와자여, 진리를 수호(守護)하는 현명한 사람은[17] 이 경우에, '오로지 이것만이 진실이고, 다른 것은 거짓이다.'라는 결론에 도달할 수 없다오.[18]

이 경에서 보여 주듯이 붓다는 신념이나 기호와 같이 주관적인 것은 물론 사회적으로 그 권위가 인정되고 있는 지식이나, 모순 없이 추론된 논리에 의해 얻어진 지식, 그리고 사변적인 형이상학까지도 진리의 기준이 될 수 없다고 한다. 이들은 어느 것이나 그와 상반된 견해를 허용할 수 있다는 것이다. 따라서 이러한 지식을 가지고 그것만이 진리이고 다른 것은 진리가 아니라고 주장하는 태도는 진실을 수호하는 일(sacca-anurakkhaṇā)이 되지 못하므로, 진실을 수호하기 위해서는 "자신의 주장이 신념에 의한 것이면 '나의 신념은 이와 같다.'고 말하고, 자기의 지식

....
미하고, 'khanti'는 '승인, 수용'을 의미한다.

17_ 'saccaṃ anurakkhatā viññunā purisena'의 필자 번역.

18_ 이중표 역해, 『정선 맛지마 니까야(하)』, pp.201-202.

이 추론에 의한 것이면 '내가 논리적으로 추론한 것은 이와 같다.'고 말해야 한다."[19]고 충고한다. 그렇다면 어떻게 할 때 그것이 모순 없는 진리인지를 알 수 있는가를 묻는 바라드와자에게 붓다는 다음과 같이 답변한다.

> 바라드와자여, 비구가 어떤 마을이나 도시에 의지하여 살아가면, 거사나 거사의 아들이 그에게 와서 탐(貪), 진(瞋), 치(癡) 세 가지 행실에 대하여 살펴본다오. - 이 존자는 마음이 탐, 진, 치에 사로잡혀서 알지 못하면서 '나는 안다'라고 말하거나, 보지 못하면서 '나는 본다'라고 말하여 다른 사람으로 하여금 오랜 시간 무익한 괴로움을 겪도록 하는 것은 아닐까? - 이와 같이 그를 살펴보고 나서 '이 존자는 그렇지 않다. 이 존자는 탐, 진, 치가 없는 사람으로서, 몸가짐이 바른 사람[20]이고, 언행이 바른 사람[21]이다. 이 존자의 가르침[法]은 이해하기 어렵고, 깨닫기 어렵고, 평안하고, 승묘(勝妙)하고, 추론의 영역을 벗어난 미묘(微妙)한 것으로서, 현자만이 알 수 있는 심오한 것이다. 그것은 탐, 진, 치가 있는 사람이 가르칠 수 있는 가르침[法]이 아니다.'라고 알게 된다오. 탐, 진, 치에 대하여 살펴보고, 탐, 진, 치가 없이 청정하다고 여김으로써, 이제 그에게 믿음을 일

• • • • • • • • • • • • •
19_ 같은 책.
20_ 'kāyasamācāro'의 필자 번역.
21_ 'vacīsamācāro'의 필자 번역.

으킨다오. 믿음이 생기기 때문에 찾아가서 공경하고, 공경하기 때문에 귀를 기울인다오. 귀를 기울여 가르침을 듣고, 듣고 나서 가르침을 기억하고, 기억한 가르침의 의미를 확인한다오. 의미를 확인함으로써 가르침을 이해하여 승인하고, 가르침에 대한 이해와 승인이 있을 때 의욕이 생긴다오. 의욕이 생기면 시도(試圖)하고,[22] 시도해 본 후에 비교해 보고,[23] 비교해 본 후에 정근(精勤)하고,[24] 정근하면서 몸으로 최고의 진리[第一義諦]를 체험한다오.[25] 그리고 그것을 통찰지[般若]로 통찰하여 본다오.

바라드와자여, 이런 방식으로 하는 것이 진리의 인식이라오. 진리는 이런 방식으로 인식한다오. 우리는 이런 방식으로 진리의 인식을 언명(言明)한다오. 그렇지만 그때 진리의 성취(成就)[26]가 있는 것은 아니라오.

고따마 존자여, 진리의 인식은 이런 방식으로 하는군요. 진리는 이런 방식으로 인식되는군요. 우리도 이런 방식으로 진리를 인식하겠습니다. 그렇다면, 진리의 성취란 어떤 것입니까? 진리는 어떻게 성취하는 것입니까? 우리는 고따마 존자에게 진리의 성취에 대하여 묻고 있습니다.

• • • • • • • • • • • • • •

22_ 'ussahati'의 필자 번역.
23_ 'tūleti'의 필자 번역. 'tūleti'는 '저울질하다'라는 의미의 동사로서, 비교하여 판단하는 것을 의미한다. 여기에서는 실천해 보고 나서 실천하기 이전과 이후를 비교해 본다는 의미이다.
24_ 'padahati'의 필자 번역.
25_ 'pahitatto samāno kāyena ca eva paramasaccaṃ sacchikaroti'의 필자 번역.
26_ 'saccānupatti'의 필자 번역.

바라드와자여, 그 가르침을 반복하여 닦아 익혀서 실천하는
것이 진리의 성취라오.
바라드와자여, 이런 방식으로 하는 것이 진리의 성취라오. 진
리는 이런 방식으로 성취한다오.[27]

이 경이 보여 주듯이, 붓다가 제시한 진리의 기준은 실천을 통한 체험이
다. 그렇다고 해서 붓다가 논리적인 사유를 부정하고 있는 것은 아니다.
오히려 논리적인 사유를 불가결한 것으로 보고 있다. 실천을 하기 위해
서는 그것이 합리적이고 의미 있는 것인가를 심사숙고해서 스스로 승인
할 수 있어야 한다는 것이다. 만약 스스로 인정할 수 없다면 그것을 실천
하려는 의지가 생길 수 없기 때문이다. 따라서 논리적인 사유는 실천을
위한 조건으로 인식되고 있다고 할 수 있다.

　　붓다는 진리에 대한 인식이 진리의 성취라고 생각하지 않는다.
붓다에게 있어서 진리는 인식의 대상이 아니라 실천의 대상이며, 실현
해야 할 최고의 가치이다. 그렇다면 구체적으로 어떤 실천을 통해서 진
리는 인식되고 체험되며, 그 진리는 어떤 내용이기에 실현해야 할 당위
성을 우리에게 부여하는 것일까? 필자는 이와 같은 문제에 초점을 두고
붓다의 인식론을 살펴보고자 한다.

． ． ． ． ． ． ． ． ． ． ． ． ．
27_ 위의 책, pp.203~205.

II. 붓다의 인식론

1. 중도의 자각

1) 고락중도(苦樂中道)의 자각

붓다는 실천적 측면에서는 고락중도를 설하고, 이론적 측면에서는 유무중도(有無中道)를 설하며, 그 구체적인 내용은 8정도와 12연기다. 그렇다면 붓다는 어떤 과정을 통해 이들 중도를 깨달았고, 왜 그것을 진리로 취하게 되었을까?

붓다는 고락중도, 즉 8정도를 깨닫게 된 과정을 『잡아함경 (287)』[01]과 이에 상응하는 S.N. 12.65. Nagaraṃ에서 다음과 같이 이야기한다.

> 비구들이여, 예전에 정각(正覺)을 성취하지 못한 보살이었을 때, 나는 이렇게 생각했다오.
> '실로 이 세간은 태어나고, 늙고, 죽고, 소멸하고,[02] 생기는[03] 고난에 빠져있다. 그런데 이러한 노사(老死)의 괴로움에서 벗어

01_ 대정장 2, pp.80b-81a.

02_ 'cavati'의 필자 번역.

03_ 'upapajjati'의 필자 번역. 세간은 5온을 의미한다. 따라서 'upapajjati'는 5온이 생기는 것을 의미한다. 이것을 기존의 번역에서는 다시 태어나는 것을 의미한다고 해석했다.

날 줄을 모르고 있다. 실로 언제쯤이나 노사의 괴로움에서 벗어날 줄을 알게 될까?'

비구들이여, 그때 나는 이렇게 생각했다오.

'도대체 무엇이 있는 곳에 노사가 있을까? 무엇에 의존하여 노사가 있을까?'

비구들이여, 그때 통찰지[般若]로 이치에 맞는 생각을 함으로써 나에게 다음과 같은 요해(了解)가 생겼다오.

'생(生)이 있는 곳에 노사(老死)가 있다. 생(生)에 의존하여 노사(老死)가 있다.'

비구들이여, 그때 나는 이렇게 생각했다오.

'도대체 무엇이 있는 곳에 생(生)이 있을까? … 유(有)가 있을까? … 취(取)가 있을까? … 갈망[愛]이 있을까? … 느낌[受]이 있을까? … 대상접촉[觸]이 있을까? … 6입처(六入處)가 있을까? … 도대체 무엇이 있는 곳에 이름과 형색[名色]이 있을까? 무엇에 의존하여 이름과 형색[名色]이 있을까?'

비구들이여, 그때 통찰지[般若]로 이치에 맞는 생각을 함으로써 나에게 다음과 같은 요해(了解)가 생겼다오.

'분별의식[識]이 있는 곳에 이름과 형색[名色]이 있다. 분별의식[識]에 의존하여 이름과 형색[名色]이 있다.'

비구들이여, 그때 나는 이렇게 생각했다오.

'도대체 무엇이 있는 곳에 분별의식[識]이 있을까? 무엇에 의존하여 분별의식[識]이 있을까?'

비구들이여, 그때 통찰지[般若]로 이치에 맞는 생각을 함으로써 나에게 다음과 같은 요해(了解)가 생겼다오.

'이름과 형색[名色]이 있는 곳에 분별의식[識]이 있다. 이름과 형색[名色]에 의존하여 분별의식[識]이 있다.'

비구들이여, 그때 나는 이렇게 생각했다오.

'그런데 분별의식[識]은 되돌아가서 이름과 형색[名色]에서 더 이상 가지 못한다. 늙거나, 태어나거나, 죽거나, 소멸하거나, 생긴다면, 그것은 바로 이름과 형색[名色]에 의존하고 있는 분별의식[識]일 따름이다.[04] 분별의식[識]에 의존하여 이름과 형색[名色]이 있고, 이름과 형색[名色]에 의존하여 6입처(六入處)가 있고, 6입처(六入處)에 의존하여 대상접촉[觸]이 있고 … 생(生)에 의존하여 노사(老死)와 근심, 슬픔, 고통, 우울, 고뇌가 함께 있다. 이와 같이 순전한 괴로움덩어리[苦蘊]의 모여 나타남[集]이 있다.'

'모여 나타남[集]이다! 모여 나타남[集]이다!'[05]

비구들이여, 나에게 이와 같이 이전에 들어본 적이 없는 법(法)들에 대하여 안목이 생기고, 앎이 생기고, 통찰지[般若]가 생기고, 명지(明智)가 생기고, 광명이 생겼다오.

비구들이여, 그때 나는 이렇게 생각했다오.

'무엇이 없는 곳에 노사(老死)가 없을까? 무엇이 그쳐 사라지

04_ 'ettāvatā jīyetha vā jāyetha vā māyetha vā cavetha vā upapajjhetha vā yad idam nāmarūpapaccayā viññāṇaṃ'의 필자 번역. 노사의 근본을 사유하다가 이름과 형색[名色]에 의존하고 있는 분별의식[識]에 이르러, 이 분별의식[識]이 이름과 형색[名色]을 벗어나지 못한다는 사실에서 '무엇인가가 생기고 없어진다는 인식은 이름과 형색[名色]에 의한 분별일 뿐'이라는 것을 깨달았다는 의미이다.

05_ 'samudayo samudayo'의 필자 번역.

면[滅] 노사(老死)가 그쳐 사라질까?'

비구들이여, 그때 통찰지[般若]로 이치에 맞는 생각을 함으로써 나에게 다음과 같은 요해(了解)가 생겼다오.

'생(生)이 없는 곳에는 노사(老死)가 없다. 생(生)이 그쳐 사라지면[滅] 노사(老死)가 그쳐 사라진다.'

비구들이여, 그때 나는 이렇게 생각했다오.

'무엇이 없는 곳에 생(生)이 없을까? … 유(有)가 없을까? … 취(取)가 없을까? … 갈망[愛]이 없을까? … 느낌[受]이 없을까? … 대상접촉[觸]이 없을까? … 6입처(六入處)가 없을까? … 무엇이 없는 곳에 이름과 형색[名色]이 없을까? 무엇이 그쳐 사라지면[滅] 이름과 형색[名色]이 그쳐 사라질까?'

비구들이여, 그때 통찰지[般若]로 이치에 맞는 생각을 함으로써 나에게 다음과 같은 요해(了解)가 생겼다오.

'분별의식[識]이 없는 곳에는 이름과 형색[名色]이 없다. 분별의식[識]이 그쳐 사라지면[滅] 이름과 형색[名色]이 그쳐 사라진다.'

비구들이여, 그때 나는 이렇게 생각했다오.

'무엇이 없는 곳에 분별의식[識]이 없을까? 무엇이 그쳐 사라지면[滅] 분별의식[識]이 그쳐 사라질까?'

비구들이여, 그때 통찰지[般若]로 이치에 맞는 생각을 함으로써 나에게 다음과 같은 요해(了解)가 생겼다오.

'이름과 형색[名色]이 없는 곳에는 분별의식[識]이 없다. 이름과 형색[名色]이 그쳐 사라지면[滅] 분별의식[識]이 그쳐 사라

진다.'

비구들이여, 그때 나는 이렇게 생각했다오.

'참으로 나는 깨달음의 길을 이해했다. 이름과 형색[名色]이 그쳐 사라지면[滅] 분별의식[識]이 그쳐 사라지고, 분별의식[識]이 그쳐 사라지면[滅] 이름과 형색[名色]이 그쳐 사라지고, 이름과 형색[名色]이 그쳐 사라지면[滅] 6입처(六入處)가 그쳐 사라지고, 6입처(六入處)가 그쳐 사라지면[滅] 대상접촉[觸]이 그쳐 사라지고 … 생(生)이 그쳐 사라지면[滅] 노사(老死)와 근심, 슬픔, 고통, 우울, 고뇌가 그쳐 사라진다. 이와 같이 순전한 괴로움덩어리[苦蘊]의 그쳐 사라짐[滅]이 있다.'

'그쳐 사라짐[滅]이다! 그쳐 사라짐[滅]이다!'[06]

비구들이여, 나에게 이와 같이 이전에 들어본 적이 없는 법(法)들에 대하여 안목이 생기고, 앎이 생기고, 통찰지[般若]가 생기고, 명지(明智)가 생기고, 광명이 생겼다오.

〈중략〉

비구들이여, 어떤 것이 그 옛길, 옛날의 정각을 성취한 분들이 따라간 오래된 지름길인가? 그것은 성스러운 8정도(八正道), 즉 정견(正見), 정사유(正思惟), 정어(正語), 정업(正業), 정명(正命), 정정진(正精進), 정념(正念), 정정(正定)이라오.

비구들이여, 이것이 그 옛길, 옛날의 정각을 성취한 분들이 따라간 오래된 지름길이라오. 나는 그 길을 따라갔다오. 그 길을

06_ 'nirodho nirodho'의 필자 번역.

따라가서 노사(老死)를 체험적으로 깨달았고,[07] 노사(老死)의 모여 나타남[集]을 체험적으로 깨달았고, 노사(老死)의 그쳐 사라짐[滅]을 체험적으로 깨달았고, 노사(老死)의 그쳐 사라짐에 이르는 길[道]을 체험적으로 깨달았다오. 나는 그 길을 따라갔다오. 그 길을 따라가서 생(生) … 유(有) … 취(取) … 갈망[愛] … 느낌[受] … 대상접촉[觸] … 6입처(六入處) … 이름과 형색[名色], 분별의식[識] … 조작하는 행위[行]들을 체험적으로 깨달았고, 조작하는 행위[行]들의 모여 나타남[集]을 체험적으로 깨달았고, 조작하는 행위[行]들의 그쳐 사라짐[滅]을 체험적으로 깨달았고, 조작하는 행위[行]들의 그쳐 사라짐에 이르는 길[道]을 체험적으로 깨달았다오.[08]

붓다가 깨달은 것은 생사의 괴로움을 겪고 있는 자아는 존재하지 않으며, 명색(名色)에 의지하고 있는 식(識), 즉 허망한 분별심에 의해 생로병사의 괴로움이 나타난다는 사실이다. 12연기의 무명(無明)은 이러한 사실을 모르는 상태를 의미한다. 이러한 사실을 모르는 상태[無明]에서 허망한 식(識)을 자아로 집착하고 살아가는 것이 12연기의 행(行)이며, 그 식(識)을 조건으로 생사의 괴로움은 끝없이 이어진다는 것이 무명에서 시작되는 12연기다. 따라서 이 경에 무명(無明)이 언급되지 않고 있지만, 내적으로는 무명이 전제되어 있다.

• • • • • • • • • • • • • • •
07_ 'abbhaññāsiṃ'의 필자 번역.
08_ S.N. Vol. 2, pp. 104~106의 필자 번역.

붓다는 노사의 연(緣)을 추구한 결과 생로병사가 끊임없이 전개되고 있는 세간은 무명(無明)에서 연기한 것이라는 사실, 즉 12연기의 유전문(流轉門)을 자각했으며, 이와 같은 자각을 통해 얻은 연기법을 일단 진리라고 승인하고, 이것을 정견(正見)으로 삼아 다시 사유하고 정진한 결과 생로병사하는 세간은 무명이 멸하면 함께 멸한다는 사실, 즉 12연기의 환멸문(還滅門)을 자각했다. 이러한 환멸문의 자각을 통해 붓다는 이 환멸문을 그대로 실천하여 이것이 생사를 벗어나는 진정한 길이라고 확인했으며, 이것이 8정도다.

8정도가 12연기의 환멸문이라는 사실은 이 둘을 비교해 보면 곧 확인된다. 이후에 이에 대한 상세한 고찰이 있겠지만, 여기에서 간단히 논한다면 무명(無明)의 멸은 정견(正見)이고, 행(行)의 멸은 정사유(正思惟; 意行滅), 정어(正語; 口行滅), 정업(正業; 身行滅)이며, 식(識)과 명색(名色)의 멸은 정명(正命)과 정정진(正精進)이며, 6입처(六入處)에서 유(有)까지의 멸은 정념(正念)이고, 생노사(生老死)의 멸은 정정(正定)이라 할 수 있다.

그러나 이것은 아직 진리의 성취라고는 할 수 없다. 전술한 바와 같이 그것이 아무리 그럴듯하고, 신뢰가 가고, 합리적인 생각이라고 할지라도 실천을 통해 체험되지 않으면 진리라고 할 수 없기 때문이다. 따라서 붓다는 이 길을 따라 실천하려고 결심하게 되며, 이를 실천한 결과 생사가 끊임없이 전개되는 세간은 온통 괴로움뿐이라는 사실[苦聖諦]과 이러한 세간은 무명을 연으로 집기(集起)한 것이라는 사실[集聖諦], 그리고 무명을 멸하면 생사가 인식되던 세간도 함께 멸하여 적정(寂靜)하고 안락하다는 사실[滅聖諦]을 체험했으며, 이와 같이 평화롭고 안락한 열반은 8정도를 통해서 성취된다는 사실[道聖諦]을 체험함으로써 비로소 진리를 성취할 수 있었다.

붓다가 깨달은 진리를 연기법이라고 하든 4성제라고 하든, 본질에 있어서는 아무런 차이가 없다. 그리고 실천적 중도인 8정도와 이론적 중도인 12연기도 근본적으로 다를 바가 없다. 세간의 성립을 설명하는 것이 12연기의 유전문이고, 세간 성립의 원인과 과정을 알아 이를 멸하는 것이 환멸문인 8정도이므로, 이들의 관계는 속제(俗諦)와 진제(眞諦)의 관계라 할 수 있다. 용수보살의 표현을 빌리자면, "12연기[俗諦]에 의지하지 않고서는 8정도[眞諦]를 수행할 수 없고, 8정도를 수행하지 않고서는 열반을 얻을 수가 없다."[09]고 할 수 있다.

2) 유무중도(有無中道)의 자각

고락중도는 이렇게 선정을 통해 연기법을 깨달음으로써 그에 기초하여 깨닫게 된 중도다. 발견된 순서의 측면에서 본다면 유무중도가 먼저이다. 이제 유무중도를 깨닫는 과정을 살펴보기로 하자.

붓다가 선정을 통해 연기법을 깨달았다고 한다면, 그 선정의 내용은 구체적으로 어떤 것일까?

『중아함경』의 「분별육계경(分別六界經)」[10]과 이에 상응하는 M.N. 140. Dhatuvibhanga-sutta[11]에서 붓다는 다음과 같이 이야기한다.

- - - - - - - - - - - - - -
09_ 『중론』, 「관사제품」 제10게(若不依俗諦 不得第一義 不得第一義 則不得涅槃)에 12연기와 8정도를 대입시켜 본 표현임.

10_ 대정장 1, pp.691c-692a.

11_ M.N. Vol.3, pp.242-245.

'사람은 4주처(住處)가 있다.'라고 했는데, 이 말은 무엇을 이야기한 것인가? 반야주처(般若住處), 진실주처(眞實住處), 사단주처(捨斷住處), 적정주처(寂靜住處)가 있다오. '사람은 4주처(住處)가 있다.'라고 한 것은 이것을 두고 이야기한 것이라오.

'통찰(通察)을 게을리 하지 않고,[12] 진실(眞實)을 수호(守護)하고, 사단(捨斷)을 키우고, 적정(寂靜)을 공부해야 한다.'라고 했는데, 이 말은 무엇을 이야기한 것인가?

비구는 어떤 것에 대한 통찰(通察)을 게을리 하지 않는가? 그것은 6계(界), 즉 지계(地界), 수계(水界), 화계(火界), 풍계(風界), 공계(空界), 식계(識界)라오.

비구여, 지계(地界)란 어떤 것인가? 지계는 안에도 있고 밖에도 있다오. 비구여, 어떤 것이 안에 있는 지계인가? 그것은 안에 있는 낱낱의 단단한 고체(固體)의 성질을 갖는 것이라오. … 안에 있는 지계와 밖에 있는 지계, 이들 지계에 대하여 '이것은 나의 소유가 아니고, 이것은 내가 아니고, 이것은 나의 자아(自我)가 아니다.'라고 바른 통찰지(通察智; 般若)로 있는 그대로 보아야 한다오. 이와 같이 이것을 있는 그대로 바른 통찰지(通察智; 般若)로 보고 나서, 지계(地界)를 염리(厭離)하고 지계에 마음을 두지 말아야 한다오.

비구여, 수계(水界)란 어떤 것인가? … 물과 물의 성질을 갖는 것이라오. 〈중략〉

• • • • • • • • • • • • • • • •

12_ 'paññaṁ nappamajjeyya'의 필자 번역. 般若와 通察과 通察智는 모두 'paññā'를 번역한 것이다.

비구여, 화계(火界)란 어떤 것인가? ⋯ 불과 불의 성질을 갖는 것이라오. 〈중략〉

비구여, 풍계(風界)란 어떤 것인가? ⋯ 바람과 바람의 성질을 갖는 것이라오. 〈중략〉

비구여, 공계(空界)란 어떤 것인가? ⋯ 공간과 공간의 성질을 갖는 것이라오. 예를 들면, 귓구멍, 콧구멍, 구강(口腔) 그리고 먹고 마시고 씹고 맛본 것을 삼키는 공간, 먹고 마시고 씹고 맛본 것이 머무는 공간, 먹고 마시고 씹고 맛본 것이 아래 부분으로 나오는 공간, 그 밖에 어떤 것이든 몸 안에 있는, 낱낱의 공간과 공간의 성질을 갖는 것이라오. 비구여, 이것이 안에 있는 공계라고 불리는 것이라오. 안에 있는 공계와 밖에 있는 공계, 이들 공계에 대하여, '이것은 나의 소유가 아니고, 이것은 내가 아니고, 이것은 나의 자아(自我)가 아니다.'라고 바른 통찰지(通察智; 般若)로 있는 그대로 보아야 한다오. 이와 같이 이것을 바른 통찰지(通察智; 般若)로 있는 그대로 보고 나서, 공계를 염리(厭離)하고, 공계에 마음을 두지 말아야 한다오.

그 다음에 청정하게 정화된 식(識)이 남는다오. 그는 무엇이든지 그 식(識)으로 인식한다오. '즐겁다'라고 인식하고, '괴롭다'라고 인식하고, '괴롭지도, 즐겁지도 않다.'라고 인식한다오. 비구여, 즐거운 느낌을 주는 촉(觸)에 의지하여 즐거운 느낌이 생긴다오.[13] 그는 즐거운 느낌을 느끼면서, '나는 즐거운 느낌을

. . . .

13_ 'sukkhavedanīyaṁ bikkhu phassaṁ paṭicca uppajjati sukkhā vedanā'의 필자 번역.

느낀다.'라고 통찰하여 안다오.[14] 그 즐거운 느낌을 주는 촉(觸)이 사라지면, 그는 '즐거운 느낌을 주는 촉(觸)에 의지하여 생겼던, 그로 인하여 느껴졌던 즐거운 느낌, 그것이 사라지고, 그것이 가라앉는다.'라고 통찰하여 안다오.[15] 비구여, 괴로운 느낌을 주는 촉(觸)에 의지하여 괴로운 느낌이 생긴다오. 그는 괴로운 느낌을 느끼면서, '나는 괴로운 느낌을 느낀다.'라고 통찰하여 안다오. 그 괴로운 느낌을 주는 촉(觸)이 사라지면, 그는 '괴로운 느낌을 주는 촉(觸)에 의지하여 생겼던, 그로 인하여 느껴졌던 괴로운 느낌, 그것이 사라지고, 그것이 가라앉는다.' 라고 통찰하여 안다오. 비구여, 비유하면, 두 나무토막을 맞대고 문지르면 열이 나고, 불이 생기고, 그 두 나무토막을 따로 떼어 놓으면 불과 열이 사라지고 가라앉는 것과 같다오. 〈중략〉 그 다음에 청정하게 정화되고, 유연하여 적응력이 있고, 밝게 빛나는 평정한 마음[捨][16]이 남는다오. 〈중략〉

그는 이와 같이 통찰하여 안다오.

'내가 만약에 이와 같이 청정하고, 이와 같이 정화된 이 평정한 마음을 공무변처(空無邊處)에 집중하여 그에 적당한 마음을 수습(修習)하면, 나의 이 평정한 마음은 그것을 의지하여, 그것을 취하여 오랫동안 긴 시간을 머물 것이다. 내가 만약에 이와 같

14_ 'so sukkhaṁ vedanaṁ vediyamāno sukkhaṁ vedanaṁ veviyāmīti pajānāti'의 필자 번역.
15_ 'sā nirujjhati sā vūpasammatīti pajānāti'의 필자 번역.
16_ 'upekhā'의 필자 번역.

이 청정하고, 이와 같이 정화된 이 평정한 마음을 식무변처(識無邊處)에 집중하여 그에 적당한 마음을 수습(修習)하면, 나의 이 평정한 마음은 그것을 의지하여, 그것을 취하여 오랫동안 긴 시간을 머물 것이다. 내가 만약에 이와 같이 청정하고, 이와 같이 정화된 이 평정한 마음을 무소유처(無所有處)에 집중하여 그에 적당한 마음을 수습(修習)하면, 나의 이 평정한 마음은 그것을 의지하여, 그것을 취하여 오랫동안 긴 시간을 머물 것이다. 내가 만약에 이와 같이 청정하고, 이와 같이 정화된 이 평정한 마음을 비유상비무상처(非有想非無想處)에 집중하여 그에 적당한 마음을 수습(修習)하면, 나의 이 평정한 마음은 그것을 의지하여, 그것을 취하여 오랫동안 긴 시간을 머물 것이다.'

그는 이와 같이 통찰하여 안다오.

'내가 만약에 이와 같이 청정하고, 이와 같이 정화된 이 평정한 마음을 공무변처(空無邊處)에 집중하여 그에 적당한 마음을 수습(修習)한다면, 이것은 유위(有爲)다.[17] 내가 만약에 이와 같이 청정하고, 이와 같이 정화된 이 평정한 마음을 식무변처(識無邊處)에 집중하여 그에 적당한 마음을 수습(修習)한다면, 이것은 유위(有爲)다. 내가 만약에 이와 같이 청정하고, 이와 같이 정화된 이 평정한 마음을 무소유처(無所有處)에 집중하여 그에 적당한 마음을 수습(修習)한다면, 이것은 유위(有爲)다. 내가 만약에 이와 같이 청정하고, 이와 같이 정화된 이 평정한

17_ 'saṅkhatam etaṁ'의 필자 번역. 空無邊處 등은 '마음으로 조작한 것[有爲]'이라는 의미이다.

마음을 비유상비무상처(非有想非無想處)에 집중하여 그에 적당한 마음을 수습(修習)한다면, 이것은 유위(有爲)다.'

그는 유(有)나 비유(非有)에 대하여 조작(造作)하지 않고, 의도(意圖)하지 않는다오.[18] 그는 유(有)나 비유(非有)에 대하여 조작(造作)하지 않고, 의도하지 않기 때문에 세간에서 어떤 것도 집착하지 않으며, 집착하지 않기 때문에 걱정하지 않으며, 걱정하지 않기 때문에 스스로 열반(涅槃)에 든다오. 그는 '태어남은 끝났고, 청정한 수행[梵行]을 마쳤으며, 해야 할 일을 끝마쳤다. 다시는 이런 상태로 되지 않는다.'라고 통찰하여 안다오. 그는 즐거운 느낌을 느끼거나, 괴로운 느낌을 느끼거나, 괴롭지도 즐겁지도 않은 느낌을 느낄 때면, '그것은 무상(無常)하다.'라고 통찰하여 알고, '집착해서는 안 될 것'이라고 통찰하여 알고, '즐겨서는 안 될 것'이라고 통찰하여 안다오. 그는 즐거운 느낌을 느끼거나, 괴로운 느낌을 느끼거나, 괴롭지도 즐겁지도 않은 느낌을 느낄 때면, 속박에서 벗어나 그것을 느낀다오.

그는 몸의 마지막 느낌을 느낄 때,[19] '나는 몸의 마지막 느낌을 느낀다.'라고 통찰하여 알고, 수명(壽命)의 마지막 느낌을 느낄 때,[20] '나는 수명(壽命)의 마지막 느낌을 느낀다.'라고 통찰하여

• • • • • • • • • • • •

18_ 'so n'eva abhisaṁkaroti abhisañcetayati bhavāya vā vibhavāya vā'의 필자 번역.

19_ 'so kāyapariyantikaṁ vedanaṁ vediyamāno'의 필자 번역.

20_ 'jīvitapariyantikaṁ vedanaṁ vediyamāno'의 필자 번역.

안다오. 그는 '몸이 무너지고 수명이 다하여 죽은 후에는, 이제 느끼고 즐겼던 모든 것이 싸늘하게 식어버릴 것이다.'라고 통찰하여 안다오. 〈중략〉

그래서 이와 같이 성취한 비구는 제일(第一)의 반야주처(般若住處)를 성취한 것이라오.[21] 왜냐하면 비구여, 이것은 제일의 거룩한 통찰지(通察智; 般若), 즉 모든 괴로움의 멸진(滅盡)에 대한 지혜[22]이기 때문이오. 이러한 그의 해탈은 진실에 머물러[23] 동요하지 않는다오. 왜냐하면 비구여, 허망한 법(法)은 거짓이고 허망하지 않은 열반(涅槃)은 진실(眞實)이기 때문이오.[24] 그래서 이와 같이 성취한 비구는 제일(第一)의 진실주처(眞實住處)를 성취한 것이라오.[25] 왜냐하면 비구여, 이것은 제일의 거룩한 진실[第一義諦],[26] 즉 허망하지 않은 열반이기 때문이라오. 그에게 이전에 어리석었을 때 있었던 집착의 대상들이 완전히 없어진다오.[27] 그것들이 뿌리가 잘린 나무나 밑동이 잘린 종려나무처럼 미래에는 생기지 않게 제거된다오. 그래서 이와 같이 성취한 비구는 제일(第一)의 사단주처(捨斷住處)를 성취

• • • • • • • • • • • • •

21_ 'tasmā evaṁ samannāgato bhikkhu iminā paramena paññādhiṭṭhānena samannāgato hoti'의 필자 번역.

22_ 'sabbadukkhakkhaye ñāṇaṁ'의 필자 번역.

23_ 'sacce ṭhitā'의 필자 번역.

24_ 'taṁ saccaṁ yaṁ amosadhammaṁ nibbānaṁ'의 필자 번역.

25_ 'tasmā evaṁ samannāgato bhikkhu iminā paramena saccādhiṭṭhānena samannāgato hoti'의 필자 번역.

26_ 'paramaṁ ariyasaccaṁ'의 필자 번역.

27_ 'tass' eva kho pana pubbe aviddasuno upadhī honti samattā samādiṇṇā'의 필자 번역.

한 것이라오.[28] 왜냐하면 비구여, 이것은 제일의 거룩한 사단(捨斷),[29] 즉 모든 집착의 대상을 버리는 것[30]이기 때문이라오. 이전에 어리석었을 때 그에게 있던 탐욕스러운 탐심(貪心)이 뿌리가 잘린 나무나 밑동이 잘린 종려나무처럼 미래에는 생기지 않게 제거되고, 이전에 어리석었을 때 그에게 있던 악의(惡意)에 찬 진심(瞋心)이 뿌리가 잘린 나무나 밑동이 잘린 종려나무처럼 미래에는 생기지 않게 제거되고, 이전에 어리석었을 때 그에게 있던 미망(迷妄)에 빠진 무명(無明)이 뿌리가 잘린 나무나 밑동이 잘린 종려나무처럼 미래에는 생기지 않게 제거된다오. 그래서 이와 같이 성취한 비구는 제일(第一)의 적정주처(寂靜住處)를 성취한 것이라오.[31] 왜냐하면 비구여, 이것은 제일의 거룩한 적정(寂靜),[32] 즉 탐진치(貪瞋癡)의 적정(寂靜)[33]이기 때문이라오. '통찰(通察)을 게을리 하지 말고, 진실(眞實)을 수호(守護)하고, 사단(捨斷)을 키우고, 적정(寂靜)을 공부해야 한다.'라고 한 것은 이것을 두고 이야기한 것이라오.[34]

• • • • • • • • • • • • • • •

28_ 'tasmā evaṁ samannāgato bhikkhu iminā paramena saccādhiṭṭhānena samannāgato hoti'의 필자 번역.

29_ 'paramo ariyo cāgo'의 필자 번역.

30_ 'sabbūpadhipaṭinissaggo'의 필자 번역.

31_ 'tasmā evaṁ samannāgato bhikkhu iminā paramena upasamādhiṭṭhānena samannāgato hoti'의 필자 번역.

32_ 'paramo ariyo upasamo'의 필자 번역.

33_ 'rāgadosamohānaṁ upasamo'의 필자 번역.

34_ 이중표 역해, 『정선 맛지마 니까야(하)』, pp.403-412.

이 경에서 붓다는 모든 존재를 6계(六界)로 분석하여 통찰하는 방법을 가르치고 있다. 6계는 당시에 물질을 구성하는 요소로 인식되고 있는 사대(四大)와 허공(虛空)과 의식(意識)을 의미한다. 붓다는 당시의 사람들이 존재를 구성하는 근본 요소로 생각하고 있는 6계(六界)의 실상을 통찰하도록 가르친 것이다.

붓다는 먼저 자신의 존재를 6계(六界)로 분석하여 통찰함으로써 자신을 구성하고 있는 6계는 '나의 소유가 아니고, 내가 아니고, 나의 자아(自我)가 아니다.'라는 것을 있는 그대로 알아야 한다고 가르친다. 그 다음에 6촉입처(六觸入處)를 통찰함으로써 즐겁고 괴로운 감정이 촉(觸)에 의지하여 생기고 사라진다는 것을 깨닫고 고락의 감정에서 벗어나 평정한 마음을 성취할 것을 가르친다. 마지막으로 이렇게 성취한 평정한 마음으로 무색계(無色界) 4처(四處)를 통찰하면 자아(自我)로 인해서 생기는 모든 망상(妄想)을 초월하여 평온한 삶을 성취하게 된다고 가르치고 있다. 붓다는 이 경에서 9차제정(九次第定)을 통해 존재의 실상을 깨달아 열반에 이르는 길을 가르치고 있는 것이다.

이 경에서 붓다는 색계(色界) 4선(四禪)을 닦아 고락의 감정으로부터 해탈한 평정한 마음[捨]을 얻고, 그 마음으로 4무색정(四無色定)을 닦아서 무색계(無色界) 4처(四處)가 무상한 유위(有爲)임을 자각할 때 유(有)와 비유(非有; 無)를 조작하지 않는 제일의 진실주처(眞實住處)를 성취하게 된다고 하고 있다. 바꾸어 말하면, 유무중도는 9차제정(九次第定)을 통해서 깨닫게 된다는 것이다.

이와 같이 9차제정(九次第定)은 유무중도를 깨닫는 인식론적 수행이며, 유무중도는 연기법을 의미하기 때문에, 연기법을 깨닫는 붓다의 인식론이라고 할 수 있다. 그리고 고락중도는 유무중도를 깨닫고 그에 기초하여 수행한 결과 깨닫게 된 중도이기 때문에, 붓다의 중도는 그것이 유무중도이건 고락중도이건 모두 9차제정에 의해 깨달은 것이라고 할 수 있다.

2. 9차제정(九次第定)과 7식주2처(七識住二處)

9차제정은 진리를 인식하는 단계적 성찰이다. 9차제정을 명확하게 이해하기 위해서는 붓다가 가르친 모든 교리를 함께 살펴보아야 한다. 멸진정(滅盡定)이 진리를 인식하는 구경의 경지이고, 색계(色界) 4선(四禪)과 무색계(無色界)의 4무색정(四無色定)은 멸진정에 이르는 단계적 과정이라고 할 때, 붓다가 가르친 여러 교리들은 9차제정을 통해 드러난 사실이거나, 멸진정에서 발견된 진리를 설한 것이다. 그러나 여기에서 이들을 모두 다룰 수는 없으므로 9차제정을 단계적으로 수행할 때 도달하게 되는 의식 상태를 설명하고 있는 7식주2처(七識住二處)를 통해 9차제정의 구조와 내용을 살펴보고자 한다.

7식주2처는 3계(三界; 欲界, 色界, 無色界)의 중생들이 소위 구중생거(九衆生居)라고 하는 그들의 세계에서 세계와 자아를 인식하는 의식 상태를 설명한 것이다.[35] 붓다는 『중아함경』의 「대인경(大因經)」[36]과 이

• • • • • • • • • • • • • • • •

35_ 『장아함경』의 「十上經」(대정장 1, p.56ab)에 나오는 '九衆生居'의 내용과 『중아함경』의 「大因經」(대정장 1, pp.581b-582a)에 나오는 '七識住二處'의 내용이 일치하므로 '九衆生居'는 '七識住二處'의 다른 표현임을 알 수 있다.

36_ 대정장 1, pp.581c-582a 참조.

에 상응하는 D.N. 5. Mahānidāna-sutta에서 다음과 같이 7식주2처(七識住二處)를 설하고 있다.

> 아난다여, 7식주(七識住)[37]와 2처(二處)[38]가 있다. 7식주(七識住)란 어떤 것인가?
>
> 아난다여, 다양한 몸[若干身][39]에 다양한 관념[若干想]을 지닌[40] 중생들이 있다. 예를 들면, 몇몇 인간들과 몇몇 천신들과 악처(惡處)에 떨어진 자들이 그들이다.〈欲界〉[41] 이것이 제1식주(第一識住)[42]이다.
>
> 아난다여, 다양한 몸에 단일한 관념을 지닌[一想][43] 중생들이 있다. 예를 들면, 범중천(梵衆天)[44]에 처음 태어난 천신들이 그들이다.〈初禪天〉 이것이 제2식주(第二識住)[45]이다.
>
> 아난다여, 단일한 몸[一身][46]에 다양한 관념[若干想]을 지닌 중생들이 있다. 예를 들면, 광음천(光音天)[47]의 천신들이 그들이

• • • • • • • • • • • • • •

37_ 'satta viññāṇaṭṭhitiyo'의 필자 번역. '識이 머무는 일곱 가지 장소'라는 의미인데, 불교의 전문용어이기 때문에 풀어서 번역하지 않고 하나의 명사로 번역함.

38_ 'dve āyatanāni'의 필자 번역. '중생들이 살고 있는 두 가지 장소'라는 의미인데, 七識住와 마찬가지로 전문용어이기 때문에 하나의 명사로 번역함.

39_ 'nānatta-kāyā'의 필자 번역.

40_ 'nānatta-saññino'의 필자 번역.

41_ 〈 〉안은 '九衆生居'의 명칭.

42_ 'paṭhamā viññāṇaṭṭhiti'의 필자 번역.

43_ 'ekatta-saññino'의 필자 번역.

44_ 'Brahma-kāyikā'의 필자 번역.

45_ 'dutiyā viññāṇaṭṭhiti'의 필자 번역.

46_ 'ekatta-kāyā'의 필자 번역.

47_ 'Ābhassarā'의 필자 번역.

다.〈二禪天〉 이것이 제3식주(第三識住)[48]이다.

아난다여, 단일한 몸에 단일한 관념을 지닌 중생들이 있다. 예를 들면, 변정천(遍淨天)[49]의 천신들이 그들이다.〈三禪天〉 이것이 제4식주(第四識住)[50]이다.

아난다여, 일체의 형색에 대한 관념[色想][51]을 초월하고, 지각 대상에 대한 관념[有對想]이 소멸하여, 다양한 관념에 마음을 두지 않고, "허공(虛空)은 무한하다."라고 생각하는 공무변처(空無邊處)[52]에 도달한 중생들이 있다.〈無量空處天〉 이것이 제5식주(第五識住)[53]이다.

아난다여, 일체의 공무변처를 초월하여, "식(識)은 무한하다."라고 생각하는 식무변처(識無邊處)[54]에 도달한 중생들이 있다.〈無量識處天〉 이것이 제6식주(第六識住)[55]이다.

아난다여, 일체의 식무변처(識無邊處)를 초월하여, "어떤 것도 존재하지 않는다."라고 생각하는 무소유처(無所有處)[56]에 도달한 중생들이 있다.〈無所有處天〉 이것이 제7식주(第七識住)[57]이다.

• • • • • • • • • • • • • •

48_ 'tatiyā viññāṇaṭṭhiti'의 필자 번역.

49_ 'Subhakiṇṇā'의 필자 번역.

50_ 'catutthā viññāṇaṭṭhiti'의 필자 번역.

51_ 'rūpa-saññānaṃ'의 필자 번역.

52_ 'ākāsānañcāyatana'의 필자 번역.

53_ 'pañcamī viññāṇaṭṭhiti'의 필자 번역.

54_ 'viññāṇañcāyatana'의 필자 번역.

55_ 'chaṭṭā viññāṇaṭṭhiti'의 필자 번역.

56_ 'ākiñcaññāyatana'의 필자 번역.

57_ 'sattamī viññāṇaṭṭhiti'의 필자 번역.

무상천(無想天)[58]이 제1처(第一處)이고, 비유상비무상처(非有想非無想處)[59]가 제2처(第二處)이다.[60]

멸진정(滅盡定)은 이와 같은 중생들의 의식 상태에서 완전히 벗어난 해탈의 경지이다. 7식주2처(七識住二處)가 어떤 것인지를 알고, 그것의 집(集), 멸(滅), 미(味), 환(患)과 그것으로부터 벗어나는 길[出要]을 바르게 알아서 마음이 이들 의식 상태에 물들거나 붙잡히지 않고 해탈한 경지가 멸진정이다.

「대인경」에 의하면 멸진정에 이르는 해탈에 다음과 같은 여덟 단계의 해탈[八解脫]이 있다.[61]

아난다여, 그때 다양한 몸에 다양한 관념을 지닌 제1식주(第一識住)를, 예를 들면, 몇몇 인간들과 몇몇 천신들과 악처(惡處)에 떨어진 자들을 분명하게 알고, 그것의 집(集)을 분명하게 알

• • • • • • • • • • • • • • • •

58_ 'asaññasattāyatana'의 필자 번역.『中阿含經』의 「大因經」에서는 무상천으로 번역함. '想이 없는 중생들이 있는 곳'이라는 의미인데,「대인경」의 번역에 따라 무상천으로 번역함.

59_ 'nevasaññā-nasaññāyatana'의 필자 번역.

60_ 第一處인 無想天은 色界에서 가장 높은 四禪天에 속하는 하늘이다. 그리고 第二處인 非有想非無想處天은 無色界에서 가장 높은 하늘이다.『중아함경』「大因經」의 이 부분은 다음과 같다.
阿難 云何有二處 有色衆生 無想無覺 謂無想天 是第一處 復次 阿難 有無色衆生 度一切無所有處 非有想非無想處 是非有想非無想處成就遊 謂非有想非無想天 是謂第二處(아난이여, 二處란 어떤 것인가? 형상이 있는 중생[有色衆生]이 있나니, 想이 없고 覺[受]이 없는, 이른바 無想天을 第一處라고 한다. 그리고 아난이여, 형상이 없는 중생[無色衆生]이 있나니, 일체의 無所有處를 초월한 非有想非無想處를 성취하여 노니는 이른바 非有想非無想處天을 第二處라고 한다.)

61_ 같은 책.

고, 그것의 소멸(消滅)[62]을 분명하게 알고, 그것의 유혹[63]을 분명하게 알고, 그것의 재앙[64]을 분명하게 알고, 그것에서 벗어남[65]을 분명하게 아는 사람이 그것을 즐기겠느냐?

"그렇지 않습니다. 세존이시여!"

아난다여, 그때 제2식주(第二識住), 제3식주(第三識住), 제4식주(第四識住), 제5식주(第五識住), 제6식주(第六識住), 제7식주(第七識住)를 분명하게 알고, 그것의 집(集)을 분명하게 알고, 그것의 소멸(消滅)을 분명하게 알고, 그것의 유혹을 분명하게 알고, 그것의 재앙을 분명하게 알고, 그것에서 벗어남을 분명하게 아는 사람이 그것을 즐기겠느냐?

"그렇지 않습니다. 세존이시여!"

아난다여, 그때 무상천(無想天)을 분명하게 알고, 그것의 집(集)을 분명하게 알고, 그것의 소멸(消滅)을 분명하게 알고, 그것의 유혹을 분명하게 알고, 그것의 재앙을 분명하게 알고, 그것에서 벗어남을 분명하게 아는 사람이 그것을 즐기겠느냐?

"그렇지 않습니다. 세존이시여!"

아난다여, 그때 비유상비무상처(非有想非無想處)를 분명하게 알고, 그것의 집(集)을 분명하게 알고, 그것의 소멸(消滅)을 분명하게 알고, 그것의 유혹을 분명하게 알고, 그것의 재앙을 분

• • • • • • • • • • • • • • • •

62_ 'atthagama'의 필자 번역.

63_ 'assāda'의 필자 번역.

64_ 'ādīnava'의 필자 번역.

65_ 'nissaraṇa'의 필자 번역.

명하게 알고, 그것에서 벗어남을 분명하게 아는 사람이 그것
을 즐기겠느냐?

"그렇지 않습니다. 세존이시여!"

아난다여, 비구는 이들 7식주(七識住)와 2처(二處)의 집(集)과
소멸(消滅)과 유혹과 재앙과 벗어남을 앎으로써 해탈한다. 아
난다여, 이것을 지혜에 의한 해탈[慧解脫]66이라고 한다.

아난다여, 이들 해탈은 여덟 가지다. 여덟 가지는 어떤 것들인가?

형색을 가지고67 형색[色]들을68 본다[色觀色].69 이것이 첫째
해탈[初解脫]이다.70

안에 형색에 대한 관념 없이71 밖의 형색[色]들을 본다[內無色
想 外觀色]. 이것이 둘째 해탈[第二解脫]이다.72

청정한 상태73라고 몰입한다[淨解脫身作證成就遊]. 이것이 셋
째 해탈[第三解脫]이다.

일체의 형색에 대한 관념[色想]74을 초월하고, 지각대상에 대
한 관념[有對想]이 소멸하여, 다양한 관념에 마음을 두지 않고,

• • • • • • • • • • • • • •

66_ ʻpaññā-vimuttoʼ의 필자 번역.

67_ ʻrūpīʼ의 필자 번역.

68_ ʻrūpāniʼ의 필자 번역.

69_ [ ] 안은 「大因經」의 내용.

70_ 대상에 대한 욕탐이 없이, 몸 즉 六根으로 외부의 형색을 있는 그대로 보는 것을 의미한다. 이것은 初
禪에서 얻는 해탈이다.

71_ ʻarūpa-saññīʼ의 필자 번역.

72_ 대상을 개념으로 인식하지 않고 외부의 형색을 있는 그대로 보는 것을 의미한다. 이것은 第二禪에서
얻는 해탈이다.

73_ ʻsubhaʼ의 필자 번역.

74_ ʻrūpa-saññānaṃʼ의 필자 번역.

"허공(虛空)은 무한하다."라고 생각하는 공무변처(空無邊處)를 성취하여 살아간다[度一切色想 無量空處成就遊]. 이것이 넷째 해탈[第四解脫]이다.

일체의 공무변처(空無邊處)를 초월하여, "식(識)은 무한하다."라고 생각하는 식무변처(識無邊處)를 성취하여 살아간다[度一切無量空處 無量識處成就遊]. 이것이 다섯째 해탈[第五解脫]이다.

일체의 식무변처(識無邊處)를 초월하여, "어떤 것도 존재하지 않는다."라고 생각하는 무소유처(無所有處)를 성취하여 살아간다[度一切無量識處 無所有處成就遊]. 이것이 여섯째 해탈[第六解脫]이다.

일체의 무소유처(無所有處)를 초월하여, 비유상비무상처(非有想非無想處)를 성취하여 살아간다[度一切無所有處 非有想非無想處成就遊]. 이것이 일곱째 해탈[第七解脫]이다.

일체의 비유상비무상처(非有想非無想處)를 초월하여, 관념으로 지각된 것의 멸진[想受滅][75]을 성취하여 살아간다[度一切非有想非無想處想 知滅解脫身作證成就遊 及慧觀諸漏盡知]. 이것이 여덟째 해탈[第八解脫]이다.

아난다여, 이들이 여덟 가지 해탈[八解脫]이다.

아난다여, 비구는 이 8해탈(八解脫)에 순관(順觀)으로 들어가고, 역관(逆觀)으로 들어가고, 순관(順觀)과 역관(逆觀)으로 들어가고, 원하는 순서로, 원하는 대로, 원하는 데까지 들어가고

⋯⋯⋯⋯⋯⋯⋯

75_ 'saññā-vedayita-nirodha'의 필자 번역.

나오기 때문에, 번뇌[漏]⁷⁶가 지멸(止滅)하여 무루(無漏)의 마음에 의한 해탈[心解脫]과 지혜에 의한 해탈[慧解脫]을 지금 여기에서 스스로 수승한 지혜로 체험하고,⁷⁷ 성취하여⁷⁸ 살아간다. 아난다여, 이런 비구를 구분해탈자(俱分解脫者)⁷⁹라고 한다. 아난다여, 이 구분해탈(俱分解脫)⁸⁰보다 더 훌륭하고 뛰어난 구분해탈(俱分解脫)은 없다.

8해탈(八解脫)은 중생들의 의식세계인 7식주2처(七識住二處)에서 단계적으로 벗어나는 것을 의미한다. 7식주2처(七識住二處)를 참되게 알아 마음이 7식주2처에 염착(染着)되지 않을 때 8해탈이 있게 되며,⁸¹ 멸진정은 제8해탈(第八解脫)의 경지⁸²이다. 이와 같이 9차제정(九次第定)과 7식주2처(七識住二處) 그리고 8해탈(八解脫)은 밀접한 관계가 있다. 7식주2처라는 중생들의 의식세계를 사유하는 것이 9차제정이고, 9차제정을 통해 그 의식의 허구성을 깨달아 단계적으로 벗어나는 것이 8해탈(八解脫)이다.

7식주2처(七識住二處), 9차제정(九次第定), 8해탈(八解脫)의 관계를 간단히 정리하면 다음과 같다.⁸³

• • • • • • • • • • • • • • • •

76_ 'āsava'의 필자 번역.

77_ 'sacchikatvā'의 필자 번역.

78_ 'upasampajja'의 필자 번역.

79_ 'ubhato-bhāga-vimutta'의 필자 번역. 心解脫과 慧解脫을 모두 성취한 사람이라는 의미.

80_ 'ubhato-bhāga-vimutti'의 필자 번역.

81_ 若有比丘 彼七識住及 二處知如眞 心不染著 得解脫者 … 阿難 有八解脫(대정장 1, p.582a).

82_ 知滅解脫身作證成就遊 及慧觀諸漏盡知 是謂第八解脫(같은 책).

83_ 九次第定의 내용은『중아함경』「分別觀法經」(대정장 1, p.695)의 내용을 취하고 七識住二處와 八解脫은『중아함경』「大因經」(대정장 1, pp.581b-582a)의 내용을 취한 것이다.

제1식주(第一識住)〈욕계(欲界)에 머묾〉; 초선(初禪)을 수행하여 욕계(欲界)에서 벗어남.〈第一解脫; 初禪天〉

제2식주(第二識住)〈색계(色界) 초선천(初禪天)에 머묾〉; 제2선(第二禪)을 수행하여 초선천(初禪天)에서 벗어남.〈第二解脫; 二禪天〉

제3식주(第三識住)〈색계(色界) 2선천(二禪天)에 머묾〉; 제3선(第三禪)을 수행하여 2선천에서 벗어남.〈第三解脫; 三禪天〉

제4식주(第四識住)〈색계(色界) 3선천(三禪天)에 머묾〉; 제4선(第四禪)을 수행하여 3선천에서 벗어남.〈第一處; 四禪天〉

제1처(第一處)〈색계(色界) 4선천(四禪天)〉; 일체의 형색에 대한 관념을 초월하여[度一切色想], 공무변처(空無邊處)를 성취함.〈第四解脫; 空無邊處天〉

제5식주(第五識住)〈공무변처천(空無邊處天)에 머묾〉; 공무변처(空無邊處)를 초월하여 식무변처(識無邊處)를 성취함.〈第五解脫; 識無邊處天〉

제6식주(第六識住)〈식무변처천(識無邊處天)에 머묾〉; 식무변처(識無邊處)를 초월하여 무소유처(無所有處)를 성취함.〈第六解脫; 無所有處天〉

제7식주(第七識住)〈무소유처천(無所有處天)에 머묾〉; 무소유처(無所有處)를 초월하여 비유상비무상처(非有想非無想處)를 성취함.〈第七解脫; 第二處; 非有想非無想處天〉

제2처(第二處)〈비유상비무상처(非有想非無想處)〉; 일체의 비유상비무상처(非有想非無想處)를 초월하여, 관념으로 지각된

것의 멸진[想受滅]을 성취함.〈第八解脫; 滅盡定〉

제1식주(第一識住)는 욕계중생(欲界衆生)의 의식이 머무는 상태이다. 욕계중생의 의식은 욕구에 머물고 있다. 욕계중생은 안(眼), 이(耳), 비(鼻), 설(舌), 신(身) 의(意) 등 몇 가지의 지각구조를 지닌 신체[若干身]에 지각된 색(色), 성(聲), 향(香), 미(味), 촉(觸), 법(法) 등을 존재로 인식하면서 그 존재를 욕구로 분별하여 갖가지 분별상[若干想]을 일으킨다.[84]

　　초선(初禪)은 욕계중생이 인식한 존재의 본질을 반야(般若)로 통찰하는 선정(禪定)이다. 예를 들면, 욕계중생인 인간은 감관에 지각된 내용에 대하여 그것을 책상이나 의자라고 분별하여 인식한다. 초선(初禪)에서는 욕계중생들이 존재로 인식하는 책상이나 의자와 같은 것들의 본질이 사유된다.

　　당시의 사문들은 존재의 본질을 4대(四大)와 같은 불변의 요소라고 주장했고, 바라문들은 브라만(Brahman)이라고 주장했다. 이들은 현상적 존재의 본질을 어떤 불변의 실체라고 생각한 것이다. 다시 말해서 우리가 지각하는 존재의 배후에 브라만이라는 불멸의 실체가 있으며, 그것이 변해서 현실세계의 다양한 존재가 되었다는 것이 바라문 사상의 전변설(轉變說)이고, 몇 가지 불멸의 요소가 있어서 그것들이 모여서 다양한 현실적 존재를 구성하고 있다는 것이 사문들의 적취설(積聚說)이다.

　　이들은 이와 같이 서로 다른 주장을 하고 있지만 현상적 존재의 배후에 불멸하고 불변하는 어떤 존재가 있다고 생각하는 점에서는 차이

• • • • • • • • • • • • •

84_ 有色衆生 若干身 若干想 謂入及欲天 是謂第一識住「大因經」

가 없다. 그들의 사상은 다 같이 현실적으로 인식되지 않는 불멸의 실체를 전제로 하고 있는 독단론이다.

이와 같이 외도들은 존재의 본질을 존재를 구성하고 있는 질료(質料)나 재료(材料)로 보고 있다. 그러나 존재의 본질을 질료나 재료로 보아서는 안 된다. 왜냐하면 어떤 존재의 질료나 재료도 존재이므로 우리는 다시 그 존재의 본질을 문제 삼지 않을 수 없으며, 이와 같은 본질의 추구는 결국 무한소급(無限遡及)과 순환론(循環論)에 빠지기 때문이다.

존재의 본질은 결코 질료나 재료가 아니다. 왜냐하면 존재는 질료나 재료로 규정되지 않기 때문이다. 책상을 예로 들면, 책상이라는 존재는 재료에 의해 규정되지 않는다. 책상은 나무로 된 것도 있고 강철이나 플라스틱으로 된 것도 있기 때문이다.

그렇다면 존재의 본질은 무엇일까? 책상은 그것이 나무로 된 것이건 강철로 된 것이건, 책을 놓고 보기에 알맞은 것이면 우리는 그것을 책상이라고 인식한다. 우리가 책을 놓고 보려는 욕구나 의지를 가지고 대상을 인식할 때 그 욕구를 충족시키는 대상이 책상이다. 따라서 책상의 본질은 질료나 재료가 아니라 우리의 욕구나 의지라 할 수 있다. 이런 의미에서 붓다는 『중아함경』의 「제법본경(諸法本經)」과 이에 상응하는 A.N. 8. 83. Mūlā에서 모든 존재는 의욕(意欲, chanda; will, desire for, wish for)이 근본이고, 의도(意圖, manasikāra)가 기원(起源)이라고 하고 있다.[85]

• • • • • • • • • • • • • • • •

85_ 若諸異學來問汝等 一切諸法以何爲本 汝等應當如是答彼 一切諸法以欲爲本(대정장1, p.602c).
    chandamūlakā āvuso sabbe dhammā, manasikārasambhavā sabbe dhammā, phassasamudayā
    sabbe dhammā, vedanāsamosaraṇā sabbe dhammā, samādhipamukā sabbe dhammā, paññuttarā
    sabbe dhammā, vimuttisārā sabbe dhammā(A.N. Vol. 4, p.339).

초선(初禪)에서는 이와 같이 욕계에서 인식되는 존재의 근원이 욕구, 즉 욕탐(欲貪)임이 드러난다. 따라서 초선에서는 의식이 욕탐을 떠나서 대상을 관찰, 사유함으로써 욕계에서 벗어나게 되며,[86] 이것이 지각의 대상[色]을 욕구 없이 관찰하는[色觀色] 제1해탈(第一解脫)이다.[87] 그리고 여기에서 의식은 지각구조를 지닌 몸, 즉 6입신(六入身)으로 대상을 인식하되 그것에 대하여 차별상을 일으키지 않기 때문에 이곳을 '약간신일상(若干身一想)'의 제2식주(第二識住)라고 한다.[88]

제2식주(第二識住)는 색계 초선(初禪)의 경지에 의식이 머무는 상태다. 욕계의 근원이 욕탐이라는 사실을 알고 욕탐에서 벗어남으로써 생긴 희락(喜樂)[89]에 의식이 머문다. 이 희락은 모든 색(色)을 욕탐 없이 일상(一想)으로 관찰함으로써 생긴 것이다. 즉, 의식이 비록 욕탐은 벗어나 있으나 대상을 벗어나지는 못하고 있는 것이다. 2선(二禪)에서는 이와 같은 의식 상태를 반야(般若)로 통찰한다. 색을 일상(一想)으로 관함으로써 생긴 희락의 근원을 추구하는 것이다.

2선(二禪)의 희락은 우리의 마음에서 생긴 것이지 외부에서 지각된 색에 의해서 생긴 것이 아니다. 따라서 다양한 지각작용에 의한 지각과 사유를 멈추고 자신의 마음을 관조함으로써 새로운 희락을 느끼게 되며, 이것이 '무각무관(無覺無觀) 정생희락(定生喜樂)'의 2선(二禪)이다.[90]

86_ 離欲離惡不善之法 有覺有觀 離生喜樂 得初禪 「분별관법경」

87_ 色觀色 初解脫 「대인경」

88_ 有色衆生 若干身一想 謂梵天初生不夭壽 是謂第二識住 「대인경」

89_ 離生喜樂 得初禪成就遊 「분별관법경」

90_ 覺觀已息 內靜一心 無覺無觀 定生喜樂 得第二禪 「분별관법경」

이와 같은 2선(二禪)을 성취하면 의식 내부에 색(色)에 대한 관념이 없이 외부의 색(色)을 관찰하기 때문에 이것을 '내무색상(內無色想) 외관색(外觀色)'의 제2해탈(第二解脫)이라고 한다.[91] 지각의 대상을 차별된 관념 없이 관찰하여 2선(二禪)을 성취한 중생은 외부의 색(色)을 차별하지 않기 때문에 자신의 몸도 지각작용의 분별을 떠나 하나의 몸으로 취하게 되며, 의식은 마음속에 생긴 다양한 희락에 머물기 때문에 '일신(一身) 약간상(若干想)'의 제3식주(第三識住)라고 한다.[92]

3선(三禪)에서는 제3식주(第三識住)에 머물고 있는 의식 상태를 반야(般若)로 통찰한다. 그 결과 희락을 원하기 때문에 의식이 희락을 벗어나지 못하고 희락에 머물고 있음을 자각하고 희락에 대한 욕구[喜欲]를 버림으로써 3선을 성취하게 된다.[93] 그리고 3선의 성취를 통해 의식이 내외의 욕탐에서 완전히 벗어나기 때문에, 이것을 청정하게 해탈한 몸을 체험하고 성취하여 살아가는 제3해탈(第三解脫)이라고 하며,[94] 이 경지에서는 고락(苦樂)에 대한 차별상을 일으키지 않고 지각대상을 평등하게 보는 일상(一想)에 머물기 때문에 '일신일상(一身一想)'의 제4식주(第四識住)라고 한다.[95]

제4식주(第四識住)의 상태에서 지각대상을 고락(苦樂)으로 분별하는 차별상은 없어졌지만, 지각대상에 대한 일상(一想)은 남아 있다. 4

. . . .

91_ 內無色想 外觀色 是謂第二解脫「대인경」

92_ 有色衆生 一身若干想 謂晃昱天 是謂第三藏住「대인경」

93_ 離於喜欲 捨無求遊 … 得第三禪成就遊「분별관법경」

94_ 淨解脫身作證成就遊 是謂第三解脫「대인경」

95_ 有色衆生 一身一想 謂遍淨天 是謂第四識住「대인경」

선(四禪)에서는 이 일상(一想)을 관조한다. 그 결과 대상에 대한 관념[有對想]이 모든 고락(苦樂)과 희우(喜憂)의 근본임을 자각하여, 의식은 상(想)을 떠나 대상의 관념에 머물지 않는 무주(無住)의 상태가 된다. 이 경지가 '사념청정(捨念淸淨)'의 4선(四禪)을 성취한 경지이며,[96] 이곳은 외부의 대상에 대한 욕탐과 의식의 내부에서 발생하는 고락(苦樂), 희우(喜憂) 등의 모든 감정을 떠나 의식이 이것들에 머물고 있지 않으므로[無想無覺] 식주(識住)라 하지 않고, 대상에 대한 욕탐과 의식의 내부에서 발생하는 고락 등의 감정이 이곳을 바탕으로 생긴다는 의미에서 이곳을 처(處; āyatana)라고 한다. 그리고 맨 처음 도달한 처(處)라는 의미에서 제1처(第一處)라고 한다.[97]

　　이상과 같이 4선(四禪)을 차례로 닦아 제1처(第一處)에 도달하여 얻게 되는 해탈이 욕탐에서 벗어난 심해탈(心解脫)이다.[98] 외부의 대상에 대한 욕탐은 초선(初禪)을 통해 극복하고, 내부에서 생기는 감정은 3선(三禪)을 통해 극복하여 4선(四禪)에서는 일체의 욕탐이나 감정에 의식이 머물지 않게 된다. 그러나 제1처(第一處)에서 지각의 대상 자체가 사라지는 것은 아니다. 다만 인식하는 주관과 인식되는 객관이 대립하고 있는 가운데 대상에 대한 욕탐과 주관의 감정만 소멸할 뿐이다. 이러한 세계가 욕망이나 감정을 떠나 지각대상이 순수하게 인식되고 있는 색계(色界)이다. 색계의 마지막 단계인 4선(四禪), 즉 제1처(第一處)에서

．．．．．．．．．．．．．
96_ 樂滅苦滅 喜憂本已滅 不苦不樂 捨念淸淨 得第四禪 「분별관법경」
97_ 有色衆生 無想無覺 謂無想天 是謂第一處 「대인경」
98_ 於欲離欲 心解脫(『잡아함경(1027)』, 대정장, 2, p.268b).

는 이와 같은 색계(色界)의 바탕을 반야(般若)로 통찰한다.

색계의 모든 존재는 공간(空間) 속에 있다. 만약 공간이 없다면 색계는 존재할 수 없다. 이와 같이 공간은 색계의 바탕이 되므로 공간에도 처(處)라는 개념을 사용하여 공처(空處)라고 한다. 이와 같은 자각을 통해 의식은 제1처(第一處)에서 벗어나 공간을 대상으로 머물게 되며, 이것이 제5식주(第五識住)이다.[99]

그렇다면 공간은 무엇인가? 공간은 색(色)의 없음[無]이다. 공간은 지각대상이 없는 무량무변한 것이다. 이러한 사유를 통해 의식이 공간을 대상으로 머무는 것이 제5식주(第五識住)인 공무변처(空無邊處)다. 이 공무변처(空無邊處)는 지각대상이 되는 일체의 색(色)에 대한 관념[色想]에서 벗어나 지각대상이 있다는 관념[有對想]이 소멸한 경지다.[100] 그리고 이렇게 공무변처(空無邊處)를 성취함으로써 색계에서 벗어나는 것이 제4해탈(第四解脫)이다.[101]

제5식주(第五識住)인 공무변처(空無邊處)는 공간을 무량무변한 존재라고 인식하는 의식 상태다. 공무변처정(空無邊處定)에서는 이와 같은 의식 상태를 반야(般若)로 통찰한다. 공간이란 전술한 바와 같이 '색의 없음'이다. 즉, 감각적으로 지각되지 않는 존재가 공간이다. 그리고 이것은 무량무변한 존재이다. 이와 같은 공간에 대한 인식의 내용은 어떻게 생긴 것일까? 공간은 지각되지 않는 존재이므로 공간에 대한 인식

99_ 有無色衆生 度一切色想 滅有對想 不念若干想 無量空處 是無量空處成就遊 謂無量空處 是謂第五識住「대인경」

100_ 度一切色想 滅有對想 不念若干想 無量空 是無量空處成就遊「분별관법경」

101_ 度一切色想 滅有對想 不念若干想 無量空處 是無量空處成就遊 是謂 第四解脫「대인경」

은 지각을 통해 성립된 것이 아니다. 그리고 공간이 무량무변한 존재라면 이와 같은 지식은 경험을 통해 성립된 것이 아니다. 왜냐하면 우리의 경험은 유한하기 때문이다.

그렇다면 공간에 대한 우리의 인식은 무엇인가? 그것은 색이 지각되지 않을 때 우리가 갖게 되는 관념[想]이다. 즉, 우리는 색이 지각되지 않을 때 공간이 존재하고 있다고 생각하게 되며, 색을 유한하다고 생각함으로써 '색의 없음' 즉 색과 대립되는 개념에 대하여 무량무변하다는 생각을 갖게 된다. 따라서 공간의 바탕은 이와 같은 관념을 일으키는 의식이라고 할 수 있다. 이러한 자각을 통해 공간에 대한 일체의 관념에서 벗어나[度一切空處想] 식(識)이 의식을 대상으로 머무는 것이 제5해탈(第五解脫)의 경지[102]인 식무변처(識無邊處)다. 여기에도 처(處)라는 개념을 사용하는 것은 이곳이 공간의 바탕이기 때문이다. 그리고 이와 같은 식무변처(識無邊處)에 의식이 머무는 것을 제6식주(第六識住)라고 한다.[103]

식무변처정(識無邊處定)에서는 의식의 모든 영역을 반야(般若)로 통찰한다. 의식은 대상에 대한 의식이다. 그런데 감각적 지각의 대상인 색(色)은 공무변처(空無邊處)에서 소멸하였고, 공간이라는 대상은 식무변처(識無邊處)에서 소멸했기 때문에 식무변처(識無邊處)에 머무는 의식은 대상이 없다. 대상이 없다면 대상을 분별하는 의식도 존재할 수 없다. 이와 같은 통찰의 결과 식무변처(識無邊處)를 벗어나 '존재하는 것은

. . . .

102_ 度一切無量空處 無量識處 是無量識處成就遊 是謂第五解脫「대인경」

103_ 有無色衆生 度一切無量空處 無量識處 是識處成就遊 謂無量識處天 是謂第六識住「대인경」

아무것도 없다.'는 생각을 함으로써 무소유처(無所有處)를 성취하게 된다.[104] 이것이 일체식처상(一切識處想)을 초월하여 무소유처(無所有處)를 성취하여 살아가는 제6해탈(第六解脫)이며,[105] 의식이 이와 같은 생각에 머물고 있는 상태를 제7식주(第七識住)라 한다.[106]

제7식주에서 행하는 사유가 무소유처정(無所有處定)이다. 만약 존재하는 것이 아무것도 없다면 우리는 어떻게 무소유처에 머물 수 있겠는가? 의식에 인식되지는 않지만 이와 같은 사유의 주체는 없다고 할 수 없다. 식(識)이 있다는 것은 유에 대한 관념[有想]이 있다는 것이고, 아무것도 없다는 것은 무에 대한 관념[無想]이 있다는 것이며, 이와 같은 유상(有想)과 무상(無想)은 유상도 무상도 아닌 어떤 미묘한 근원적 존재에서 생긴 관념[想]이라 할 수 있을 것이다. 이와 같은 사유를 통해서 무소유처(無所有處)를 벗어나 비유상비무상처(非有想非無想處)를 성취하게 되며,[107] 이것을 제7해탈(第七解脫)이라고 한다.[108] 이러한 비유상비무상처는 모든 존재가 의지하고 있는 바탕이라는 의미에서 제2처(第二處)라고 한다. 제1처(第一處)는 욕계(欲界)와 색계(色界)의 바탕이 되는 영역이고, 제2처(第二處)는 무색계(無色界)의 바탕이 되는 영역인 것이다.

색계(色界) 4선(四禪)의 성취를 통해 도달한 제1처(第一處)에서는 지각대상에 대한 욕탐이나 감정에서 벗어나 욕계의 존재가 고락(苦樂),

. . . .

104_ 度一切無量識處 無所有 是無所有處成就遊「분별관법경」

105_ 度一切無量識處 無所有處 是無所有處成就遊 是謂第六解脫「대인경」

106_ 有無色衆生 度一切無量識處 無所有處 是無所有處成就遊 謂無所有處天 是謂第七識住「대인경」

107_ 度一切無所有處 非有想非無想 是非有想非無想處成就遊「분별관법경」

108_ 度一切無所有處 非有想非無想處 是非有想非無想處成就遊 是謂第七解脫「대인경」

희우(喜憂) 등의 감정에서 비롯된 허구적인 존재임을 깨닫는다. 그리고 감정이나 욕탐에 물들지 않은 평정한 마음으로 지각을 통해 인식되는 존재[色]의 근원을 추구한 결과 공무변처(空無邊處)에 이르게 되고, 모든 존재의 근원을 추구한 결과 비유상비무상처(非有想非無想處)에 도달하게 된다. 비유상비무상처의 성취를 통해 도달한 제2처(第二處)에서는 모든 존재의 근원이 비유상비무상(非有想非無想)이라는 미묘한 존재라는 생각에 의식이 머문다.

비유상비무상처정(非有想非無想處定)에서는 이같이 모든 존재의 근원이 되는 비유상비무상(非有想非無想)이라는 미묘한 존재를 통찰한다. 그 결과 비유상비무상은 유상(有想)과 무상(無想)으로부터 추론된 관념일 뿐 그것이 결코 실재하는 존재가 아님을 깨닫게 된다. 공간이 '색의 부정[無]'에 대한 관념이고, 무소유가 '식의 부정[無]'에 대한 관념이듯이 비유상비무상도 유상(有想)과 무상(無想)을 동시에 부정하는 관념일 뿐 실재하는 존재가 아니라는 사실을 깨닫게 된다. 우리가 분별하는 모든 존재는 조작된 것(abhisaṁkhata)이며 생각해낸 것(abhisañcetayita)임을 깨닫게 되는 것이다.[109] 바꾸어 말하면 3계(三界)가 유위(有爲)이며 무상(無常)하고 고(苦)임을 진실하게 알아서 이것에 집착하지 않는다는 것이다.[110] 이렇게 하여 얻게 되는 것이 제8해탈(第八解脫)이 경지인 멸진정(滅盡定)이다.[111] 그리고 이러한 멸진정을 성취함으로써 모든 해탈이 완

• • • • • • • • • • • • •

109_ M.N. Cūlasuññata-sutta(Vol.3, p.108), 『중아함경』 「小空經」 (대정장 1, p.737c) 참조.

110_ 我此淸淨捨 依無量識處 無所有處 非有想非無想處者 若是有爲 若有爲者 則是無常 若無常者 則是苦也 (『중아함경』 「分別六界經」, 대정장 1, p.691c)

111_ 度一切非有想非無常處想 知滅解脫身作證成就遊 及慧觀諸漏盡知 是謂第八解脫 「대인경」

성된다. 제1처(第一處)에서 욕루(欲漏)로부터 벗어나고, 제2처(第二處)에서 유루(有漏)로부터 벗어나며, 멸진정에서 무명루(無明漏)로부터 마음이 해탈하게 되는 것이다. 이렇게 모든 번뇌[漏]에서 벗어나 모든 해탈을 구족한 경지가 멸진정이며, 이것을 구해탈(俱解脫)이라고 한다.[112]

이상이 7식주2처(七識住二處)와 8해탈(八解脫)을 통해 살펴본 9차제정의 내용이다. 9차제정(九次第定)은 우리가 인식하는 모든 존재가 무명(無明)에서 조작된 허망한 유위(有爲)라는 사실을 깨달아 무명(無明)에서 벗어나는 수행법이다. 무명이 있을 때 유위(有爲)가 조작되고, 무명이 소멸하면 유위의 조작이 그치는 것을 보여 주는 12연기의 유전문과 환멸문은 9차제정(九次第定)을 수행한 결과 드러난 것이다. 노사의 근본을 사유하여 무명에 이르는 12연기의 역관(逆觀)과 3계(三界)의 근원을 추구하여 멸진정(滅盡定)에 이르는 9차제정의 사유 방법은 그 형식이 동일하다. 이것은 연기법이 9차제정을 통해 깨달은 진리이고, 12연기는 9차제정을 통해 드러난 사실들이라는 것을 의미한다.

3. 9차제정(九次第定)과 12연기(十二緣起)

붓다가 성도하기 전에 행한 12연기(十二緣起)의 사유는 생사(生死)의 근원을 밝혀 생사에서 벗어나기 위한 것이다. 생사(生死)는 중생들이 자신의 존재라고 생각하는 자아(自我)의 생사(生死)다. 우리가 자아로 생각하

112_ 彼七識住及二處 知女眞 心不染著 得解脫 及此八解脫 逆順身作證成就遊 亦慧觀諸漏盡者 是謂比丘阿羅漢名俱解脫「대인경」

고 있는 존재는 물질적 존재이거나 정신적 존재이다. 육신을 자아라고 생각하는 사람도 있고, 정신이나 영혼을 자아라고 생각하는 사람도 있다. 이렇게 자아에 대하여 그것이 물질적 존재이거나 정신적 존재라고 생각하는 것은 우리가 생각하고 있는 모든 존재는 물질적 존재와 정신적 존재 두 가지이기 때문이다. 그리고 인간도 존재이기 때문에 그 둘 가운데 어느 하나일 것이라고 생각하는 것이 일반적인 생각이다.

따라서 인간존재의 본질에 대한 사유는 모든 존재의 본질에 대한 사유와 다름이 없다. 그러므로 붓다가 성도하기 전에 해탈을 목표로 행한 사유는 인간존재의 본질탐구이며 동시에 모든 존재의 본질탐구를 함축하고 있다.

12연기의 사유는 노사(老死)의 문제에서 시작된다. 우리는 누구나 늙어 죽는다. 그렇다면 우리에게 노사(老死)는 왜 있는가? 그것은 우리가 태어났기 때문이다. 태어나면 누구나 반드시 늙고 죽는다. 이것은 누구에게나 언제 어느 때나 차별 없이 적용되는 평등한 진리이다.

그렇다면 태어남[生]은 무엇인가? 노사(老死)의 조건이 되는 태어남[生]은 왜 있는가? 물론 부모가 있기 때문에 태어남이 있다. 그러나 부모가 태어남의 근본적 조건은 아니다. 왜냐하면 부모도 역시 태어난 존재이기 때문이다. 붓다가 문제 삼고 있는 태어남[生]은 이와 같이 생물학적인 탄생이 아니라 우리에게 인식되고 있는 태어남[生]이라는 현상이다.

붓다는 D.N. 15. Mahānidāna-sutta에서 태어남[生]을 다음과 같이 설명한다.

"태어남[生]이라는 조건[緣] 때문에 노사(老死)가 있다."라고 이야기했는데, 아난다여, 다음과 같은 이유에서 태어남[生]이라는 조건[緣] 때문에 노사(老死)가 있다는 것을 알아야 한다. 아난다여, 전적으로, 완전히, 언제 어디서건 태어남[生]이 없다면, 즉 건달바(乾達婆)[113]가 건달바로, 야차(夜叉)[114]가 야차로, 유정(有情)[115]이 유정으로, 사람이 사람으로, 짐승이 짐승으로, 날짐승이 날짐승으로, 길짐승이 길짐승으로, 아난다여, 그 중생들이 그와 같은 것으로 태어남[生]이 없다면, 어떤 경우에도 태어남이 없을 때, 태어남이 지멸(止滅)된 상태에서[116] 노사(老死)가 있다고 말할 수 있겠느냐?[117]

태어남[生]은 어떤 존재의 태어남이다. 태어남[生]은 사람이든, 소든, 개든, 어떤 존재가 그 존재로 태어나는 것을 의미한다. 사람이라는 존재가 없으면, 사람의 태어남은 있을 수 없고, 개라는 존재가 없으면, 개의 태어남은 있을 수 없다. 그리고 이러한 존재의 태어남이 있기 때문에 그 존재의 노사(老死)가 있게 된다.

　　붓다가 이야기하는 태어남[生]은 이와 같이 어떤 존재의 태어남이다. 그렇기 때문에 12연기를 사유하면서 붓다는 태어남[生]의 조건은

• • • • • • • • • • • • • •
113_ 'gandhabba'의 필자 번역.
114_ 'yakkha'의 필자 번역.
115_ 'bhūta'의 필자 번역.
116_ 'jāti-nirodhā'의 필자 번역.
117_ 이중표 역해, 『정선 디가 니까야』, p.171.

유(有), 즉 존재라고 이야기한다.

> "존재[有]라는 조건[緣] 때문에 태어남[生]이 있다."라고 이야
> 기했는데, 아난다여, 다음과 같은 이유에서 존재[有]라는 조건
> [緣] 때문에 태어남[生]이 있다는 것을 알아야 한다. 아난다여,
> 전적으로, 완전히, 언제 어디서건 존재[有]가 없다면, 즉 욕유
> (欲有),[118] 색유(色有),[119] 무색유(無色有)[120]가 없다면, 어떤 경
> 우에도 존재[有]가 없을 때, 존재[有]가 지멸(止滅)된 상태에서
> 태어남[生]이 있다고 말할 수 있겠느냐?

붓다가 생(生)의 조건이라고 이야기하는 유(有)는 'bhava'의 한역인데
'bhava'는 동사 'bhū(to become, be, exist, live, occur)'에서 파생된 남성명사
로서 '존재(being)'의 의미이다. 우리가 태어남[生]을 인식하는 것은 없던
존재가 있게 될 때이며, 그렇기 때문에 존재[有]가 생(生)의 조건이라는
것이 붓다의 생각이다.

    붓다는 이 경에서 유(有)에 욕유(欲有), 색유(色有), 무색유(無色
有)의 세 가지가 있다고 이야기한다. 욕유(kāma-bhava)는 감각적 욕구
(kāma)로 이루어진 존재를 의미하고, 색유(rūpa-bhava)는 감관에 지각
된 존재, 즉 형색을 지닌 존재를 의미하고, 무색유(arūpa-bhava)는 감관

118_ 'kāma-bhava'의 필자 번역.
119_ 'rūpa-bhava'의 필자 번역.
120_ 'arūpa-bhava'의 필자 번역.

에 지각되지 않는 관념적 존재를 의미한다. 중생의 세계를 의미하는 3계(三界), 즉 욕계(欲界, kāma-dhātu), 색계(色界, rūpa-dhātu), 무색계(無色界, arūpa-dhātu)는 이들 세 가지 존재의 세계를 의미한다.

생사(生死)는 이와 같은 세 가지 존재의 세계에서 나타나는 현상이다. 따라서 생사에서 해탈하기 위해서는 이들 세계의 근원과 구조를 알아야 하며, 12연기(十二緣起)는 붓다가 깨달은 3계(三界)의 근원과 구조이다. 그런데 12연기의 유(有)에서 무명(無明)까지의 내용과 8해탈(八解脱)을 단계적으로 성취하는 9차제정(九次第定)의 내용을 비교해 보면, 붓다의 사유의 과정은 9차제정(九次第定)과 일치한다.

먼저 이들의 관계를 간단히 정리하면 다음과 같다.

3계 (三界)	7식주2처 (七識住 二處)	9차제정 (九次第定)	8해탈 (八解脱)	12연기 (十二緣起)
욕계 (欲界)	제1식주 (第一識住)	이욕이악불선법 (離欲離惡不善法)		유; 3유 (有; 三有)
색계 (色界)	초선천; 제2식주 (初禪天; 第二識住)	초선성취 (初禪成就)	제1해탈 (第一解脱)	취; 4취 (取; 四取)
	2선천; 제3식주 (二禪天; 第三識住)	2선성취 (二禪成就)	제2해탈 (第二解脱)	애; 3애 (愛; 三愛)
	3선천; 제4식주 (三禪天; 第四識住)	3선성취 (三禪成就)	제3해탈 (第三解脱)	수; 3수 (受; 三受)
	4선천; 제1처 (四禪天; 第一處)	4선성취 (四禪成就)	제1처성취 (第一處成就)	촉; 6촉입처 (觸; 六觸入處)
무색계 (無色界)	공처천; 제5식주 (空處天; 第五識住)	공처성취 (空處成就)	제4해탈 (第四解脱)	6입처 (六入處)
	식처천; 제6식주 (識處天; 第六識住)	식처성취 (識處成就)	제5해탈 (第五解脱)	명색 – 식 (名色 - 識)
	무소유처천; 제7식주 (無所有處天; 第七識住)	무소유처성취 (無所有處成就)	제6해탈 (第六解脱)	행; 유위조작 (行; 有爲造作)
	비유상비무상처천; 제2처 (非有想非無想處天; 第二處)	비유상비무상처성취 (非有想非無想處成就)	제7해탈 제2처성취 (第七解脱第二處成就)	무명(無明)
출3계 (出三界)	지멸해탈신작증성취 (知滅解脱身作證成就)	멸진정성취 (滅盡定成就)	제8해탈 (第八解脱)	명(明)

9차제정(九次第定)의 사유는 욕계(欲界)에서 시작된다. 그리고 4선(四禪)을 성취하여 제1처(第一處)에 도달한다. 붓다의 사유는 여기에서 그치지 않고 새로운 차원의 사유로 옮아간다. 그 결과 비유상비무상처의 성취를 통해 제2처(第二處)에 도달한다. 이것은 붓다의 사유 과정에 몇 차례의 깨달음과 그 깨달음의 경지에 머물지 않고 새로운 차원으로의 초월이 있었다는 것을 의미한다. 색계 4선(四禪)을 통해 도달한 제1처(第一處)에서 한 차례의 깨달음이 있었고, 4무색정(四無色定)을 통해 도달한 제2처(第二處)에서 새로운 깨달음이 있었으며, 멸진정에서 구경(究境)의 깨달음이 있었던 것이다. 따라서 먼저 붓다의 사유가 제1처(第一處)에 도달하기까지의 과정, 즉 색계 4선(四禪)의 내용과 12연기의 내용을 비교해 보고, 이어서 제2처(第二處)에 도달하는 4무색정(四無色定)과 해탈을 성취하는 멸진정(滅盡定)을 12연기와 비교해 살펴보고자 한다.

1) 색계(色界) 4선(四禪)과 12연기(十二緣起)

9차제정(九次第定)의 사유가 욕계(欲界)에서 시작된다는 것은 9차제정(九次第定)이 인간의 현실에서 출발하고 있음을 의미한다. 우리의 현실세계에는 수많은 존재가 있다. 그리고 모든 존재에는 이름이 있다. 존재에 대한 인식이 이름, 즉 언어를 통해 이루어지고 있는 것이다. 이와 같이 우리의 현실세계, 즉 욕계(欲界)는 언어의 세계다.

그렇다면 언어는 무엇일까? 러셀(B. Russell)이나 초기의 비트겐슈타인(L. Wittgenstein)의 생각과 같이 언어는 실재세계(reality)를 반영하고 있는 그림과 같은 것[121]일까? 만약 그렇다면 존재의 근원을 규명하기 위해 우리는 언어를 버릴 수 없을 것이다.

그러나 붓다는 이와 같은 존재의 근원을 추구하는 초선(初禪)에서 방해가 되는 것은 언어(vaca)이며,[122] 초선에 바르게 들어가면 언어가 적멸한다고 한다.[123] 이와 같이 9차제정의 첫 단계인 초선에서 언어가 적멸하기 때문에 9차제정의 사유는 언어를 통한 논리적 사유가 아니다.

붓다는 언어를 어떻게 이해하고 있었을까? 붓다가 이야기하는 초선(初禪)은 욕탐을 버림으로써 들어가는 선정(禪定)이다. 그리고 이 선정에 들면 언어가 적멸한다. 욕탐을 버리면 언어가 적멸하고, 이렇게 언어가 적멸한 경지가 초선(初禪)의 경지이다. 이것은 붓다가 언어의 본질을 욕구로 이해하고 있음을 보여 준다. 모든 언어는 욕구가 있을 때 인간이 구성한 개념이라는 것이 붓다의 생각이다. 붓다가 언어로 존재를 인식하고 이해하는 인간의 세계를 욕계(欲界)라고 부르는 까닭이 여기에 있다.

욕계는 언어의 세계다. 욕계 중생인 인간은 언어의 세계에 살고 있다. 욕계에서 언어는 곧 존재다. 언어는 우리가 욕구를 통해 조작한 것이다. 언어는 욕구가 있을 때 우리가 그 욕구에 상응하는 것에 이름을 붙임으로써 만들어진다. 이렇게 이름을 붙이면 없었던 존재가 있게 된다.

• • • • • • • • • • • • • • •

121_ 이정민 외, 『언어과학이란 무엇인가』(서울: 문학과 지성사, 1977), p.307 참조.

122_ 若入初禪 則聲刺滅(『장아함경』「十上經」, 대정장 1, p.56c).
'聲刺'는 '방해가 되는 聲'이라고 할 수 있는데, 여기에서 '聲'은 'vaca'의 漢譯으로 단순히 '소리'를 의미하는 것이 아니라, '언어'를 의미한다. 『잡아함경(474)』에는 '初禪正受時言語寂滅'이라 하고 있으며, 이에 상응하는 S.N. 36. 15(Vol.4, p.220)에는 'pathaman jhanam samapannassa vaca niroddha hoti'로 되어 있다. 따라서 한역의 '言語'와 '聲'은 'vaca(word, speech)'의 번역임을 알 수 있다.

123_ 初禪正受時 言語寂滅(『잡아함경(474)』, 대정장 2, p.121b).

욕계의 모든 존재는 이와 같이 욕구에 의해서 성립된 것들이다. 이와 같은 사실의 자각을 통해 이루어지는 통찰이 초선(初禪)에서의 사유다. 따라서 초선에서는 욕계의 존재, 즉 욕유(欲有)를 대상으로 그 근원을 통찰한다.

12연기에서 존재[有]의 조건은 취(取)다. 취(取)는 중성명사 'upādāna'의 한역으로서 본래는 연료나 자양분과 같이 어떤 활동작용을 지속시키는 질료적 토대를 의미한다. 예를 들어, 불이 타오르는 작용은 연료를 토대로 지속되며, 이때 불은 연료를 취하여 그 활동을 지속하므로 연료는 불이 타는 작용을 지속시키는 'upādāna'이다. 이와 같이 어떤 활동작용은 반드시 질료적 토대를 취하여 지속된다는 의미에서 'upādāna'는 활동작용을 지속하기 위해 그것을 가능케 하는 도구나 방법을 '잡음, 취함, 붙들고 놓지 않음'의 의미로 쓰인다. 한역의 취(取)는 이 가운데 '취함'의 의미를 택한 것이다. 취(取)의 이러한 의미에 비추어 볼 때, 취(取)는 존재[有]를 유지하고 지속하게 하는 의식 활동을 의미한다고 할 수 있다.

욕유(欲有)의 근원은 '욕구를 취하여 붙들고 놓지 않는 마음[欲取]'이다. 초선에서는 이와 같은 사실을 자각하고 욕구를 버리게 된다. 따라서 12연기의 취(取)는 초선을 수행한 결과 깨달은 내용이라고 할 수 있다. 그리고 초선을 성취하면 버리게 되는 욕탐은 바로 욕유(欲有)의 조건[緣]이 되는 '욕구를 취하여 붙들고 놓지 않는 마음[欲取]'이다.

12연기에서 취(取)의 조건은 애(愛, taṇhā)다. 'taṇhā'의 본뜻은 '갈증'으로서 '강렬한 욕망'을 의미한다. 그런데 초선의 내용은 '유각유관(有覺有觀) 이생희락(離生喜樂)'이다. 욕취(欲取)를 멸하여 외부의 대상을 언어로 분별하지는 않지만, 대상을 지각함으로써 생기는 희락의 감정이 있는 것이 초선의 경지이다. 2선(二禪)은 이와 같은 희락을 일으키는 각관(覺觀; 대상에 대한 지각과 사유)이 멸한 경지이다.[124]

2선에서는 취(取)의 근원이 각관(覺觀)에서 생긴 희락에 대한 갈망[愛: taṇhā]임을 깨닫고 각관(覺觀)을 멸하는 수행을 한다. 애(愛)에 색애(色愛), 성애(聲愛), 향애(香愛), 미애(味愛), 촉애(觸愛), 법애(法愛) 등의 6애(六愛)가 있다[125]고 하는 것은 이와 같은 사실을 보여 준다. 애(愛)는 6근(六根)에 지각된 내용에서 생긴 희락을 끊임없이 갈구하는 욕망이다. 따라서 2선에서는 이러한 애(愛)의 외적 요인인 각관을 멸하는 수행을 하며, 12연기의 애(愛)는 이와 같은 2선의 수행을 통해 깨달은 내용이라고 할 수 있다.

2선을 통해 각관(覺觀)을 멸하면 애(愛)의 외적 요인은 제거되지만 내적 요인은 남아 있다. 3선(三禪)에서는 이와 같은 사실이 자각된다. 희락은 대상이 지닌 성질이 아니라 우리의 의식 내부에서 발생한 것임이 자각되는 것이다. 2선을 성취했을 때 무각무관(無覺無觀)이 되지만 정(定)에서 생긴 희락이 있다는 것은 이것을 시사한다. 붓다가 3선을 통해 희락심을 멸해야 한다고 하는 까닭은 이와 같은 희락심이 애(愛)의 근원이기 때문이다.

어떤 대상을 애착하는 까닭은 우리의 마음에 희락심이 생기기 때문이다. 그렇다면 희락심은 어떻게 생기는 것일까? 우리에게는 괴로운

<hr />

124_ 第二禪正受時覺觀寂滅(같은 책).
125_ 『잡아함경(304)』(대정장 2, p.87a) 참조.

느낌[苦受; dukkhā-vedanā], 즐거운 느낌[樂受; sukhā-vedanā], 괴롭지도 즐겁지도 않은 느낌[不苦不樂受; adukkhamasukhá-vedanā]의 세 가지 느낌[三受]이 있다. 희락심은 이들 느낌[受; vedanā] 가운데 괴로운 느낌[苦受]과 즐거운 느낌[樂受]에서 생긴다. 괴롭다는 느낌에서 벗어날 때 희락심이 생기고, 즐겁다고 느낄 때 희락심이 생긴다. 따라서 희락심을 멸하기 위해서는 희락에 대한 욕구[喜欲], 즉 괴로운 느낌에서 벗어나고자 하거나 즐거운 느낌을 구하고자 하는 욕구를 버리고 평정한 마음[捨; upekhā]에 머물러야 한다. 이것이 3선(三禪)의 성취이다. 따라서 12연기의 수(受)는 3선의 수행을 통해 깨달은 내용이라고 할 수 있다.

이와 같은 3선을 성취함으로써 기쁨과 근심[喜憂]의 근본인 고락의 감정이 멸하면 불고불락(不苦不樂)의 평정한 마음[捨; upekhā]만이 있게 된다. 4선(四禪)에서는 이와 같은 평정한 마음[捨]을 청정하게 유지한다. 외부의 대상에 대한 모든 욕구와 내부의 감정이 멸진한 상태가 4선인 것이다.

이렇게 대상에 대한 욕구와 내부의 느낌이 멸진한 상태가 7식주2처(七識住二處)의 제1처(第一處)다. 의식이 제1처에 머물 때 대상은 단지 접촉되는 것으로만 인식된다. 우리가 느끼는 모든 느낌과 욕구는 이와 같은 접촉에서 비롯된다. 12연기에서 수(受)의 조건[緣]이라고 설해지는 촉(觸; phassa)은 바로 이와 같은 의미를 갖는 개념이다. 따라서 12연기의 '촉(觸)'은 4선(四禪)의 성취에서 드러난 것이라고 할 수 있다.

4선(四禪)의 성취를 통해 도달한 제1처(第一處)는 욕계와 색계에서 일어나는 모든 의식의 바탕이다. 욕계와 색계에서의 모든 의식, 즉 고락(苦樂)의 감정[受], 기쁘거나 슬픈 마음[喜憂心], 대상에 대한 갈망[愛]

과 욕구, 그로 인한 취착[取] 등은 그 근원이 제1처(第一處)에 있다. 즉, 6
근(六根)이 외부의 대상과 접촉하고 있기 때문에 이들이 생긴 것이다. 따
라서 색계에 대해 발생한 의식들에 의해 존재화한 욕계의 모든 존재는
이 접촉의 영역[觸入處]에 의존하고 있다고 할 수 있다.

이렇게 어떤 것이 의존하고 있는 바탕이 되는 영역을 붓다는 처
(處, 入處, 入; āyatana)라는 개념으로 표현한다. 'āyatana'는 'āyat'(들어가다;
enter, 도달하다; arrive, 머물다; abide)라는 동사에서 파생된 중성추상명사로
서, 본래는 '어떤 목표에 도달하여 들어가 머물게 된 장소'를 의미한다.
이와 같은 본뜻에서 'āyatana'는 휴식처(resting place), 토대(support), 고향
(home), 집(house), 거주처(abode) 등의 의미로 사용되며, 장소(place), 영
역(region, sphere) 등을 의미하기도 한다. 붓다가 4선(四禪)의 경지에 이
개념을 사용하여 제1처(第一處)라고 하고 있는 것은, 붓다가 욕계의 근
원을 추구하다가 4선(四禪)에서 그 욕계가 촉(觸)에 의존하고 있음을 깨
달았기 때문이다. 그리고 붓다가 촉(觸)에도 처(處)라는 개념을 사용하
여 촉입처(觸入處, phassa-āyatana)라고 하는 것은[126] 촉(觸)이 이와 같이
욕계의 토대가 되는 영역이기 때문이라고 생각된다. 따라서 7식주2처
(七識住二處)의 제1처(第一處)는 다름 아닌 12연기의 촉(觸)에 해당된다
고 생각된다.

126_ 『잡아함경(209)』(대정장 2, p.52c) 참조.

2) 제식연기설(齊識緣起說)의 의의

지금까지 학계에서는 소위 제식연기설(齊識緣起說)로 불리는 9지(九支) 또는 10지(十支) 연기설로 인해, 처음부터 연기설이 12지(十二支)로 확정되어 있었던 것인지에 대하여 많은 논의를 해왔다.[127] 그러나 제식연기설에 대하여 그와 같이 논의해서는 안 된다. 제식연기설은 붓다의 사유 과정에서 붓다가 부딪혔던 딜레마를 술회한 것이기 때문에, 제식연기설을 통해 붓다의 사유 과정을 추정해 보는 것이 제식연기설에 대한 올바른 시각이다. 따라서 붓다의 사유 과정을 계속 고찰하는 가운데 제식연기설의 의의를 밝혀보고자 한다.

전술한 바와 같이 촉입처(觸入處)의 깨달음을 통해 욕계의 근원이 드러난다. 즉, 우리의 마음이 욕탐에서 해탈하면 욕계에서 벗어날 수 있다. 그러나 촉(觸)은 우리에게 여전히 문제를 남기고 있다. 아무리 욕탐을 제거해도 여전히 존재는 지각된다. 우리가 책상을 욕구 없이 인식하면 그것이 책상으로 인식되지는 않지만, 그렇다고 책상이 눈앞에서 사라지거나 만져지지 않는 것은 아니다. 언어나 개념으로 규정하지 않을 뿐 지각되기는 마찬가지인 것이다.

그렇다면 촉(觸)은 무엇에 의존하고 있는 것일까? 촉은 색계의 존재와 자아라는 존재가 공간속에서 6근(六根)을 통해 접촉하고 있는 상태[六觸]이다. 6촉(六觸)은 눈으로 보고, 귀로 듣고, 코로 냄새 맡고, 혀로 맛보고, 몸으로 접촉하고, 마음으로 생각하는 영역, 즉 6입처(六入處)에서 이루어지는 감각적 지각이라 할 수 있다. 따라서 붓다는 촉(觸)의

127_ 고익진,「아함법상의 체계성 연구」, 동국대학교 석사학위청구논문, 1971, pp.107-109 참조.

조건을 6입처(六入處)라고 한다. 그렇다면 왜 촉의 조건을 6근(六根)과 6경(六境)이라 하지 않고 6입처라고 하는 것일까? 6근(六根)은 우리의 지각기관이다. 그리고 우리는 이 6근(六根)을 통해 6경(六境)을 지각한다고 생각한다. 그러나 이때 6근(六根)이 6경(六境)과 직접 접촉하지는 않는다. 모든 지각은 대상과 공간을 사이에 두고 느낀다. 6촉(六觸)은 결국 대상과 6근(六根)의 직접적인 접촉이 아니라 공간을 사이에 둔 접촉이라 하지 않을 수 없다.

그러나 공간을 사이에 두고 있다면 그것은 접촉이 아니다. 접촉은 두 사물 사이에 공간이 없음을 의미하기 때문이다. 우리가 공간 속에서 6근(六根)으로 사물을 지각한다고 하면 이러한 문제에 부딪힌다. 지각의 대상이 외부에 있다고 한다면 우리는 지각을 할 수 없는 것이다. 따라서 촉은 의식의 내부에서 이루어진다고 할 수 있다. 이렇게 생각할 때 6입처(六入處)는 지각기관을 의미하는 6근(六根)이 아니라, 감각적 지각이 의존하고 있는 의식 내의 영역이라고 할 수 있고, 그것이 감각적 지각의 토대가 되는 영역이라는 의미에서 입처(入處, āyatana)라고 부른다고 생각된다.

촉(觸)의 조건이 6입처(六入處)이고, 6입처는 의식 내의 영역이라면, 이러한 6입처의 조건은 의식 속에 있을 것이다. 의식은 어떤 대상을 분별하는 의식이다. 따라서 대상이 없으면 의식은 있을 수 없다. 6입처(六入處)는 이와 같은 의식 속에서 대상을 지각하는 의식의 영역이다. 따라서 대상이 없다면 그 대상을 지각하는 의식의 영역은 있을 수 없다. 그렇다면 의식의 대상은 무엇인가? 우리는 모든 대상을 형색이나 특성[色]으로 구분하여 명칭[名]을 붙인다. 우리의 의식 속에 있는 의식의 대상은 이렇게 분별된 형색[色]과 명칭[名]이다. 의식 속에 이러한 명색(名色)이 있을 때 우리는 사물을 지각하여 그것의 존재를 인식한다. 만약 명색(名色)이 없으면 우리에게 인식이 성립하지 않다.

예를 들어, 평평한 판자에 각목으로 다리를 한 형태의 사물[色]에 대해 책상[名]이라는 개념이 구성되어 있지 않은 상태에서는 그 사물에 대한 책상이라는 인식은 성립될 수가 없다. 따라서 6입처(六入處)는 명색(名色)에 의존하고 있다고 할 수 있다.

명색(名色)은 전술한 바와 같이 의식에 내재하는 의식의 대상이다. 따라서 명색은 의식에 의존하고 있다고 할 수 있다. 붓다가 명색(名色)의 조건[緣]은 식(識)이라고 하는 것은 이러한 의미이다. 그렇다면 식(識)은 무엇에 의존하고 있을까? 붓다는 식이 항상 명색에 대한, 명색을 분별하는 의식임을 깨닫는다. 의식은 명색을 의식하는 의식이고, 명색은 의식에 의식되는 의식이다. 만약 명색이 없다면 명색을 의식하는 의식도 있을 수 없고, 의식이 없다면 의식되는 명색도 있을 수 없다. 붓다의 사유는 여기에서 멈춘다. 식의 조건을 추구하면 명색으로 돌아가서 식의 한계를 벗어날 수 없었던 것이다. 『잡아함경(287)』과 이에 상응하는 S.N. 12. 65. Nagaraṃ에서 붓다가 정각을 얻기 전에 노사(老死)의 연을 추구하다가 식(識)에 이르러 '식(識)이 명색(名色)으로 돌아가 더 이상 나아가지 못했다.'[128]고 술회하고 있는 것은 이러한 사실을 표명한 것이라고 생각된다. 이것이 제식연기설(齊識緣起說)이며, 제식연기설은 붓다

128_ 齊識而還 不能過彼(대정장 2, p.80c).
　　paccudāvattati kho idaṃ viññāṇaṃ nāmarūpamhā nāparaṃ gacchati(S.N. Vol.2, p.104).

의 사유 과정을 살펴볼 수 있는 좋은 자료가 된다고 할 수 있다.

3) 4무색정(四無色定)과 무명(無明)의 자각

『중아함경』의 「라마경(羅摩經)」에 의하면 붓다는 이 문제를 해결하기 위하여 스승을 찾아 나선 것으로 생각된다.[129] 붓다가 알라라 깔라마(阿羅羅 伽羅摩, Ājāra Kālāma)에게 갔을 때 알라라 깔라마는 식처(識處)를 초월하여 무소유처(無所有處)를 성취했다고 주장한다.[130] 의식의 영역을 벗어날 수 없었던 붓다는 그의 가르침대로 수행한 결과 식처(識處)를 벗어나 무소유처를 성취한다.[131]

　　무소유처를 성취한 붓다는 무소유처가 자신이 원하는 열반이 아니라고 생각하고 알라라 깔라마를 떠나 웃다까 라마뿟따(鬱陀羅 羅摩子, Uddaka Rāmaputta)를 찾아간다.[132] 웃다까 라마뿟따는 일체의 무소유처를 초월하여 비유상비무상처(非有想非無想處)를 성취했다고 주장한다.[133] 붓다는 그의 가르침에 따라 수행한 결과 비유상비무상처를 성취한다. 그러나 그것도 역시 지혜나 깨달음이나 열반의 경지가 아님을 깨닫고

• • • • • • • • • • • • • • • •

129_ 護身命淸淨 護口意命淸淨 我成此戒身已 欲求無病無上安穩涅槃 無老無死 無愁憂減無穢汚 無上安穩涅槃故 更往阿羅羅伽羅摩所(대정장 1, p.776b). 이 경에서 붓다는 戒身을 성취한 후에 알라라 깔라마(阿羅羅 伽羅摩, Ājāra Kālāma)를 찾아갔음을 밝히고 있다. 戒身의 성취는 외부의 대상세계에 집착하지 않는 삶의 성취라 할 수 있으므로 四禪의 성취를 의미한다고 생각된다. 따라서 붓다가 알라라 깔라마를 찾아간 것은 스스로 四禪을 성취한 후에 생사에서 벗어날 수 있는 무상의 열반을 계속 추구하다가 전술한 바 있는 識의 문제에 부딪혀 이 문제를 해결하기 위해서였다고 생각된다.

130_ 阿羅羅答我曰 賢者我度一切識處 得無所有處成就遊(같은 책).

131_ 我獨住遠離空安靖處 心無放逸修行精勤已 不久得證彼法(같은 책).

132_ 我復作是念 此法不趣智 不趣覺 不趣涅槃 我今寧可捨此法更求無病無上安穩涅槃 … 往鬱陀羅摩子所(같은 책).

133_ 賢者 我度一切無所有處 得非有想非無想處成就有(같은 책).

웃다까 라마뿟따를 떠나 고행림(苦行林)을 찾아가서 고행을 시작한다. 그러나 고행도 열반을 얻는 바른 수행이 아니라는 것을 깨닫고 보리수 아래로 나아가 9차제정(九次第定)의 사유를 통해서 정각(正覺)을 성취한다. 이러한 사실을 M.N. 85. Bodhirājakumāra-sutta에서는 다음과 같이 전하고 있다.

이와 같이 출가하여 알라라 깔라마를 찾아가서 그에게 무소유처(無所有處)를 배워 성취하고, 웃다까 라마뿟따를 찾아가서 그에게 비유상비무상처(非有想非無想處)를 배워 성취했으나 나는 만족하지 못하고 그들을 떠났다오.

나는 더할 나위 없는 평화와 행복을 구하여 마가다국을 차례로 유행하다가 우루웰라(Uruvela)의 쎄나니가마(Senānigama)에 도착하여 그곳에서 극심한 고행을 했다오. 왕자여, 나는 이렇게 생각했다오.

'지난 과거의 어떤 사문이나 바라문이 고행(苦行)으로 인한 신랄하고 격렬한 고통을 느꼈다 할지라도, 이것이 최고이며, 이보다 더하지는 않았을 것이다. 미래의 어떤 사문이나 바라문이 고행(苦行)으로 인한 신랄하고 격렬한 고통을 느끼게 될지라도, 이것이 최고이며, 이보다 더하지는 않을 것이다. 현재의 어떤 사문이나 바라문이 고행(苦行)으로 인한 신랄하고 격렬한 고통을 느낀다 할지라도, 이것이 최고이며, 이보다 더하지는 않을 것이다. 하지만 나는 이러한 극심한 고행(苦行)으로 인간존재에 대한 만족할만한 거룩한 지견(知見)의 성취에 도달

하지 못했다. 깨달음으로 가는 길은 다른 길이 아닐까?'

왕자여, 그러자 나에게 이런 생각이 들었다오.

'나는 아버지의 종족 싹까족의 일터에서, 논두렁의 잠부나무 그늘에 앉아 감각적 욕망을 멀리하고 불선법(不善法)을 멀리하여, 사유가 있고 숙고가 있는, 멀리함에서 생긴 즐거움과 행복이 있는 초선(初禪)을 성취하여 머무는 것을 체험하여 알고 있다. 이 길이 깨달음으로 가는 길이 아닐까?'

왕자여, 그러자 주의집중의 결과 나에게 '이 길이 깨달음으로 가는 길이다.'라는 인식이 생겼다오. 왕자여, 나에게 이런 생각이 들었다오.

'무엇 때문에 내가 감각적 쾌락을 떠나고 불선법(不善法)을 떠난 그 즐거움을 두려워해야 하는가?'

왕자여, 나는 이렇게 생각했다오.

'나는 감각적 쾌락을 떠나고 불선법(不善法)을 떠난 그 즐거움을 두려워하지 않겠다.'

왕자여, 나는 이렇게 생각했다오.

'이와 같은 극단적으로 여윈 마른 몸으로는 그 즐거움을 쉽게 얻을 수 없다. 나는 영양가 있는 음식인 유미(乳糜)죽을 먹어야겠다.'

왕자여, 나는 영양가가 많은 유미(乳糜)죽을 먹었다오. 그때 다섯 비구들이 함께 있었다오. 그들은 '고따마 사문이 진리를 성취하면 그 진리를 우리에게 알려줄 것이다.'라고 생각했다오. 왕자여, 그런데 내가 영양가가 많은 유미(乳糜)죽을 먹자, '고따마 사문은 정진을 포기하고 타락하여 사치에 빠졌다.'라고 생각하여, 실망하고 내 곁을 떠났다오.

왕자여, 나는 영양가가 많은 유미(乳糜)죽을 먹고 힘을 얻어 감각적 욕망을 멀리하고 불선법(不善法)을 멀리하여, 사유가 있고 숙고가 있는, 멀리함에서 생긴 즐거움과 행복이 있는 초선(初禪)을 성취하여 머물렀다오. 왕자여, 그렇지만 나에게 발생한 이와 같은 즐거운 느낌은 마음을 붙잡고 머물지 않았다오. 나는 사유와 숙고를 억제하여 내적으로 조용해진, 마음이 집중된, 사유와 숙고가 없는, 삼매에서 생긴 즐거움과 행복이 있는 제2선(第二禪)을 성취하여 머물렀다오. 그렇지만 나에게 발생한 이와 같은 즐거운 느낌은 마음을 붙잡고 머물지 않았다오. 나는 희열(喜悅)이 사라지고 평정한 마음으로 주의집중과 알아차림을 하며 지내는 가운데 몸으로 행복을 느끼면서, 성인들이 '평정한 마음[捨]으로 주의집중을 하는 행복한 상태'라고 이야기한 제3선(第三禪)을 성취하여 머물렀다오. 그렇지만 나에게 발생한 이와 같은 즐거운 느낌은 마음을 붙잡고 머물지 않았다오. 나는 행복감을 포기하고 괴로움을 버림으로써 이전의 만족과 불만이 소멸하여 괴롭지도 않고 즐겁지도 않은, 평정한 주의집중이 청정한 제4선(第四禪)을 성취하여 머물렀다오. 그렇지만 나에게 발생한 이와 같은 즐거운 느낌은 마음을 붙잡고 머물지 않았다오.

이와 같이 청정하게 정화되고, 죄악의 먼지가 없고, 번뇌의 때가 없으며, 유연하여 적응력이 있고 견고하여 움직이지 않는,

삼매에 든 마음에서, 나는 전생에 대한 앎[宿命通]에 주의를 기울였다오. 나는 여러 가지 전생의 삶을 기억했다오. 〈중략〉 왕자여, 이것이 내가 그날 밤 초저녁[初夜]에 성취한 첫 번째 명지(明智)라오. 〈중략〉

이와 같이 청정하게 정화되고, 죄악의 먼지가 없고, 번뇌의 때가 없으며, 유연하여 적응력이 있고, 견고하여 움직이지 않는, 삼매에 든 마음에서, 나는 중생들의 죽고 태어남에 대한 앎[天眼通]에 주의를 기울였다오. 나는 청정하고 초인적인 천안(天眼)으로 중생들을 보고, 중생들이 업에 따라 죽고, 태어나고, 못나고, 훌륭하고, 잘생기고, 못생기고, 행복하고, 불행한 것을 체험적으로 알았다오. 〈중략〉 왕자여, 이것이 내가 그날 밤 한밤중[中夜]에 성취한 두 번째 명지(明智)라오. 〈중략〉

이와 같이 청정하게 정화되고, 죄악의 먼지가 없고, 번뇌의 때가 없으며, 유연하여 적응력이 있고, 견고하여 움직이지 않는, 삼매에 든 마음에서, 나는 번뇌의 멸진에 대한 앎[漏盡通]에 주의를 기울였다오. 나는 '이것은 괴로움[苦]이다.'라고 있는 그대로 통찰하여 알았다오. 나는 '이것은 괴로움의 쌓임[苦集]이다.'라고 있는 그대로 통찰하여 알았다오. 나는 '이것은 괴로움의 소멸[苦滅]이다.'라고 있는 그대로 통찰하여 알았다오. 나는 '이것은 괴로움의 소멸에 이르는 길[苦滅道]이다.'라고 있는 그대로 통찰하여 알았다오. 나는 '이것들은 번뇌[漏]다.'라고 있는 그대로 통찰하여 알았다오. 나는 '이것은 번뇌의 쌓임[漏集]이다.'라고 있는 그대로 통찰하여 알았다오. 나는 '이것은 번뇌

의 소멸[漏滅]이다.'라고 있는 그대로 통찰하여 알았다오. 나는
'이것은 번뇌의 소멸에 이르는 길[漏滅道]이다.'라고 있는 그대
로 통찰하여 알았다오. 내가 이렇게 알고 이렇게 보았을 때, 마
음이 욕루(欲漏)에서 해탈하고, 유루(有漏), 무명루(無明漏)에
서 해탈했다오. 해탈했을 때 '나는 해탈했다.'라고 알게 되었다
오. 나는 '태어남은 끝났고, 청정한 수행[梵行]을 마쳤으며, 해
야 할 일을 끝마쳤다. 다시는 이런 상태로 되지 않는다.'라고
체험적으로 알았다오. 왕자여, 이것이 내가 그날 밤 새벽[後夜]
에 성취한 세 번째 명지(明智)라오.**134**

이 경에서 붓다는 4선(四禪)을 수행하여 성취한 평정한 마음으로 초저
녁[初夜]에 숙명통(宿命通)을 얻고, 한밤중[中夜]에 천안통(天眼通)을 얻
고, 새벽[後夜]에 누진통(漏盡通)을 얻었다고 이야기하고 있다. 여기에서
붓다가 이야기하는 숙명통(宿命通), 천안통(天眼通), 누진통(漏盡通)은 구
체적으로 어떤 것일까?

　　9차제정(九次第定)을 수행하는 과정에서 우리의 의식은 7식주2
처(七識住二處)를 거치게 된다. 색계(色界) 4선(四禪)을 닦아 제1처(第一
處)에 도달하고, 4무색정(四無色定)을 닦아 제2처(第二處)에 도달하게 되
는데, 제1처(第一處)에서 욕루(欲漏)로부터 벗어나고, 제2처(第二處)에서
유루(有漏)로부터 벗어난다. 그리고 제2처(第二處)에 머물지 않고 우리
가 의식으로 분별하는 모든 존재는 조작된 것(abhisaṁkhata)이며 생각해

• • • • • • • • • • • • • • •
134_ 이중표 역해,『정선 맛지마 니까야(하)』, pp.158-162.

낸 것(abhisañcetayita)임을 깨닫는다. 이와 같은 깨달음을 통해서 의식으로 분별하는 모든 존재, 즉 3계(三界)가 유위(有爲)이며 무상(無常)하고 고(苦)임을 진실하게 알아서 이것에 집착하지 않게 되는 것이 멸진정(滅盡定)이며 멸진정에서 무명루(無明漏)로부터 마음이 해탈하게 된다.

이와 같이 9차제정(九次第定)은 3단계의 해탈로 구성되어 있는데, 이 3단계의 해탈을 이 경에서는 숙명통(宿命通), 천안통(天眼通), 누진통(漏盡通)으로 표현하고 있다. 숙명통(宿命通)은 전생의 삶을 기억하는 신통력이고, 천안통(天眼通)은 중생들이 죽어서 업에 따라 어느 곳에 태어날지를 아는 신통력이다. 이와 같이 숙명통(宿命通)과 천안통(天眼通)은 중생들의 전생(前生)과 내생(來生)을 아는 신통(神通)으로서 윤회설과 관련된 것이다.

윤회설은 중생들이 자신이 지은 업(業)에 의해서 삶의 세계를 바꾼다는 이론이다. 업(業)은 욕망에 의해서 이루어진다. 중생들은 욕망을 가지고 행한 행위에 의해서 사후의 세계가 결정된다는 것이 윤회설이다. 이러한 윤회설에서 중생들의 전생(前生)을 본다는 것은 무엇을 의미할까? 업(業)이 사후의 세계를 결정하고, 업이 욕망의 실행이라면, 욕망을 실행한 업의 결과인 현생(現生)에서 전생을 본다는 것은 현생을 결정한 전생의 욕망을 안다는 것을 의미한다.

붓다가 이야기하는 숙명통(宿命通)은 전생에 어떤 욕망을 가지고 살았는지를 아는 것을 의미한다. 그런데 7식주2처(七識住二處)의 제1처(第一處)는 욕루(欲漏)에서 벗어난 경지다. 여기에서 우리는 붓다가 욕루(欲漏)에서 벗어난 제1처(第一處), 즉 9차제정(九次第定)의 제4선(第四禪)을 숙명통으로 이야기하고 있음을 알 수 있다.

천안통(天眼通)은 중생들이 사후에 업에 따라서 태어나게 될 곳을 아는 신통력인데, 7식주2처(七識住二處)의 제2처(第二處)인 비유상비무상처(非有想非無想處)는 중생들이 윤회하는 3계(三界) 가운데 가장 높은 천상(天上) 세계이다. 따라서 비유상비무상처(非有想非無想處)를 안다는 것은 중생들이 윤회하는 세계를 모두 안다는 것을 의미한다. 붓다는 이것을 천안통(天眼通)이라고 부르고 있다.

그렇다면 붓다는 왜 7식주2처(七識住二處)의 제1처(第一處)를 숙명통(宿命通)으로 표현하고, 제2처(第二處)를 천안통(天眼通)으로 표현하고 있을까? 우리는 붓다가 법을 설하는 대상에 주목할 필요가 있다. 이 경에서 붓다의 설법을 듣는 사람은 보디왕자(Bodhirājakumāra)다. 한편 7식주2처(七識住二處)를 이야기하는 『중아함경』의 「대인경(大因經)」과 이에 상응하는 D.N. 5. Mahānidāna-sutta에서 설법을 듣는 대상은 비구들이다. 붓다는 다른 경전에서도 윤회설을 신봉하고 있는 일반인들에게는 제1처(第一處)와 제2처(第二處)를 설하지 않고 숙명통(宿命通)과 천안통(天眼通)을 설한다. 따라서 숙명통(宿命通)과 천안통(天眼通)은 대기설법(對機說法)이라고 할 수 있다.

여기에서 주목되는 것은 붓다가 알라라 깔라마와 웃다까 라마뿟따를 찾아가서 배운 무소유처(無所有處)와 비유상비무상처(非有想非無想處)가 구체적으로 어떤 것이며, 붓다는 왜 무소유처와 비유상비무상처에 만족하지 못했을까 하는 점이다.

전술한 바와 같이 무소유처(無所有處)는 식처정(識處定)에서 의식의 모든 영역을 반야(般若)로 통찰한 결과 성취한 경지다. 붓다가 혼자 사유했을 때 식처(識處)를 벗어나지 못했던 까닭은 촉(觸)의 대상이 외부에 있다고 생각했기 때문일 것이다. 색계(色界)를 벗어나지 못한 상태에서 외부의 세계에 우리의 의식과는 별개의 세계가 존재하고 있다고 생각했을 것이다. 이렇게 색계가 우리의 의식과는 별개의 존재로 실재하고 있다면 우리는 그 세계에 대해서는 아무런 권리가 없다. 단지 그 세계를 인식하는 우리의 주관만을 문제 삼을 수밖에 없다.

따라서 붓다는 촉(觸)의 두 가지 조건, 즉 외부의 세계인 색계(色界)와 인식주관인 6근 가운데 6근만을 문제 삼았다고 할 수 있다. 그 결과 6근(六根)을 통한 인식은 우리의 의식 속에 명색(名色)이 있을 때 이루어짐을 자각했다고 할 수 있다. 그리고 전술한 바와 같이 명색(名色)은 의식에 내재하는 의식 내용임을 자각하여 명색(名色)의 조건을 식(識)이라고 생각한 것이다. 이렇게 외부의 공간 속에는 색계(色界)가 있고 내부의 의식 속에는 색계에 대한 명색(名色)이 있으며, 그 명색을 구성하는 것이 식이라면 식은 색계와 마찬가지로 실재하는 존재라고 하지 않을 수 없다. 그리고 만약 이와 같이 식이 명색을 구성하여 인식하는 주체로서 실재한다면 우리는 생사에서 벗어날 수 없을 것이다. 왜냐하면 식이 존재하는 한 그 식을 조건으로 존재하는 명색에서 노사에 이르는 모든 것이 항상 나타날 것이기 때문이다. 따라서 붓다는 식의 영역을 벗어나는 방법을 찾아 스승을 구하게 된 것으로 생각된다.

붓다는 알라라 깔라마와 웃다까 라마뿟따를 통해 새로운 차원의 사유를 하게 된다. 4무색정(四無色定)의 사유를 하게 된 것이다. 새로운 차원이란 처(處), 즉 'āyatana'의 세계이다. 처(處)는 전술한 바와 같이 어떤 것이 존재하기 위해서는 없어서는 안 되는, 그 존재가 의존하고 있는 바탕이 되는 영역을 의미한다. 4무색정(四無色定)은 바로 이와 같은 처(處)에 대한 통찰이다. 4무색정(四無色定)이 행해지는 무색계(無色界)를 처(處)라는 개념을 사용하여 공처(空處; ākāsāṇañcāyatana), 식처(識處; viññāṇañcāyatana), 무소유처(無所有處; ākiñcaññāyatana), 비유상비무상처(非有想非無想處; nevasaññānāsaññāyatana)라고 부르는 까닭이 여기에 있다.

전술한 바와 같이 붓다는 색계를 외부에 실재하는 세계로 생각한 가운데 식(識)을 벗어날 수 없었던 것 같다. 우리가 욕탐(欲貪)에서 벗어난다고 해도, 외부의 세계와 그 세계를 인식하는 내부의 의식은 실재하고 있다고 생각한 것이다. 다시 말해서 욕루(欲漏, kāmāsava)는 벗어났지만 유루(有漏, bhavāsava)는 벗어나지 못했던 것이다. 붓다는 알라라 깔라마로부터 식처(識處)를 초월한 무소유처(無所有處)가 있다는 말을 듣는다. 만약 아무것도 존재하지 않는 경지를 얻게 된다면 그것이 곧 식(識)을 벗어난 경지라고 할 수 있을 것이다. 붓다가 알라라 깔라마를 스승으로 삼아 무소유처(無所有處)를 성취하기 위해 수행한 이유를 이와 같이 생각할 수 있다.

존재가 의심된다면 그 존재의 바탕이 무엇인가를 살피지 않을 수 없다. 처(處, āyatana)가 문제되는 것이다. 붓다에게 문제되는 것은 6근(六根)에 지각되는 대상, 즉 색계의 존재이다. 색계는 무엇에 의지하고 있는 것일까? 색계는 공간 속에 존재한다. 만약 공간이 없다면 색계는 존재할 수가 없다. 이와 같은 사유를 통해 붓다는 공간이 색계의 바탕, 즉 처(處)임을 자각하고 모든 색상(色想)을 초월하여 공처(空處)에 의식을 집중한다. 그리고 앞에서 고찰했듯이 공간의 바탕은 의식임을 깨달아 식처(識處)를 성취하고, 다시 식처(識處)에서의 사유를 통해 무소유처(無所有處)를 성취한다.

그렇다면 붓다는 왜 이 무소유처에 만족하지 못했을까? 식(識)은 무엇인가 있다는 생각[有想]이다. 이러한 유상(有想)은 없다는 생각[無想]에 의지하여 생긴다. 즉, 의식은 없다는 생각[無想]이 사라질 때 나타난다. 따라서 없다는 생각[無想]은 있다는 생각[有想]의 바탕이라 할 수 있다. 그런데 '있다는 생각[有想]'의 바탕인 '없다는 생각[無想]'이 사라져야 '있다는 생각[有想]'이 나타난다면 이것은 모순이다. 바탕이 사라졌는데 어떻게 그것에 의지하는 존재가 있을 수 있겠는가? 따라서 붓다는 이것이 결코 지혜로운 생각도 아니고, 깨달음을 주는 경지도 아니며, 열반의 경지도 아님을 자각하고 이것을 버린 것이다.

두번째 스승 웃다까 라마뿟따는 그러한 모순을 극복했다고 주장한 사람이다. 있다는 생각[有想]이 없다는 생각[無想]을 바탕으로 하여 생긴 것이지만, 없다는 생각[無想]이 사라질 때 있다는 생각[有想]이 나올 수 있는 것은 있다는 생각도 없다는 생각도 아닌[非有想非無想] 미묘한 생각[微妙想]이 있기 때문이라는 것이다.[135] 그러나 붓다는 여기에서도 모순을 발견한다. 유와 무는 모순개념이다. 있지도 없지도 않은 존재는 있을 수 없다. 따라서 그도 역시 모순된 생각[想]에 빠져있다고 할 수 있다.

붓다는 『장아함경』의 「청정경(淸淨經)」과 이에 상응하는 D.N. 29. Pāsādika-sutta에서 다음과 같이 웃다까 라마뿟따를 비판한다.

• • • • • • • • • • • • • • •

135_ 웃다까 라마뿟따의 非有想非無想處에 대한 직접적인 설명은 『아함경』에 나타나지 않는다. 그러나 『장아함경』 「포타바루경」(대정장, 1, p.110bc)에서 想知滅定, 즉 滅盡定에 드는 과정을 '我今生念 謂此有想此無想 或復有想此想已 彼作是念 有念爲惡 無念爲善 彼作是念時 微妙想不滅 麤想更生 彼復念言 我今寧可不爲念行 不起思惟 彼不爲念行不起思惟已 微妙想滅麤想不生 … 微妙想滅麤想不生時 卽入想知滅定'이라 하여 有想과 無想은 麤想이며 이들의 근원이 非有想非無想이라는 微妙想임을 示唆하고 있다.

쭌다여, 웃다까 라마뿟따는 "보면서 보지 못한다."라고 말한다. 무엇을 보면서 보지 못하는가? 날카로운 면도칼의 면은 보지만, 칼날은 보지 못한다는 것이다. 그가 말하는 "보면서 보지 못한다."는 것은 이것을 두고 말한 것이다. 쭌다여, 웃다까 라마뿟따는 그것에 대하여 실로 속세(俗世) 범부(凡夫)의 천박하고 무익한 면도칼을 이야기한 것이다.[136]

鬱頭藍子 在大衆中 而作是說 有見不見 云何名見不見 如刀可見 刀不可見 諸比丘 彼子乃引凡夫無識之言 以爲比喻.[137]

이것은 웃다까 라마뿟따가 구경의 경지로 생각한 비유상비무상처(非有想非無想處)에 대한 비판이다. 칼날은 칼의 본질이다. 그러나 칼날은 볼 수 없다. 마찬가지로 모든 존재의 본질인 비유상비무상(非有想非無想)은 인식되지 않고, 인식되는 것은 유상(有想)과 무상(無想)이라는 것이다. 비유상비무상(非有想非無想)이 보이지 않는 칼날이라면, 유상(有想)과 무상(無想)은 눈으로 볼 수 있는 칼의 양면인 셈이다. 그러나 칼날이 칼의 본질은 아니다. 칼의 양면이 없으면 칼날은 있을 수 없기 때문이다. 따라서 붓다는 『중아함경』의 「분별육계경(分別六界經)」에서 비유상비무

• • • • • • • • • • • • •
136_ 이중표 역해, 『정선 디가 니까야』, pp.382-383.
137_ 대정장 1, p.74a.

상처(非有想非無想處)는 조작된 개념[有爲]일 뿐이라고 비판한다.[138]

뿐만 아니라, 이와 같이 인식되지 않는 것을 본질이라고 하는 것은 무의미하다. 인식할 수 없는 존재를 어떻게 본질이라고 주장할 수 있을 것인가? 이 점에 대해서도 붓다는 『중아함경』의 「우타라경(優陀羅經)」에서 다음과 같이 비판한다.

웃다까 라마뿟따(鬱陀羅 羅摩子, Uddaka Rāmaputta)는 대중들 가운데서 이렇게 주장한다.

"이 생[此生] 가운데서는 이것을 관하여 이것을 깨친다 해도 옹본(癰本, 괴로움의 근본)이 무엇인지 알 수 없다. 그러나 다음 생[後生]에 옹본(癰本)을 구체적으로 알 수 있다."

그는 일체지(一切知)가 없으면서도 자칭 일체지가 있다 하고, 깨달은 바가 없으면서도 자칭 깨달음이 있다고 한다. 그는 유(有)가 병(病)이며, 옹(癰)이며, 자(刺)이고, 무상(無想)을 시설하는 것이 우치(愚痴)라고 하면서 비유상비무상처(非有想非無想處)를 깨닫는 것이 지식(止息)이고 가장 훌륭한 것[最妙]이라고 설한다.[139]

이상과 같은 붓다의 비판을 통해 웃다까 라마뿟따의 비유상비무상처가

. . . .

138_ 非有想非無想處者 故是有爲 若有爲者 則是無常(대정장 1, p.691c).

139_ 優陀羅羅摩子 彼在衆中 數如是說 於此生中 觀此覺此 不知癰本 然後具知癰本 優陀羅羅摩子 無一切知自稱一切知 實無所覺自稱有覺 優陀羅羅摩子 如是見 如是說 有者 是病 是癰 是刺 設無想者 是愚癡也 若有所覺 是止息 是最妙 謂乃至非有想非無想處(대정장 1, p.603a).

어떤 경지이며, 왜 붓다가 이것을 버렸는지를 짐작할 수 있다. 웃다까 라마뿟따는 유상(有想)도 무상(無想)도 없는 비유상비무상처(非有想非無想處)가 열반의 경지이고, 여기에서 일어난 무상(無想)이 어리석음이며 유(有)로 인식되는 것, 즉 유상(有想)이 괴로움[苦]이라고 주장했다. 괴로움과 어리석음에서 벗어나기 위해서는 아무 생각도 말아야 한다는 것이 웃다까 라마뿟따의 주장이다.

아무런 생각도 하지 않으면 괴로움도 있을 수 없을 것이다. 그러나 그것은 삶을 포기한 것과 다름이 없다. 뿐만 아니라 본질은 그 성질이 지혜이고 즐거움인데 그로부터 파생된 유상(有想)은 괴로움이고 무상(無想)은 어리석음이라고 하는 것은 불합리하다. 붓다가 추구한 지혜와 깨달음과 열반은 이렇게 모순되고 불합리하고 일시적인 것이 아니다. 붓다는 노사(老死)와 근심 걱정이 모두 사라져 더 이상 문제될 것이 없는 궁극적인 휴식처[無上安隱: anuttara-yogakkhema]로서의 열반을 구했다.[140]

그렇다면 붓다는 왜 다시 스승을 구하지 않았을까? 붓다는 4무색처(四無色處)의 통찰을 통해 색계(色界)와 무색계(無色界)의 본질이 관념[想, saññā]이라는 사실을 깨닫는다. 공간은 지각의 없음이라는 관념[空想]이 존재화한 것이고, 무색계(無色界)는 추론을 통해 얻어진 관념이 존재화한 것이다. 그리고 공간을 바탕으로 하는 색계도 역시 상(想)의 영역에 있다고 할 수 있다. 색계는 지각의 유(有)에서 형성된 관념이고, 공간은 지각의 무(無)에서 추론된 관념이다. 식처(識處)와 무소유처(無所有處)의

140_ 我復作是念 此法不趣智 不趣覺 不趣涅槃 我今寧可捨此法 更求無病無上安隱法. 『중아함경』「羅摩經」(대정장 1, p.777a).

관계도 마찬가지다. 식처(識處)는 의식 내용의 유(有)에서 추론된 관념이고, 무소유처(無所有處)는 의식 내용의 무(無)에서 추론된 관념이다.

한편 비유상비무상(非有想非無想)은 유상(有想)과 무상(無想)을 다 같이 부정하는 관념이다. 비유상비무상(非有想非無想)은 유(有)와 무(無)가 있다는 전제 아래서 양자를 부정함으로써 형성된 관념이다. 이렇게 생각할 때 3계(三界)의 본질은 관념[想, saññā]이라고 할 수 있고, 모든 관념은 유(有)와 무(無)의 모순관계를 토대로 이루어지고 있음을 알 수 있다.

이 모순을 벗어나지 못하면 결코 존재의 문제는 해결될 수가 없다. 유(有)라는 존재가 무(無)라는 존재에서 나오고, 무(無)는 비유비무(非有非無)에서 나온다면, 비유비무(非有非無)는 비비유비비무(非非有非非無)에서 나온다는 식의 무한 소급이 있을 뿐이다. 이와 같이 유(有)와 무(無)의 모순관계를 토대로 존재의 문제를 해결하려는 것은 무의미한 관념의 유희이며, 결국은 자체모순에 빠지게 된다.

유(有)는 비무(非無)이고 무(無)는 비유(非有)이다. 따라서 비유비무(非有非無)는 유(有)와 무(無)의 본질이 아니라 유(有)와 무(無)의 다른 표현일 뿐이다. 결국 유(有)와 무(無)의 본질은 유(有)와 무(無)가 되는 것으로서, 어떤 존재의 생성은 그 존재의 무(無)에서 그 존재의 유(有)로의 변화라는 생각 자체가 모순이다. 붓다는 이러한 모순을 깨달았다. 3계(三界)의 모든 존재는 이러한 모순된 생각[無明]을 바탕으로 하고 있음을 깨달은 것이다. 붓다가 더 이상의 스승을 구하지 않은 것은 이와 같은 모순을 깨달았기 때문이라고 생각된다.

4) 멸진정(滅盡定)과 12연기(十二緣起)

전술한 바와 같이 붓다는 존재의 유무(有無)나 생성(生成)을 문제 삼는 것은 모순된 생각임을 자각하게 되며, 이것이 무명의 자각이다. 그렇다면 붓다는 존재의 문제를 포기한 것일까? 붓다는 이 문제를 포기하거나 회의론에 빠지지 않았다. 붓다는 회의론도 모순된 생각임을 알고 있었다. 붓다는 M.N. 74. Dīghanaka-sutta에서 회의론자와 다음과 같은 대화를 나누고 있다.

편력수행자 디가나카는 한쪽에 앉아서 세존께 말씀드렸습니다.
"고따마 존자여, 나는 '모든 것을 인정하지 않는다.'는 견해를 주장을 하는 사람입니다."
악기웨싸나(Aggivessana)여, 그대는 '모든 것을 인정하지 않는다.'라고 하는 그대의 견해도 인정하지 않겠군요?
"고따마 존자여, 만약에 제가 이 견해를 인정한다면, 참으로 그것도 또한 그렇게 되는군요! 참으로 그것도 또한 그렇게 되는군요!"[141]
악기웨싸나여, 세상의 대부분의 사람들은 '참으로 그것도 또한 그렇게 되는구나! 참으로 그것도 또한 그렇게 되는구나!'라고 하면서도 그것을 버리지 않을뿐더러, 다른 견해를 취한다오. 악기웨싸나여, '참으로 그것도 또한 그렇게 되는구나! 참으로 그것도 또한 그렇게 되는구나!'라고 하면서 그것을 버리고,

• • • • • • • • • • • • •
141_ 자신의 주장도 부정할 수밖에 없는 모순에 빠지게 된다는 의미이다.

다른 견해도 취하지 않는 사람은 세상에 많지 않다오.

악기웨싸나여, 어떤 사문과 바라문들은 '나는 모든 것을 인정한다.'는 견해를 주장한다오. 악기웨싸나여, 어떤 사문과 바라문들은 '모든 것을 인정하지 않는다.'는 견해를 주장한다오. 악기웨싸나여, 어떤 사문과 바라문들은 '어떤 것은 인정하고, 어떤 것은 인정하지 않는다.'는 견해를 주장한다오. 악기웨싸나여, '모든 것을 인정한다.'는 견해를 주장하는 사문과 바라문들의 이 견해는 그들에게 탐욕이 있고, 속박이 있고, 기쁨이 있고, 집착이 있고, 취착이 있기 때문에 생긴 것이라오. 악기웨싸나여, '모든 것을 인정하지 않는다.'는 견해를 주장하는 사문과 바라문들의 이 견해는 그들에게 탐욕이 없고, 속박이 없고, 기쁨이 없고, 집착이 없고, 취착이 없기 때문에 생긴 것이라오.

〈중략〉

악기웨싸나여, '어떤 것은 인정하고 어떤 것은 인정하지 않는다.'는 견해를 주장하는 사문과 바라문들이 '인정한다.'고 한 견해는 이 견해에 대하여 그들에게 탐욕이 있고, 속박이 있고, 기쁨이 있고, 집착이 있고, 취착이 있기 때문에 생긴 것이고, '인정하지 않는다.'고 한 견해는 이 견해에 대하여 그들에게 탐욕이 없고, 속박이 없고, 기쁨이 없고, 집착이 없고, 취착이 없기 때문에 생긴 것이라오.

악기웨싸나여, 어떤 사문과 바라문들이 '모든 것을 인정한다.'는 견해를 주장할 때, 지혜 있는 사람은 이렇게 반성한다오.

"만약에 내가 '모든 것을 인정한다.'라고 하는 나의 견해를 강하게 붙잡고 집착하여 '실로 이것이 진실이고 다른 것은 거짓이다.'라고 주장하면, 나는 '모든 것을 인정하지 않는다.'는 견해를 주장하거나, '어떤 것은 인정하고, 어떤 것은 인정하지 않는다.'는 견해를 주장하는 두 부류의 사문이나 바라문들과 논쟁을 하게 될 것이다. 이와 같이 논쟁을 하면 다투게 될 것이고, 다투면 가해(加害)하게 될 것이고, 가해(加害)하면 해악(害惡)이 될 것이다."

그는 이와 같이 자신의 내면에서 논쟁과 다툼과 가해와 해악을 보고, 그 견해를 버리고, 다른 견해를 집착하지 않는다오. 이와 같이 이 견해가 버려지고, 이와 같이 이 견해가 포기된다오.[142]

이와 같이 붓다는 회의론도 모순된 생각임을 잘 알고 있었다. 그리고 모든 모순된 생각을 버려야 문제를 해결할 수 있다고 생각했다. 이것이 중도(中道)이다. 붓다의 중도는 바로 모순된 생각을 떠나서 사물을 있는 그대로 관찰하고 사유하는 것이다. 붓다는 중도를 다음과 같이 설하고 있다.

그때 깟짜야나곳따(Kaccāyanagotta) 존자가 세존을 찾아와서 예배하고, 한쪽에 앉은 후에 세존께 말씀드렸습니다.
"세존이시여, '정견(正見), 정견(正見)'이라고들 하는데, 어떤 방식으로 보는 것이 정견(正見)입니까?"
깟짜야나여, 이 세간은 대체로 '있음'과 '없음'이라는 이원성(二

142_ 이중표 역해, 『정선 맛지마 니까야(하)』, pp.51-52.

元性)에 의존하고 있다오.[143] 깟짜야나여, 그렇지만 세간의 모여 나타남[集]을 바른 통찰지로 있는 그대로 보면 세간에 대하여 '없음'이라고 할 것이 없다오.[144] 깟짜야나여, 그리고 세간의 그쳐 사라짐[滅]을 바른 통찰지로 있는 그대로 보면 세간에 대하여 '있음'이라고 할 것이 없다오.[145]

깟짜야나여, 이 세간은 대체로 방편의 취착이며 집착에 의한 속박이라오.[146] 방편의 취착과 마음의 입장과 집착하는 잠재적인 경향에 다가가지 않고, (방편을) 취하지 않고, (입장을) 고집하지 않는 사람은 '그것은 나의 자아가 아니다. 일어나고 있는 것은 괴로움일 뿐이고, 사라지고 있는 것은 괴로움일 뿐이다.'라고 불안해하지 않고, 의심하지 않고, 그에 관해서 남에게 의존하지 않는 올바른 지식이 그에게 생긴다오.[147] 깟짜야나여, 이런 방식으로 보는 것이 정견(正見)이라오.

깟짜야나여, '일체(一切)는 있다.'고 보는 것은 한쪽의 견해이

143_ 'dvayanissito khvāyaṃ Kaccāyana loko yebhuyyena atthitañ ceva natthitañ ca'의 필자 번역. 이 말의 의미는 대체로 이 세상은 있는 것과 없는 것이라는 두 가지 범주로 파악된 것이라는 뜻이다. 바꾸어 말하면 사람들은 대부분 이 세상을 있는 것과 없는 것으로 판단한다는 의미이다. 논리학적으로 말하면, 사람들은 대부분 있음[有]과 없음[無]의 모순구조로 이 세상을 본다는 의미이다.

144_ 'lokasamudayaṃ kho Kaccāyana yathābhūtaṃ sammapaññāya passato yā loke natthitā sā na hoti'의 필자 번역. 모여 나타남[集]으로 번역한 'samudaya'는 모여서 나타나는 것을 의미한다.

145_ 'lokanirodhaṃ kho Kaccāyana yathābhūtaṃ sammapaññāya passato yā loke atthitā sā na hoti'의 필자 번역.

146_ 'upāyupādānābhinivesavinibandho khvāyaṃ Kaccāyana loko yebhuyyena'의 필자 번역. 'upāyupādānābhinivesavinibandho'는 '방편, 방법'을 의미하는 'upāya'와 '취착'을 의미하는 'upādāna'와 '집착'을 의미하는 'abhinivesa'와 '속박'을 의미하는 'vinibandha'의 합성어다.

147_ 'tañcāyaṃ upāyupādānāṃ cetaso adhiṭṭhānaṃ abhinivesāyaṃ na upeti na upādiyati nādhiṭṭhāti attā na me ti. dukkham eva uppajjamānaṃ uppajjati dukkhaṃ nirujjhatīti na kaṅkhati na vicikicchati aparapaccayā ñāṇaṃ evassa ettha hoti'의 필자 번역.

고, '일체는 없다.'고 보는 것은 다른 한쪽의 견해라오.[148] 깟짜
야나여, 여래는 이들 양쪽에 가까이 가지 않고, 중간에서 법을
보여 준다오.[149]

무명(無明)에 의존하여 조작하는 행위[行]들이 있고 … 이와
같이 순전한 괴로움덩어리[苦蘊]의 모여 나타남[集]이 있다오.
그렇지만 무명(無明)이 남김없이 그쳐 사라지면 조작하는 행
위[行]들이 그쳐 사라지고 … 이와 같이 순전한 괴로움덩어리
[苦蘊]의 그쳐 사라짐[滅]이 있다오.[150]

붓다는 유무라는 모순된 생각이 집(集)과 멸(滅)을 여실하게 통찰하지
않음으로써 생긴 사견이라고 하고 있다. 존재의 문제는 유무(有無)의 문
제가 아니라 집멸(集滅)의 문제라고 본 것이다. 집(集; samudaya)은 의식
의 내용들이 함께(saṃ; with, together with) 표출(udaya; rise, growth)하는 것
을 의미하고, 멸(滅; nirodha)은 표출을 멈추고 사라지는 것을 의미한다.
붓다가 본 세계는 이같이 의식이 표출하고 사라지는 세계다. 중생들은
이러한 사실을 모르고 의식이 표출[集]하면 유(有)라 하고, 의식이 사라
지면[滅] 무(無)라고 생각한다. 중생들이 존재라고 생각하는 것은 표출

• • • • • • • • • • • • • •

148_ 'sabbam atthīti kho Kaccāyana ayam eko anto sabbaṃ natthīti ayam dutiyo anto'의 필자 번역.
'dutiyo anto'를 '다른 한쪽의 견해'로 번역했다. 이 경에서는 세간의 '이원성'을 이야기하기 때문에
한쪽과 다른 한쪽으로 번역한 것이다. 여기에서 일체(sabba)는 모든 것을 의미하는 일반명사가 아
니라 '세계의 근원이 되는 實體'를 의미한다. 부처님 당시에 우파니샤드에서는 '일체는 브라만이다.'
라고 주장했고, 유물론자들은 '일체는 四大다.'라고 주장했고, 회의론자들은 '일체는 알 수 없다.'라
고 주장했다. 이와 같이 세계를 설명하기 위해서 세계의 근원이 되는 존재를 설정하여 이것이 있다
는 주장과 없다는 주장이 대립하고 있는 것을 언급한 것이다.

149_ 'ete te Kaccāyana ubho ante anupagamma majjhena Tathāgato dhammam deseti'의 필자 번역.

150_ S.N. 12. 15. Kaccāyanagotta(Vol. 2, p.17)의 필자 번역. 『잡아함경(301)』(대정장 2, p.85c) 참조.

한[集] 의식을 취하여 구성한 것이다. 존재는 이와 같이 무지한 상태[無明]에서 허구적으로 조작된 것이다. 그리고 이렇게 무명의 상태에서 허구적으로 조작된 존재가 유위(有爲; saṅkhata)이며, 유위를 조작하는 행위가 12연기의 행(行; saṅkhāra)이다.[151]

우리의 인식은 행(行)에 의해 조작된 유위법(有爲法)에 대한 분별이다. 따라서 유위법(有爲法)이 조작되지 않으면 이를 분별하는 식(識)은 있을 수 없다. 식(識)의 한계를 벗어나지 못했던 붓다는 이렇게 무명을 자각함으로써 식(識)의 조건이 행(行)임을 알게 되고, 나아가 행의 조건이 무명(無明)임을 알게 된다. 12연기의 깨달음은 이와 같이 무명의 자각을 통해 완성된다.

그러나 이것은 생각일 뿐이다. 무명의 자각은 '존재의 유무를 문제 삼는 것은 잘못된 것'이라는 생각에 지나지 않는다. 이 생각은 참으로 그럴듯한 생각이다. 그렇지만 아무리 그럴듯한 생각이라고 할지라도 그것이 진리라고는 할 수 없다는 것이 붓다의 생각이다. 붓다는 진리란 이론이 아니라 체험으로 입증되는 것이어야 한다고 생각했다. 따라서 무명의 자각은 그것이 진리의 승인은 될지언정 진리의 성취, 바꾸어 말하면 무명의 멸진은 아니다. 무명의 자각을 통해서 우리가 얻게 되는 것은 진리를 체득할 수 있는 실마리일 뿐이다. 붓다가 더 이상 스승을 구하지 않고 혼자 명상할 곳을 찾아 보리수 아래로 나아간 것은 이렇게 진리를 체득할 수 있는 실마리를 찾았다고 확신했기 때문이라고 생각된다.

• • • • • • • • • • • • • • •

151_ saṅkhatam abhisaṅkharontiti kho bhikkhave tasma saṅkhāra ti vuccanti. S.N. 22. 79. (Vol.3, p.87)
爲作相是行受陰(『잡아함경(46)』, 대정장 2, p.11c).

그렇다면 붓다는 보리수 아래서 구체적으로 어떤 생각을 했을까? 『잡아함경(379)』에 의하면, 붓다는 정각(正覺)을 성취한 후에 녹야원으로 5비구(五比丘)를 찾아가서 다음과 같이 가르친다.

세존께서 5비구에게 이르시되, 일찍이 들어본 적이 없는 고성제(苦聖諦: 集, 滅, 道聖諦)를 정사유(正思惟)했을 때 안목(眼目)과 지혜(智慧)와 밝은 깨달음[明覺]이 생겼다.
고성제에 대한 지혜가 일찍이 들어본 적이 없는 법(法)임을 알고 바르게 사유했을 때 안목과 지혜와 밝은 깨달음이 생겼고, 고집성제(苦集聖諦)를 알고서 이를 끊으려고 바르게 사유했을 때 안목과 지혜와 밝은 깨달음이 생겼으며, 고집(苦集)이 멸하면 이것이 고멸성제(苦滅聖諦)라는 것을 알고 이를 작증(作證)하려고 바르게 사유했을 때 안목과 지혜와 밝은 깨달음이 생겼다. 그리고 이 고멸도적성제(苦滅道跡聖諦)를 알았으니 이를 수행하려고 바르게 사유했을 때 안목과 지혜와 밝은 깨달음이 생겼다.
이 고성제(苦聖諦)를 알고 벗어났음을 알아 바르게 사유했을 때, 이 고집성제(苦集聖諦)를 알아 끊고서 (苦에서) 벗어나 바르게 사유했을 때, 고멸제(苦滅諦)를 알고 작증하여 (苦에서) 벗어나 바르게 사유했을 때, 고멸도적성제(苦滅道跡聖諦)를 알고 수행하여 (苦에서) 벗어나 바르게 사유했을 때 안목과 지혜와 밝은 깨달음이 생겼다.
비구들이여, 내가 이 4성제(四聖諦)의 3전12행(三轉十二行)에

서 안목과 지혜와 밝은 깨달음이 생기지 않았다면 나는 결코
··· 아뇩다라삼먁삼보리[無上正等正覺]를 이루었음을 자증(自
證)하지 못했을 것이다.[152]

이상이 소위 3전12행(三轉十二行)이라고 하는 붓다의 성도 과정이다. 붓
다는 먼저 4성제가 진리라는 사실을 발견했고[見道], 그와 같은 진리에
입각하여 수행했으며[修道], 그 결과 4성제가 의심의 여지가 없는 진리
임을 확인함으로써[無學道] 자신이 정각(正覺)을 성취했음을 자증했다
는 것이다.

　　여기에서 우리는 붓다가 깨달은 진리가 12연기라는 이론체계가
아니라 4성제라는 것을 알 수 있다. 그렇다면 4성제와 12연기는 어떤 관
계일까? 4성제와 12연기는 별개의 교리가 아니다. 전술한 바와 같이 붓
다가 무명을 자각하여 무명에서 노사에 이르는 연기법을 깨달았다는 것
은 4성제를 깨달았음을 의미한다. 생사(生死)가 고(苦)이고, 그 고(苦)는
무명에서 연기한 의식의 집(集)이라는 사실의 자각이 무명의 자각이다.
이러한 자각은 무명을 멸하면 생사도 멸한다는 사실의 자각이며, 동시에
생사의 괴로움을 멸하는 방법의 자각이다. 따라서 무명의 자각은 견도
(見道)에 해당된다고 할 수 있다. 그렇다면 붓다가 무명을 멸하여 생사의
괴로움에서 벗어나기 위해서 실행한 수행은 구체적으로 어떤 것인가?

　　생사가 무명에서 연기한다는 사실을 알았다고 해서, 그리고 무명
이 멸하면 생사가 멸한다는 사실을 알았다고 해서 생사에서 벗어날 수

152_ 대정장 2, pp.103c-104a.

있는 것은 아니다. 이와 같은 사실의 자각은 우리에게 무명을 멸할 수 있는 구체적인 방법을 요구한다. 그렇다면 우리는 어떻게 해야 무명을 멸하여 생사의 괴로움에서 벗어날 수 있을까? 무명은 잘못된 생각이다. 잘못된 생각은 그것이 잘못된 생각임이 입증되면 사라진다. 그렇다면 그것을 입증할 수 있는 방법은 무엇일까? 행(行)은 잘못된 생각에서 비롯된 것이다. 만약 행을 멸할 수만 있다면 그것이 곧 무명의 멸이 될 것이다. 붓다는 S.N. 36. 11. Rahogataka와 이에 상응하는 『잡아함경(474)』에서 행(行)을 멸진하는 수행법으로 다음과 같이 9차제정(九次第定)을 설하고 있다.

> 비구여, 나는 점차적인 행(行)의 멸(滅)을 이야기한다.
> 초선(初禪)에 들어가면 언어(言語; vācā)가 멸한다.
> 제2선(第二禪)에 들어가면 사유와 숙고[覺觀; vitakkavicāra]가
> 멸한다.
> 제3선(第三禪)에 들어가면 기쁨[喜心; pīti]이 멸한다.
> 제4선(第四禪)에 들어가면 호흡[出入息; assāsapassāsā]이 멸한다.
> 공처(空處)에 들어가면 색상(色想; rūpa-saññā)이 멸한다.
> 식처(識處)에 들어가면 공처상(空處想; ākāsānañcāyatana-saññā)
> 이 멸한다.
> 무소유처(無所有處)에 들어가면 식처상(識處想; viññāṇañcāyatana
> -saññā)이 멸한다.
> 비유상비무상처(非有想非無想處)에 들어가면 무소유처상(無所
> 有處想; ākiñcaññāyatana-saññā)이 멸한다.

상수멸(想受滅; saññāvedayitanirodha)에 들어가면 상(想; saññā)
과 수(受; vedanā)가 멸한다.[153]

阿難白佛言 云何 世尊 以諸受漸次寂滅故說 佛告阿難 初
禪正受時 言語寂滅 第二禪正受時 覺觀寂滅 第三禪正受
時 喜心寂滅 第四禪正受時 出入息寂滅 空入處正受時 色
想寂滅 識入處正受時 空入處想寂滅 無所有入處正受時
識入處想寂滅 非想非非想入處正受時 無所有入處想寂滅
想受滅正受時 想受寂滅 是名漸次諸行寂滅.[154]

9차제정은 이와 같이 점차적으로 행(行)을 멸함으로써 무명이 무명임을
자각하는 수행법임과 동시에 모든 법은 무명에서 연기한다는 진리를 자
증하는 수행법이다. 붓다는 무명을 자각하기 전에는 존재가 있다는 생
각에서 존재의 본질을 추구한 가운데 모든 존재의 본질이 비유상비무상
이라는 결론에 도달한 다음, 그것이 무명이라는 자각을 통해 이를 반야
(般若)로 통찰함으로써 비유상비무상처를 벗어나 상수멸(想受滅), 즉 멸
진정(滅盡定)에 도달하게 된 것으로 생각된다.

　　그러나 이것은 사유를 통한 진리의 승인, 즉 견도(見道)일 뿐 진리
의 성취는 아니다. 붓다는 이것을 명증적으로 체험하기 위하여 이를 실
천했으며, 그것이 8정도(八正道)이다. 따라서 점차행적멸(漸次行寂滅)의

· · · · · · · · · · · · · · ·
153_ S.N. Vol. 4. p.217의 필자 번역.
154_ 대정장 2, p.121ab.

9차제정은 8정도의 정정(正定)의 구체적인 내용이라 할 수 있고, 붓다는 이러한 실천적 수행을 통해 12연기를 자증(自證)했다고 할 수 있다.

이렇게 생각할 때 붓다의 견도(見道)는 사유를 통해 연기법이 진리임을 승인한 단계이고, 수도(修道)는 8정도라는 12연기의 환멸문을 직접 실천한 단계라 할 수 있으며, 무학도(無學道)는 그 실천을 통해 무명을 멸진하고 열반을 성취한 경지라고 할 수 있다. 그리고 12연기와 그에 바탕을 둔 4성제는 이와 같은 과정을 통해 인식되고 입증된 진리이다.

존재론

허구적인 실체를 가정하여 세계와 인간을 설명하는 전변설(轉變說)과 적취설(積聚說)에 대하여 침묵으로써 이를 파기하고 중도에서 설한 법이 연기법(緣起法)이다. 붓다의 침묵을 형이상학이나 존재론에 대한 무관심의 표현으로 볼 수 없는 것은 연기법이라는 사상체계가 세계와 인간의 본질적 구조와 실상을 설명하고 있기 때문이다. 본장에서는 이와 같은 존재론의 측면에서 연기법이 갖는 의의와 그 내용 그리고 구조와 체계를 구체적으로 살펴보고자 한다.

이 문제를 다루기 위해서 우선 붓다의 세계관을 살펴보고자 한다. 물론 연기설을 충분히 고찰하면 붓다의 세계관과 인생관은 자연스럽게 드러나겠지만, 역으로 먼저 붓다의 세계관이 어떠한 것인가를 앎으로써 연기설의 올바른 이해에 접근할 수도 있는 것이다.

연기설은 매우 복잡한 구조를 가지고 있다. 현실세계를 어떤 본질적 실체의 전변이나 적취로 보지 않고 무명에서 연기한 망념으로 보기 때문에 이를 설명하기 위하여 12입처(十二入處), 18계(十八界), 5온(五蘊) 등의 교리가 기초적으로 설해지고 있다. 따라서 이들 기초적 교리가 어떤 과정을 통해 연기설이라는 사상체계를 형성하게 되는지를 5온설(五蘊說)을 중심으로 고찰한 후, 여러 가지 형태의 연기설을 12연기를 중심으로 살펴보고자 한다.

Ⅰ. 붓다의 세계관

1. 의식이 있는 한 길 몸속에 있는 세계

세계는 모든 존재가 모여 있는 곳이며, 우리가 태어나서 죽는 곳이다. 이러한 세계를 인도에서는 'loka'라고 부르고 한자(漢字) 문화권에서는 이것을 세간(世間)이라고 번역하였다. 붓다 시대의 인도인들은 사람은 세간에 태어나서 늙어 죽으면 다른 세간으로 옮겨가서 다시 태어난다고 믿었다. 이것이 인도의 윤회설이다.

붓다 시대의 우파니샤드에 나오는 대표적인 윤회설은 5화2도설(五火二道說)이다. 5화2도설(五火二道說)은 5화설(五火說)과 2도설(二道說)이 결합된 것이다. 5화설(五火說)은 제사에서 사용되는 제화(祭火)와 관련지어 인간이 다시 이 세상으로 돌아오는 5단계의 과정을 설명한 것이다. 죽은 사람을 화장하면 그의 영혼은 연기를 타고 먼저 달로 간다. 다음에는 비가 되어 지상으로 내려온다. 그 후에 식물의 뿌리에 흡수되어 인간이나 짐승의 음식이 된다. 남자가 그 음식을 먹으면 정자가 되어, 부부관계를 통해서 모태로 들어가 이 세상에 다시 태어나게 된다. 사람이 죽으면 '달-비-식물-정자-모태'의 5단계를 거쳐 다시 태어난다는 것이 '5화설'이다.

2도설(二道說)은 5화설에서 발전한 것으로서, 신도(神道)와 조도(祖道)라는 두 가지 길을 설정한다. '신도(神道)'는 우파니샤드의 진리를 깨달아 무지에서 벗어난 수행자가 사후에 화장의 불길을 타고 천계(天

界)로 가서 신들의 세계를 포함한 다양한 세계를 거쳐서 브라만천[梵天]의 세계에 도달해 다시는 이 세상에 되돌아오는 일이 없는 과정이다. '조도(祖道)'는 제사와 보시로 선행을 쌓은 자가 사후에 화장의 연기와 함께 천계로 가서 조상들이 갔던 길을 따라 달에 이르고, 여기서 전생의 업력이 다할 때까지 머물다가 앞에서 말한 5화설의 5단계를 거쳐서 지상에 재생하는 과정이다. 그러나 선행을 짓지 않고 악업을 일삼은 사람은 신도와 조도의 어디로도 들어갈 수 없이 허공을 떠돈다고 한다. [01]

붓다 시대의 인도인들은 이러한 세계관을 가지고 있었다. 당시의 이러한 윤회사상에 대하여 부처님은 어떻게 생각했을까? M.N. 2. Sabbāsava-sutta에서 붓다는 다음과 같이 말한다.

무지한 범부는 다음과 같이 이치에 맞지 않는 생각을 한다오. '나는 진실로 과거세에 존재했을까, 존재하지 않았을까? 진실로 과거세에는 무엇이었을까? 진실로 과거세에는 어떻게 지냈을까? 나는 진실로 과거세에 무엇이 되어, 무엇으로 존재했을까? 나는 진실로 미래세에 존재하게 될까, 존재하지 않게 될까? 진실로 미래세에는 무엇이 될까? 진실로 미래세에는 어떻게 지내게 될까? 나는 진실로 미래세에 무엇이 되어, 무엇으로 존재하게 될까?'[02]

• • • • • • • • • • • • • •
01_ 정태혁, 『인도철학』(서울: 학연사, 1984), pp.145-147 참조.
02_ 이중표 역해, 『정선 맛지마 니까야(상)』, pp.37-38.

이것은 붓다가 당시의 윤회설을 이치에 맞지 않는 어리석은 생각이라고 비판한 것이다. 윤회설은 영원히 흐르는 시간과 끝없이 펼쳐진 공간 속에 우리가 사는 세계가 있고, 그 속에서 태어나서 늙고 병들어 죽는 자아(自我)가 세계를 바꾸어가면서 사는 것이 우리의 삶이라고 생각하는 세계관이다. 그러나 붓다가 깨달아서 가르친 세계는 이러한 세계가 아니다.

붓다가 깨달은 세계는 어떤 세계일까? S.N. 2. 3. 6. Rohita에서 붓다는 다음과 같은 대화를 나눈다.

> 한쪽에 선 로히땃싸(Rohitassa) 천자(天子)가 세존께 이렇게 말씀드렸습니다.
>
> "세존이시여, 태어나지 않고, 늙지 않고, 죽지 않고, 옮겨가지 않고, 다시 태어나지 않는 세간의 끝을 걸어가서 알고, 보고, 도달할 수 있을까요?"
>
> "존자여, 태어나지 않고, 늙지 않고, 죽지 않고, 옮겨가지 않고, 다시 태어나지 않는 세간의 끝을 걸어가서 알고, 보고, 도달할 수는 없다고 나는 말한다오."
>
> "놀랍습니다. 세존이시여! 경이롭습니다. 세존이시여! 참으로 잘 말씀하셨습니다. 저는 옛날에 로히땃싸라고 하는 선인(仙人)이었는데, 보자(Bhoja)의 아들로서 하늘을 걸어다니는 신통력이 있었습니다. 세존이시여, 저는 훈련받아 능숙하게 숙련된 솜씨 좋은 궁사(弓師)가 쏜 화살처럼 날래고 빨랐습니다. 저는 한 발걸음에 동해(東海)에서 서해(西海)로 가로질러 갔습니다. 세존이시여, 그때 저에게 '나는 걸어서 세간의 끝에 도달

해야겠다.'는 욕망이 생겼습니다. 세존이시여, 제가 이와 같은 빠르기를 가지고, 이와 같은 발걸음으로 음식을 먹고, 마시고, 대소변을 보고, 잠자고, 지칠 때를 제외하고, 100년을 살면서, 100살까지, 100년을 걸어갔지만, 세간의 끝에 도달하지 못하고 도중에 죽었습니다."

"존자여, 나는 세간의 끝에 가서 괴로움을 종식할 수 있다고 말하지 않는다오. 존자여, 그 대신 나는 의식이 있고, 생각이 있는 한 길 몸속에 있는 세간과 세간의 집(集)과 세간의 멸(滅)과 세간의 멸(滅)에 이르는 길을 알려준다오."

걸어서는 결코
세간의 끝에 도달할 수 없지만,
세간의 끝에 도달하지 않으면
괴로움에서 벗어날 수 없다네.
그러므로 진실로 세간을 아는,
세간의 끝에 도달하여 범행(梵行)을 마친,
세간의 끝에서 평온을 얻은 현자(賢者)는
이 세간도, 저 세간도 바라지 않는다네.[03]

인도의 윤회설은 해탈과 연결된다. 태어나서 늙어죽는 삶은 괴롭다. 이러한 괴로운 삶이 반복되는 것이 윤회다. 해탈은 태어나서 늙어죽는 괴

03_ S.N. Vol. 1. pp.61-62의 필자 번역.

로운 삶의 반복을 멈추고, 다시는 태어나서 늙어죽지 않는 것이다. 그래서 고대 인도인들은 해탈을 인생의 가장 중요한 목표로 삼았다.

　　태어나서 늙어죽는 것은 세간에서 벌어지는 일이다. 늙어죽지 않으려면 늙어죽음[老死]이 있는 세간을 벗어나서 늙어죽음이 없는 다른 세계로 가야 한다. 당시의 인도인들은 그 세계를 브라만천[梵天]이라고 생각했다. 로히땃싸 천자(天子)가 '세간의 끝'이라고 말한 곳은 '세간을 벗어난 곳', 즉 브라만천[梵天]을 의미한다. 공간을 이동하여 '세간의 끝'에 도달하려 했던 로히땃싸는 평생을 달려갔지만 성공하지 못한다. 이것은 당시의 우파니샤드의 세계관을 비판한 것이다. 저 먼 하늘세계에 브라만천이 있고, 그곳에 가면 늙어죽는 일이 없다고 주장하는 우파니샤드에 대하여, 로히땃싸와 같이 빠른 선인(仙人)이 평생을 가도 도달할 수 없는 세간의 끝이 어디에 있을 수 있겠는가라고 비판하고 있다.

　　그렇다면 '세간의 끝', 즉 태어나서 늙고 죽는 일이 없는 곳은 없는가? 붓다는 이 경에서 걸어서 도달할 수 있는 세간의 끝은 없지만, 태어나서 늙어죽는 괴로움이 없는 세간의 끝은 있다고 말한다. 그리고 세간은 '의식이 있는 한 길 몸속에 있다.'라고 말한다. 일반적으로 우리는 이 세계가 끝없이 펼쳐진 공간과 영원히 흐르는 시간 속에 있다고 생각한다. 로히땃싸 천자가 평생을 걸어서 도달하고자 했던 '세간의 끝'은 이렇게 공간과 시간 속에 존재하는 세계의 끝이었다. 그런데 붓다는 '생각하며 살아가는 우리의 몸속'에 세간이 있다고 말한다.

　　붓다가 이야기하는 세간은 도대체 어떤 것일까? 이 세상에는 여러 가지 세계관이 있다. 창조주가 우주를 창조하였으며, 창조주의 뜻에 의해서 멸망하게 된다는 기독교적인 세계관도 있고, 빅뱅에 의해서 우주가 탄생했다고 하는 자연과학적 세계관도 있다. 그렇다면 불교의 세계관은 어떤 것인가? 우리는 그 답을 S.N. 1. 7. 10. Loka에서 찾을 수 있다.

> 세간은 어디에서 생겼나요?
> 어디에서 교제(交際)를 하나요?[04]
> 무엇이 세간을 붙들고 있나요?[05]
> 세간은 어디에서 고난을 겪나요?[06]
> 세간은 여섯에서 생겨났다네.
> 여섯에서 교제를 한다네.
> 여섯이 세간을 붙들고 있다네.
> 세간은 여섯에서 고난을 겪는다네.[07]

이 경에서 이야기하는 '여섯'은 6입처(六入處)를 의미한다. 붓다가 이야기하는 세간은 6입처에서 생긴 것이며, 6입처에 의해서 유지되는 것이다. 붓다가 말한 "의식이 있고, 생각이 있는 한 길 몸속"은 6입처이다.

　　우리는 하나의 세계에 인간과 여러 중생들이 모여서 살고 있다고 생각한다. 그러나 붓다는 중생들이 같은 세계에 살고 있는 것이 아니라, 중생들 각자의 마음에서 연기(緣起)한 각기 다른 세계에 살고 있다는 것을 깨달았다. 이것이 붓다가 깨달은 연기법(緣起法)이다.

• • • • • • • • • • • • • • •

04_ 'kismiṃ kubbati santhavaṃ'의 필자 번역.
05_ 'kissā loko upādāya'의 필자 번역. 세간이 유지되도록 붙들고 있는 것이 무엇인가를 묻고 있음.
06_ 'kismiṃ loko vihaññati'의 필자 번역.
07_ S.N. Vol. 1. p.41의 필자 번역.

우리는 모든 생명이 같은 세계에 살고 있다고 생각하지만, 세계는 중생들의 마음에 따라 각기 다른 모습으로 나타난다. 물도 중생에 따라 다르게 보인다고 한다. 천상의 중생에게는 유리로 보이고, 물고기에게는 공기로 보이고, 아귀에게는 피고름으로 보인다고 한다. 우리는 소리로 사물의 형태를 볼 수 없다. 그러나 박쥐는 자신이 낸 초음파의 반향으로 사물을 인식한다고 한다. 우리는 빛으로 사물을 보지만, 박쥐는 소리로 사물을 보는 것이다. 최근의 연구에 의하면 지렁이처럼 생긴 어떤 선형(線形) 동물은 빛의 파장의 차이로 맛을 지각한다고 한다. 그렇다면 우리는 박쥐나 지렁이와 같은 세계에 살고 있다고 할 수 있을까?

붓다가 말하는 '의식이 있고, 생각이 있는 한 길 몸속에 있는 세간'은 바로 이러한 세계를 의미한다. 인간은 '여섯 가지 지각구조를 지닌 몸'을 가지고 살아간다. 이것이 '의식이 있고, 생각이 있는 한 길 몸'이다. 이 한 길 몸을 가지고 살면서 인식한 것이 그 사람의 세계다. '세간은 여섯에서 생겼다'는 말은 세간은 지각구조에 의해서 형성된 것이라는 의미이며, '의식이 있고, 생각이 있는 한 길 몸속에 있는 세간'은 '여섯 가지 지각구조를 지닌 몸'을 가지고 살아가면서 형성된 세계를 의미한다.

2. 12입처(十二入處)의 의미

붓다는 '의식이 있고, 생각이 있는 한 길 몸속에 있는 세간'을 이야기하면서 '일체(一切)는 12입처(十二入處)'라고 가르쳤다. 세간의 모든 것은 '12입처'에서 연기한 것이라는 뜻이다. 이러한 '12입처'를 일반적으로 6근(六根)과 6경(六境)으로 이해하고 있다. 그러나 이것은 매우 중대한 오해다. '12입처'는 불교이해의 출발점이다. 그런데 이것이 오해되고 있기 때문에 많은 사람들이 불교이해에 어려움을 겪고 있다.

12입처와 연기설(緣起說)은 중생들의 세계를 설명하는 교리이며, 12입처는 세계와 인간의 근원으로 설해지고 있다. 붓다는 『잡아함경(319)』에서 생문(生聞)이라는 바라문과 다음과 같은 대화를 나누고 있다.

> "구담(瞿曇)이시여, 소위 일체(一切; sabba)라고 할 때 (당신은) 무엇을 일체라고 합니까?"
> 부처님께서 바라문에게 이르시되 "일체란 12입처(十二入處)를 말한다."[08]

생문 바라문이 질문한 '일체(一切)'는 무엇을 의미할까? 그 의미는 찬도갸 우파니샤드(Chāndogya-upaniṣad)에 나타난다.

> 실로 일체(sarva)는 브라만(Brahman)이다. 모든 것은 브라만에서 생겨나, 브라만으로 돌아가며, 그 안에서 숨쉰다. 그러므로 평안한 마음으로 이 브라만을 경배하라.
> sarvam khalv idaṁ brahma, tajjalān iti, śānta upāsīta; atha khalu kratumayaḥ[09]

• • • • • • • • • • • • • •

08_ 대정장 2, p.91a.

09_ Radhakrishnan, *The Principal Upaniṣads* (London: George Allen & Unwin, 1968), p.391.

여기에서 'sarva', 즉 '일체'는 단순히 '모든 것'을 의미하는 것이 아니라 '이 세상 모든 것의 근원'을 의미한다. 우파니샤드에서는 브라만을 세계의 근원으로 보기 때문에 "일체는 브라만이다."라고 이야기한 것이다. 이와 같이 우파니샤드 철학에서 '일체'는 이 세상 모든 것의 근원이 되는 형이상학적 실체인 브라만을 의미한다.

생문 바라문은 우파니샤드 철학자로서 붓다에게 세상 모든 것의 근원이 되고, 궁극적으로 모든 것의 귀착점이 되는 '일체', 즉 우파니샤드 철학의 브라만과 같은 존재에 대하여 물은 것이다. 이에 대한 붓다의 대답이 12입처(十二入處)이다. 따라서 "일체(一切)는 12입처(十二入處)다."라는 붓다의 대답은, 세상의 '모든 존재는 12입처에 포섭된다.'는 의미가 아니라, '세상의 모든 존재는 12입처에서 비롯된다.'는 것을 의미한다. 세계와 인간을 이루고 있는 본질적 존재에 대하여 당시의 사문들은 4대(四大), 7요소(七要素), 12요소(十二要素) 등 다양한 요소설을 주장하고 있었다. 이 경에서 바라문은 이러한 본질적인 존재에 대하여 붓다의 견해를 물었던 것이고, 이에 대한 대답이 12입처이다.

12입처(十二入處)는 일반적으로 6근(六根)·6경(六境)과 동일시되고 있다. 그러나 처(處) 또는 입처(入處), 입(入) 등으로 한역된 'āyatana'는 지각활동을 의미하는 'indriya'를 한역한 '근(根)'이나 지각대상을 의미하는 'visaya'를 한역한 '경(境)'과는 결코 동일한 개념이 아니다. 6근과 6경은 지각활동과 그 대상의 의미로 이미 사용되는 개념이지만, 6입처(六入處)는 불교 특유의 개념으로서 『중아함경』의 「도경(度經)」에서는 이것을 붓다의 자각법(自覺法)이라고 하고 있다.[10] 이와 같이 붓다가 자각법이라고 강조하고 있는 6입처를 지각활동을 의미하는 6근과 동일하다고 할 수는 없다. 12입처가 6근, 6경과 무관한 것은 아니지만, 붓다가 '입처(āyatana)'라는 개념을 사용할 때는 반드시 그만한 이유가 있을 것이다.

'입처(入處)'는 범어 'āyatana'의 한역(漢譯)이다.[11] 붓다는 왜 안(眼), 이(耳), 비(鼻), 설(舌), 신(身), 의(意)와 그것들의 지각 대상을 'āyatana'라고 불렀을까? 찬도갸 우파니샤드에서는 숨(prāṇa), 눈[眼; cakṣu], 귀[耳; śrotra], 마음(manas)을 '브라만이 머무는 자리(āyatana)의 이름'이라고 한다.[12] 호흡할 때는 브라만이 호흡에 머물고, 볼 때는 눈에 머물고, 들을 때는 귀에 머물며, 생각할 때는 마음에 머물기 때문에 숨, 눈, 귀, 마음을 'āyatana'라고 부른다는 것이다. 이와 같이 우파니샤드에서 'āyatana'는 우리가 살아가면서 지각하고, 인식할 때, 그 활동의 주체로서 궁극적 실체인 브라만, 즉 우리의 참된 자아가 머무는 장소를 의미한다.

붓다가 안(眼), 이(耳), 비(鼻), 설(舌), 신(身), 의(意)와 그것들의 지각 대상인 색(色), 성(聲), 향(香), 미(味), 촉(觸), 법(法)을 'āyatana'라고 부른 것도 그런 의미에서일 것이다. 우파니샤드뿐만이 아니라, 일반인들은 우리의 지각활동을 지각기관 속에 들어 있는 자아의 활동으로 생각한다.

· · · · · · · · · · · · · · · ·

10_ 謂有六入處 我所自知自覺爲汝說『중아함경』권3(대정장 1, p.435c).

11_ 'āyatana'는 '도달하다, 들어가다, 거주하다'의 의미를 지닌 동사 'ā-yat'에서 파생된 중성 추상명사로서 '들어가서 머물고 있는 곳'의 의미이며, '자리, 장소, 집, 거처'의 의미를 지닌다. 한역에서는 入處 이외에도 入, 處 등으로 번역되는데, 모두가 원어의 의미에 충실한 번역이다.

12_ Radhakrishnan, 앞의 책, p.411. "prāṇaḥ kalaḥ, cākṣu kalaḥ, śrotraṁ kalaḥ, manaḥ kala, eṣa vai, saumya, catuṣ-kalaḥ pādo brahmaṇa āyatanavān nāma."

눈이 보는 것이 아니라, 몸속에 머물고 있는 자아가 눈을 통해서 밖의 사물을 본다고 생각하는 것이다. 이렇게 되면, 보는 눈 속에는 자아라는 실체가 머물고 있고, 보이는 사물 속에는 보이는 것의 실체가 머물고 있는 셈이다. 즉, 지각활동을 하는 지각기관 속에는 지각활동의 주체인 자아가 들어 있고, 지각되는 대상 속에는 지각되는 실체가 들어 있다고 생각하는 것이다. 바꾸어 말하면, 우리의 지각기관[眼耳鼻舌身意]과 지각되는 대상[色聲香味觸法]을 실체가 머물고 있는 장소라고 생각하는 것이다.

예를 들어, 우리는 꽃을 보면서, 보는 '나'는 몸속에서 눈을 통해 꽃의 색을 보고, 코를 통해 꽃의 냄새를 맡고, 피부를 통해 꽃을 만진다고 생각한다. 이것이 내6입처(內六入處)[眼耳鼻舌身意]이다. 그리고 보이는 색, 맡아지는 향기, 만져지는 촉감 등은 외부에 존재하는 꽃이라는 실체로부터 나오는 것들이라고 생각한다. 이것이 외6입처(外六入處)[色聲香味觸法]이다. 중생들은 인식하는 지각기관과 인식되는 대상 속에 어떤 실체가 머물고 있다고 생각하는데, 붓다는 이러한 중생들의 생각을 12입처라고 부른 것이다.

모든 존재의 근원을 물었던 생문 바라문에게 붓다의 답변은 새로운 의문을 불러일으킨다. 붓다는 무엇을 존재라고 생각하기에 12입처를 모든 존재[一切有]의 근원이라고 이야기하는 것일까? 그리고 12입처에서 생긴 존재는 구체적으로 어떤 것일까? 『잡아함경(320)』의 이러한 의문에 대한 질의응답이다.

"구담이시여, 당신이 '모든 존재[一切有]'라고 할 때, '모든 존재'는 어떤 것인가요?"

부처님께서 생문 바라문에게 말했다.

"내가 이제 그대에게 묻겠으니 그대의 생각대로 나에게 대답하시오. 바라문이여, 어떻게 생각하는가? 안(眼)은 있는가, 없는가?"

"사문 구담이시여, 그것은 있습니다."

"색(色)은 있는가, 없는가?"

"사문 구담이시여, 그것은 있습니다."

"바라문이여, 색(色)이 있고, 안식(眼識)이 있고, 안촉(眼觸)을 인연으로 생긴 괴롭거나, 즐겁거나, 괴롭지도 즐겁지도 않은 느낌[受]은 있는가, 없는가?"

"사문 구담이시여, 그것은 있습니다." [13]

『잡아함경(320)』의 질문의 요지는 "12입처라는 근원에서 생긴 모든 존재들은 구체적으로 어떤 것인가?"이다. 예를 들면, 우파니샤드 철학에서 브라만에서 불이 나오고, 불에서 물이 나오고, 물에서 영양분이 나와서 세계를 구성한다고 이야기하듯이, 12입처에서 나와서 세계를 구성하고 있는 존재[有]들은 어떤 것들인가를 물은 것이다.

　　존재[有]를 지칭하는 것은 문법적으로 명사(名詞)다. 따라서 생문 바라문은 명사를 답변으로 기대했을 것이다. 그러나 붓다는 명사로 대답하지 않고 바라문에게 반문한다. 붓다는 "보는 것[眼]이 있는가, 없는가? 보이는 것[色]이 있는가, 없는가?"라고 반문하여 "있다"라는 답을 유

13_ 대정장 2, p.91b.

도한다.

붓다의 반문은 불교의 존재론적 입장을 보여 준다. 기존의 존재론은 이 세계를 구성하고 있는 실체(實體), 즉 존재를 문제 삼았다. 끊임없이 변화하는 다양한 형상계의 배후에 변함없이 존재하는 궁극적 실체는 무엇인가? 이 물음에 대한 답으로 우파니샤드 철학에서는 브라만을 주장했고, 유물론자들은 4대(四大)를 주장했다. 이렇게 어떤 실체를 답변으로 기대했던 생문 바라문에게 붓다는 반문을 통해 '있음'의 문제를 반성하도록 한다.

붓다는 반문을 통해 객관적 실체로서의 존재를 부정하고, "존재란 우리가 '있다'고 인식한 것"임을 깨닫도록 하고 있다. 붓다는 인식되는 대상을 외부에 실재하는 존재라고 보지 않았다. 왜냐하면 우리에게 인식되는 대상은 그 자체로서 실재하는 실체가 아니라 우리의 지각에 의지하여 나타난, 즉 연기(緣起)한 것이기 때문이다. 붓다에 의하면, 우리에게 '있다'고 생각되는 모든 것은 12입처에서 연기한 것이다. 이것이 '일체는 12입처'라는 말씀의 의미다.

붓다가 '일체는 12입처'라고 한 것은 12입처를 인간과 세계의 근원적 바탕으로 생각했기 때문이다. 그렇다면 12입처를 세계의 근원적 본질이라고 하는 붓다의 세계관과 브라만을 세계의 본질적 실체라고 보는 전변설이나 4대와 같은 요소를 본질적 실체로 보는 적취설과는 어떤 차이가 있을까?

전술한 바와 같이 전변설이나 적취설은 현실세계를 어떤 본질적 실체에서 파생된 것으로 본다. 하나의 실체가 자기전개(自己展開)라는 변화를 통해 이 세계를 이루었다는 주장이 전변설이고, 다수의 실체가 모여서 세계를 구성하고 있다는 주장이 적취설이다. 전변설과 적취설은 이와 같이 서로 상반된 주장을 하고 있지만 실재론을 취하고 있다는 점에서는 차이가 없다. 이들은 외부에 대상이 실재한다는 생각에서 그 대상적 존재의 본질을 문제 삼고 있는 것이다. 모든 사견(邪見)은 유무(有無) 이견(二見)에 의지하고 있다는 붓다의 비판은 바로 이와 같은 실재론에서 비롯된 사상에 대한 비판이다.

유무 이견은 외부의 대상 가운데 어떤 것이 실재하고 어떤 것이 실재하지 않는가에 대한 상반된 견해이다. 그러나 세계는 그것이 우리에게 인식되고 있는 세계이기 때문에 그 세계의 본질이 어떤 존재로 되어 있는가를 묻는 것은 무의미하다. 왜냐하면 그 본질적 존재를 무엇이라고 하든, 그 존재는 결국 우리에게 인식된 존재일 뿐이기 때문이다. 따라서 우리는 세계가 어떤 존재로 되어 있는가를 묻기 전에, 세계를 포함하여 존재가 우리의 의식 속에서 어떻게 인식되고 있는가를 여실하게 관찰하여 인식된 존재의 본질을 알아야 한다는 것이 붓다의 입장이다.

3. 12입처는 6근(六根)·6경(六境)이 아니다

12입처는 결코 6근(六根)·6경(六境)을 의미하는 것이 아니다. 12입처는 내6입처(內六入處; 眼, 耳, 鼻, 舌, 身, 意)와 외6입처(外六入處; 色, 聲, 香, 味, 觸, 法)로 이루어져 있다. 지금까지는 이러한 12입처를 인식하는 주관과 그 주관에 인식되는 외부의 대상으로 생각했다. 모든 인식작용에는 주관과 객관이라는 두 요인이 있다고 할 때, 내6입처와 외6입처는 이와 같은 인식작용의 이원성(二元性)과 양극성(兩極性)의 구조적 특성을 보여 주고 있기 때문이다.

그러나 이들이 주관적 요인과 객관적 요인으로서 인식 성립의 두 계기가 되고 있다는 것은 사실이지만, 이들의 관계는 인식기관인 6근(六根)과 인식대상인 6경(六境)의 외적인 대립은 아니다. 이들의 관계가 외적 대립관계가 아니다. 『잡아함경(230)』을 살펴보자.

그때 삼미리제(三彌離提)라는 비구가 부처님 계신 곳으로 찾아와서 부처님의 발에 머리 숙여 예배하고 한쪽에 앉아 부처님께 물었다.

"세존이시여, 소위 세간(世間)이란 어떤 것을 세간이라고 부릅니까?"

부처님께서 삼미리제에게 말씀하셨다.

"안(眼), 색(色), 안식(眼識), 안촉(眼觸), 안촉(眼觸)을 인연하여 생긴 느낌[受], 안으로 느끼는 괴롭거나, 즐겁거나, 괴롭지도 즐겁지도 않은 느낌, 이(耳) 비(鼻) 설(舌) 신(身) 의(意) 법(法), 의식(意識), 의촉(意觸), 의촉(意觸)을 인연하여 생긴 느낌[受], 안으로 느끼는 괴롭거나, 즐겁거나, 괴롭지도 즐겁지도 않은 느낌, 이것을 세간이라고 부른다. 왜냐하면, 6입처(六入處)가 집기(集起)하면 촉(觸)이 집기(集起)하고, 이와 같이 순대고취(純大苦聚)가 집기(集起)하기 때문이다. 삼미리제여, 만약에 그 안(眼)이 없고, … 이(耳) 비(鼻) 설(舌) 신(身) 의(意), 법(法)이 없고, 의식(意識)이 없고, 의촉(意觸)이 없고, 의촉(意觸)을 인연하여 생긴 느낌[受], 안으로 느끼는 괴롭거나, 즐겁거나, 괴롭지도 즐겁지도 않은 느낌이 없다면 세간(世間)이 없으며 세간을 시설하지 않을 것이다. 왜냐하면 6입처(六入處)가 멸(滅)하면 촉(觸)이 멸(滅)하고, 이와 같이 순대고취(純大苦聚)가 멸(滅)하기 때문이다."[14]

이 경에서 이야기하고 있는 6입처(六入處)를 6근(六根)과 동일한 것으로 이해한다면 매우 곤란한 문제가 생긴다. 우리의 지각기관인 눈, 코 등이 집기(集起; samudaya)한다는 것도 문제려니와, 고(苦)의 멸이 6근(六根)의 멸(滅)을 통해 성취된다면 그것은 곧 죽음을 통해 성취될 수밖에 없을 것이다. 붓다가 추구한 고(苦)의 멸(滅)은 결코 죽음이 아니다.

붓다는 결코 6근(六根)을 멸(滅)하라고 하지는 않는다. 붓다는『잡아함경(279)』에서 다음과 같이 이야기한다.

세존께서 비구들에게 말씀하셨다.
"6근(六根)을 조복하지 않고, 단속하지 않고, 지키지 않고, 붙잡지 않고, 닦아 길들이지 않으면 미래세에 반드시 괴로운 과보를 받는다. … 이와 같이 6근(六根)을 조복하고, 단속하고, 지키고, 붙잡고, 닦아 길들이면 미래세에 반드시 즐거운 과보를

14_ 時比丘名三彌離提 往詣佛所 稽首佛足 退坐一面 白佛言 世尊 所謂世間者 云何名世間 佛告三彌離提 謂眼 色 眼識 眼觸 眼觸因緣生受 內覺若苦 若樂 不苦不樂 耳 鼻 舌 身 意 法 意識 意觸 意觸因緣生受 內覺若苦 若樂 不苦不樂 是名世間 所以者何 六入處集則觸集 如是乃至純大苦聚集 三彌離提 若無彼眼 無色 無眼識 無眼觸 無眼觸因緣生受 內覺若苦 若樂 不苦不樂 無 耳 鼻 舌 身 意 法 意識 意觸 意觸因緣生受 內覺若苦 若不苦不樂者 則無世間 亦不施設世間 所以者何 六入處滅則觸滅 如是乃至純大苦聚滅故(대정장 2, p.56b).

받는다.[15]

우리의 지각활동을 의미하는 6근(六根)은 잘 길들여서 선업을 짓도록 해야 하는 것이지 결코 소멸해야 할 대상이 아니다. 따라서 괴로움의 소멸을 위해서 소멸해야 할 6입처(六入處)를 6근(六根)과 동일한 것이라고 보아서는 안 된다.

내6입처와 외6입처가 주관과 객관의 외적인 대립관계가 아니라는 것은『잡아함경(218)』과 이에 상응하는 S.N. 35. 106. Dukkha에서 확인된다.

> 안(眼)과 색(色)에 의존[緣]하여 안식(眼識)이 발생한다. 이들
> 셋의 화합이 촉(觸)이다.[16]
> chakkhuñ ca paṭicca rūpe ca uppajjati cakkhuviññāṇam.
> tiṇṇam saṅgati phasso.[17]

『잡아함경(218)』에서 '화합(和合)'으로 번역된 원어는 'saṅgati'로서 '만남, 결합'의 의미를 지닌다. 만남이나 결합은 두 개 이상의 사물이 동일한 시간과 장소에 있을 때 이루어진다. 우리는 일반적으로 몸속에 있는 마음이 지각기관을 통해 대상을 접촉한다고 생각한다. 그래서 이 경에

15_ 世尊告諸比丘 於此六根不調伏 不關閉 不守護 不執持 不修習 於未來世必受苦報 … 如是六根 善調伏 善關閉 善守護 善執持 善修習 於未來世必受樂報(대정장 2, p.76ab).

16_ 緣眼 色 生眼識 三事和合觸(대정장 2, p.54c).

17_ S.N. Vol. 4, p.86.

서 이야기하는 내입처는 6근(六根)을 의미하고, 외입처는 6경(六境)을 의미한다고 생각하기 쉽다. 그렇지만 내입처가 신체를 구성하는 6근을 의미하고, 외입처가 외부의 6경을 의미하고, 6식(六識)이 몸속에 있는 마음을 의미한다면, 어떻게 신체의 안과 밖으로 분리된 6근과 6경과 6식이 만나서 결합할 수 있겠는가?

『잡아함경(214)』에 의하면 내입처(內入處)와 외입처(外入處)는 분별하는 의식이 성립하는 조건[緣]으로서 마음에서 연기한 현상일 뿐,[18] 공간 속에서 개별적으로 존재하는 사물이 아니다. 따라서 이들의 만남은 공간적 대립상태에 있는 존재들의 만남이 아니라 의식 내부에서의 만남이다.

이와 같이 6입처(六入處)는 생리학이나 심리학적 의미를 갖는 6근(六根)이 아니다. 그리고 입처(入處, āyatana)라는 개념이 의식 내부를 통찰함으로써 드러난 존재의 본질적 바탕에 사용된 개념임을 상기할 때, 그리고 12입처가 식(識, viññāna)의 발생을 설명하는 개념이라고 할 때, 12입처는 붓다가 9차제정을 수행하는 과정에서 발견한 붓다가 스스로 깨달은 법[自覺法] 가운데 하나라고 할 수 있고, 붓다도 전술한 바와 같이 이것이 자신이 스스로 깨달은 법임을 강조하고 있다.

붓다의 연기법은 12입처를 자각함으로써 깨닫게 된 진리라고 할 수 있다. 붓다는 자아와 세계가 어떤 본질적 존재에서 비롯된 것이 아니라 내6입처(內六入處)와 외6입처(外六入處)라는 의식 상태에서 연기한 것이라는 사실을 깨닫게 됨으로써 유무(有無)의 모순된 생각을 떠

18_ 眼色因緣 生眼識 彼無常有爲心緣生 … 耳 鼻 舌 身 意 亦復如是(대정장 2, p.54a).

나 중도의 입장에 설 수 있었다. 이와 같이 세계의 근원은 내6입처와 외 6입처라는 우리의 인식을 성립시키는 의식 상태라고 보는 것이 붓다의 견해이다. 붓다는 존재 이전에 인식이 있으며, 존재는 인식을 바탕으로 구성된 관념이라고 보고 있는 것이다. 이러한 입장을 S.N. 35. 116. Lokakāmaguṇa에서는 다음과 같이 서술하고 있다.

아난다 존자가 말했습니다.
존자들이여, 세존께서는 '비구들이여, 나는 걸어가서 세간의 끝을 알아야 하고, 보아야 한다고 말하지 않는다. 비구들이여, 그리고 또한 나는 세간의 끝에 도달하지 않으면 괴로움을 종식할 수 없다고 말한다.'라고 간략하게 가르침을 주고, 상세한 의미를 설명하지 않고 자리에서 일어나 거처에 들어가신 그 말씀의 의미를 나는 이와 같이 상세하게 알고 있습니다.
존자들이여, 세간(世間)에 세간이라는 관념이 있고, 세간이라는 생각이 있게 하는 것, 이것을 성자(聖者)의 율(律)에서는 세간이라고 부릅니다. 무엇에 의해서 세간에 세간이라는 관념이 있고, 세간이라는 생각이 있는가? 존자들이여, 안(眼)에 의해서 이(耳), 비(鼻), 설(舌), 신(身), 의(意)에 의해서 세간에 세간이라는 관념이 있고, 세간이라는 생각이 있습니다. 이것을 성자(聖者)의 율(律)에서는 세간이라고 부릅니다.[19]

19_ yena kho āvuso lokasmiṃ lokasaññī hoti lokamānī ayam vuccati ariyassa vinaye loko. kena cāvuso lokasmiṃ lokasaññī hoti lokamānī S.N. Vol. 4, p.95.

이와 같이 붓다가 이야기하는 세계는 외부에 실재하는 것이 아니다. 붓다가 이야기하는 세계는 우리의 마음[六入處]에서 연기한 것이고, 12입처는 이러한 세계의 바탕이다.

4. 붓다의 세계관(世界觀)

붓다가 본 세계는 우리의 마음에서 연기한 것이다. 세계는 우리가 어떤 마음을 갖느냐에 따라 각기 다르게 전개된다. 우리는 세계 속에 갇혀서 살고 있는 것이 아니라, 세계를 우리의 마음으로 만들면서 살고 있다. 그러나 중생들은 세계 속에 살고 있다고 생각함으로써 갖가지 사견을 일으켜 고뇌에 빠져 있다. 붓다의 연기설은 이와 같은 중생들에게 세계가 마음에서 비롯된 것임을 보여 주는 교설이다.

마음을 근원으로 하는 세계는 자연적 태도에서 관념화되고 존재화된 세계가 아니라 추상화되고 관념화되기 이전의 구체적인 삶의 세계이다. 다시 말해서 세계의 중심은 인격체로서의 인간[心]이며, 세계는 이 인격체에 의해 구성된 세계이다. 따라서 인간은 세계의 주체이며 세계의 주체인 인간이 구체적인 삶을 실현하는 세계가 무위(無爲)의 세계이다.

중생들은 이와 같은 세계의 실상을 알지 못하고 망념을 일으켜 이것을 추상화하고 관념화하여 존재의 세계를 구성한다. 이렇게 허구적으로 존재를 구성하는 것이 행(行, saṅkhāra)이고, 이 행에 의해 구성된 존재가 유위(有爲, saṅkhāta)이며, 이와 같은 유위의 세계가 세간(世間)이다. 유위의 세계에서는 모든 것이 존재로 인식된다. 유위의 세계는 존재들의 총체이며, 인간은 세계 속의 한 존재로서 태어나서 죽는 존재로 인식된다.

당시의 모든 외도들은 이렇게 인간을 세계의 일부분으로 생각하고 있었다. 붓다는 이러한 세계관을 크게 우려하고 있다. 전술한 삼종외도설(三種外道說)은 본질적으로는 이러한 세계관에 대한 우려에서 취해진 비판이다. 붓다가 삼종외도설에서 비판하고 있는 숙작인론(宿作因論), 존우화작론(尊祐化作論), 무인무연론(無因無緣論)은 모두 인간을 세계의 일부로 생각한 객관주의적 자연주의의 태도에서 나온 것이다.

숙작인론은 숙명론과 자이나교의 사상이다. 이들에 의하면 인간은 세계를 구성하고 있는 정신적 실체와 물질적 실체의 일부가 결정적인 인과율(因果律)이나 피할 수 없는 전생의 업(業)에 의해 결합된 상태이다. 따라서 인간의 삶은 주체로서의 자유로운 삶이 아니라 숙명적으로 결정된 기계적인 삶이다. 존우화작론은 정통바라문사상으로서 인간을 신이 창조하여 지배하고 있는 숱한 존재 가운데 일부로 본다. 따라서 인간의 삶은 신의 의지나 신이 만든 법칙에 지배되는 구속된 삶일 뿐이다. 무인무연론은 유물론자의 주장으로서 인간은 세계를 구성하고 있는 물질적 요소의 일부가 우연히 결합해 있는 상태라고 보기 때문에 인간의 자유로운 의지나 행위의 당위성 같은 것은 근본적으로 부정된다.

붓다는 인간을 세계의 일부로 생각하는 이들의 사상이 인간의 윤리를 근본적으로 부정하는 위험한 사상으로 보고 이를 비판했으며, 이와 같은 위험한 사상은 충분히 극복할 수 있다고 보고 있다. 붓다는 『중아함경』의 「도경(度經)」에서 외도들의 사상을 비판한 후에 다음과 같이 말하고 있다.

만약, 해야 할 일, 해서는 안 될 일을 바르게 알지 못하면 정념(正念)을 상실하고 정지(正智)가 없어서 가르칠 수가 없나니, 이와 같이 설하는 사문법(沙門法)은 이치로써 그 사문이나 범지(梵志)를 굴복시킬 수가 있다. 그러나 내가 몸소 알고 깨달아 너희를 위하여 설하는 법은 사문이든 범지든, 천(天)이든 마(魔)든, 범(梵)이든 여타의 세간(世間)이든, 그 누구도 굴복시킬 수 없고, 더럽힐 수가 없고, 막을 수가 없나니 … 그것은 6입처법(六入處法)이며 … 6계법(六界法)이며.[20]

이와 같이 붓다는 자신이 깨달은 6입처(六入處)와 6계(六界)로 인간을 세계의 일부로 보는 외도의 사상을 물리칠 수 있다고 생각했다. 여기에서 우리는 붓다가 이들을 물리칠 수 있는 법이 6입처(六入處)와 6계(六界)라는 점에 주목할 필요가 있다. 전술한 바와 같이 6입처(六入處)와 6계(六界)는 세계의 주체를 인간으로 보는 세계관을 설명하는 교설이다. 따라서 외도비판의 핵심은 인간을 세계의 일부로 보는 사상에 대한 것이라 할 수 있으며, 이들의 극복은 세계의 주체를 인간으로 볼 때 가능하다고 생각한 것이라 할 수 있다.

　　붓다는 중생들의 세계를 마음 밖의 세계로 보지 않는다. 중생들의 세계와 세계 속에 태어나서 죽는 존재로 인식되고 있는 자아는 이와

- - - - - - - - - - - - - -

20_ 諸賢 若於作以不作 不知如眞者 便失正念 無正智 則無可以教 如沙門法如是說者 乃可以理伏彼沙門 梵志 我所自知 自覺法 爲汝說者 若沙門 梵志 若天 魔 梵及餘世間 皆無能伏 皆無能穢 皆無能制 云何我所自知 自覺法爲汝說 非爲沙門 梵志 若天 魔 梵及餘世間所能伏 所能穢 所能制 謂有六處法 … 復有六界法(대정장 1, p.435).

같이 마음에서 연기한 것이다. 그런데 이와 같은 사실에 대하여 무지한 중생들은 세계 구성의 바탕이 되는 12입처를 욕탐으로 취착하여 내6입처(內六入處)를 주관으로서의 자아(自我)로 취하고, 외6입처(外六入處)를 객관으로서의 세계(世界)로 취한다.[21] 우리가 내적 자아(自我)라고 생각하는 존재는 내6입처를 취한 것이고, 외적 대상이라고 생각하는 존재는 외6입처를 취한 것이다. 그러나 이들은 결코 내부와 외부에 개별적으로 존재하는 자아나 세계가 아니다. 따라서 붓다는 『잡아함경(274)』에서 6입처에 대하여 이것이 자아[我]나 자아의 소유[我所]가 아니라고 관찰해야 한다고 가르친다.[22]

중생들의 세계는 무명의 상태에서 12입처를 욕탐으로 취착하여 계탁(計度)한 존재화된 세계이다. 존재화된 세계에서는 존재의 유와 무, 생성과 소멸이 인식되며, 인간도 하나의 존재로서 생로병사(生老病死)하는 모습으로 인식된다. 이러한 세계가 생사(生死)의 세계이며, 4성제(四聖諦)의 고성제(苦聖諦)는 이것을 의미한다. 그리고 이러한 고성제(苦聖諦)의 실상을 보여 주는 것이 무명에서 시작되는 12연기(十二緣起)이다. 12연기의 유전문(流轉門)은 이와 같이 괴로운 세계의 근원은 무명(無明)이고, 무명에서 비롯된 욕탐이 생로병사의 괴로움을 일으키는 과정을 밝힌 것으로서 4성제의 고집성제(苦集聖諦)를 의미한다. 12연기의 환멸문(還滅門)은 무명과 욕탐을 소멸하여 모든 괴로움을 없애는 과정을

· · · · · · · · · · · · · · ·

21_ 『잡아함경(240)』에서는 世尊告諸比丘 我今當說所取法及取法 云何所取法 眼色 耳聲 鼻香 舌味 身觸 意法 是名所取法 云何取法 謂欲貪 是名取法(대정장 2, p.58a)이라고 하고 있다. 이는 12입처가 욕탐에 의해 내6입처는 주관으로, 외6입처는 객관으로 취해지고 있음을 보여 준다.

22_ 多聞聖弟子 於此六入處 觀察非我非我所(대정장 2, p.73a).

밝힌 것으로서 4성제의 고멸성제(苦滅聖諦)를 의미하며, 괴로움을 소멸하는 구체적인 실천의 방법을 보여 주는 것이 4성제의 고멸도성제(苦滅道聖諦)인 8정도(八正道)이다.

결론적으로, 붓다에게 세계는 곧 우리의 마음이며 여기에는 자타(自他), 주객(主客), 물심(物心), 내외(內外), 유무(有無), 생멸(生滅) 등의 모순과 분별이 있을 수 없다. 다만 중생들이 무명과 욕탐에 의해 이와 같은 분별을 일으킬 뿐이다. 따라서 세계가 마음에서 연기한다는 진리를 알고, 무명의 상태에서 벗어나 욕탐으로 취착하고 계탁(計度)한 허망한 대상세계를 분별하고 애락(愛樂)하여 염착(染着)하지 않으면, 모든 모순과 분별이 사라진 열반(涅槃)을 얻을 수 있다.[23]

· · · · · · · · · · · · · ·
23_『잡아함경(237)』若比丘 眼識於色 不愛樂染著 不愛樂染著者 不依於識 不觸不著不取故 此諸比丘 得見法般涅槃 (대정장 2, p.57c).

II. 붓다의 존재론

1. 붓다의 존재론(存在論)

전변설이나 적취설은 객관적인 것[存在]을 일차적인 것으로 본다. 따라서 객관적 존재의 본질이 되는 실체를 객관 세계 속에서 찾는다. 그러나 연기설은 전술한 바와 같이 주관적인 마음[心; 認識]을 일차적인 것으로 본다. 객관적인 것을 일차적인 것으로 보는 입장에서 자연대상은 주관의 인식과 무관하게 실재하는 것이 되며, 인식이란 이러한 자연대상[存在]을 지각이나 이성으로 파악한 것이다.

그러나 주관적인 마음을 일차적인 것으로 보는 연기설의 입장에서 자연대상은 '인식된 대상'일 뿐이다. 뿐만 아니라 자연대상에 상대하여 존재하는 주관도 단지 '인식하는 주관'일 뿐이다. 따라서 연기설의 입장에서 인식하는 주관[內六入處]과 인식된 대상[外六入處]은 인식하고 판단하는 의식[六識] 성립의 조건[緣]으로서 마음에서 연기한 현상일 뿐, 공간 속에서 개별적으로 존재하는 사물이 아니다. 그러므로 연기설의 입장에서는 존재의 본질을 외부의 자연대상에서 찾지 않고 의식 속에서 찾는다. 붓다가 9차제정(九次第定)을 통해 법(法)을 통찰하기 위해서는 '마음을 밖으로 내보내 산란하게 하지 말고 안에 머물도록 하라.'[01]고 당부하는 까닭이 여기에 있다.

• • • • • • • • • • • • • •
01_ 『중아함경』「분별관법경」 心不出外灑散 心住內(대정장 1, p.694b).

연기설의 입장에서 보면 인식은 자신의 마음에서 일어나는 현상일 뿐이다. 자신의 마음을 원천적으로 배제하는, 즉 자신의 마음에 원천적으로 대상화 될 수 없는 대상의 존재는 그 자체로서 모순이고 허구이다. 『잡아함경(319)』에서 붓다가 "일체(一切)는 12입처(十二入處)다. 이 밖에 다른 일체(一切)를 세우는 것은 경계(境界)가 아니기 때문에 무의미하다."[02]라고 한 것은 이러한 의미의 표현이다.

붓다가 당시의 모순대립하고 있었던 외도들의 주장에 대하여 침묵한 것은 주관 외부에 세계가 실재한다는 신념이 가상적이며 모순적인 허구임을 비판하기 위한 것이다. 중도(中道)는 이와 같은 허구적이고 모순된 입장을 떠나 시선을 자신의 마음으로 돌리는 입장이다. 중도의 입장에서 보면, 외부의 존재에 대한 모든 판단은 모순이고 허구이며, 무의미한 희론(戱論)일 뿐이다. 붓다가 유무중도(有無中道)를 설하는 까닭이 여기에 있다. 중도(中道)에서 이야기하는 연기설은 존재론적으로는 관념론도 실재론도, 유심론도 유물론도, 다원론도 일원론도 아니다. 연기설의 입장에서 보면 이들은 사견(邪見)이며, 희론(戱論)일 뿐이다.

붓다가 중도의 입장에서 기존의 존재론적 입장을 거부한다고 해서 존재의 문제를 포기한 것은 아니다. 붓다는 존재의 문제를 새로운 차원으로 전환한다. 『잡아함경(37)』에서 붓다는 다음과 같이 이야기한다.

나는 세간과 다투지 않는다. 세간이 나와 다툴 뿐이다. 세간의

• • • • • • • • • • • • • •
02_ 一切者 謂十二入處 … 我今捨別立餘一切者 彼但有言說 … 所以者何 非其境界故(대정장 2, p.91ab).

지혜 있는 사람이 "있다"고 하는 것은 나도 "있다"고 말한다. 비구들이여, "색(色), 수(受), 상(想), 행(行), 식(識)은 무상(無常)하고, 고(苦)이고, 변해가는 법으로 있다."고 지혜 있는 사람은 말하며, 나도 역시 그렇게 말한다. … 세간의 지혜 있는 사람이 "없다"고 하는 것은 나도 역시 "없다"고 말한다. 색, 수, 상, 행, 식은 상존하며, 언제나 변해가지 않고 머무는 법이라고 한다면, 지혜 있는 사람은 "그러한 5온(五蘊)은 없다."고 말하며, 나도 역시 "없다"고 말한다. … 비구들이여, 세간(世間)과 세간법(世間法)이 있다는 것을 나도 역시 스스로 알고 스스로 깨달아 다른 사람을 위해 연설하고 보여 준다. 세간의 안목(眼目) 없는 장님들이 알지 못하고 보지 못할 뿐 나의 허물은 아니다. … 색, 수, 상, 행, 식은 무상(無常)하고, 고(苦)이며, 변해가는 법이다. 이것이 세간이고 세간법이다.[03]

이 경에서 붓다는 존재의 문제를 '무엇이 있는가?'의 문제에서 '어떻게 있는가?'의 문제로 전환시키고 있다. '무엇'을 문제 삼는 태도는 자연주의적 태도라 할 수 있다. 우리와 무관하게 외부의 자연세계에는 무엇이

••••••••••••••

[03] 我不與世間諍 世間與我諍 所以者何 比丘 若如法語者 不與世間諍 世間智者言有 我亦言有 云何爲世間智者言有 我亦言有 比丘 色無常 苦 變易法 世間智者言有 我亦言有 如是受 想 行 識 無常 苦 變易法 世間智者言有 我亦言有 世間智者言無 我亦言無 謂色是常 恒 不變易 正住者 世間智者言無 我亦言無 受 想 行 識 常 恒 不變易 正住者 世間智者言無 我亦言無 是名世間智者言無 我亦言無 比丘 有世間世間法 我亦自知自覺 爲人分別演說顯示 世間盲無目者不知不見 非我咎也 諸比丘 云何爲世間世間法 我自知 我自覺 爲人演說 分別顯示 盲無目者不知不見 是比丘 色無常 苦 變易法 是名世間世間法 如是受 想 行 識 無常 苦 是世間世間法 比丘 此是世間世間法 我自知自覺 爲人分別演說顯示 盲無目者不知不見 我於彼盲無目不知不見者 其如之何 (대정장 2, p.8bc).

존재하고 있는가를 묻고 있는 것이다. 따라서 이때 묻고 있는 '무엇'은 우리의 인식과 무관하게 존재하고 있는 객관대상이다. 과연 '무엇'이 외부에 실재하고 있어서 우리는 그것을 인식하고 있는 것일까? 우리가 아무리 그것을 있는 그대로 인식하려고 해도 그것은 항상 우리에게 인식된 대상으로 있을 뿐이다. 외부에 존재하는 '무엇'은 결코 우리에게 인식되지 않는다. 대상은 오직 '인식된 대상'으로만 존재할 뿐이다.

우리는 무엇 때문에 외부에 '무엇'이 존재한다고 생각할까? 그것은 우리의 의식에 '인식된 대상'이 있기 때문이다. 우리는 '인식된 대상'이 있다는 사실에서 인식하는 주관과 인식되는 객관이 공간 속에서 서로 대립하고 있다는 생각을 일으킨다. 그러나 외부의 세계에 무엇이 존재한다는 것은 그것이 입증되지 않는 한은 어디까지나 하나의 가설이다. 그렇다면 외부의 세계에는 아무것도 존재하지 않을까? 이것도 역시 입증되지 않은 하나의 가설이다. 그렇다면 이것을 입증할 수 있는 방법이 있을까? 우리의 지식이 인식을 통해 이루어지는 한 그것은 불가능하다. 따라서 그것을 입증하려 하는 것은 무의미한 일이다.

그렇다면 우리는 불가지론(不可知論)에서 벗어날 수 없는 것일까? 모든 불가지론은 우리가 외부의 세계를 직접 확인할 수 없다는 사실에 기인한다. 그러나 M.N. 74. Dīghanaka-sutta에서 붓다가 지적했듯이[04] 불가지론은 그 자체로 모순이다. 불가지론에도 안주할 수 없는 것이 '무엇'을 추구하는 존재론의 운명이다.

그렇다면 왜 이와 같은 딜레마에 빠지는 것일까? 이것은 문제와

• • • • • • • • • • • • • • • •
04_ 이중표 역해, 『정선 맛지마 니까야(하)』, pp.51-52 참조.

문제를 해결하는 방법이 잘못되어 있기 때문이다. 외부에 세계가 존재한다는 것은 하나의 신념이다. 따라서 우리가 이러한 신념을 갖게 된 원인이 어디에 있는가를 먼저 살펴보고, 그 신념이 정당한 것으로 판명되었을 때 그러한 문제를 문제 삼아야 한다.

전술한 바 있는 9차제정(九次第定)은 바로 우리의 신념이 정당한가를 반야(般若)로 통찰하는 수행법이다. 붓다는 이와 같은 통찰을 통해 세계가 존재한다는 신념의 근거가 외부에 있는 세계가 아니라 우리의 마음속에 있는 6입처(六入處)임을 자각했다. 따라서 외부에 세계가 존재하느냐 존재하지 않느냐 하는 문제는, 얼른 보아서는 매우 심오하고 심각한 문제로 생각되지만, 중도(中道)의 입장에서 보면 무의미한 문제다.

'무엇'을 추구하는 존재론적 탐구가 무의미한 것이라고 해서 존재의 문제가 전적으로 폐기되지는 않는다. 왜냐하면 존재의 문제는 '무엇'의 문제가 아니라 '있음'의 문제이기 때문이다.

그렇다면 우리는 '있음'의 문제를 어떻게 물어야 할까? 우리는 '있음'에 대하여 '무엇이 있는가?'라는 물음에서 '어떻게 있는가?'라는 물음으로 바꾸어야 한다.

'무엇이 있는가?'라는 물음은 명사(名詞)로 된 답을 요구한다. 그런데 명사는 우리가 만든 개념이다. '무엇이 있는가?'라는 물음은 외부의 객관적인 존재에 대하여 물으면서 주관에 의해 만들어진 명사로 된 답을 요구하고 있는 것이다. 예를 들어, '책상'이라는 이름을 지닌 것에 대하여, '저것은 무엇인가?'라고 물으면 우리는 '책상이다.'라고 대답한다. 그렇다면 '책상'은 객관적인 대상일까? 같은 대상에 대하여 '식탁'이라는 이름을 붙인다면, 이때에도 저것은 책상일까? 우리가 '무엇'이라고 부르는 '명사'로 표현되는 모든 대상은 우리에게 '명사로 인식된 대상'일 뿐 객관적 존재가 아니다. 우리가 내리는 '있음'과 '없음'의 판단은 모두 '명사로 인식된 대상'에 대한 판단일 뿐 '객관적 대상'에 대한 판단이 아닌 것이다. 따라서 존재론이 '있음'의 문제를 다룬다면 명사로 된 답을 요구하는 '무엇이 있는가?'라는 물음은 정당한 물음이 아니다.

　'있음'과 '없음'의 판단이 '명사로 인식된 대상'에 대한 판단이라면, 우리는 이제 이러한 판단을 일으키는 '명사로 인식된 대상'에 대하여 물어야 한다. 우리가 인식할 수 있는 것은 '명사로 인식된 대상' 뿐이다. 우리는 대상을 '명사'로 인식함으로써 그 '명사'가 가리키는 대상을 시간과 공간 속에 머물고 있는 '존재'로 인식한다. 예를 들어, '촛불이 있다.'라고 판단할 때, 우리는 촛불이라는 이름을 지닌 대상이 외부에 일정한 공간과 시간을 차지하고 머물고 있다고 생각한다. 그러나 촛불은 시간과 공간 속에 머물고 있는 '존재'가 아니라 기름이 산소와 결합하여 쉴 새 없이 타고 있는 '사건'이다. '촛불'이라는 이름이 가리키고 있는 대상은 '명사'로 표현되는 '존재'가 아니라, '동사(動詞)'로 표현되어야 할 '사건'이다.

　동사로 표현되는 '사건'은 시간적으로나 공간적으로 머물지 않는다. 우리는 시간적으로나 공간적으로 머물지 않는 '사건'을 '명사'로 지칭함으로써 '사건'을 시간과 공간 속에 머물고 있는 '존재'로 만든다. 기존의 존재론은 이렇게 '명사로 지칭된 존재'에 대하여 그것의 '있음'과 '없음'에 대하여 물었다면, 붓다는 '명사로 인식된 존재'에 대하여 그것의 상태를 묻는다. 붓다는 '촛불'이라는 존재가 있는가, 없는가를 묻는 것은 무의미하고, '촛불이라는 이름으로 인식된 존재'가 어떻게 있는가를 물어야 한다고 이야기하고 있다.

위에서 인용한 『잡아함경(37)』은 '5온(五蘊)'을 주제로 하고 있다. 5온(五蘊)은 불교에서 '일체법(一切法)', 즉 세간의 모든 존재를 의미한다. 이 경에서 붓다는 '머물지 않고 변해가는 5온(五蘊)'은 있지만, '변하지 않고 머물고 있는 5온(五蘊)'은 없다고 이야기한다. 붓다는 이 경에서 '있음'과 '없음'의 문제, 즉 존재론의 물음을 '5온(五蘊)'이라는 '명사'에 대한 물음이 아니라 '5온이라는 명사로 인식된 대상의 상태'에 대한 물음으로 전환해야 한다고 이야기하고 있는 것이다.

이러한 물음은 우리에게 '존재'에 대한 새로운 이해의 지평을 열어준다. 기존의 존재론은 외부에 명사로 지칭되는 '존재'가 있다고 전제하고, 그 존재의 '있음'과 '없음'을 문제 삼았다면, 이 물음은 명사로 지칭되는 존재의 정당성을 묻고 있다. 다시 말해서 명사가 가리키는 외부의 존재는 없고, 우리의 의식 속에는 단지 무상하게 인식되고 있고, 괴롭게 인식되고 있고, 변역하는 것으로 인식되고 있는, 5온이라는 명사로 인식된 대상만 있다는 것이다.

붓다에게 외부의 존재는 유(有)도 무(無)도 아니다. 유와 무는 추상된 개념일 뿐 실체가 아니며, 중도는 이와 같은 추상된 개념이 허구임을 자각한 입장이다. 붓다의 중도는 존재 문제의 근본을 통찰하여 '우리의 인식과 무관한 외부 세계의 존재에 대한 물음'의 무의미성을 드러내고, '인식된 대상에 대한 물음'으로 존재론의 물음을 전환시키고 있다. 이 점이 붓다의 존재론의 가장 두드러진 특색이다. 붓다의 존재론은 인식론과 별개의 영역이 아니라 인식에 기초한 존재론이다.

2. 의(意)와 법(法)의 관계

붓다는 모든 존재를 의미하는 5온(五蘊)에 대하여, 5온뿐만 아니라 다른 모든 것에도 마찬가지이지만, 존재(存在; bhāva)라는 개념을 사용하지 않고 법(法; dhamma)이라는 개념을 사용한다. 붓다는 왜 존재라는 개념 대신에 법이라는 개념을 사용하는 것일까? 존재는 '무엇'을 뜻한다. 그러나 전술한 바와 같이 '무엇'은 허구적 관념이다. 붓다는 이와 같은 허구적 관념을 사용하지 않은 것으로 생각된다.

그렇다면 왜 '법'이라는 개념을 사용했을까? 필자는 12입처를 고찰하면서 내6입처와 외6입처는 우리의 인식을 성립시키는 인식 성립의 두 계기라고 이야기한 바 있다. 이러한 의미로 이해한다면, 내6입처와 외6입처의 관계는 훗설(E. Husserl, 1858-1938)의 현상학에서 말하는 노에시스(noesis)와 노에마(noema)의 관계와 유사하다고 할 수 있다. 내6입처는 인식 성립의 작용적 계기(noesis)이고 외6입처는 대상적 계기(noema)로서 관계하고 있다고 할 수 있는 것이다. 『중아함경』의 「차제경(嗏帝經)」은 이와 같은 이들의 관계를 보여 준다.

> 식(識)은 조건[緣]이 있으면 생기고 조건이 없으면 멸한다. 식(識)이 조건에 따라서 생기면, 그 조건을 가지고 부른다. 안(眼)과 색(色)을 연하여 식(識)이 생긴다. 식(識)이 생기면 그 식(識)을 안식(眼識)이라고 부른다. 이와 같이 이(耳) 비(鼻) 설(舌) 신(身) 의(意)와 법(法)을 조건으로 식(識)이 생긴다. 식(識)이 생기면 그 식(識)을 의식(意識)이라고 부른다. 비유하면 … 나무를 조건으로 생긴 불을 나무불[木火]이라고 부르고, 초분취(草

糞聚)를 조건으로 생긴 불을 초분취화(草糞聚火)라고 부르는 것과 같다.[05]

이 경에서 붓다는 인식된 내용이 객관 대상에 대한 인식이 아니라 인식 작용의 산물임을 시사하고 있다. 나무에 불이 붙기 위해서는 나무와 그 나무에 불이 붙도록 하는 계기가 필요하다. 예를 들면, 라이터불이나 성 냥불, 혹은 그 불이 마찰에 의한 불이라면 마찰이라는 계기가 있어야 한 다. 이렇게 나무에 붙은 불은 나무와 그 나무에 불이 생기게 하는 두 계 기에 의해 생긴다. 그런데 그 불은 나무가 연소함으로써 생기고 유지되 는 불이다. 따라서 이 불을 나무불이라고 부른다.

　　마찬가지로 우리에게 인식이 성립하기 위해서는 내6입처와 외6 입처라는 두 계기가 필요하다. 그런데 이때 인식된 내용이 외부의 존재 에 의존하고 있다고 보는 것이 상식적인 견해이다. 밖에 있는 대상에 의 존하여 우리의 인식이 생기고 유지된다고 생각하는 것이다. 그러나 이 경에서 붓다는 인식된 내용이 내6입처에 의지하여 생기고 유지된다고 하고 있다. 외6입처는 인식의 성립에 있어서 내6입처가 인식의 내용을 구성하도록 하는 대상적 계기일 뿐, 인식의 내용은 내6입처의 작용에 의 해 구성된다는 의미를 시사하고 있는 것이다. 따라서 이것은 '색(色)에 대한 인식'이 아니라 '안(眼)에 의해 구성된 인식'이라는 의미에서 안식 (眼識)이라고 한다는 것이 이 경의 의미이다.

. . . .
05_ 識有緣則生 無緣則滅 識隨所緣生 即彼緣說 緣眼色生識 生識已說眼識 如是耳 鼻 舌 身 意法生 識 生識已說意識 猶若如火 隨所緣生 即彼緣說 緣木生火 說木火也 緣草糞聚火 說草糞聚火 (대 정장1, p.767a).

이와 같은 의미로 12입처와 6식(六識)을 해석할 수 있다면 우리는 이들의 관계를 다음과 같이 설명할 수 있다. 외6입처는 아직 우리에게 대상화되지 않은 상태의 대상적 계기이다. 이 외6입처는 내6입처가 욕탐에 취착되고 결박될 때 내6입처의 대상적 계기가 된다. 내6입처는 외6입처를 질료로 욕탐에 상응하는 대상을 구성한다. 이렇게 내6입처에 의해 의미 구성된 것을 대상으로 발생하는 인식이 6식(六識)이다. 욕탐에 결박된 내6입처가 외6입처를 질료로 이를 규정하고 의미 구성함으로써 이를 분별하는 6식(六識)이 발생하는 것이다.

예를 들어, 우리에게 '붉고 향기롭고 달콤한 사과가 있다.'라는 인식이 생겼다고 하자. 이때 붉고 향기롭고 달콤한 사과는 외부에 실재하는 사과가 아니라 우리에게 '인식된 대상'으로서의 사과이다. 우리는 이러한 인식의 내용이 '외부에 실재하는 붉고 향기롭고 달콤한 사과'로부터 생긴 것이라고 생각한다. 그러나 사과는 우리의 눈으로 보았을 때 붉게 보이고, 코로 냄새를 맡았을 때 향기롭게 느껴지고, 혀로 맛을 보았을 때 달콤하게 느껴지며, 우리의 마음으로 인식했을 때 사과라고 인식된 것일 뿐, 외부에 그와 같은 사과가 실재하는 것은 아니다.

이와 같이 우리의 마음속에 어떤 인식이 생기도록 보고, 냄새 맡고, 맛보고, 인식하는 작용적 계기가 내6입처이고, 붉게 보이게 되고, 향기롭게 냄새 맡아지고, 달콤하게 느껴지고, 사과로 인식되게 되는 대상적 계기가 외6입처이다. 그리고 이와 같은 두 계기에 의해 "이것은 푸르고, 떫은 감이 아니라, 붉고, 향기롭고, 달콤한 사과다."라고 분별하는 의식이 식(識)이다. 이와 같이 외6입처는 내6입처의 규정을 받아 비로소 의미를 지닌 인식 대상으로 구성된다.

이와 같은 내6입처와 외6입처의 관계는 의(意)와 법(法)의 관계에서 보다 분명하게 드러난다. 의(意)의 원어 'mano'는 '마음(mind, heart, soul)', '의식(consciousness)'과 같은 의미도 있지만, 한역에서 '의(意)'로 번역했듯이 '의지(will)', '의욕(desire)'이라는 뜻에 보다 잘 어울리는 개념이다. 따라서 '의(意)'는 의지와 욕구를 가지고 있는 의식이라 할 수 있다.

한편 '법(法)'으로 번역된 'dhamma'는 '법칙(law)', '규칙(rule)', '의무(duty)' 등 다양한 의미와 함께 '확정된 질서(established order)'를 뜻한다. 이와 같은 어의에서 본다면, '법(法)'은 법칙이나 질서로서 누군가에 의해 확정된 것을 의미한다고 할 수 있다. 따라서 외6입처의 '법(法)'은 내6입처의 '의(意)'에 의해 규정되고 의미 구성된 것이라고 할 수 있다. 이것은 M.N. 43. Mahāvedalla-sutta에서 마하꼿티나(Mahākoṭṭhita)와 싸리뿟따가 나누는 문답(問答)에서 확인할 수 있다.

"존자여, 다섯 가지 지각활동[五根], 즉 시각활동[眼根], 청각활동[耳根], 후각활동[鼻根], 미각활동[舌根], 촉각활동[身根]은 대상[境]⁰⁶이 다르고, 활동영역[行境]⁰⁷이 달라서, 다른 것들의 활동영역과 대상⁰⁸을 경험하지 못합니다. 존자여, 대상[境]이 다르고, 활동영역[行境]이 달라서, 다른 것들의 활동영역과 대상을 경험하지 못하는 이들 다섯 가지 지각활동의 의지처(依止

• • • • • • • • • • • • • •
06_ 'visaya'의 필자 번역.
07_ 'gocara'의 필자 번역.
08_ 'gocaravisaya'의 필자 번역.

處)[09]는 무엇입니까? 무엇이 그것들의 활동영역과 대상을 경험합니까?"[10]

"존자여, 대상[境]이 다르고, 활동영역[行境]이 달라서, 다른 것들의 활동영역과 대상을 경험하지 못하는 이들 다섯 가지 지각활동의 의지처는 마음[意][11]입니다. 그리고 마음[意]이 그것들의 활동영역과 대상을 경험합니다."

"존자여, 다섯 가지 지각활동, 즉 시각활동[眼根], 청각활동[耳根], 후각활동[鼻根], 미각활동[舌根], 촉각활동[身根]은 무엇을 의지하여 지속합니까?"[12]

"존자여, 다섯 가지 지각활동[五根], 즉 시각활동[眼根], 청각활동[耳根], 후각활동[鼻根], 미각활동[舌根], 촉각활동[身根]은 수명(壽命)[13]을 의지하여 지속합니다."

이 경은 의(意)의 인식 대상인 법(法)이 무엇인가를 보여 준다. 여기에서 주목되는 것은 안이비설신(眼耳鼻舌身) 다섯 가지의 지각활동[五根]이 의근(意根)에 의지한다는 점이다. 이것은 우리의 지각활동은 외부의 사물을 그대로 복사하는 사진기처럼 작동하는 것이 아니라, 의근(意根), 즉 의도(意圖)를 지닌 마음에 의해서 작동한다는 것을 의미한다. 의근(意根)

09_ 'paṭisaraṇa'의 필자 번역.
10_ ko ca nesaṁ gocaravisayaṁ paccanubhoti'의 필자 번역.
11_ 'mano'의 필자 번역.
12_ 'kiṁ paṭicca tiṭṭhanti'의 필자 번역.
13_ 'āyu'의 필자 번역.

은 의근(意根)에 의지하여 작동하는 오근(五根)에 의해 인지된 내용을 대상으로 하며, 이러한 의근(意根)의 대상이 법(法)이다. 우리가 인식하는 모든 대상은 의도(意圖)를 가지고 지각한 것이며, 이렇게 의도를 가진 마음[意]에 의해 인지된 모든 대상을 법(法)이라고 부른다.

붓다가 깨달은 것은 이와 같은 법(法)이 연기한다는 사실이다. 붓다는 9차제정(九次第定)을 통해서 우리에게 인식된 대상, 즉 법(法)을 반야(般若)로 통찰한다. 이러한 통찰은 지각(知覺)이나 추론(推論)에 의한 관념적인 사유가 아니라 일종의 반성적 사유다. 지각이나 추론을 통해 인식된 내용에 대하여 그것이 어떤 과정으로 이루어진 것이며, 그 근원은 무엇인가를 반성하는 성찰인 것이다. 바꾸어 말하면 인식의 대상인 법(法)이 구성되고 존재화/명사화 되는 과정을 역으로 더듬어가는 것이다. 붓다는 『잡아함경(296)』[14]과 이에 상응하는 S.N. 12. 20. Paccaya에서 자신이 깨달은 연기(緣起)에 대하여 다음과 같이 말한다.

> 비구들이여, 연기(緣起)란 어떤 것인가? 비구들이여, 생(生)에 의존하여 노사(老死)가 있다오. 여래가 출현하거나, 여래가 출현하지 않거나, 실로 그 계(界), 즉 법(法)의 고정성, 법의 순차성, 이 의존성은 상주(常住)한다오.[15] 여래는 그것을 바르게 깨

• • • • • • • • • • • • • •

14_ 云何緣生法 謂無明 行 若佛出世 若未出世 此法常住 法住法界 彼如來自所覺知 成等正覺 爲人演說 開示顯發 謂緣無明有行 乃至緣生有老死 若佛出世 若未出世 此法常住 法住法界 彼如來自覺知 成等正覺 爲人演說 開示顯發 謂緣生故 有老病死憂悲惱苦 此等諸法 法住 法空 法如 法爾 法不離如 法不異如 審諦眞實 不顛倒 如是隨順緣起 是名緣生法 謂無明 行 識 名色 六入處 觸受愛取 有生老病死憂悲惱苦 是名緣生法(대정장 2, p.84b).

15_ 'ṭhitā va sā dhātu dhammaṭṭhitatā dhammaniyāmatā idappaccayatā'의 필자 번역. 그 界는 法界를 의미한다.

닫고 통달한다오. 그리하여 알려주고, 보여 주고, 선언하고, 확립하고, 공개하고, 해석하고, 천명(闡明)한다오. 그리고 '보라!'고 말한다오.[16]

이와 같이 붓다가 발견한 것은 모든 법이 연기한다는 사실이다. 모든 법(法)은 조건에 의지하여 고정적이고 순차적으로 연기한다. 이렇게 고정적이고 순차적으로 연기하는 법계(法界)는 상주(常主)하며, 이것을 붓다는 깨달았다.

우리는 이러한 법계(法界)에 대하여 무지한 상태에서 연기하는 법(法)에 대하여 분별을 일으킨다. 『잡아함경(63)』에서 붓다는 다음과 같이 말한다.

의계(意界), 법계(法界), 무명계(無明界)가 있다. 무명촉(無明觸)에 소촉(所觸)된 어리석은 범부들은 유(有)라고 말하고, 무(無)라고 말하고, 유무(有無)라고 말하고 … 나는 알고, 나는 본다고 말한다. … 다문성제자(多聞聖弟子)는 6촉입처(六觸入處)에 주(住)하여 능히 무명을 염리(厭離)하여 명(明)이 생기게 한다. 그가 무명에서 욕(欲)을 떠나 명(明)이 생겨서 유(有)도 아니고, 무(無)도 아니고, 유무(有無)도 아니고, 유무(有無) 아님도 아님을 … 나는 알고 나는 본다고 한다면, 이와 같이 알고 이와 같이 볼 때 일어났던 전(前)의 무명촉(無明觸)은 멸하고 후에 명

••••••••••••••
16_ S.N. Vol. 2, p.25.

촉(明觸)이 집기(集起)한다.[17]

이 경에서는 18계(十八界)에 속하는 의계(意界), 법계(法界)와 더불어 무명계(無明界)를 이야기하고 있다. 그렇다면 무명계는 무엇일까? 이것은 18계 가운데 의식계(意識界)를 의미한다. 촉(觸)은 내6입처, 외6입처, 6식(六識)의 화합인데, 촉이 설해지고 있다는 것은 무명계(無明界)가 의계(意界)와 법계(法界)에 상응하는 의식계(意識界)임을 보여 준다.

그런데 여기에서 무명촉(無明觸)과 명촉(明觸)이 설해지고 있다. 그리고 무명촉에서 욕탐을 떠나 유무(有無) 등이 분별되어서는 안 된다는 사실을 알 때 무명촉이 멸하고 명촉이 집기(集起)한다. 따라서 의식계는 한편으로는 명계(明界)가 되기도 한다고 할 수 있다. 즉, 12입처가 욕탐에 결박되고 취착되어 성립한 의식계는 유무를 분별하는 의식계로서 무명계를 이루고, 욕탐을 떠나서 성립한 의식계는 유무를 분별하지 않는 의식계로서 명계를 이룬다는 것을 시사하고 있다. 바꾸어 말하면 중도의 실천을 통해 성립한 의식계가 명계(明界)인 것이다.

이렇게 생각할 때 12입처는 명계에서 인식된 내용이라고 할 수 있다. 내6입처와 외6입처는, 욕탐에 사로잡혀 인식할 때는 주관적 존재와 객관적 존재로 인식되지만, 욕탐을 버리고 있는 그대로 인식하면 의식성립의 계기일 뿐 존재라고 할 수는 없다고 인식된다. 이와 같은 붓다

17_ 比丘 有意界 法界 無明界 無明觸所觸 愚癡無聞凡夫言有 言無 言有無 言非有非無 言我最勝 言我相似 我知 我見 復次 比丘 多聞聖弟子住六觸入處 而能厭離無明 能生於明 彼於無明離欲而生於明 不有 不無 非有無 非不有無 非有我勝 非有我劣 非有我相似 我知 我見 作如是知 如是見已 所起前無明觸滅 後明觸集起(대정장 2, p.16bc).

의 이야기는 자신의 체험을 토대로 한 것이라고 할 수 있다. 따라서 붓다가 상주하는 법계를 발견했다는 것은 명계에서 욕망이나 감정에 치우침이 없이 인식된 내용을 통찰함으로써 12입처를 발견했다는 의미로 해석할 수 있다.

그렇다면 "법계가 상주(常住)한다."는 사실은 어떻게 인식된 것일까? 그것은 중도에서 법을 통찰한 결과라고 할 수 있다. 전술한 바와 같이 존재의 허구성을 자각한 중도의 입장은 "무엇이 있는가?"를 언어적으로 추론하지 않고, "어떻게 있는가?"를 있는 그대로 통찰하는 태도이다. 이와 같이 통찰하는 가운데 모든 법(法)이 무상하게 변화하고 있음을 보게 되었고, 무상(無常)하게 변화하는 법(法)이 무질서하게 변화하는 것이 아니라 "일정한 조건 아래서는 항상 일정하게 변화한다."는 사실을 알게 되었다고 할 수 있다. 모든 법(法)의 변화는 조건[緣]에 의해 이루어지며, 일정한 조건에서는 일정하게 변화한다는 것이다.

우리의 마음[意]은 조건에 의해 변화하는 현상을 의도와 욕구에 상응하는 법(法)으로 의미 구성하여 인식한다. 따라서 마음이 욕구를 버리고 법(法)의 변화를 보면 법(法)은 항상 조건에 따라서 일정하게 변화한다는 사실을 알게 된다. 붓다는 우리에게 인식되는 모든 대상, 즉 법(法)은 항상 조건에 의지하여 나타나고 사라진다는 사실을 깨달았다. 이것이 붓다가 깨달은 상주하는 법계(法界)이며 연기(緣起)이다. 이 법계는 이것을 깨달은 사람[如來]이 있거나 없거나 항상 존재한다. 법(法)은 '무엇'이 아니라 "항상 어떤 조건 아래서는 어떻게 된다."는 '법칙'이며 법계(法界)는 '같은 조건 아래서는 항상 같은 현상이 연기(緣起)하는 세계'인 것이다.

이와 같이 상주하는 법계를 토대로 하고 있는 연기설은 그것이 세계를 우리의 마음에서 연기한 것으로 설명한다고 할지라도 의식 외의 일체를 부정하는 주관적 관념론과는 구별된다. 그렇다고 해서 의식 외의 세계가 실재한다고 생각하는 실재론도 아니다. 법계(法界)는 물질의 세계도 정신의 세계도 아니다. 물질이나 정신은 12입처를 조건으로 발생한 개념적 분별일 뿐이다. 법계(法界)에는 자타(自他)가 없고 내외(內外)가 없고 분별(分別)이 없다. 모든 분별은 이와 같은 '법(法)'과 '의(意)'의 관계를 알지 못하는 무명에서 비롯된 것이다. 따라서 붓다의 존재론은 엄밀한 의미에서는 존재론이 아니라 법계론(法界論)이다.

III. 5온(五蘊)

1. 5온의 성립과정과 구조

전술한 바와 같이 붓다가 깨달은 세계는 12입처에서 연기한 것이다. 마음이 무명의 상태에서 욕탐으로 12입처를 취착(取着)하여 주관과 객관으로 분별하면 무명계(無明界)가 연기하고, 연기한다는 사실을 깨달아 취착하려는 욕탐을 버리면 명계(明界)가 연기한다. 붓다가 세간(世間), 또는 세간법(世間法)이라고 이야기한 5온은 중생들이 무명의 상태에서 12입처를 욕탐으로 취착하여 계탁(計度)함으로써 조작된 것이다. 이제 이와 같은 5온이 12입처로부터 연기하는 과정을 살펴보자.

1) 18계(十八界)의 성립과 6촉(六觸)의 발생

12입처가 욕탐에 의해 주관과 객관으로 취해지면 객관에 대한 주관의 인식이 발생한다. 이것이 6식(六識)이다. 이때 발생한 6식은 12입처를 조건으로 발생한 분별의식(分別意識)이다. 바꾸어 말하면, 6근(六根)에 지각된 내용을 외부의 대상으로 취하여 분별하는 의식이다. '식(識)'의 원어 'viññāna'는 '분(分), 이(異), 별(別), 리(離)'의 의미가 있는 접두사 'vi-'(영어의 dis-)에 지식(knowledge)을 의미하는 중성명사 'ñāna'(skt. jñāna)가 결합된 것으로서 '구별하고 분리하여 앎'을 의미한다. 따라서 6식은 외6입처라는 대상적 계기가 주어질 때 내6입처라는 작용적 계기가 이를 규정하고 의미 구성함으로써 우리의 마음속에 발생한 새로운 의식 상태, 즉 규정되고 구성된 의미에 따라 외6입처를 분별하는 의식 상태라고 할 수 있다.

이와 같이 12입처를 조건으로 6식(六識)이 발생하면 이제는 입처 (入處; āyatana)라는 개념을 사용하지 않고 계(界; dhātu)라는 개념을 사용 한다. 분별하는 의식인 6식이 발생함으로써 내6입처는 주관을 구성하는 것으로, 외6입처는 객관을 구성하는 것으로 분별되기 때문에 이에 상응 하는 새로운 개념이 사용된다. 이렇게 6식이 성립함으로써 12입처(十二 入處)와 새롭게 발생한 6식(六識)을 아울러서 새롭게 규정한 개념이 '계 (界; dhātu)'다.

'계(界)'의 원어 'dhātu'는 층(層), 구성요소, 기본요소 등의 의미가 있는데, 붓다는 '부류(部類)'나 '종류(種類)'를 구별하는 개념으로 사용한 다. S.N. 14. 16. Sagātha에서 붓다는 다음과 같이 말한다.

비구들이여, 중생들은 같은 계(界)와 교류하고 어울린다오. 저 급한 성품의 중생들은 저급한 성품의 중생들과 교류하고 어 울린다오. 과거에도 그랬고, 미래에도 그럴 것이고, 현재에도 그렇다오.

비구들이여, 비유하면, 똥은 똥과 합쳐져서 어울리고, 오줌은 오줌과 합쳐져서 어울리고, 침은 침과 합쳐져서 어울리고, 고 름은 고름과 합쳐져서 어울리고, 피는 피와 합쳐져서 어울리 는 것과 같다오.

비구들이여, 중생들은 같은 계(界)와 교류하고 어울린다오. 선 량한 성품의 중생들은 선량한 성품의 중생들과 교류하고 어울린다오. 과거에도 그랬고, 미래에도 그럴 것이고, 현재에도 그렇다오.

비구들이여, 비유하면, 우유는 우유와 합쳐져서 어울리고, 참기름은 참기름과 합쳐져서 어울리고, 버터는 버터와 합쳐져서 어울리고, 꿀은 꿀과 합쳐져서 어울리고, 당밀은 당밀과 합쳐져서 어울리는 것과 같다오.[01]

이와 같이 '계(界)'는 다른 부류(部類)와 구별되는 유유상종(類類相從)하는 부류를 의미하는 개념이다. 이러한 구별은 분별의식(分別意識), 즉 식(識; viññāna)에 의해서 이루어진다. 다시 말해서 계(界)는 외부에 실재하는 것이 아니라 중생들의 분별의식에 의해 구별된다. 이러한 분별의식이 6식(六識)인데, 6식이 12입처를 조건으로 발생하면, 12입처와 6식은 분별의식에 의해서 각기 종류에 따라 계(界)를 형성하게 된다. 분별의식인 식(識)이 발생함으로써 우리의 마음속에서 이들은 식에 의해서 종류에 따라 분별되는 것이다. 이렇게 식에 의해서 분별된 마음이 18계(十八界)다.

　　분별하는 의식인 6식(六識)이 발생하여 18계가 성립하면 이것을 조건으로 6촉(六觸)이 발생한다. 촉(觸)은 내입처(內入處)와 외입처(外入處)를 의지하여 식이 발생한 후에 내입처(內入處)와 외입처(外入處)와 식이 만나서 결합한 것이다.[02] 바꾸어 말하면 촉은 18계가 성립한 후에 18

01_ S.N. Vol. 2, pp.157-158의 필자 번역.

02_ chakkhuñ ca paṭicca rūpe ca uppajjati cakkhuviññāṇaṃ. tiṇṇaṃ saṅgati phasso(S.N. Vol. 4, p.86).

계를 조건으로 발생한[03] 새로운 의식이다.

　'촉(觸)'의 원어 'phassa'에는 '접촉(touch, contact)'의 의미와 '느낌 (feeling, sensation)'의 의미가 있다. 한역의 '촉(觸)'은 이 가운데 접촉의 의 미를 취한 것인데, 이것은 내입처(內入處)와 외입처(外入處)와 식(識)의 만남을 표현한 번역이라고 할 수 있다. 그러나 촉(觸)은 단순히 내입처 (內入處)와 외입처(外入處)와 식(識)이 접촉하고 있는 상태를 의미하는 것이 아니라 18계(十八界)의 상태에서 우리의 마음에 새롭게 발생한 의 식을 의미한다. 그리고 촉(觸)에 입처(入處, āyatana)라는 개념을 적용하 여 촉입처(觸入處)라고 부른다는 것은 이것이 매우 의미심장한 의식 상 태라는 것을 의미한다.

　우선 '만남'으로서의 '촉(觸)'의 의미를 살펴보자. 예를 들어, '사과' 를 본다고 하자. 이때 우리는 '붉고 새콤한 사과가 밖에 있다.'고 생각한 다. 즉, 마음이 '외부의 붉고 새콤한 사과'를 대상으로 접촉하고 있다고 생 각한다. 그러나 실제로는 우리가 '외부의 붉고 새콤한 사과'를 접촉하고 있는 것이 아니라 마음 안에서 내입처(內入處), 외입처(外入處), 6식(六識) 이 만난 것이다. '사과가 있다.'는 판단을 하려면 이러한 판단 이전에 우 리의 마음속에 '붉음, 새콤함, 사과'를 분별하는 의식, 즉 6식(六識)이 있 어야 한다. 이렇게 6식이 성립되어 있는 상태에서 외6입처[外入處]가 주 어질 때, 보고 냄새 맡고 맛보고서, 즉 내6입처[內入處]로 규정해 보고서 '이것은 내가 사과라고 알고 있는 것과 모습도 같고, 향기도 같고, 맛도 같다. 따라서 이것은 사과다.'라고 인식하고, '사과가 있다.'고 판단한다.

• • • • • • • • • • • • •
03_ 緣種種界 生種種觸 … 云何種種界 謂十八界(대정장 2, p.116a).

촉(觸)은 이렇게 '18계 속의 내용과 동일한 대상이 있다.'는 판단이다. 바꾸어 말하면 6식(六識)과 내6입처와 외6입처가 만남으로써 생긴 판단이다. 이것이 '촉(觸)'이다. 따라서 '촉'은 '대상이 있다'는 판단이며 이것은 18계를 조건으로 생긴 판단이다. 그러므로 '촉(觸)'은 18계를 조건으로 우리의 의식 속에 생긴 '외부에 사물이 존재한다는 판단'이라 할 수 있다.

외부에 무엇인가가 존재한다고 판단하는 것은 동일한 인식이 반복될 때이다. 만약 어떤 인식이 일회적이라면 우리는 그 인식을 존재에 대한 인식이라고 생각하지 않는다. 밤길을 가다가 흰 옷을 입고 머리를 풀어 젖힌 여인이 저만치 서 있는 것을 인식했다. 그런데 다시 보니 그 여인은 인식되지 않았다. 몇 차례 확인을 해도 그 여인은 인식되지 않는다. 이때 우리는 존재하지 않는 허깨비를 보았다고 말한다. 그러나 여러 차례 다시 보아도 그 여인이 동일하게 인식된다면 우리는 그 여인이 실재한다고 판단한다. '촉'은 이렇게 이미 성립한 인식이 반복될 때 생기는 판단이다.

그러나 실제로 우리에게 생기는 인식은 어느 것이나 일회적이다. 내가 보고 있는 책상은 조금 전에 보았던 책상과 비슷하기는 하지만 엄밀한 의미에서는 동일한 책상이 아니다. 그 변화를 우리의 지각으로 식별할 수는 없지만 책상은 주변의 조건에 의해 끊임없이 달라지고 있다. 단지 우리가 그것을 동일하다고 인식하고 있을 뿐이다. 따라서 그것은 '유(有; bhāva)'가 아니라 '법(法; dhamma)'이며, 이와 같은 법(法)을 유(有)로 잘못 판단하는 것이 '촉'이다. 이러한 촉은 동일한 인식이 아니라는 사실을 모르는 상태에서 생긴 판단이기 때문에 '무명촉(無明觸; avijjā-samphassa)'이다. 이와 같이 유(有)라는 개념은 '무명촉'에서 비롯된 허구적 관념이다. S.N. 22. 47. Samanupassanā에서 붓다는 다음과 같이 말한다.

> 비구들이여, 의(意)가 있고, 법(法)이 있고, 무명계(無明界)가 있
> 다. 비구들이여, 무명촉(無明觸)에서 생긴 느낌[受]에 의해 길
> 러진 무지한 범부들에게 '내가 있다'는 생각이 있다. [04]

우리는 여기에서 붓다가 유무중도(有無中道)를 설하면서 유무(有無) 이
견(二見)은 모두 소촉(所觸)을 취한 것이라고 말한 의미를 이해할 수 있
다. 그리고 「청정경(淸淨經)」에서 모든 사견(邪見)은 촉인연(觸因緣)으로
인해 그 같은 사견에 빠져있으므로 4념처(四念處)의 수행을 통해 그것을
멸해야 한다는 말의 의미도 여기에서 확실하게 이해할 수 있다.

　　그렇다면 왜 우리는 동일한 내용이 아닌 인식을 동일한 인식으로
착각할까? 전술한 바와 같이 그것은 욕탐 때문이다. 12입처를 욕탐으로
취착하고 결박하여 자아와 세계라고 생각하면서 인식하기 때문에 그와
같은 착각이 생긴다. 따라서 법계(法界)를 인식하기 위해서는 무엇보다
도 욕탐의 멸진이 요구된다. 붓다가 6입처가 모이면[集] 곧 촉이 모이고
[觸集] 이와 같이 하면 결국 괴로움이 모이기 때문에[集] [05] 6입처의 모임
[集], 소멸[滅] 등과 그것을 떠나는 길을 여실하게 알아야 한다고 [06] 강조
하는 까닭이 여기에 있다.

· · · · · · · · · · · · · · ·

04_ atthi bhikkhave mano atthi dhammā atthi avijjādhātu. avijjāsamphassajena bhikkhave vedayitena
puṭṭhassa assutavato puthujjanassa asmīti pissa hoti(S.N. Vol. 3, p.46).

05_ 六入處集則觸集 如是乃至純大苦聚集(『잡아함경(230)』, 대정장 2, p.56b).

06_ 多聞聖弟子 於六入處 集滅味患離 如實知(『잡아함경(234)』, 대정장 2, p.57a).

2) 5온의 질료(質料)

12입처를 조건[緣]으로 6식이 발생하면 18계가 성립된다. 그러나 18계는 아직 존재의 세계는 아니다. 이것은 우리의 의식 속에 형성된 같은 종류끼리 분류된 계역(界域)이다. 이 계역에 의해서 우리는 지각된 내용을 대상으로 인식하게 된다. 예를 들어, 무지개를 처음 보았다고 하자. 무지개가 처음 인식되었다는 것은 지금까지는 그 사람의 18계 속에 무지개에 대한 내용이 없었다는 것을 의미한다. 즉, '처음'이라는 인식은 지금 지각된 내용이 자신의 의식 속에 있는 18계에 없다는 것을 의미한다. 그리고 이렇게 자신의 18계 속에 없는 것에 대해서 우리는 그것이 무엇인지 모른다고 말한다.

그러나 이때 무지개에 대하여 모르는 것은 무지개라는 이름뿐이다. 여러 가지 색이 층을 이루고서 커다란 반원의 모습으로 하늘 높이 걸려있는 것은 눈을 통해 지각된다. 그러나 그것을 무엇이라고 부르는 존재인지를 모를 뿐이다. 그가 무지개의 여러 가지 색을 아는 것은 이미 붉은색, 푸른 색 등에 대한 내용이 18계의 '안계(眼界)'와 '색계(色界)' 그리고 '안식계(眼識界)' 속에 있기 때문이다. 단지 이름을 모르는 것은 그 존재에 대한 내용이 18계의 '의계(意界)'와 '법계(法界)' 그리고 '의식계(意識界)' 속에 없기 때문이다. 따라서 누구인가가 그 이름을 알려주거나, 혹은 아직 그것의 이름이 정해져 있지 않을 경우에는 어떤 이름을 붙임으로써 비로소 무지개라는 '법'이 '의계'와 '법계' 그리고 '의식계' 속에 들어온다.

이와 같이 18계(十八界)는 우리의 의식 속에서 같은 종류끼리 계역을 형성하고 있는 인식 내용의 집단이다. 그런데 전술한 바와 같이 18계(十八界) 속에 있는 내용과 동일한 내용이 지각되면 그것이 우리의 내부나 외부에 존재한다고 판단하며, 이것이 '촉'이다. 이때 18계는 이와 같은 촉의 조건이 됨과 동시에 이와 같은 판단에 의해서 새롭게 발생하는 의식과 함께 '존재', 즉 5온(五蘊)을 구성하는 질료가 된다.

　　필자는 내6입처와 외6입처의 관계를 마음이 인식을 구성하는 작용적 계기와 대상적 계기의 관계로 이해한 바 있다. 이와 같은 마음의 구성적 특성은 촉입처(觸入處)에서도 발견된다. 18계와 촉입처는 마음이 존재를 구성함에 있어서 질료적 계기를 마련해 주고 있다. 『잡아함경(306)』은 중생들이 자신의 존재로 생각하는 5온(五蘊)이 18계와 촉에서 발생한 의식에 의해서 성립된 것임을 다음과 같이 보여 준다.

> 두 법[二法]이 있다. … 안(眼)과 색(色)이 두 법(法)이다. … 왜 냐하면 안과 색을 조건으로 안식(眼識)이 생기고 이들 셋의 만남이 촉(觸)이며, 촉에서 수(受), 상(想), 사(思)가 함께 생기기 때문이다. 이것이 4무색음(四無色陰: 識, 受, 想, 行)이다. 안(眼) 과 색(色) 그리고 이들 법(法, 四無色陰)을 사람[人]이라고 하면서 이들 법[五蘊]에서 사람이란 생각[人想]을 하여 … 다음과 같이 말한다. 즉, 나의 눈이 색을 보고, 나의 귀가 소리를 듣고…[07]

- - - - - - - - - - - - - - -
07_ 有二法 何等爲二 眼色爲二 如是廣說 乃至非其境界故 所以者何 眼色緣生眼識 三事和合觸 觸 俱生受 想 思 此四無色陰 眼 色 此等法名爲人 於斯等法作人想 衆生 那羅 摩㝹闍 摩那婆 士夫 福伽羅 耆婆 禪頭 又如是說 我眼見色 我耳聞聲 我鼻嗅香 我舌嘗味 我身覺觸 我意識法 彼施設 又如是言說 是尊者如是名 如是生 如是姓 如是食 如是受苦樂 如是長壽 如是久住 如是壽分齊 比丘 是則爲想 是則爲誌 是則言說 此諸法皆悉無常 有爲 思願緣生(대정장 2, pp.87c-88a).

12입처에서 6식(六識)이 발생하여 18계가 형성되면, 18계 속의 내용들이 만나서 생긴 촉(觸)에서 수(受), 상(想), 사(思)가 함께 발생한다. 5온의 수(受), 상(想), 행(行)은 이와 같이 촉(觸)에서 발생한 수(受), 상(想), 사(思)가 질료가 되어 형성된다.

그렇다면 수(受), 상(想), 사(思)라고 하는 의식 상태는 왜 발생할까? 그것은 인식된 내용에 상응하는 존재가 실재한다고 판단하는 의식인 촉(觸)이 있기 때문이다. 만약 인식된 내용에 상응하는 존재가 실재한다는 판단[觸]이 없다면 인식된 대상에 대하여 고락(苦樂)의 감정을 느끼거나[受], 그것을 대상으로 사유하거나[想], 그것과 실천적 관계를 맺으려는 의도[思]가 생길 수가 없을 것이다.

이렇게 18계(十八界)는 촉(觸)에 의해 존재로 판단된다. 그렇게 되면 18계는 새로운 규정을 받게 되는데 그것이 6계(六界)라고 생각된다. 같은 종류의 의식집단을 의미하는 18계는 6촉(六觸)에 의해 존재로 판단됨으로써 같은 종류의 존재집단으로 새롭게 규정되지 않을 수 없는데, 이것이 6계라고 생각된다. 『잡아함경(892)』에서 12입처(十二處), 6식신(六識身), 6촉신(六觸身), 6수신(六受身), 6상신(六想身), 6사신(六思身), 6애신(六愛身), 6계신(六界身), 5온(五蘊)의 순서로 이들을 열거하고 있다.[08] 이것은 6계(六界)가 12입처에서 5온이 발생하는 과정을 이야기하는 가운데 설해진 것을 보여 준다.

6계(六界)는 주지하는 바와 같이 지(地), 수(水), 화(火), 풍(風), 공

08_ 如內六入處 如是外六入處 六識身 六觸身 六受身 六想身 六思身 六愛身 六界身 五陰亦如上說 (대정장 2, p.224c).

(空), 식(識)이다. 이와 같은 6계는 당시의 외도들이 주장하던 존재의 구성요소다. 지, 수, 화, 풍은 유물론의 4대이며, 막칼리 고쌀라(Makkhali Gosāla)의 12요소(十二要素)에는 공(空)도 하나의 요소로 등장하고 있다. 그리고 자이나교의 지바(Jīva)나 바라문교의 아트만(Ātman)은 순수식(純粹識) 또는 무한한 인식능력을 가진 정신적 실체로 이해되고 있는 것으로서 식(識)과 다름이 없다. 그렇다면 왜 붓다는 당시에 이미 사용되고 있는 개념으로 존재를 설명했을까?

18계는 우리의 의식세계이다. 이것은 무명(無明)에 의해 발생한 촉(觸)이 없으면 결코 존재로 인식되지 않는다. 『장아함경』의 「청정경」에서 붓다는 당시의 외도들이 촉(觸)으로 인해 이와 같은 의식 내용을 존재로 판단하고 있다고[09] 이야기한다. 따라서 당시의 외도들이 실체라고 주장하는 모든 존재는 촉(觸)으로 인해 의식 내용이 존재로 판단된 것들이라는 의미에서 이들을 6계(六界)로 설명하고 있다고 할 수 있다.

따라서 6계와 외도들이 실체라고 주장한 것은 단어는 같지만 그것을 이야기하는 의도는 전혀 다르다. 붓다는 당시의 사상계에서 실체로 주장되고 있는 4대(四大)와 공(空), 식(識)은 실재하는 존재가 아니라 촉(觸)에 의해 존재로 판단된 허구적 개념에 지나지 않는다는 것을 이야기하기 위해서 6계(六界)라는 개념을 사용했던 것이다.

18계를 존재로 인식하는 의식인 촉(觸)에 의해 수(受), 상(想), 사

09_ 或有沙門 婆羅門作是說 此世間自造 復有沙門 婆羅門言 此世間他造 或復有言 自造他造 或復有言 非自造非他造 忽然而有 彼沙門 婆羅門言世間自造者 是沙門 婆羅門皆因觸因緣 若離觸因而能說者 無有是處 所以者何 由六入身故生觸 由觸故生受 由受故生愛 由愛故生取 由取故生有 由有故生生 由生故有老 死 憂 悲 苦惱 大患陰集(대정장1,p.76a).

(思)가 발생한다는 것은 촉(觸)이 새로운 의식을 촉발시키는 계기임을 보여 준다. 촉에 의해서 새롭게 발생한 수(受), 상(想), 사(思)와 18계(十八界)의 의식 상태는 5온의 질료가 된다. 촉에 의해서 18계(十八界)는 6계(六界)로 인식되고, 6계 가운데 4대(四大)는 5온의 색(色)의 질료가 되며, 식계는 5온의 식의 질료가 되고, 촉에서 발생한 수, 상, 사는 5온이 구성될 때 수, 상, 행의 질료가 되는 것이다.

3) 5온의 순서와 구성

5온은 촉(觸)에 의해 촉발된 수(受), 상(想), 사(思)와 6계(六界)를 질료로 하고 있다. 그런데 5온을 보면 그 순서가 색, 수, 상, 행, 식으로서 식(識)이 맨 뒤에 위치하고 있다. 질료가 성립된 순서로 본다면 식(識)이 수(受), 상(想), 행(行)의 앞에 위치해야 하는데 맨 뒤에 위치한다는 것은 대수롭지 않게 보일 수도 있다. 그러나 5온의 순서는 5온의 구성을 이해하는 데 매우 중요한 단서가 된다. 『잡아함경(306)』과 이에 상응하는 S.N. 12. 64. Atthirāgo는 식(識)이 맨 나중에 위치하게 된 이유를 보여 준다.

> 비구들이여, 이미 존재하는 중생들을 (중생의 상태에) 머물게 하거나, 다시 존재하고 싶어 하는 중생들을 (다시 존재하도록) 돕는 네 가지 음식[四食]이 있다오. 그 넷은 어떤 것들인가? 첫째는 거칠거나 부드러운, 덩어리 음식[摶食], 둘째는 대상접촉 음식[觸食], 셋째는 의도(意圖) 음식[意思食], 넷째는 분별의식 음식[識食]이라오. 비구들이여, 이들 네 가지 음식이 이미 존재하는 중생들을 (중생의 상태에) 머물게 하거나, 다시 존재하고 싶어

하는 중생들을 (다시 존재하도록) 돕는다오.

비구들이여, 만약에 덩어리 음식[搏食]에 대하여 탐욕이 있고, 좋아하고, 갈망[愛]이 있으면, 거기에 분별의식[識]이 머물면 서 자란다오.[10] 분별의식[識]이 머물면서 자라는 곳에, 그곳에 이름과 형색[名色]의 출현이 있다오. 이름과 형색[名色]의 출현 이 있는 곳에, 그곳에 조작하는 행위[行]들의 증가가 있다오.[11] 조작하는 행위[行]들의 증가가 있는 곳에, 그곳에 미래에 다시 유(有)의 발생이 있다오.[12] 미래에 다시 유(有)의 발생이 있는 곳에, 그곳에 미래에 생(生), 노사(老死)가 있다오.

비구들이여, '미래에 생(生), 노사(老死)가 있는 곳에 슬픔이 있 고, 근심이 있고, 불안이 있다.'고 나는 말한다오.

대상접촉 음식[觸食], 의도(意圖) 음식[意思食], 분별의식 음식 [識食]에 대해서도 마찬가지라오.[13]

이 경에서 붓다는 우리가 어떻게 생사의 괴로움을 겪게 되는지를 설명 하고 있다. 우리를 중생의 상태로 빠뜨리고, 중생으로 머물게 하는 것은 네 가지 음식[四食]이라는 것이다. 식(食, āhāra)은 급식(給食), 음식(飲食),

••••••••••••

10_ 'patiṭṭhitaṃ tattha viññāṇaṃ virūḷhaṃ'의 필자 번역.

11_ 'atthi tattha saṅkhārānaṃ vuddhi'의 필자 번역.

12_ 'atthi tattha āyatiṃ punabhavābhinibatti'의 필자 번역. 'punabhavābhinibbatti'는 '다음, 다시'를 의 미하는 'puna'와 '有'를 의미하는 'bhava'와 '발생'을 의미하는 'abhinibbatti'의 합성어다. 이것은 行 (saṅkhāra)에 의해서 다시 새로운 有가 생긴다는 것을 의미한다. 기존의 번역에서는 이것을 '미래의 존재로 다시 태어남'으로 번역하여 '윤회'의 의미로 해석한다.

13_ S.N. Vol. 2, p.101. 대정장 2, pp.102c-103a.

자양분(滋養分)을 뜻한다. 따라서 네 가지 음식[四食]은 중생을 형성시키고 유지시키는 네 가지 자양분이라고 할 수 있다.

네 가지 음식[四食]의 내용을 보면 이들은 6계(六界)와 촉(觸) 그리고 촉에서 발생한 수(受), 상(想), 사(思)를 의미한다. 덩어리 음식[摶食]은 6계의 지(地), 수(水), 화(火), 풍(風)이라 할 수 있고, 대상접촉 음식은 6촉(六觸)과 6수(六受)라 할 수 있으며, 의사식(意思食)은 6상(六想)과 6사(六思)라 할 수 있다. 이들이 중생을 형성시키고 유지시킨다는 것은 5온을 형성시키고 유지시킨다는 의미이다. 왜냐하면 중생들이 자아라고 생각하는 것은 5온이기 때문이다.[14] 따라서 네 가지 음식[四食]은 무명의 상태에서 자아(自我)로 계탁(計度)된 5온의 질료가 되는 의식이라고 할 수 있다.

그런데 여기에서 주목되는 바는 5온을 자아로 계탁(計度)하는 주도적인 역할을 하는 것이 식(識)이라는 사실이다. 식(識)이 이들 네 가지 음식[四食]에 머물면서 자랄 때 명색(名色)의 출현이 있다는 것은 식(識)이 5온의 구성에 작용적 계기가 되고 있다는 것을 의미한다. 다시 말해서 존재라고 느껴질 뿐 아직 구체적으로 존재로 인식되고 있지 않은 6계(六界)와, 촉에서 생긴 수, 상, 사를 질료로 식(識)이 자아의 존재, 즉 5온(五蘊)을 구성한다는 것을 의미한다.

5온은 이렇게 식(識)에 의해 실재하는 대상으로 구성되어 인식된 것이다. 이때 식(識)은 자신도 대상화한다. 우리가 '의식이 존재한다.'고 생각하는 것은 식(識)이 식(識)을 대상으로 인식하고 있기 때문이다. 이

14_ 此四無色陰 眼色此等法名爲人 於斯等法作人想(대정장 2, p.87c).

때 식(識)이 자신을 대상화하게 되는 것은 식(識)이 다른 대상을 인식하고 있기 때문이다. 대상이 없다면 대상을 분별하는 식(識)은 생기지 않는다. 식(識)이 존재의 세계로 드러나기 위해서는 반드시 대상이 있어야 한다. 이렇게 식이 대상을 구성하여 그것을 인식하려 할 때 질료가 되는 것이 네 가지 음식[四食]이고, 네 가지 음식[四食]을 색(色), 수(受), 상(想), 행(行)이라는 대상으로 구성하여 이를 인식함으로써 드러난 식(識)이 대상화된 것이 5온의 식(識)이다. 따라서 5온이 구성된 순서로 본다면 식(識)은 맨 마지막이라고 할 수 있다.

그렇다면 공계(空界)는 왜 5온에서 제외되는 것일까? 식(識)이 5온을 구성하게 된 동기는 4식(四食)에 희식(喜食)과 갈애(渴愛)가 있기 때문이다. 그러나 공간은 희탐이나 갈애의 대상이 될 수 없다. 그리고 이후에 상술하겠지만 온(蘊, khandha)은 과거와 현재, 미래에 걸쳐 다양하게 인식되는 것들이 하나의 집단을 형성하고 있는 것을 의미하는 개념인데, 공간은 지각 대상의 없음을 의미하기 때문에 온(蘊)을 형성할 수가 없다.

다음에 인용하는 경전들은 5온이 어떻게 식(識)에 의해 구성되고 있으며, 공계(空界)는 왜 온(蘊)으로 구성될 수 없는지를 잘 설명하고 있다.

> "네 가지 음식[四食]이 있어서 중생을 기르며 세간에 머물면서 자라게 한다. … 비유컨대, 누각궁전(樓閣宮殿)이 북서로는 길고 넓으며, 동서로 창문이 있을 때 해가 동쪽에서 뜨면 어느 곳을 비추겠는가?"
> "마땅히 서쪽 벽을 비추겠습니다."

"이와 같이 네 가지 음식[四食]에 탐(貪)이 있고 희(喜)가 있으면 식(識)이 머물면서 증장한다."[15]

"만약 서쪽 벽이 없다면 어느 곳을 비추겠는가?"

"허공을 비추어 의지할 곳이 없겠습니다."

"이와 같이 네 가지 음식[四食]에 대하여 탐(貪)이 없고 희(喜)가 없으면 식(識)이 머물 곳이 없어 … 큰 괴로움덩어리[純大苦聚]가 멸한다."[16]

"비유컨대, 화가와 화가의 제자가 여러 가지 물감을 모아서 색(色; rūpa)을 칠하고 그림을 그려 갖가지 모습을 만들려고 한다면 … 그 화가는 색(色)을 칠하고 그림을 그릴 수 있겠는가?"[17]

"허공(虛空)에 칠하고 그림을 그리고자 한다면 그림을 그릴 수 있겠는가?"

"그릴 수 없습니다. 저 허공은 색이 아니고 대상이 없으며[無對], 볼 수가 없기 때문입니다."

"이와 같이 네 가지 음식[四食]에 탐과 희가 없으면 식이 머물러 증장함도 없으며, 내지 이와 같이 큰 괴로움덩어리[純大苦聚]가 멸한다."[18]

15_ 『잡아함경(377)』, 대정장 2, p.103b.
16_ 『잡아함경(376)』, 대정장 2, p.103ab.
17_ 『잡아함경(378)』, 대정장 2, p.103bc.
18_ 『잡아함경(377)』, 대정장 2, p.103b.

위의 경에서 식(識)은 태양과 화가에 비유되고 있다. 이 비유는 식(識)이 태양이 사물을 비추는 것과 같은 인식작용과 화가가 물감으로 그림을 그리듯이 질료로 대상을 구성하는 구성작용이 있다는 것을 보여 준다. 5온은 이와 같은 식(識)의 두 가지 작용에 의해 구성되고 인식된 것이다. 그리고 공계(空界)가 5온에서 제외되는 것은 허공(虛空)은 희탐이나 갈애의 대상이 아니기 때문에 식(識)에 의해 구성되지 않기 때문이다.

그러나 전적으로 배제되는 것은 아니다. 5온(五蘊)이 식(識)에 의해 유(有)로 인식된 것이라면 공계(空界)는 무(無)로 인식된 것이다. 그리고 공계(空界)는 위의 경에서 이야기하듯이 대상에 대한 희탐(喜貪)이 없는 상태의 식(識)을 통찰하기 위해서는 반드시 필요하다. 우리는 이미 9차제정(九次第定)에서 색계(色界) 4선(四禪)을 통해 모든 욕탐과 희락을 멸한 후에 무색계(無色界)에서 맨 처음 수행하는 것이 공처정(空處定)임을 살펴본 바 있다.

이와 같이 5온의 순서는 5온의 구성을 이해하는 데 매우 중요한 역할을 하고 있다. 즉, 5온을 구성하는 데 식(識)이 주체가 되며, 식은 자신까지도 대상으로 구성하여 5온을 성립시키고 있음을 5온의 순서는 함축하고 있다.

2. 5온의 의미

중생들은 자신이 육체[色]와 감정[受]과 이성[想]과 의지[行]와 의식[識]을 소유하고 있다고 생각한다. 중생들은 자신이 소유한 육체로 행위하고, 감정으로 느끼고, 이성으로 사유하고, 의지로 행위를 선택하고, 의식으로 사물을 인식한다고 생각한다. 이렇게 중생들이 자신의 존재를 이루고 있는 것으로 생각하는 것을 붓다는 5온(五蘊)이라고 부른다. 색(色)은 중생들이 육체라고 생각하는 것이고, 수(受), 상(想), 행(行), 식(識)은 감정 내지 의식이라고 생각하는 것이다. 이와 같이 5온은 중생들이 자아라고 생각하는 것을 의미한다.

그러나 전술한 바와 같이 중생들이 존재하고 있다고 생각하고 있는 5온은 식이 대상으로 구성한 관념이다. 5온의 의미를 이해하기 위해서는 우선 5온이 이와 같이 식(識)의 대상으로 구성된 것임을 확실하게 이해해야 한다. S.N. 22. 56. Upādānaṃ parivaṭṭaṃ에서는 5온(五蘊)을 다음과 같이 설명한다.

비구들이여, 색(色)이란 어떤 것인가? 4대(四大)와 4대를 취하고 있는 색(catunnaṃ mahābhūtānam upādāya rūpaṃ), 이것을 비구들이여, 색이라고 부른다. 음식이 모여 쌓이면[集] 색이 모여 쌓인다. 음식이 소멸하면[滅] 색이 소멸한다.

비구들이여, 수(受)란 어떤 것인가? 비구들이여, 6수신(六受身; cha vedanākāyā), 즉 시각대상접촉[眼觸]에서 생긴 수(受), 청각대상접촉[耳觸]에서 생긴 수, 후각대상접촉[鼻觸]에서 생긴 수, 미각대상접촉[舌觸]에서 생긴 수, 촉각대상접촉[身觸]에서 생긴 수, 마음대상접촉[意觸]에서 생긴 수, 비구들이여, 이들을 수(受)라고 부른다. 대상접촉[觸]이 모여 쌓이면 수(受)가 모여 쌓인다. 대상접촉[觸]이 소멸하면 수(受)가 소멸한다.

비구들이여, 상(想)이란 어떤 것인가? 비구들이여, 6상신(六想

身; cha saññākāyā), 즉 시각대상접촉[眼觸]에서 생긴 상(想), 청각대상접촉[耳觸]에서 생긴 상, 후각대상접촉[鼻觸]에서 생긴 상, 미각대상접촉[舌觸]에서 생긴 상, 촉각대상접촉[身觸]에서 생긴 상, 마음대상접촉[意觸]에서 생긴 상, 비구들이여, 이들을 상(想)이라고 부른다. 대상접촉[觸]이 모여 쌓이면 상(想)이 모여 쌓인다. 대상접촉[觸]이 소멸하면 상(想)이 소멸한다.

비구들이여, 행(行)이란 어떤 것인가? 비구들이여, 6사신(六思身; cha cetanākāyā), 즉 시각대상접촉[眼觸]에서 생긴 행(行), 청각대상접촉[耳觸]에서 생긴 행, 후각대상접촉[鼻觸]에서 생긴 행, 미각대상접촉[舌觸]에서 생긴 행, 촉각대상접촉[身觸]에서 생긴 행, 마음대상접촉[意觸]에서 생긴 행, 비구들이여, 이들을 행(行)이라고 부른다. 대상접촉[觸]이 모여 쌓이면 행(行)이 모여 쌓이고, 대상접촉[觸]이 소멸하면 행(行)이 소멸한다.

비구들이여, 식(識)이란 어떤 것인가? 비구들이여, 6식신(六識身; cha viññāṇakāyā), 즉 안식(眼識), 이식(耳識), 비식(鼻識), 설식(舌識), 신식(身識), 의식(意識), 비구들이여, 이것을 식(識)이라고 부른다. 명색(名色)이 모여 쌓이면 식(識)이 모여 쌓이고, 명색(名色)이 소멸하면 식(識)이 소멸한다.[19]

여기에서 5온은 6계(六界)의 4대(四大)와, 촉에서 생긴 수, 상, 사 그리고 18계의 6식(六識)으로 설명되고 있다. 여기에서 주목되는 것은 신(身)이

．．．．．．．．．．．．．
19_ S.N. Vol. 3. pp.59-61 참조.

라는 개념이다. '신(身)'의 원어 'kāya'는 '집단(group), 덩어리(heap), 집합(aggregate)' 등의 의미와 '신체(body)'의 의미가 있다. 한역에서는 신체의 의미를 취하고 있으나 이것을 신체라고 보기는 어렵고, 집단이나 덩어리의 의미에 가깝다.

'신(身, kāya)'이라는 개념은 5온을 설명하는 데 매우 적절한 것이다. 우리는 6근(六根)을, 이들이 각기 다른 기능을 가지고 있음에도 불구하고, 하나의 몸[身]으로 간주한다. 우리가 생각하는 몸[身]은 6근(六根)이 모인 '6근(六根) 덩어리'다. 이러한 몸[身]은 6근을 질료로 마음이 구성한 관념이지 6근을 소유하고 있는 몸[身]이 6근을 떠나서 실재하지는 않는다. 붓다가 5온을 신(身)이라는 개념으로 설명하는 까닭은 5온이 이와 같이 마음이 구성한 허구적 관념임을 깨우치기 위해서라고 생각된다. 우리가 자아라고 간주하고 있는 감정[受], 이성[想], 의지[行], 의식[識] 등은 6근이 모여 있는 덩어리를 몸[身]이라고 하듯이 6촉(六觸)에서 발생한 의식이 모여 있는 덩어리에 지나지 않는다는 의미에서 신(身)이라는 개념을 사용하고 있다고 할 수 있다.

그런데 여기에서 주목되는 것은 색(色)을 '4대(四大)를 취하고 있는 색(色)'[20]이라고 설명한 부분이다. 일반적으로 이 부분을 '4대로 만들어진 색(色)'으로 이해하고 있다. 한역(漢譯)에서도 그렇게 이해하여 '4대소조색(四大所造色)'으로 번역하고 있다. 그러나 이것은 잘못된 이해이다. '4대를 취하고 있다.'는 말과 '4대로 만들어졌다.'는 말은 전혀 다른 말이다.

· · · · · · · · · · · · · ·

20_ 'catunnaṃ mahābhūtānam upādāya rūpaṃ'의 필자 번역.

'4대(四大)로 만들어졌다.'는 말은 4대(四大)가 색(色)을 구성하는 실체라는 말이다. 이에 반하여 '4대(四大)를 취하고 있다.'는 말은 4대는 실체가 아니라는 말이다. M.N. 140. Dhātuvibhaṅga-sutta에서 붓다는 당시의 외도들이 물질을 구성하는 실체로 생각하던 4대, 즉 지대(地大), 수대(水大), 화대(火大), 풍대(風大)를 6계(六界)에 포함시켜서 지계(地界), 수계(水界), 화계(火界), 풍계(風界)라고 부른다. 그리고 이들에 대하여 다음과 같이 설명한다.

> 어떤 것이 안에 있는 지계(地界)인가? 그것은 안에 있는 낱낱
> 의 단단한 고체(固體)의 성질을 갖는 것이라오.
> 어떤 것이 안에 있는 수계(水界)인가? 그것은 안에 있는 낱낱
> 의 물과 물의 성질을 갖는 것이라오.
> 어떤 것이 안에 있는 화계(火界)인가? 그것은 안에 있는 낱낱
> 의 불과 불의 성질을 갖는 것이라오.
> 어떤 것이 안에 있는 풍계(風界)인가? 그것은 안에 있는 낱낱
> 의 바람과 바람의 성질을 갖는 것이라오.[21]

이와 같이 붓다는 4대를 물질을 구성하는 실체로 보지 않고 네 가지 같은 성질을 가진 부류(部類)로 보았다. 붓다가 색(色)을 '4대와 4대를 취하고 있는 색(色)'이라고 이야기한 것은 우리가 형색[色]으로 분별하는 존재, 즉 색(色)은 지계(地界), 수계(水界), 화계(火界), 풍계(風界)라는 네 가

21_ 이중표 역해, 『정선 맛지마 니까야(하)』, pp.405-406.

지 부류의 성질과 이들을 취하여 개념화한 것임을 이야기한 것이다.

붓다는 색(色; rūpa)이라는 개념을 정신과 상대적인 물질의 의미로 사용하지 않았다. S.N. 22. 79. Khajjani에서 붓다는 5취온(五取蘊)에 대하여 다음과 같이 말하고 있다.

비구들이여, 그대들은 무엇을 색(色; rūpa)이라고 말하는가? '시달린다(ruppati).' 비구들이여, 그래서 '색(rūpa; 시달리는 것)'이라고 불린다. 무엇에 시달리는가? 추위에 시달리고, 더위에 시달리고, 굶주림에 시달리고, 질병에 시달리고, 파리, 모기, 바람, 열에 시달리고, 뱀에 물려서 시달린다. 시달린다. 비구들이여, 그래서 색(色)이라고 불린다.

비구들이여, 그대들은 무엇을 수(受; vedanā)라고 말하는가? '느낀다(vediyati).' 비구들이여, 그래서 '수(vedanā; 느끼는 것)'라고 불린다. 무엇을 느끼는가? 즐거움을 느끼고, 괴로움을 느끼고, 괴롭지도 즐겁지도 않음을 느낀다. 느낀다. 비구들이여, 그래서 수(受)라고 불린다.

비구들이여, 그대들은 무엇을 상(想; saññā)이라고 말하는가? '관념으로 생각한다(sañjānāti).' 비구들이여, 그래서 '상(saññā; 생각하는 것)'이라고 불린다. 무엇을 생각하는가? 푸르다고 관념으로 생각하고, 노랗다고 관념으로 생각하고, 붉다고 관념으로 생각하고, 희다고 관념으로 생각한다. 관념으로 생각한다. 비구들이여, 그래서 상(想)이라고 불린다.

비구들이여, 그대들은 무엇을 행(行; saṅkhāra)이라고 말하는가? '유위(有爲)를[22] 조작한다(abhisaṅkharoti).' 비구들이여, 그래서 '행(行; saṅkhāra; 유위를 조작하는 것)'이라고 불린다. 어떤 유위를 조작하는가? 시달리는 성질[色性; rūpatta]로 색(色)이라는 유위(有爲)를 조작하고, 느끼는 성질[受性; vedanatta]로 수(受)라는 유위를 조작하고, 생각하는 성질[想性; saññatta]로 상(想)이라는 유위를 조작하고, 조작하는 성질[行性; saṅkhāratta]로 행(行)이라는 유위를 조작하고, 분별하는 성질[識性; viññāṇatta]로 식(識)이라는 유위를 조작한다. 유위를 조작한다. 비구들이여, 그래서 행(行)이라고 불린다.

비구들이여, 그대들은 무엇을 식(識; viññāṇa)이라고 말하는가? '분별한다(vijānāti).' 비구들이여, 그래서 '식(viññāṇa; 분별하는 것)'이라고 불린다. 무엇을 분별하는가? 시다고 분별하고, 쓰다고 분별하고, 맵다고 분별하고, 달다고 분별하고, 자극적인 맛이라고 분별하고, 자극적이지 않은 맛이라고 분별하고, 짜다고 분별하고, 싱겁다고 분별한다. 분별한다. 비구들이여, 그래서 식(識)이라고 불린다.[23]

이 경에서 이야기하는 색(色)은 형색을 지닌 우리의 몸을 의미한다. 우리는 몸을 물질적인 존재로 생각한다. 그러나 붓다는 우리의 몸이 '시달림'을 통해서 조작된 유위(有爲)라고 이야기하고 있다. 붓다는 이와 같이

· · · · · · · · · · · · · ·

22_ 有爲는 'saṅkhata'의 한역이다. 'saṅkhata'는 '조작된 것'이라는 의미를 지닌다.

23_ S.N. Vol. 3, pp.86-87.

색(色)이 어떤 것과의 접촉을 통해서 형성된 개념이라는 것을 이야기하고 있다.

이 경에서 주목되는 점은 5온(五蘊)이 동사로 설명된 점이다. 명사(名詞)인 'rūpa(色)', 'vedanā(受)', 'saññā(想)', 'saṅkhāra(行)', 'viññāṇa(識)'을 각각 동사(動詞)인 'ruppati', 'vediyati', 'sañjānāti', 'abhisaṅkharoti', 'vijānāti'로 설명한다는 것은 5온(五蘊)의 실상(實相)이 명사로 표현되는 존재(存在)가 아니라 동사로 표현되는 행위(行爲)라는 것을 의미한다. 바꾸어 말하면 존재의 실상은 행위라는 것을 표현한 것이다.

이 경은 행위가 중생들에게 어떻게 존재로 인식되는지를 보여 준다. 붓다에 의하면, 중생들이 자신의 육체[色]와 감정[受]과 이성[想]과 의지[行]와 의식[識]이라고 생각하고 있는 존재들, 즉 5온(五蘊)은 시달리고, 느끼고, 생각하고, 조작하고, 분별하는 삶 속에서 조작하는 행위[行; saṅkhāra]를 통해서 조작된 유위(有爲)이다. 바꾸어 말하면, 중생들이 존재로 생각하는 모든 것은 행(行)에 의해서 조작된 유위(有爲)이며, 그 실상은 삶을 통한 체험이라는 것이다. 중생들은 삶을 통해 체험한 내용을 모아서 유위(有爲)로 조작하여 존재로 인식하면서 살고 있고, 이 가운데 체험하는 주체를 조작하여 자신의 존재로 취하고 있는 것이 5취온(五取蘊)이라는 것을 이 경은 보여 주고 있다.

붓다가 5온(五蘊)에 온(蘊)이라는 술어를 사용하고 있는 것은 바로 이러한 의미를 잘 보여 준다. 온(蘊)으로 한역된 'khandha'는 '코끼리의 큰 몸뚱어리' '사람의 어깨' '나무의 몸통이나 줄기' '문장에 있어서의 장절(章節)' '일체를 구성하는 요소' '큰 덩어리' 등 다양한 의미가 있다.

한역의 온(蘊)은 이 가운데 '큰 덩어리'의 의미를 취한 것인데, 이는 매우 적합한 의미의 선택으로 생각된다. 왜냐하면 5온은 과거로부터 체험된 내용을 토대로 미래의 자신을 구성해 가는 의식의 존재화이기 때문이다.

우리는 보고 듣고 만지는 체험을 통해 외적 존재가 대상으로 있고 육체에 감관이 있다고 믿게 되며, 과거로부터의 인식을 통해 의식이 존재한다고 믿고 있다. 중생들이 존재라고 믿고 있는 것은 삶을 통해 체험한 경험 덩어리에 지나지 않는다. 예를 들어, 한 권의 책을 과거에 보았는데 지금 다시 볼 경우에 우리는 두 개의 지각을 갖게 되며, 이때 우리는 누구나 동일한 책을 두 번 본다고 말한다. 그리고 미래에 다시 보면 동일한 책을 다시 본 것이라고 생각한다.

이처럼 우리는 과거에 지각한 내용 A와 현재 지각하고 있는 내용 B와 미래에 지각하게 될 내용 C는 분명히 시간적으로 분리된 지각 내용임에도 불구하고 객관적 대상은 분리가 없는 동일한 것이라고 여긴다. 여기에서 우리는 객관적 대상은 체험된 내용을 의식이 통일적으로 구성하여 객관화한 것이며, 이 객관화된 대상은 단순히 A, B, C라는 지각의 합계가 아니라 동일한 존재라는 새로운 내용이 되어 있음을 알 수가 있다. 이러한 의식의 통일적 구성은 외부의 대상에 대해서만 이루어지는 것이 아니다.

역으로 과거에 사물을 본 눈과 현재 사물을 보는 눈, 미래에 사물을 보게 될 눈에 대해서도 우리는 누구나 동일한 눈으로 과거에 보았고 현재 보고 있고 미래에 볼 것이라고 생각한다. 과거에 본 것도 나, 현재에 보는 것도 나이며, 미래에 보게 될 것도 나라고 생각하는 것이다. 우리는 여기에서 체험하는 의식도 통일적으로 구성되어 객관화되고 있음을 보게 되며, 이 객관화를 통해 구성된 존재로서의 자아도 과거의 나, 현재의 나, 미래의 나가 단순히 합쳐진 것이 아닌 불변하고 동일하게 존재하는 나가 된다.[24]

　　그 결과 우리는 불변하고 동일한 존재인 내가 나의 동일한 감관, 감정, 이성, 의지, 의식이라는 존재들을 가지고 동일하게 존재하는 외부의 대상을 보고 듣고 만지면서, 느끼고, 사유하고, 행동하고, 인식한다고 믿게 된다. 이런 신념을 고집하는 것이 중생이며, 5온은 바로 이러한 신념에 기초한 중생들의 분별의식[識]에 의해 객관화되고 존재화된 체험의 내용이다. 따라서 5온은 과거, 현재, 미래에 체험되고, 체험하고, 체험될 내용이 하나로 뭉쳐진 덩어리라고 할 수가 있다.

　　그러나 책은 과거의 책과 현재의 책이 결코 동일하지 않다. 새 책과 헌책은 결코 동일한 책이 아니다. 뿐만 아니라 보는 눈, 느끼는 감정, 사유하는 이성, 행동하는 의지, 인식하는 의식도 동일하지 않다. 젊어서는 잘 보이던 눈이 늙어서는 희미하게 보이고, 맛있는 음식도 배가 부르면 맛없이 느껴진다. 어제는 하고 싶었던 일을 오늘은 하기 싫고, 어려서 인식했던 것이 어른이 되어서는 새롭게 인식된다. 만약 동일한 지각, 감정, 이성, 의지, 의식이 존재한다면 어떻게 이런 일이 있을 수 있겠는가? 따라서 붓다는 『잡아함경(8)』에서 5온(五蘊)이 무상(無常)하고, 고(苦)이고, 공(空)이고, 무아(無我)임을 다음과 같이 이야기한다.

· · · · · · · · · · · · · · ·

24_ 尹明老, 「훗설에 있어서의 현상학의 구상과 지향적 함축」, 한국현상학회 편, 『현상학이란 무엇인가』 (서울: 심설당, 1987), pp.26-27 참조. 대상의 구성에 대한 윤명노의 현상학적 설명을 5온의 구성을 설명하기 위해 빌려온 것임.

과거, 미래의 색(色)도 무상(無常)하거늘, 하물며 현재의 색(色)이겠는가? 이와 같이 보는 거룩한 제자는 과거의 색(色)을 돌아보지 않고, 미래의 색을 바라지 않으며, 현재의 색을 싫어하여 욕탐을 버리고 멸진(滅盡)하고자 한다. 이와 같이 과거 미래의 수(受), 상(想), 행(行), 식(識)도 무상하거늘, 하물며 현재의 수, 상, 행, 식이겠는가? … 고(苦)이고, 공(空)이고, 비아(非我)임도 마찬가지다.[25]

필자는 5온이 구성되는 과정을 살펴봄으로써 5온이란 존재로 착각된 인식 내용임을 밝혔다. 그러나 이것이 5온의 전체적인 의미는 아니다. 식(識)은 네 가지 음식[四食]에 머물면서 5온을 구성할 뿐 아니라 증장한다고 하는데, 여기에 매우 깊은 의미가 함축되어 있다.

　식(識)이 증장(增長)한다는 것은 5온이 식(識)에 의해 구성된 결과임과 동시에 새롭게 구성되고 있는 상태라는 것을 의미한다. 이와 같이 식(識)에 의해 구성된 5온(五蘊)이 중생이고, 새롭게 구성되는 5온(五蘊)이 미래의 새로운 중생이다. 이때 식(識)이 네 가지 음식[四食]에 머묾으로써 증장한다고 하는 것이 이전에 인용한 경전의 내용이었는데, 『잡아함경(64)』에서는 식(識)이 머무는 대상을 색(色), 수(受), 상(想), 행(行)이라고 이야기한다.[26] 『잡아함경(39)』과 이에 상응하는 S.N. 22. 54. Bījaṃ

25_ 過去 未來色無常 況現在色 聖弟子 如是觀者 不顧過去色 不欲未來色 於現在色厭 離欲 正向滅盡 如是 過去 未來受 想 行 識無常 況現在識 聖弟子 如是觀者 不顧過去識 不欣未來識 於現在識厭離欲 正向滅盡 如無常 苦 空 非我亦復如是(대정장2, p.1c).

26_ 攀緣四 識住 何等爲四 謂識住色 攀緣色 … 於受 想 行 識住(대정장2, p.117a).

에서는 식(識)이 색(色), 수(受), 상(想), 행(行)에 머물면서 증장하는 것을 다음과 같이 이야기한다.

"비구들이여, 다섯 종자가 있다오. 다섯은 어떤 것인가? 뿌리종 자, 줄기종자, 가지종자, 열매종자, 씨앗종자, 이들이 다섯이라 오. 비구들이여, 이들 다섯 종자들이 부서지지 않고, 썩지 않고, 바람이나 열에 상하지 않고, 싱싱하고, 잘 심어졌다 할지라도, 땅[地; pathavī]이 없고, 물[水; āpo]이 없으면, 비구들이여, 이들 다섯 종자들이 성장하고, 증장하고, 풍부해질 수 있겠는가?"

"그럴 수 없습니다. 세존이시여."

"비구들이여, 이들 다섯 종자들이 부서지고, 썩고, 바람이나 열 에 상하고, 싱싱하지 않고, 잘 심어지지 않았다면, 땅이 있고 물이 있다고 할지라도, 비구들이여, 이들 다섯 가지 종자들이 성장하고, 증장하고, 풍부해질 수 있겠는가?"

"그럴 수 없습니다. 세존이시여."

"비구들이여, 이들 다섯 종자들이 부서지지 않고, … 잘 심어졌 으며, 땅도 있고, 물도 있다면, 비구들이여, 다섯 종자들은 성장 하고, 증장하고, 풍부해지지 않겠는가?"

"그렇습니다. 세존이시여."

"비구들이여, 땅[地界; pathavī-dhātu]은 식(識)이 머무는 네 곳 [四識住]²⁷의 비유로 보아야 한다오. 비구들이여, 물[水界; apo-

••••••••••••••••••
27_ 'catasso viññāṇaṭṭhitiyo'의 필자 번역. '識이 머무는 네 곳'이란 五蘊 가운데 識을 제외한 色, 受, 想,

dhātu]은 즐기고자 하는 욕망[喜貪]의 비유로 보아야 한다오. 비구들이여, 다섯 종자는 음식[食]이 있는 식(識)[28]의 비유로 보아야 한다오. 비구들이여, 색(色)을 집착하고, 수(受)를 집착하고, 상(想)을 집착하고, 행(行)을 집착하면, 머물고 있는 식(識)이 (사라지지 않고) 머물면서 색, 수, 상, 행을 대상으로, 색, 수, 상, 행을 의지하여, 즐거움을 추구하고, 성장하고, 증장하고, 풍부해진다오."[29]

世尊告諸比丘 有五種種子 何等爲五 謂根種子 莖種子 節種子 自落種子 實種子 此五種子不斷 不壞 不腐 不中風 新熟堅實 有地界而無水界 彼種子不生長增廣 若彼種新熟堅實 不斷 不壞 不中風 有水界而無地界 彼種子亦不生長增廣 若彼種子新熟堅實 不斷 不壞 不腐 不中風 有地 水界 彼種子生長增廣 比丘 彼五種子者 譬取陰俱識 地界者 譬四識住 水界者 譬貪喜 四取攀緣識住 何等爲四 於色中識住 攀緣色 喜貪潤澤 生長增廣 於受 想 行中識住 攀緣受 想 行 貪喜潤澤 生長增廣 比丘 識於中若來 若去 若住 若沒 若生長增廣.[30]

• • • • • • • •
行을 의미한다.

28_ 'viññāṇaṁ sāhāraṁ'의 필자 번역. 한역에서는 '取陰俱識'으로 번역함. '음식[食]이 있는 識'이란 '네 가지 음식[四食]에 희탐을 가지고 머무는 識'을 의미한다.

29_ S.N. Vol. 3. pp.54-55.

30_ 대정장 2. p.8c-9a.

이 경은 5온 가운데 식(識)을 종자에 비유하고, 식(識) 이외의 색(色), 수(受), 상(想), 행(行)을 땅에 비유하고, 희탐(喜貪)을 물에 비유하여 식(識)의 증장을 설명하고 있다. 종자가 견실하고 땅이 있어도 물이 없으면 생장하지 못하고, 물이 있어도 땅이 없으면 생장하지 못하지만, 땅과 물이 있으면 생장하듯이, 식(識)의 증장에는 식 이외의 네 가지 온(蘊)과 희탐이 있어야 한다는 것이다.

여기에서 뿌리종자[根種子], 줄기종자[莖種子], 가지종자[節種子], 열매종자[自落種子], 씨앗종자[實種子]의 다섯 종자를 이야기하고 있는 점이 시선을 끈다. 식(識)을 종자에 비유한다면 하나의 종자면 될 텐데 왜 다섯 종자를 이야기하는 것일까? 비유에 상응하는 것을 대응시켜 보면 다섯 종자는 '음식이 있는 식(識; viññāṇam sāhāra)'이고, 땅[地界]은 4식주(四識住) 즉 식(識)이 머무는 색, 수, 상, 행이며, 물[水界]은 즐기고자 하는 욕망이다. 여기에서 주목되는 것은 '음식이 있는 식(識; viññāṇam sāhāra)'이다. '음식(食; āhāra)'은 '네 가지 음식[四食]'을 의미한다. 앞에서 살펴보았듯이, '네 가지 음식'은 5온을 형성하는 데 질료가 되는 자양분이며, '네 가지 음식'을 즐기려는 욕탐이 있을 때 식(識)이 이들에 머물면서 증장한다. 따라서 이 경에서 말하는 '음식이 있는 식(識)'은 '네 가지 음식에 머물면서 증장하고 있는 식(識)'을 의미한다.

그런데 이 경에서 '음식이 있는 식(識)', 즉 '네 가지 음식에 머물면서 증장하고 있는 식(識)'이 다시 '색(色), 수(受), 상(想), 행(行)' 네 곳에 머물면서 증장한다고 하는 까닭은 무엇일까? 우리는 여기에서 5온의 식(識)이 여타의 온(蘊)과는 달리 종자(種子)의 역할을 한다는 것을 알 수 있다. 네 가지 음식은 5온으로 형성될 요인이기 때문에 식(識)이 네 가지 음식을 가지고 있다는 것은 식(識) 안에 5온으로 형성될 종자를 가지고 있다는 것을 의미한다. 이러한 종자들이 이미 형성된 5온을 대상으로 머물면서 새롭게 증장한다는 것을 표현한 것이 다섯 종자다.

　이 종자를 뿌리종자[根種子], 줄기종자[莖種子], 가지종자[節種子], 열매종자[自落種子], 씨앗종자[實種子]의 순서로 이야기함으로써 하나의 화곡류(禾穀類)를 연상케 한다. 5온이 한 그루의 벼에 비유되고 있는 것이다. 벼는 씨앗이 주변의 양분을 흡수하여 싹이 트고 자라난다. 그 결과 한 알의 볍씨는 뿌리, 줄기, 가지, 마디, 벼가 된다. 이것을 식의 증장에 비유한다면 식(識)은 다른 4온(四蘊)에 대한 인식 내용을 가지고 있는 의식, 즉 '음식이 있는 식(識)'으로 존재한다. 『잡아함경(39)』에서는 이것을 '취음구식(取陰俱識)'으로 번역함으로써 식(識) 속에 여타의 5취온(五取蘊)이 함께 있음을 표현하고 있다.

　이와 같이 5온(五蘊)으로 형성될 요인을 지닌 식(識)이 대상을 인식하여 새롭게 대상을 구성할 때 그 대상이 되는 것이 땅에 비유된 4식주(四識住), 즉 '색(色), 수(受), 상(想), 행(行)' 네 가지 온(蘊)이다. 그리고 이러한 네 가지 온(蘊)을 취하여 다시 새로운 5온을 구성할 때 즐기고자 하는 욕망[喜貪]이 개입된다는 의미에서 즐기고자 하는 욕망은 물에 비유되고 있다. 그리고 이렇게 식(識)과 식(識)의 대상과 즐기고자 하는 욕망이라는 조건이 모두 갖추어지면, 볍씨에서 새로운 벼가 나와서 자라듯이, 새로운 5온이 구성되어 증장하고, 벼가 자라서 새로운 볍씨가 되듯이, 새로운 네 가지 온(蘊)을 인식 내용으로 하는 식(識)이 구성되며, 이렇게 5온은 식(識)을 중심으로 부단히 증장하고 있음을 이 비유는 보여 준다.

　이것은 중생의 윤회와도 밀접한 관계가 있다. 하나의 식(識)을 토대로 하나의 삶이 형성되면, 그 식(識)은 삶을 통해 새로운 식(識)으로 변화하고, 그 식(識)을 토대로 새로운 삶이 전개되며, 이 과정은 5온을 멸진(滅盡)하지 않는 한 계속된다. 이것이 중생의 윤회다.

이와 같이 식(識)은 항상 5온과 함께 하면서 기존의 5온을 토대로 미래의 5온을 새롭게 구성해 낸다. 여기에서 우리는 붓다가 5온을 설명하면서 자주 과거, 미래, 현재라는 시간을 개입시키고 있는 까닭을 짐작할 수가 있다. 5온은 공간을 차지하고 있는 존재가 아니라 과거의 경험을 토대로 미래의 자신을 구성해 가는 의식 활동이라는 것이다.

이렇게 생각할 때 5온을 물질이나 감정, 이성, 의지, 의식이라고 볼 수 없다. 5온은 보고 듣고 맛보고 냄새 맡고 만지면서[色], 고락을 느끼고[受], 생각하고[想], 의도하고[行], 인식하는[識] 가운데 인식의 폭이 새롭게 증장하면서 새롭게 보고 듣고 … 만지면서, 새롭게 느끼고, 새롭게 생각하고, 새롭게 의도하고, 새롭게 인식하는 중생의 삶의 모습이다.

3. 5온과 연기설(緣起說)

식(識)이 4식주(四識住), 즉 색(色), 수(受), 상(想), 행(行)을 대상으로 머물면서 증장한다는 것은 5온이 상호간에 연기관계에 있다는 것을 의미한다. 식(識)은 생기(生起)의 측면에서는 12입처(十二入處)에 의존하고 있지만, 증장(增長)의 측면에서는 색, 수, 상, 행에 의존하고 있다. 그리고 5온(五蘊)이라는 유위(有爲)를 조작하여 구성하는 것은 행(行)이다. 12입처에서 6식(六識)이 발생하면, 이들을 질료로 행(行)이 5온(五蘊)을 구성하고, 이렇게 구성된 5온을 대상으로 식(識)이 머물면서 증장한다.

이렇게 식이 5온을 대상으로 머물면서 증장하는 구조를 설명하는 것이 『잡아함경(288)』과 이에 상응하는 S.N. 12. 67. Nalakalapiyaṃ에 나오는 10지연기(十支緣起)다. 이 경에서 싸리뿟따 존자와 꼿티따 존자는 다음과 같은 문답을 한다.

"싸리뿟따 존자여, 노사(老死)는 스스로 만든 것입니까, 다른 것이 만든 것입니까, 스스로도 만들고 다른 것도 만든 것입니까? 그렇지 않으면 스스로도 만들지 않았고, 다른 것이 만들지도 않았는데 우연히 생긴 것입니까?"

"꼿티따 존자여, 노사(老死)는 스스로 만든 것이 아니고, 우연히 생긴 것도 아닙니다. 노사(老死)는 생(生)에 의존하고 있습니다."

"싸리뿟따 존자여, 그렇다면 생(生)은, 유(有)는, 취(取)는, 애(愛)는, 수(受)는, 촉(觸)은, 6입처(六入處)는, 명색(名色)은 스스로 만든 것입니까, 우연히 생긴 것입니까?"

"꼿티따 존자여, 명색(名色)은 스스로 만든 것이 아니고, 우연히 생긴 것도 아닙니다. 명색(名色)은 식(識)에 의존하고 있습니다."

"싸리뿟따 존자여, 그렇다면 식(識)은 스스로 만든 것입니까, 우연히 생긴 것입니까?"

"꼿티따 존자여, 식(識)은 자신이 만든 것이 아니고, 우연히 생긴 것도 아닙니다. 식(識)은 명색(名色)에 의존하고 있습니다."

"지금 우리는 '꼿티따 존자여, 명색(名色)은 자신이 만든 것이 아니고, 우연히 생긴 것도 아니다. 명색(名色)은 식(識)에 의존하고 있다.'라고 이해했습니다. 그런데 지금 우리는 싸리뿟따 존자의 말씀을 '꼿티따 존자여, 식(識)은 자신이 만든 것이 아니고, 우연히 생긴 것도 아니다. 식(識)은 명색(名色)에 의존하고 있다.'라고 이해하고 있습니다. 싸리뿟따 존자여, 어떻게 이 말씀의 의미를 그대로 이해할 수 있겠습니까?"[31]

"존자여, 그렇다면 그대에게 비유를 들겠습니다. 현명한 사람들은 비유를 통해서 말의 의미를 이해합니다. 존자여, 비유하면 두 개의 갈대 다발이 서로서로 의지하여 서 있는 것과 같습니다. 존자여, 이와 같이 명색(名色)에 의존하여 식(識)이 있고, 식(識)에 의존하여 명색(名色)이 있습니다. 그리고 명색(名色)에 의존하여 6입처(六入處)가 있고, 촉(觸), 수(受), 애(愛), 취(取), 유(有), 생(生)에 의존하여 노사(老死)와 근심, 슬픔, 고통, 우울, 고뇌가 발생합니다. 이와 같이 순전한 괴로움덩어리[苦蘊]의 모여 나타남[集]이 있습니다. 존자여, 만약에 그 갈대 다발 가운데 하나를 빼내면 하나가 쓰러지고, 다른 하나를 빼내면 다른 하나가 쓰러지듯이, 존자여, 이와 같이 명색(名色)이 그쳐 사라지면 식(識)이 그쳐 사라지고, 식(識)이 그쳐 사라지면 명색(名色)이 그쳐 사라집니다. 그리고 명색(名色)이 그쳐 사라지면 6입처(六入處)가 그쳐 사라지고, 6입처(六入處)가 그쳐 사라지면 촉(觸), 수(受), 애(愛), 취(取), 유(有), 생(生)이 그쳐 사라지고, 생(生)이 그쳐 사라지면 노사(老死)와 근심, 슬픔, 고

• • • • • • • • • • • • • •

31_ 'yathā katham panāvuso Sāriputta imassa bhāsitassa attho daṭṭhabbo'의 필자 번역. 名色이 識에 의존하고 다시 識은 名色에 의존한다는 말의 의미를 이해할 수 없다는 의미이다.

통, 우울, 고뇌가 그쳐 사라집니다. 이와 같이 순전한 괴로움덩
어리[苦蘊]의 그쳐 사라짐[滅]이 있습니다."[32]

尊者舍利弗復問 尊者摩訶拘絺羅 先言名色非自作 非他作
非自他作 非非自他作無因作 然彼名色緣識生 而今復言名
色緣識 此義云何 尊者摩訶拘絺羅答言 今當說譬 如智者
因譬得解 譬如三蘆立於空地 展轉相依 而得竪立 若去其
一 二亦不立 若去其二 一亦不立 展轉相依 而得竪立 識緣
名色亦復如是 展轉相依 而得生長.[33]

이 경은 붓다가 깨달은 연기(緣起)가 식(識)과 명색(名色)의 상호의존(相
互依存)이라는 것을 보여 준다. 붓다는 S.N. 12. 65. Nagaraṃ에서 자신
이 연기의 깨달음에 이르는 사유의 과정을 다음과 같이 이야기한다.

비구들이여, 예전에 정각(正覺)을 성취하지 못한 보살이었을
때, 나는 이렇게 생각했다오.
'실로 이 세간은 태어나고, 늙고, 죽고, 소멸하고,[34] 생기는[35] 고
난에 빠져있다. 그런데 이러한 노사(老死)의 괴로움에서 벗어

• • • • • • • • • • • • • • •
32_ S.N. Vol. 2, pp.112-114의 필자 번역.

33_ 대정장 2, p.81b.

34_ 'cavati'의 번역.

35_ 'upapajjati'의 번역. 여기에서 세간은 五蘊이다. 따라서 'upapajjati'는 五蘊이 생기는 것을 의미한다.
이것을 기존의 번역에서는 다시 태어나는 것을 의미한다고 해석했다.

날 줄을 모르고 있다. 실로 언제쯤이나 노사(老死)의 괴로움에서 벗어날 줄을 알게 될까?'

비구들이여, 그때 나는 이렇게 생각했다오.

'도대체 무엇이 있는 곳에 노사(老死)가 있을까? 무엇에 의존하여 노사(老死)가 있을까?'

비구들이여, 그때 통찰지[般若]로 이치에 맞는 생각을 함으로써 나에게 다음과 같은 요해(了解)가 생겼다오.

'생(生)이 있는 곳에 노사(老死)가 있다. 생(生)에 의존하여 노사(老死)가 있다.'

비구들이여, 그때 나는 이렇게 생각했다오.

'도대체 무엇이 있는 곳에 생(生), 유(有), 취(取), 애(愛), 수(受), 촉(觸), 6입처(六入處), 명색(名色)이 있을까? 무엇에 의존하여 명색(名色)이 있을까?'

비구들이여, 그때 통찰지[般若]로 이치에 맞는 생각을 함으로써 나에게 다음과 같은 요해(了解)가 생겼다오.

'식(識)이 있는 곳에 명색(名色)이 있다. 식(識)에 의존하여 명색(名色)이 있다.'

비구들이여, 그때 나는 이렇게 생각했다오.

'도대체 무엇이 있는 곳에 식(識)이 있을까? 무엇에 의존하여 식(識)이 있을까?'

비구들이여, 그때 통찰지[般若]로 이치에 맞는 생각을 함으로써 나에게 다음과 같은 요해(了解)가 생겼다오.

'명색(名色)이 있는 곳에 식(識)이 있다. 명색(名色)에 의존하여

식(識)이 있다.'

비구들이여, 그때 나는 이렇게 생각했다오.

'그런데 식(識)은 (명색으로) 되돌아가서 명색(名色)에서 더 이상 가지 못한다. 늙거나, 태어나거나, 죽거나, 소멸하거나, 생긴다면, 그것은 바로 명색(名色)에 의존하고 있는 식(識)일 따름이다.³⁶ 식(識)에 의존하여 명색(名色)이 있고, 명색(名色)에 의존하여 6입처(六入處)가 있고, 6입처(六入處)에 의존하여 촉(觸)이 있고, … 생(生)에 의존하여 노사(老死)와 근심, 슬픔, 고통, 우울, 고뇌가 발생한다. 이와 같이 순전한 괴로움덩어리[苦蘊]의 모여 나타남[集]이 있다.'

'모여 나타남[集]이다! 모여 나타남[集]이다!'³⁷

비구들이여, 나에게 이와 같이 이전에 들어본 적이 없는 법(法)들에 대하여 안목이 생기고, 앎이 생기고, 통찰지[般若]가 생기고, 명지(明智)가 생기고, 광명이 생겼다오.

이와 같이 붓다는 생사의 괴로움이 식(識)과 명색(名色)의 상호의존에서 발생한 망상들이 모여서 나타난 것[集]임을 깨달았다. 식(識)과 명색(名色)의 상호의존은 식(識)이 5온(五蘊)에 머물면서 증장하는 것을 의미한다. 식(識)은 5온을 대상으로 분별함으로써 증장하고, 식(識)에 의해서

....

36_ 'ettāvatā jīyetha vā jāyetha vā māyetha vā cavetha vā upapajjhetha vā yad idam nāmarūpapaccayā viññāṇam'의 번역. 老死의 근본을 사유하다가 이름과 형색[名色]에 의존하고 있는 분별[識]에 이르러, 이 분별[識]이 이름과 형색[名色]을 벗어나지 못한다는 사실에서 '무엇인가가 생기고 없어진다는 인식은 이름과 형색[名色]에 의한 分別일 뿐'이라는 것을 깨달았다는 의미이다.

37_ 'samudayo samudayo'의 번역.

이름과 형색[名色]으로 분별된 유위(有爲)가 5온(五蘊)이다. 12입처(十二入處)에서 6식(六識)이 발생하여 18계(十八界)가 성립하면, 18계를 조건으로 촉(觸)이 발생하고, 촉(觸)에서 발생한 수(受), 상(想), 사(思)를 질료로 식(識)이 5온을 구성하여 이름과 형색[名色]으로 분별함으로써 5온이 성립한다. 이렇게 5온이 성립하면, 식은 5온에 의존하여 증장한다.

붓다는 이러한 사실을 깨달았고, 이것을 설명하기 위하여 이야기한 것이 6촉연기(六觸緣起), 10지연기(十支緣起), 12지연기(十二支緣起) 등의 여러 가지 연기설이다. 지금까지 설명한 내용을 도표로 그리면 다음과 같다.

식(識)의 발생과 4식주(四識住) 및 증장도(增長圖)

위의 도표에서 알 수 있듯이 무명촉(無明觸)에 의해서 수(受), 상(想), 사(思)가 발생하면, 이것을 식(識)이 대상으로 구성하여 분별함으로써 5온(五蘊)이 성립하고, 식은 다시 5온을 바탕으로 새로운 5온을 구성하면서 새로운 내용의 식으로 증장하여 새로운 5온을 구성한다. 이렇게 끊임없이 식의 구성작용이 계속되고 있는 것이 중생의 생사다. 12연기(十二緣起)는 이와 같은 식(識)의 증장(增長)을 중생의 생사로 표현한 것이다.

위의 도표를 전개하면 다음의 그림과 같이 12연기(十二緣起)가 된다.

5온과 12연기의 구조적 관계

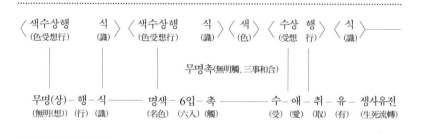

위의 도표가 보여 주듯이 12연기는 식(識)이 네 가지 음식[四食]에 머물면서 5온(五蘊)을 구성하고, 구성된 5온을 대상으로 머물면서 끊임없이 새로운 5온을 구성하며 증장하는 구조다.

그러나 경(經)에서는 5온(五蘊)이 연기한다는 표현이 직접적으로는 나타나지 않는다. 연기하는 모습은 6촉(六觸), 6수(六受), 6상(六想), 6사(六思), 6식(六識)의 모습으로 나올 뿐 색온(色蘊), 수온(受蘊), 상온(想

蘊), 행온(行蘊), 식온(識蘊)의 형태로는 나타나지 않는 것이다. 5온의 연기를 간접적으로 시사하는 경은 많은데 왜 직접적인 표현은 하지 않는 것일까?

5온은 중생들이 세계와 자아를 구성하는 존재로 생각하는 것을 의미한다. 다시 말해서 5온은 연기법에 무지한 중생들이 연기한 법(法)을 존재로 인식한 것이다. 보고 듣고 만지면서, 느끼고, 사유하고, 행동하고, 인식하는 삶의 모습을 육체, 감정, 이성, 의지, 의식이라는 각기 독립적인 존재가 결합하여 활동하는 것으로 착각하고 있는 것이 중생이며, 이러한 중생들의 생각을 표현하고 있는 것이 5온이다. 바꾸어 말하면, 무명의 상태에서 살아가는 중생들이 자신의 삶을 존재로 착각한 결과가 5온(五蘊)이다. 따라서 촉(觸)의 발생에 의해서 존재로 분류된 6계(六界)가 연기의 과정에서 제외되듯이, 존재로서의 5온은 연기의 과정에서 제외되고 있다. 붓다는 연기설을 통해 중생들에 의해 존재로 인식되고 있는 5온의 실상이 연기한 것임을 밝혀 중생의 무지를 드러내고 있는 것이다. 이와 같이 생각할 때 12입처(十二入處), 18계(十八界), 6계(六界), 5온(五蘊) 등의 여러 교리들이 12연기(十二緣起)의 체계 속에 종합되어 붓다의 존재론을 이루고 있다고 할 수 있다.

4. 5온과 5취온(五取蘊)

5온(五蘊)은 5취온(五取蘊)으로도 이야기되는데, S.N. 22. 48. Khandhā에서 붓다는 5온(五蘊)과 5취온(五取蘊)에 대하여 다음과 같이 이야기한다.

비구들이여, 5온(五蘊)과 5취온(五取蘊)에 대하여 이야기하겠소. 잘 듣도록 하시오. 비구들이여, 5온이란 어떤 것인가? 비구들이여, 그것이 어떤 형색[色]이든, 과거, 현재, 미래의, 내적인 것이든 외적인 것이든, 거친 것이든 미세한 것이든, 보잘 것 없는 것이든 빼어난 것이든, 멀리 있는 것이든 가까이 있는 것이든, 형색[色], 이것을 색온(色蘊)이라고 부른다오. 그것이 어떤 느낌[受]이든, 이것을 수온(受蘊)이라고 부른다오. 그것이 어떤 관념[想]이든, 이것을 상온(想蘊)이라고 부른다오. 그것이 어떤 조작하는 행위[行]든, 이것을 행온(行蘊)이라고 부른다오. 그것이 어떤 분별[識]이든, 과거, 현재, 미래의, 내적인 것이든 외적인 것이든, 거친 것이든 미세한 것이든, 보잘 것 없는 것이든 빼어난 것이든, 멀리 있는 것이든 가까이 있는 것이든, 분별[識], 이것을 식온(識蘊)이라고 부른다오. 비구들이여, 이들을 5온(五蘊)이라고 부른다오.

비구들이여, 5취온(五取蘊)이란 어떤 것인가?

비구들이여, 그것이 어떤 형색[色]이든, 번뇌가 있는[有漏], 취착된 형색[色], 이것을 색취온(色取蘊)이라고 부른다오. 그것이 어떤 느낌[受]이든, 번뇌가 있는[有漏], 취착된 느낌[受], 이것을 수취온(受取蘊)이라고 부른다오. 그것이 어떤 관념[想]이든, 그것이 어떤 조작하는 행위[行]이든, 그것이 어떤 분별[識]이든, 번뇌가 있는[有漏], 취착된 분별[識], 이것을 식취온(識取蘊)이

라고 부른다오. 비구들이여, 이것들을 5취온이라고 부른다오.[38]

붓다가 이야기하는 중생들의 세계, 즉 세간은 이와 같은 5온이며, 5온 가운데 탐욕에 의해서 취착된 5온이 5취온(五取蘊)이다. 중생들은 5취온을 취착하여 자신의 자아로 여긴다. S.N. 22. 47. Samanupassanā에서 붓다는 중생들이 자아로 여기고 있는 것이 5취온이라는 것을 다음과 같이 이야기한다.

> 비구들이여, 다양한 것을 자아(自我)로 여기고 있는 사문이나 바라문들은 누구나 일체의 5취온(五取蘊)이나 5취온 가운데 어떤 것을 자아로 여긴다오.
> 어떤 것이 5취온인가?
> 비구들이여, 여기에서 배움이 없고, 성자를 보지 못하고, 현성의 법에 의해 가르침을 받지 못한 범부들은 몸[色]을 자아라고 여기거나, 자아가 몸을 가지고 있다고 여기거나, 자아 속에 몸이 있다고 여기거나, 몸이 자아를 소유하고 있다고 여긴다오. 느끼는 마음[受]을, 생각하는 마음[想]을, 조작하는 행위[行]를, 분별하는 마음[識]을 자아라고 여기거나, 자아가 의식을 가지고 있다고 여기거나, 자아 속에 의식이 있다고 여기거나, 의식이 자아를 소유하고 있다고 여긴다오. 그리고 이렇게 여기고 있을 때, '내가 있다.'는 생각이 그치지 않는다오.

• • • • • • • • • • • • • • • •

38_ S.N. Vol. 3, p.47의 필자 번역.

비구들이여, '내가 있다.'는 생각이 그치지 않을 때, 다섯 가지 지각활동[五根]이 나타난다오. 눈의 지각활동[眼根], 귀의 지각활동[耳根], 코의 지각활동[鼻根], 혀의 지각활동[舌根], 몸의 지각활동[身根]이 나타난다오.[39]

이와 같이 5취온(五取蘊)은 중생들이 자아로 여기면서 집착하고 있는 것이다. 이와 같은 5취온을 『잡아함경(58)』에서는 다음과 같이 설명하고 있다.

"세존이시여, 온(蘊)이 취(取)입니까, 5온은 취(取)와 다릅니까?"
부처님께서 비구에게 말씀하셨다.
"5온(五蘊)이 취(取)는 아니지만 5온(五蘊)과 취(取)가 다른 것도 아니다. 그것(5온)에 욕탐이 있는 것이 5취온(五取蘊)이다."
비구가 부처님께 말씀드렸다.
"훌륭하십니다. 세존이시여! 기쁘게 따르겠습니다. 이제 다시 묻겠습니다. 세존이시여, 두 온(蘊)은 상관(相關)이 있습니까?"
부처님께서 비구에게 말씀하셨다.
"그렇다. 예를 들어, 만약에 어떤 사람이 '나는 미래에 이러한 모습[色], 이러한 느낌[受], 이러한 생각[想], 이러한 의도[行], 이러한 의식[識]을 얻고 싶다.'라고 생각한다면, 비구여, 이것을 온(蘊)과 온(蘊)의 상호관계[相關]라고 한다."[40]

• • • • • • • • • • • • • •

39_ S.N. Vol. 3, p.46의 필자 번역.

40_ 世尊 陰卽受 爲五陰異受耶 佛告比丘 非五陰卽受 亦非五陰異受 能於彼有欲貪者 是五受陰 比丘白佛 善哉 世尊 歡喜隨喜 今復更問 世尊 有二陰相關耶 佛告比丘 如是 如是 猶若有一人如是

이 경에서 5취온(五取蘊)은 5온에 욕탐이 있는 5온이라고 이야기하고 있다. 그렇다면 욕탐이 있는 5취온은 구체적으로 어떤 것일까? 6촉연기(六觸緣起)를 살펴보면 5취온의 의미가 드러난다. 6촉연기는 6입신(六入身)-6촉(六觸)-6수(六受: 想, 思)-6애(六愛)-취(取)-유(有)-생(生)-노사(老死)의 연기형태를 말한다. 취온(取蘊)은 'upādāna-khandha'의 한역이고, 연기법의 취(取)는 'upādāna'의 한역으로서 연기법의 취(取)와 5취온의 취(取)는 같은 말이다.

그렇다면 취(取)와 취온(取蘊)은 어떤 관계일까? 'upādāna'는 '어떤 활동작용을 지속시키는 질료적 토대'라는 근본적인 의미가 있고, 여기에서 활동작용을 지속하기 위해 그것을 가능케 하는 '질료나 도구 또는 방법을 집착함, 애착함, 취함'의 의미로 사용되는 개념이다. 따라서 취(取)에는 애착하고 취할 대상이 있어야 한다. 그런데 연기법에서 취(取)는 항상 6촉(六觸)-수(受: 想, 思)-애(愛) 다음에 나타난다. 촉(觸)을 통해 수[受, 想, 思]가 발생하여 5온이 형성되면, 5온에 대해 애(愛)가 생기고, 5온에 대하여 애(愛)가 생기면 중생들은 그 5온을 취하여 그것을 중생의 자아(自我)로 취착하고 계탁하게 된다는 것을 연기설은 보여 주고 있다. 따라서 5온은 취의 대상이 되며, 이때 욕탐에 의해서 중생의 자아로 취해진 5온이 5취온이다. 이와 같이 6촉연기(六觸緣起)는 5취온이 애(愛)와 취(取)를 통해 중생의 자아로 취착된 5온임을 보여 준다.

이 경에서는 이러한 5온과 5취온의 상관관계를 현재와 미래의 관계로 이야기하고 있다. 우리는 항상 자신이 미래에 어떤 존재가 되기

....
思惟 我於未來得如是色 如是受 如是想 如是行 如是識 是名比丘陰陰相關也 (대정장 2, p.14c).

를 원한다. 이때 현재의 자신은 5온이고, 미래에 되고자 하는 자기 존재는 5취온이다. 5온을 자신의 존재로 취하여 살아가는 중생들은 5온을 취하여 자신의 존재로 집착하고, 다시 미래의 5온을 취하면서 살아간다. 이것이 5취온(五取蘊)이다.

IV. 12연기(十二緣起)

1. 12연기에 대한 기존의 해석

붓다가 깨달은 진리가 12연기(十二緣起)라는 것은 주지의 사실이다. 그런데 12연기의 해석에는 부파불교시대 이래로 많은 이견이 있다.『구사론(俱舍論)』은 당시의 해석으로 찰나경(刹那頃)의 행동에 12지(十二支)가 구유(俱有)한다는 찰라연기설(刹那緣起說), 12지가 무간(無間)히 계기(繼起)한다는 연박연기설(連縛緣起說), 12지가 각각 5온(五蘊)을 갖추고 있으며, 12지 소유의 5온이 현원상속(懸遠相續)하여 무시무종(無始無終)한다는 원속연기설(遠續緣起說) 등 4종의 차별된 해석이 있음을 전하고 있다.[01]

연기설에 대한 이와 같은 다양한 견해들이 발전하여 완벽한 체계를 이룬 것이 삼세양중인과설(三世兩重因果說)로 생각되며, 이것은 다시 통속적인 태내오위설(胎內五位說) 및 사유설(四有說)과 결합하여 태생학적(胎生學的) 연기관(緣起觀)을 낳게 된다.[02]

이 가운데 삼세양중인과설은 부파불교의 설일체유부(說一切有部)와 남방 상좌부(上座部)뿐만 아니라, 법상종(法相宗) 이외의 거의 모

....
01_ 구사론 권9(대정장 29, p.48c).
02_ 宇井伯壽,『佛敎思想硏究』(東京: 岩波書店, 昭和 18), p.110 참조.

든 대승교단의 지지를 받았던 것으로서[03] 12연기에 대한 가장 일반적이고 전통적인 해석이다. 그러나 현대의 많은 불교학자들은 삼세양중인과설을 비판하면서 새로운 해석을 다양하게 제시하고 있다. 12지(十二支)의 연기관계는 시간적 인과관계가 아니라 논리적인 조건과 귀결의 관계라고 하는 무시간적연기관(無時間的緣起觀)이 있는가 하면,[04] 연기설은 어떤 것은 시간적으로, 어떤 것은 논리적으로, 또 동일한 것이 시간적으로도 논리적으로도 해석될 수 있는 다양한 해석의 여지가 있다는[05] 주장도 있다.

『아함경』과 『니까야』에는 다양한 형태의 연기설이 나타나는데, 현대학자들은 이들의 관계에 대해서도 이견을 보이고 있다. 12지연기설(十二支緣起說)은 처음부터 마련되어 있었던 것이 아니라 부처님의 만년에 교조(敎條)가 차츰 고정화될 무렵 12지로 확정된 것이라는 견해가 있는가 하면,[06] 여타의 연기설은 12연기의 예비적인 설에 불과하다는 견해도 있고,[07] 여러 종류의 연기설을 12연기의 약설이나 응용으로 보아서는 안 되고 각각의 이설을 그 특수성에서 이해해야 한다고 주장하는[08] 학자도 있다.

연기설에 대하여 이와 같이 많은 해석이 있는 것은 연기설이 난해하기 때문이다. 난해하지만 연기설에 대한 이해가 없이는 붓다의 철

• • • • • • • • • • • • • •
03_ 위의 책, p.107 참조.
04_ 위의 책, pp.73-87 참조.
05_ 三枝允德, 『初期佛敎の思想』(東京: 東洋哲學研究所, 1978), p.476 참조.
06_ 木村泰賢, 『原始佛敎思想論』(東京: 大法輪閣, 昭和 43), pp.193-205 참조.
07_ 高翊晋, 前揭論文, p.109 참조.
08_ 和辻哲郎, 『原始佛敎の實踐哲學』(東京: 岩波書店, 昭和 15), pp.176-178 참조.

학을 파악할 수 없다. 필자는 연기설은 붓다가 중도(中道)라고 하는 철학적 입장에서 존재의 문제를 해명하고 있는 붓다의 존재론이며, 연기설이라고 하는 존재론의 인식론적 근거가 9차제정(九次第定)이라는 점을 고찰하였다. 이제는 지금까지의 고찰을 통해 드러난 사실들을 바탕으로 연기설의 구조적 특성과 체계 그리고 내용에 대해서 구체적으로 살펴보고자 한다.

필자는 이와 같은 고찰을 통해 연기설의 의미와 여러 형태의 연기설 사이의 관계를 해명하고자 할 뿐이므로 구태여 고금의 다양한 해석을 낱낱이 거론할 필요를 느끼지 않는다. 따라서 일반적으로 널리 알려져 있는 삼세양중인과설(三世兩重因果說)과 이를 비판하고 새롭게 주장된 현대 학자의 해석 가운데 대표적인 것으로 생각되는 무시간적 연기관에 대해서만 간단히 언급하고자 한다.

1) 삼세양중인과설(三世兩重因果說)

삼세양중인과설(三世兩重因果說)은 전통적으로 12연기에 대한 가장 완전한 해석으로 인식되고 있다. 삼세양중인과설(三世兩重因果說)이란, 12지(十二支) 가운데 무명[惑]과 행[業]을 과거의 2인(二因)으로 보고, 식(識)에서 수(受: 苦)까지를 현재의 5과(五果)로 보며, 애(愛), 취(取: 惑), 유(有: 業)를 미래의 3인(三因)으로 보고, 생(生), 노사(老死: 苦)를 미래의 2과(二果)로 본다. 그래서 삼세양중인과설은 12연기를 중생들이 삼세(三世)에 걸쳐서 혹업(惑業)이라는 원인에 의해서 생사윤회의 괴로움을 과보(果報)로 받는 윤회의 과정을 보여 주는 것이라고 해석한다.

현대의 학자들은 대부분 삼세양중인과설의 부당성을 지적하면

서, 불교의 본질과는 전혀 동떨어진 해석으로 평가한다.[09] 그러나 삼세
양중인과설이 그동안 대소승(大小乘)의 폭넓은 지지를 받아온 데는 그
이유가 있을 것이다. 삼세양중인과설은 S.N. 12. 64. Atthirāgo와 S.N.
12. 39. Cetanā에 근거를 둔 12연기 해석이다.

〈S.N. 12. 64. Atthirāgo〉 비구들이여, 이미 존재하는 중생들
을 (중생의 상태에) 머물게 하거나, 다시 존재하고 싶어 하는 중
생들을 (존재하도록) 돕는 네 가지 음식[四食]이 있다오. 그 넷
은 어떤 것들인가? 첫째는 거칠거나 부드러운, 덩어리 음식[搏
食], 둘째는 대상접촉 음식[觸食], 셋째는 의도(意圖) 음식[意思
食], 넷째는 분별 음식[識食]이라오. 비구들이여, 이들 네 가지
음식이 이미 존재하는 중생들을 머물게 하거나, 다시 존재하
고 싶어 하는 중생들을 돕는다오.
비구들이여, 만약에 덩어리 음식[搏食]에 대하여 탐욕이 있고,
좋아하고, 갈망[愛]이 있으면, 거기에 식(識)이 머물면서 성장
한다오.[10] 식(識)이 머물면서 성장하는 곳에, 그곳에 이름과 형
색[名色]의 출현이 있다오. 이름과 형색[名色]의 출현이 있는
곳에, 그곳에 조작하는 행위[行]들의 증장(增長)이 있다오.[11] 조
작하는 행위[行]들의 증장이 있는 곳에, 그곳에 미래에 다시 유

• • • • • • • • • • • • • • •
09_ 고익진, 前揭論文, pp.126-129 참조.
10_ 'patiṭṭhitaṃ tattha viññāṇaṃ virūḷhaṃ'의 필자 번역.
11_ 'atthi tattha saṅkhārāṇaṃ vuddhi'의 필자 번역.

(有)의 발생이 있다오.¹² 미래에 다시 유(有)의 발생이 있는 곳에, 그곳에 미래에 생(生), 노사(老死)가 있다오. 비구들이여, '미래에 생(生), 노사(老死)가 있는 곳에 슬픔이 있고, 근심이 있고, 불안이 있다.'고 나는 말한다오. 대상접촉 음식[觸食], 의도(意圖) 음식[意思食], 분별 음식[識食]에 대해서도 마찬가지라오.

비구들이여, 비유하면 염색공이나 화가가 염료나 칠이나 노란색이나 파란색이나 붉은 색으로, 잘 문지른 널빤지나 담벼락이나 흰 천에, 여자의 모습이나 남자의 모습을 손가락 발가락까지 자세하게 그리는 것과 같다오.¹³

〈S.N. 12. 39. Cetanā〉 비구들이여, 의도되는 것과 계획되는 것과 반복되는 것, 이것이 식(識)이 머무는 바탕이라오. 바탕이 있는 곳에 식(識)이 머물 곳이 있다오. 식(識)이 머물면서 성장하는 곳에 이름과 형색[名色]이 나타난다오.¹⁴ 이름과 형색[名色]에 의존하여 6입처(六入處)가 있고, 6입처에 의존하여 대상접촉[觸]이 있고, 대상접촉[觸]에 의존하여 느낌[受]이 있고, 느낌[受]에 의존하여 갈망[愛]이 있고, 갈망에 의존하여 취(取)가 있고, 취(取)에 의존하여 유(有)가 있고, 유에 의존하여 생(生)이 있고, 생(生)에 의존하여 노사(老死)와 근심, 슬픔, 고통, 우

• • • • • • • • • • • • •

12_ 'atthi tattha āyatiṃ punabhavābhinibatti'의 필자 번역. 'punabhavābhinibbatti'는 '다음, 다시'를 의미하는 'puna'와 '有'를 의미하는 'bhava'와 '발생'을 의미하는 'abhinibbatti'의 합성어다. 이것은 行(saṅkhāra)에 의해서 다시 새로운 有가 생긴다는 것을 말한 것이다. 이것을 기존의 번역에서는 '미래의 존재로 다시 태어남'으로 번역하여 '윤회'의 의미로 해석하고 있으나, 이것은 잘못된 것이다.

13_ S.N.Vol.2, p.101. 대정장2, pp.102c-103a.

14_ 'tasmiṃ patiṭṭhite viññāṇe virūḷhe nāmarūpassa avakkanti hoti'의 필자 번역.

울, 고뇌가 함께 있다오. 이와 같이 순전한 괴로움덩어리[苦蘊]
의 모여 나타남[集]이 있다오.[15]

이들 두 경의 내용을 정리하면 필자가 '5온과 연기설'을 고찰하면서 도
시한 바 있는 식주증장도(識住增長圖)가 된다. 네 가지 음식[四食]은 무
명촉(無明觸)에서 발생한 것으로서 명색(名色)의 질료다. 이 네 가지 음
식[四食]에 식(識)이 갈망[愛]과 희탐(喜貪)을 가지고 머물 때 네 가지 음
식[四食]은 명색(名色), 즉 이름[名]과 그 이름에 상응하는 형색[色]을 갖
는 대상으로 구성된다. 그리고 이와 같이 명색을 갖춘 대상이 구성되면
그와 같은 구성작용[行]이 더욱 증장하게 되며, 그 결과 미래의 유(有),
즉 새로운 체험에서 비롯된 의식 내용의 존재화가 이루어져 새로운 생
사를 느낀다는 것이다.

S.N. 12. 39. Cetanā는 조작하는 행위[行]의 구체적인 내용을 보
여 준다. S.N. 12. 64. Atthirāgo에서 단순히 조작하는 행위[行]들의 증장
이라고 한 것을 여기에서는 6입처(六入處)에서 노사(老死)에 이르는 연
기지(緣起支)로 설명하고 있는 것이다. 이 내용을 종합하면, 네 가지 음
식[四食]은 과거의 체험을 통해 식(識)의 내부에 머물고 있는 의식들이
라 할 수 있고, 이것은 과거의 무명(無明)과 행(行)의 결과라고 할 수 있
다. 따라서 이들은 현재의 식(識)과 명색(名色)의 원인이라 할 수 있고,
그 식(識)이 자신의 내부에 대상으로 구성되어 있는 명색(名色)을 토대
로 6입처(六入處)를 통해 새롭게 대상접촉[觸]과 느낌[受]을 일으킨다고

• • • • • • • • • • • • • •
15_ S.N.Vol.2, p.66. 대정장 2, p.100b.

할 수 있다. 이렇게 새롭게 체험된 내용에 대하여 갈망[愛]을 일으켜서 이를 취착하면 이것이 미래의 존재[有], 즉 미래에 식(識)이 대상으로 구성할 질료가 되므로 이것을 미래의 인(因)이라 할 수 있고, 그 결과 느끼는 생사(生死)의 괴로움은 식(識)이 새롭게 구성한 존재를 통해 발생한 괴로움이므로 미래의 과(果)라고 할 수 있다.

이와 같이 12연기는 우리가 삼세에 걸쳐서 생사를 거듭하면서 윤회한다고 느끼는 착각된 인식이 근본적으로 무명에서 비롯된 망념(妄念)이라는 것을 보여 주고 있다. 이러한 망념의 세계에서는 식(識)이 윤회의 주체로 인식되고, 삼세(三世)에 걸쳐 끊임없이 새로운 모습으로 유전(流轉)하는 존재로 인식된다. 이렇게 삼세에 걸쳐서 유전(流轉)한다고 생각하는 것이 중생들의 꿈같은 생각이고, 이것을 설명하는 것이 12연기이므로 삼세양중인과설은 전적으로 잘못된 해석은 아니다.

그러나 이와 같은 윤회는 실상이 아니라 전도(顚倒)된 몽상(夢想)이다. 12연기의 첫 지(支)가 무명(無明)인 것은 중생들이 느끼는 생사(生死) 윤회(輪廻)가 무명에서 비롯된 꿈같은 망상(妄想)이라는 것을 의미한다. 중생들의 생사(生死)는 무명(無明)에서 갈망[愛]과 희탐(喜貪)으로 네 가지 음식[四食]을 취착하여 자아(自我)를 계탁(計度)함으로써 나타난 허구적 망념이다. 이것이 12연기의 유전문(流轉門)이다. 따라서 붓다는 무명을 멸하여 이러한 망념을 멸진하도록 가르치고 있으며, 이것이 12연기의 환멸문(還滅門)이다. 환멸문의 측면에서 보면 무명(無明)이 사라짐으로써 삼세에 걸쳐 생사를 거듭한다는 망념도 사라진다. 따라서 환멸문에서는 12연기의 모든 지(支)가 멸진하게 된다. 따라서 삼세양중인과설은 12연기의 유전문을 해석한 것이라 할 수 있다.

붓다가 깨달아 가르친 12연기는 유전문(流轉門)과 환멸문(還滅門)으로 구성되어 있다. 그런데 삼세양중인과설은 유전문만을 보여 주기 때문에 12연기의 완전한 해석이 아니다. 따라서 삼세양중인과설을 12연기의 완전한 해석으로 보는 것은 옳지 않다. 삼세양중인과설을 비판하는 학자들 가운데는 삼세양중인과설이 삼세에 걸쳐서 윤회하는 자아의 존재를 인정하여 무아설(無我說)에 위배된다고 지적하는 사람도 있는데, 유전문(流轉門)은 무아의 실상을 깨닫지 못한 무명(無明)의 상태에서 자아(自我)가 허구적으로 계탁(計度)되어 생사의 괴로움을 받는 중생의 모습을 보여 주기 때문에 삼세양중인과설을 무아설(無我說)에 위배된다고 할 수는 없다. 문제가 있다면 삼세양중인과설이 환멸문(還滅門)을 보여 주지 못하고 태생학적으로 해석된다는 점이다.

12연기를 구성하는 12지(十二支)는 명사(名詞)의 형태이지만 존재를 의미하는 것이 아니라 무명(無明)의 상태에서 발생한 의식 상태를 표현한 것이다. 이것을 태생학적으로 해석하면, 무명(無明)이 멸하면 노사(老死)가 멸한다는 12연기의 환멸문(還滅門)은 죽음의 문이 되고 만다. 식(識)을 멸하고 6입처(六入處)를 멸하라는 말씀은 의식(意識)을 없애고 6근(六根)을 멸하여 보지도 듣지도 생각하지도 못하는 죽음의 상태가 되라는 말씀이 아니라, 바르게 보고 바르게 생각하면서 바르게 살아가라는 말씀이다. 그런데 태생학적인 해석에서는 식(識)을 윤회하는 '존재'로 보고, 식(識)이 모태(母胎)에 들어가 성장하고, 6근(六根)을 갖추어 세상에 태어난다고 주장한다. 따라서 이러한 해석은 연기설의 근본 취지를 크게 왜곡한 것이라 하지 않을 수 없다.

붓다의 연기설은 중생의 생사윤회를 설명하기 위해서 설해진 것이 아니라, 생사윤회한다는 생각 속에 빠져서 고통 받는 중생들에게 중생들이 생각하는 생사윤회가 무명에서 비롯된 망상이라는 것을 보여 주고 망상에서 벗어나게 하려는 의도에서 설한 것이다. 그렇기 때문에 붓다는 유전문(流轉門)을 설한 다음에 환멸문(還滅門)을 설하고 있다. 따라서 12연기는 유전문과 환멸문을 아울러 고찰해야 한다. 바꾸어 말하면 유전문의 이해를 통해 생사(生死)가 망상(妄想)임을 깨닫고, 환멸문을 실천하여 망상에서 벗어나는 것이 12연기에 대한 바른 이해와 실천이다.

2) 무시간적(無時間的) 연기관(緣起觀)

삼세양중인과설의 부당성을 주장하는 대표적인 학자는 일본의 우이 하쿠주(宇井伯壽)이다. 그는 연기(緣起)에서 발생의 의미를 배제해야 한다고 주장한다. 그는 "12인연설은 결코 인생생존이 어떻게 발생하고 있는지를 설명하는 것이 아니라, 인생생존이 어떻게 되어 있는가를 설명하고자 한 것이다."[16]라고 하고, "12지의 하나하나는 결코 원인 결과의 관계 순서에서 설해지고 있는 것이 아니라, 그보다는 조건과 귀결의 관계를 추구하여 열거한 것으로 해석할 수 있다. 아니 적절하게 말한다면, 각지(支)는 상관적 상의적 관계에 있는 것을 조건을 추구하여 순서를 세워서 열거한 것이라고 보지 않으면 안 된다."[17]고 주장한다. 12연기가 인생생존의 발생을 생물학적으로 설명하는 것이 아니라는 사실은, 필자도 12연기를 태생학적으로 이해되어서는 안 된다고 보기 때문에 공감한

• • • • • • • • • • • • • • •
16_ 宇井伯壽, 『인도철학연구』 권2(東京: 岩波書店, 昭和40), p.297.
17_ 같은 책.

다. 그러나 '차기고피기(此起故彼起)'라는 연기의 의미를 생각할 때 연기에서 인과적 발생의 의미를 전적으로 배제하는 것은 옳지 않다.

그는 연기의 의미에서 발생의 의미를 배제하고, 이와 같은 연기의 의미를 가장 잘 표현한 것이 'idappaccayatā(여기에 緣하고 있는)'라는 개념이라고 보아, 이것을 '상의성(相依性)'으로 번역한다. 10지연기설(十支緣起說)에 명색(名色)과 식(識)이 상호의존적으로 설명된 데서 'idappaccayatā'를 상의성으로 이해하고 있는 것이다.[18] 그러나 명색(名色)과 식(識)의 관계는 상의성(相依性)이 아니라 연기성이라고 하는 것이 옳다.

우리에게 어떤 인식이 있기 위해서는 반드시 의식 내부에 개념이 있어야 한다. 예를 들어, 책상을 인식하려면 책상의 형태[色]와 그 같은 형태에 붙여진 이름[名]에 대한 지식이 있어야만 외부에 책상이 주어질 때 '이것은 책상이다'라는 의식이 생긴다. 만약 책상에 대한 지식이 없을 때는 '이상한 형태의 처음 보는 나무'일 뿐이다. 따라서 '이것은 책상이다'라는 의식은 명색(名色)을 연(緣)하여 생긴다고 할 수 있다. 그런데 만약 책상에 대한 지식이 없는 상태에서 보았다면, 그때는 아직 명색(名色)이 구성되지 않은 상태이므로, 이전에 구성되어 있는 나무라는 명색(名色)을 조건으로, '이것은 지금까지 본 적이 없는 이상한 형태의 나무다'라는 의식이 생길 것이다. 만약 이 상태에서 멈춘다면 그것은 일종의 나무이지 결코 책상이 아니다. 그것이 책상이라는 명색(名色)으로 성립하기 위해서는 희탐(喜貪)과 갈망[愛]이 있어야 한다. 즉, 책을 놓고 보

• • • • • • • • • • • • •
18_ 위의 책, pp.318-319 참조.

기에 적당한 것을 갈망하고 있었는데 지금 앞에 놓여 있는 물건이 이 욕구와 상응하다고 느끼면 자신의 의식 속에 이미 명색(名色)으로 구성되어 있는 책과 상이라는 개념을 결합하여 새로운 형태[色]의 나무에 새로 구성한 책상이라는 이름[名]을 붙인다. 이렇게 책상이라는 명색(名色)은 식(識)을 연(緣)하여 생긴다. 이때 명색으로 구성되기 전의 '이상한 형태의 처음 보는 나무'는 네 가지 음식[四食]에 해당하고, 이 네 가지 음식[四食]에 희탐과 갈망이 있을 때 식(識)이 머물면서 증장함으로써 명색(名色)의 출현이 있다는 것이 이미 살펴본 바 있는 4식설(四食說)에서의 식 주증장(識住增長)이다. 따라서 식(識)과 명색(名色)의 상호연기성은 4식설에 근거한 것이지 발생의 개념이 배제된 상의성(相依性)의 표현이 아니다. 그러므로 12연기 각 지(支)의 관계를 무시간적, 논리적 관계로 보는 견해는 12연기의 바른 이해라고 볼 수 없다.

2. 연기(緣起)의 의미

1) 연기(緣起)와 집(集)

주지하듯이 '연기(緣起)'라는 술어는 'paṭiccasamuppāda'의 한역으로서 그 의미는 '의지하여(緣; paṭicca) 함께(saṁ) 나타남(起; uppāda)'이다. 그리고 이것은 '차유고피유(此有故彼有, imasmin sati idam hoti; 이것이 있는 곳에 이것이 있다), 차기고피기(此起故彼起, imassuppādā idam uppajjati; 이것이 나

타날 때에 이것이 나타난다)[19]로 설명된다. 'paṭiccasamuppāda'라는 술어
는 이와 같은 차유고피유(此有故彼有) 차기고피기(此起故彼起)의 의미를
잘 드러내고 있다. 'paṭicca'는 의지하다(fall back on)의 의미를 지닌 동사
'pacceti'의 동명사로서 '의지하고 있음'의 뜻이다. 따라서 이것은 차유
고피유(此有故彼有) 차기고피기(此起故彼起)의 의미 가운데 차유고피유
(此有故彼有)의 의미를 표현한 것이라 할 수 있다. 왜냐하면 의지하고 있
다는 것은 두 개 이상의 법이 같은 장소에 함께 있다는 의미인데 차유고
피유(此有故彼有)의 원어인 'imasmin sati idam hoti'는 '이것이 있는 곳
에 이것이 함께 있다'는 뜻이기 때문이다.

　　한편 'samuppāda'는 함께(together with)라는 의미의 접두사 'saṃ'
과 나타남(appearance)을 뜻하는 중성명사 'uppāda'가 결합된 합성어로
서 '함께 나타남'의 의미이다. 그런데 차기고피기(此起故彼起)의 원어인
'imassuppādā idam uppajjati'는 '이것이 나타날 때 이것이 나타난다'
는 의미로서, 같은 장소에 두 법이 함께 나타나는 것을 의미하기 때문에
'samuppāda'는 차기고피기(此起故彼起)의 의미를 표현한 것이라고 할
수 있다.

　　우리는 여기에서 연기라는 개념에 시간성이 배제되어 있음을 볼
수 있다. 그러나 연기라는 개념에 시간성이 배제되어 있다고 해서 12연
기의 유전문(流轉門)을 무시간적으로 해석해서는 안 된다. 왜냐하면 유
전문은 무시간적으로 연기한 것을 시간적으로 인식하는 중생들의 무지
를 드러내기 위한 것이기 때문이다. 우리가 인식하는 모든 법은 시간적

・・・・・・・・・・・・・・・
19_ S.N.12.21. Dasabalā. Vol. 2, p.28.

으로는 동시에[此起故彼起], 공간적으로는 한 곳에[此有故彼有] 연기하고 있다. 이것을 중생들은 모든 사물이 각기 다른 공간을 점유하고 있으면서, 무한한 시간 속에서 인과관계를 통해 변화한다고 생각한다. 중생들은 존재만을 인식의 대상으로 구성하는 것이 아니라, 시간도 대상화시켜서 과거, 현재, 미래로 분별한다.

　　그러나 『금강경』의 말씀과 같이 과거의 마음도 파악할 수 없고, 미래의 마음도 파악할 수 없고, 현재의 마음도 파악할 수 없다.[20] 왜냐하면, 우리의 체험은 항상 한 곳에서 동시에, 다시 말해서 '지금 여기에서' 일어나기 때문이다. 연기라는 개념은 이렇게 지금 여기에서 일체의 법이 연기한다는 사실을 표현하는 개념으로서, 법계(法界)가 벌어지는 실상(實相)을 표현한 개념이다. 따라서 연기한다는 사실, 즉 일체의 법이 지금 여기에서 함께 발생하고 있다는 사실의 자각이 곧 진리에 대한 자각이며, 『중아함경』의 「상적유경(象跡喩經)」에서 '연기를 보면 법을 보고, 법을 보면 연기를 본다.'[21]고 하는 말씀의 의미가 여기에 있다.

　　그렇다면 일체의 법이 지금 여기에서 함께 발생한다는 의미의 연기(緣起)는 구체적으로 어떤 것일까? 일체법의 발생을 설명하는 연기는 사물의 생성과 소멸을 설명하는 불교의 인과율(因果律)이다. 그런데 연기는 상식적인 인과율이 아니다. 일반적인 인과율은 원인[因]과 결과[果]의 관계를 시간적 선후관계로 본다. 원인은 시간적으로 앞에 있고, 결과는 뒤에 있다고 생각하는 것이다. 이러한 인과율은 원인이 결과에

20_ 過去心不可得 現在心不可得 未來心不可得(대정장 8, p.751b).
21_ 若見緣起便見法 若見法便見緣起(대정장 1, p.467a).

일방적으로 영향을 준다고 보는 선형인과율(線形因果律)이다. 그러나 불교의 연기는 선형인과율이 아니라 상호인과율(相互因果律)이다. 허버트 권터(Herbert Guenther)는 다음과 같이 말한다.

> 불교의 인과율에 대해서 이야기하려고 할 때 무엇보다 중요한 것은 그것이 우리의 사유방식에서 벗어나 있다는 점을 깨닫는 일이다. 불교인의 연합적이며 조화적인 사유의 개념 체계는 전통적인 유럽인의 인과적이며 법률적인 사유와는 다른 어떤 것이었다. 불교인의 사유체계는 상호의존하는, 함께 존재하면서 자유롭게 상호작용하는 힘들의 네트워크를 [가정하며], 이 네트워크 속에서는 어떤 요인이건 인과의 분류 단계에서 가장 높은 위치를 언제든지 차지할 수 있다.
> '작인(作因; causal agent)'으로서 그의 세계를 만들고 있는 것은 다름 아닌 그이고, 한편 세계는 그를 만들고 있는 '작인'이다. 그렇게 되는 까닭은 전술한 바와 같이 불교의 '인과율'이 원인과 결과가 서로 얽혀 있는 시스템이며 인과의 선형적인 연쇄가 아니기 때문이다.[22]

이와 같이 연기는 세계를 상호인과율로 설명하는 불교의 인과율이다. 그런데 붓다는 12연기의 유전문(流轉門)을 설할 때 항상 맨 마지막에 괴

• • • • • • • • • • • • • • •
22_ 조애너 메이시 저, 이중표 역, 『불교와 일반시스템이론』(서울: 불교시대사, 2004), pp.119-129에서 재인용.

로움덩어리[苦蘊]의 집(集; samudaya)을 언급한다.

"비구들이여, 연기(緣起)란 어떤 것인가? 비구들이여, 무명(無明)에 의존하여 조작하는 행위[行]들이 있고, 분별[識]이 있고, 이름과 형색[名色]이 있고, 6입처(六入處)가 있고, 대상접촉[觸]이 있고, 느낌[受]이 있고, 갈망[愛]이 있고, 취(取)가 있고, 유(有)가 있고, 생(生)이 있고, 생(生)에 의존하여 노사(老死)와 근심, 슬픔, 고통, 우울, 고뇌가 함께 있다오.²³ 이와 같이 순전한 괴로움덩어리[苦蘊]의 집(集; samudaya)이 있다오.²⁴ 비구들이여, 이것을 '함께 나타남(samuppādo)'이라고 한다오."²⁵

여기에서 괴로움덩어리[苦蘊]는 5취온(五取蘊)을 의미한다. 그런데 생사(生死)의 괴로움을 연기(緣起)로 설명한 후에 괴로움덩어리[苦蘊]가 연기(緣起)한다고 하지 않고 집(集)한다고 하는 까닭은 무엇일까?

S.N. 12. 105. Sakkāyo에 의하면 집(集; samudaya)은 자아(自我)의 성립을 설명하는 개념이다.

비구들이여, 내가 '존재하는 자기(sakkāyo)'와 존재하는 자기의

• • • • • • • • • • • • • • •

23_ 'jātipaccayā jarāmaraṇaṃ sokaparidevadukkhadomanassupāyasā sambhavanti'의 필자 번역. 우리의 근심, 슬픔, 고통, 우울, 고뇌 등은 우리가 태어나서 늙어 죽기 때문에 생긴다는 의미이다.

24_ 'evam etassa kevalassa dukkhakkhandhassa samudayo hoti'의 필자 번역. 이것은 12연기의 유전문이 苦蘊의 集, 즉 苦集聖諦를 설명하는 교리라는 것을 의미한다.

25_ S.N. 12. 1. Desanā(Vol. 2, p.1).

집(集)과 존재하는 자기의 멸(滅)과 존재하는 자기의 멸(滅)에 이르는 길을 가르쳐 주겠소. 그대들은 잘 듣도록 하시오.

비구들이여, '존재하는 자기'란 어떤 것인가? 그것은 5취온(五取蘊)이라고 불리는 것들이오. 5취온은 어떤 것들인가? 그것은 색취온(色取蘊), 수취온(受取蘊), 상취온(想取蘊), 행취온(行取蘊), 식취온(識取蘊)이오. 비구들이여, 이것을 존재하는 자기라고 한다오.

비구들이여, 존재하는 자기의 집(集)이란 어떤 것인가? 그것은 환희와 탐욕에 수반하여 이것저것을 애락(愛樂)하는, 새로운 존재로 이끄는(ponabbhavika) 갈망[愛], 즉 욕애(欲愛; kāmataṇhā), 유애(有愛; havataṇhā), 무유애(無有愛; vibhavataṇhā)라오. 비구들이여, 이것을 존재하는 자기의 집(集)이라고 부른다오.[26]

앞에서 살펴보았듯이, 5온은 18계(十八界)가 6촉(六觸)에 의해 6계(六界)로 재규정됨과 동시에, 촉(觸)에서 수(受), 상(想), 사(思)가 발생함으로써 성립된 것이다. 이때 6계(六界)와 수(受), 상(想), 사(思)는 5온의 질료가 되어 5온을 성립시키고 증장케 한다는 의미에서 네 가지 음식[四食]에 비유된다. 즉, 6계(六界)의 4대(四大)는 덩어리 음식[摶食]으로, 수(受)는 대상접촉 음식[觸食]으로, 상(想)과 사(思)는 의도 음식[意思食]으로, 식(識)은 식식(識食)으로 비유된다. 그리고 이 네 가지 음식[四食]에 희탐

• • • • • • • • • • • •
26_ S.N. Vol. 2.

(喜貪)과 갈망[愛]이 있을 때 식(識)이 머물면서 증장하며, 그 결과 5온으로 구성된다.

그런데 위의 경에서는 5취온(五取蘊)이라고 하는 괴로움덩어리 [苦蘊]를 구성하는 내적 요인을 '환희와 탐욕[喜貪]에 수반하여 이것저것을 애락(愛樂)하는 갈망[愛]'이라고 하고 있다. 여기에서 갈망[愛]이 애락(愛樂)하는 이것저것(tatratatra)은 네 가지 음식[四食]을 가리킨다. 음식이 모여서 우리의 몸을 이루듯이, 갈망[愛]에 의해 12입처에서 연기한 식(識)과 촉에서 발생한 수(受), 상(想), 사(思)가 모여서 5취온(五取蘊)이 구성된다는 것을 이 경은 이야기하고 있다.

이러한 의미를 보여 주는 것이 집(集)이라는 개념이다. 집(集)의 원어 'samudaya'는 'saṃ'(함께), 'ud'(위로), 'aya'(감; going)의 합성어로서 결합, 접합, 수집(收集), 소집(召集) 등의 뜻이 있다. 이 가운데 'udaya'는 생기(生起, going up, rising, coming up)의 뜻이므로 'samudaya'는 '집(集)'의 의미와 함께 '기(起)'의 의미를 함축하고 있다. 붓다는 이와 같은 의미를 지닌 집(集)이라는 개념을 사용하여 중생들이 네 가지 음식[四食]을 갈망할 때 이들이 모여서 그들의 자아가 형성된다는 것을 보여 주고 있다. 그렇다면 이들이 모여서 중생들의 자아를 구성한다는 것은 무엇을 의미하는 것일까?

앞에서 살펴본 S.N. 22. 79. Khajjani는 집(集)이 구체적으로 무엇을 의미하는지를 보여 준다.

비구들이여, 다양한 전생을 기억하고 있는 사문들이나 바라문들이 기억하고 있는 것은, 그것이 어떤 것이든, 모두 5취온이나 5취온 가운데 어떤 것을 기억하고 있다.

비구들이여, "나는 과거세에 이런 색(色; 형색을 지닌 몸)이었다."
라고 기억하면서, 그는 색(色)을 기억하고 있다. 수(受), 상(想),
행(行), 식(識)도 마찬가지다.

비구들이여, 그대들이 색(rūpa)이라고 말하는 것은 무엇인가?
'시달린다(ruppati).' 비구들이여, 그렇기 때문에 '색(rūpa)'이라
고 부른다. … 비구들이여, 그대들이 수(受; vedanā)라고 말하
는 것은 무엇인가? '느낀다(vediyati).' 비구들이여, 그렇기 때문
에 '수(受; vedanā)'라고 부른다. … 비구들이여, 그대들이 상(想;
saññā)이라고 말하는 것은 무엇인가? '생각한다(sañjānāti).' 비
구들이여, 그렇기 때문에 생각하는 '상(想)'이라고 부른다. …
비구들이여, 그대들이 행(行; saṅkhāra)이라고 말하는 것은 무엇
인가? '유위(有爲)를 조작한다(abhisaṅkharoti).' 비구들이여, 그
렇기 때문에 조작하는 '행(行)'이라고 부른다. 비구들이여, 그대
들이 식(識; viññāṇa)이라고 말하는 것은 무엇인가? '인식한다
(vijānāti).' 비구들이여, 그렇기 때문에 '식(識)'이라고 부른다.[27]

이 경에서 설명하고 있듯이 중생들이 자신의 존재로 생각하는 5취온(五
取蘊)은 체험이 모여서 구성된 것이다. 우리에게는 오직 시달리고, 느껴
지는 등의 체험만 있을 뿐인데 이들 체험이 갈망[愛]에 의해서 수집됨으
로써 5취온이 형성된다. 따라서 5취온은 체험이 수집되어 나타난 것이

• • • • • • • • • • • • • •
27_ S.N.22.79.Khajjani(Vol.3, pp.86-87). 대정장 2, pp.11b-12a.

라 할 수 있고, 집(集)은 갈망[愛]에 의한 체험의 집합을 의미한다고 할 수 있다.

이상의 고찰을 통해서 우리는 시간이라는 관념(觀念)은 집(集)에 의해서 형성된 것임을 알 수 있다. 우리의 의식에 생기는 의식의 내용은 지금 여기에서 연기한 것이다. 바꿔 말하면, 의식은 항상 동시에, 그리고 같은 곳[마음]에 생긴다. 예를 들어, 식(識)의 발생을 보면, 식(識)은 12입처(十二入處)를 조건으로 우리의 마음에 생기는 의식이다. 이때 의식은 눈으로 색을 보고 난 후에 생기는 것이 아니라, 눈으로 색을 봄과 동시에 생긴다. 이것을 차유고피유(此有故彼有) 차기고피기(此起故彼起)의 형식으로 서술하면, 눈으로 색을 보는 행위가 있는 곳에 안식(眼識)이 있고, 눈으로 색을 보는 행위가 나타날 때 눈으로 색을 분별하는 작용[眼識]이 나타난다. 이렇게 우리에게 현존하는 의식의 내용은 시공(時空)의 분별이 없는 우리의 마음속에서 연기한 것이다. 우리에게 가장 명증적인 체험은 오직 이러한 의식뿐이다.

그런데 이와 같은 체험 가운데 동일한 체험이 반복되면 이러한 체험을 가져다주는 것이 외부에 실재한다고 느낀다. 이것이 촉(觸)이다. 그 결과 우리의 마음에 수(受), 상(想), 사(思) 등이 생긴다. 이것도 우리의 마음속에서 연기한 것이다. 이렇게 우리의 마음속에는 오직 연기한 의식만 있다. 그런데 이 의식에 대하여 희탐(喜貪)이 생기면 이것을 기억하여 갈구하고 애착한다. 즉, 그 같은 체험을 다시 하고자 갈망한다. 집(集)은 이렇게 기억 속에 수집된(saṃ) 의식이 우리의 마음에 온(蘊)으로, 즉 이름과 형색[名色]을 갖춘 식(識)의 대상으로 구성되어 출현하는 것(udaya)을 의미한다. 우리가 생각하는 존재는 모두 이렇게 기억 속의 의식이 모여서 나타난 것이며, 이것이 5온(五蘊)이다.

　　이와 같이 5온(五蘊)은 반복된 체험이 갈망에 의해 기억 속에 모여서 나타난[集] 의식(意識) 덩어리[蘊]이기 때문에 시간성을 갖는다. 처음 체험한 내용과 다음에 체험한 내용이 모여서 한 덩어리가 되면, 이 덩어리는 일정한 시간 동안 동일한 공간을 점유하고 있는 존재로 인식된다. 이와 같이 5온(五蘊)은 체험의 내용이 모여 형성된 의식 덩어리로서, 일정한 시간 동안 일정한 공간을 점유하고 있는 존재로 인식된 것이다. 이와 같이 시간성을 지닌 5온을 취하여 자기 존재로 인식하는 상태에서 이들의 관계를 인과관계로 이해할 때 인과관계는 시간적 전후관계가 된다. 왜냐하면 원인이 되는 존재와 결과가 되는 존재는 모두 일정한 공간을 점유하고 있는데, 만약 동시에 존재한다면 그것은 동일한 공간에 두 개의 사물이 존재하는 것이 되기 때문이다.

　　그러나 이와 같은 생각은 모순이다. 용수(龍樹)는 『중론(中論)』에서 이러한 생각의 모순을 다음과 같이 지적하고 있다.

　　과(果)가 생기지 않았을 때는 연(緣; 因)은 마땅히 멸(滅)하지 않고 있어야 한다. (果가 생기기 전에 因이 滅한다면) 멸(滅)한 법(法)이 어떻게 연(緣; 因)이 될 수 있겠는가.[28]

우유와 요구르트를 비유로 들어 보자. 요구르트가 생기기 전에는 우유가 존재하고 있다. 그러나 요구르트가 생기면 우유는 존재하지 않는다.

．．．．．．．．．．．．．
28_ 果若未生時 則不應有滅 滅法何能緣. 『중론』「觀因緣品」제8게(偈).

우유와 요구르트는 한 순간도 동일한 장소에 공존할 수 없다. 결국 우유가 사라진 후에 요구르트가 생겼다고 할 수밖에 없다. 그렇다면 요구르트는 우유가 사라진 공간, 즉 우유가 없는 상태[無]에서 생긴 새로운 존재[有]이지 우유라는 존재[有]가 인(因)이 되어 생긴 것[果]이라고 할 수 없다. 우유와 요구르트의 인과관계를 존재 사이의 시간적 전후관계로 보면, 무(無)에서 유(有)가 나오는 모순에 빠진다.

이렇게 인과(因果)를 시간적 존재의 생기(生起) 관계로 이해할 경우에는 어떤 설명도 모순에서 벗어날 수 없다. 그리고 이러한 모순이 발생하는 것은 헤겔(Hegel)의 생각처럼 존재가 스스로 모순을 포함하고 있어서 변증법적으로 자기 발전하기 때문도 아니고, 칸트(Kant)의 주장처럼 우리의 이성(理性)이 경험을 초월한 세계에 대해서는 필연적으로 모순에 빠질 수밖에 없는 운명을 타고나서도 아니다. 시간과 존재는 우리의 마음속에서 연기한 의식 내용이 갈망에 의해 취해져서 모인 것이다. 이러한 사실을 모르는 무명(無明)의 상태에서 인과의 문제를 다루기 때문에 모순에 빠진다.

중생의 생사(生死)는 이와 같은 모순이다. 태어나서 죽는 시간적 존재, 즉 유(有; bhava)는 없다. 그런데 중생들은 무명의 상태에서 살아가면서 삶을 통해 연기한 의식을 갈망으로 취하여 자기 존재를 만든다. 이렇게 갈망에 의해 취해진 자기 존재라는 괴로움덩어리가 모여서 생사(生死)의 괴로움이 나타난다는 것을 보여 주는 것이 12연기의 유전문(流轉門)이다. 그리고 이러한 유전문의 실상을 표현한 것이 집(集; samudaya)이라는 개념이다. 붓다는 12연기의 유전문(流轉門)을 통해서 5취온(五取蘊)이라는 괴로움덩어리[苦蘊]가 무지[無明]와 갈망[愛]에 의해 모인 망상덩어리임을 보여 주고 환멸문(還滅門)을 통해서 5취온(五取蘊)이라는 망상덩어리의 멸진(滅盡)을 가르친 것이다.

이와 같이 집(集, samudaya)은 '연기(緣起)한 의식(意識)'이 무지[無明]와 갈망[愛]에 의해 모여서 망상덩어리를 이루는 것을 의미한다. 그렇기 때문에 붓다는 항상 무명(無明)과 욕탐(欲貪)에서 연기한 법에 대하여 집(集)이라는 개념을 사용한다.

그렇다면 연기(緣起)는 인과(因果)를 어떻게 설명하는 개념일까? 연기는 항상 마음을 바탕으로 설해진다. 붓다는 모든 법(法)은 마음에서 연기한 것으로 본다. 붓다는 사물을 표현할 때 존재(bhāva)라는 개념을 사용하지 않고 법(法; dhamma)이라는 개념을 사용하는데, 법(法; dhamma)은 마음에서 연기한 것을 의미한다.

이와 같은 사실에 근거하여 우유와 요구르트를 존재가 아닌 법(法)으로 보고 이들의 인과관계를 살펴보자. 우유는 외부에 실재하는 존재가 아니라, 우리에게 인식된 법(法)으로서의 우유다. 우리는 무엇을 우유라고 인식하는 것일까? 물론 암소의 젖이 우유다. 그러나 우리가 인식하는 우유는 단순히 그것만은 아니다. 우유는 맛이 고소하고, 색깔은 희고, 우리의 몸에 필요한 지방과 단백질 등이 풍부한 액체이다. 이와 같이 맛이 고소하고, 색깔은 희고, 우리의 몸에 필요한 지방과 단백질 등이 풍부한 우유는 외부에 실재하는 존재가 아니다. 우리는 먹어 봄으로써 고소하게 느끼고, 봄으로써 흰 액체로 지각하고, 분석을 통해서 영양분이 함유되었음을 안 다음에, 이러한 체험 내용[色]에 대하여 우유라는 이름[名]을 붙여 놓고, 동일한 체험을 가져다주는 상태를 인식하면 우유라고 인식한다.

그러나 우유는 존재하고 있는 것이 아니라 주변의 조건과 함께 부단히 변화하고 있다. 즉, 일정한 조건 아래서는 항상 일정하게 변화하고 있는 법이다. 요구르트도 마찬가지다. 따라서 우리가 우유라고 인식하는 법을 요구르트라고 인식하는 법으로 변화시키기 위해서는 요구르트라고 인식될 수 있는 조건을 만들어 주면 된다. 이때 요구르트라는 법은 우유라는 법에서 생긴 것이 아니라, 주변의 조건에 의해 요구르트라고 인식될 수 있는 법으로 변화한 것이다. 그리고 요구르트라는 법은 요구르트의 상태가 유지될 수 있는 조건과 함께 있을 때 우리에게 요구르트로 인식된다. 즉, 요구르트라는 법이 유지될 수 있는 주변의 조건이 있는 곳에 그 조건과 함께 요구르트라는 법이 있고, 그 조건이 나타날 때 동시에 요구르트가 나타난다. 그 조건이 없을 때는 그 법도 없다. 그리고 그 조건이 사라지면 그 법도 사라진다. 이와 같은 법은 중생의 인지구조에 의해서 인식된다. 따라서 법은 인지구조, 즉 중생의 마음에서 연기한 것이다.

이와 같이 연기는 인과를 표현하는 개념이다. 그리고 연기는 항상 우리의 마음에서 발생하는 의식을 설명할 때 사용될 뿐 사물의 생성을 설명하는 데는 사용되지 않는다. 그 이유는 분명하다. 우리가 존재라고 생각하는 모든 사물은 마음에서 연기한 의식이 모여서[集] 구성된 의식덩어리일 뿐, 외부의 사물이라는 개념 자체가 모순이고 허구이기 때문이다.

2) 연기(緣起)와 법(法)

전술한 바와 같이 붓다는 연기하는 것을 법(法; dhamma)이라고 부른다. 붓다에게 세계는 존재의 세계가 아니라 법의 세계, 즉 법계(法界)다. S.N.

12. 20. Paccaya와 이에 상응하는 『잡아함경(299)』에서 붓다는 다음과 같이 이야기한다.

> 비구들이여, 연기(緣起)란 어떤 것인가? 비구들이여, 생(生)에 의존하여 노사(老死)가 있다오. 여래가 출현하거나, 여래가 출현하지 않거나, 실로 그 계(界), 즉 법(法)의 고정성, 법의 순차성, 이것의 의존성은 상주(常住)한다오.[29] 여래는 그것을 바르게 깨닫고 통달한다오. 그리하여 알려주고, 보여 주고, 선언하고, 확립하고, 공개하고, 해석하고, 천명(闡明)한다오. 그리고 '보라!'고 말한다오.
> 〈중략〉
> 비구들이여, 무명(無明)에 의존하여 조작하는 행위[行]들이 있다오. 비구들이여, 거기에서 이것의 의존성은[30] 진실 그대로[眞如]이며,[31] 거짓 아닌 그대로이며,[32] 다름 아닌 그대로라오.[33] 비구들이여, 이것을 연기(緣起)라고 부른다오.[34]

> 佛告比丘 緣起法者 非我所作 亦非餘人作 然彼如來出世
> 及未出世 法界常住 彼如來自覺此法 成等正覺 爲諸衆生

••••••••••••••

29_ 'ṭhitā va sā dhātu dhammaṭṭhitatā dhammaniyāmatā idappaccayatā'의 필자 번역.

30_ 'idappaccayatā'의 필자 번역.

31_ 'tathatā'의 필자 번역.

32_ 'avitathatā'의 필자 번역.

33_ 'anaññathatā'의 필자 번역.

34_ S.N. Vol. 2, pp.25-26.

分別演說 開發顯示 所謂此有故彼有 此起故彼起 謂緣無
明行 乃至純大苦聚集 無明滅故行滅 乃至純大苦聚滅. [35]

이 경에서 이야기하고 있듯이 붓다가 깨달은 것은 상주(常住)하는 법계
(法界)와 이 법계가 유지되는 법칙, 즉 연기법이다. 그리고 이 연기하는
법계를 중생들에게 보여 주기 위하여 분별하여 설한 것이 12연기이다.

그렇다면 붓다가 상주한다고 한 법계(法界)는 어떤 세계일까? 붓
다는 연기하는 법칙의 일례를 들어 법계가 상주함을 설명하고 있다. 즉,
생(生)을 조건으로 노사(老死)가 일어난다는 사실은 법칙으로 확립되어
있어서 그 법칙이 결정적인 것[定性; niyāmatā]이며, 이러한 법칙은 항상
같은 조건 아래서 일어난다[條件性; idappaccayatā]는 것이다. 그리고 이
렇게 법(法)의 고정성, 법의 순차성, 이것의 의존성의 세계[法界]는 언제
나 변함없이 유지된다는 것이 이 경의 내용이다. 이와 같이 법계가 상주
한다는 말은 일정한 조건 아래서는 일정하게 작용하는 확립된 법칙의
세계가 상주한다는 의미다. 그리고 그 법을 자각했다는 것은 이러한 법
계가 유지되는 법칙이 연기법임을 자각했다는 것을 의미한다.

붓다는 연기를 객관적이고 필연적이며 불변하는 것으로서, 조건
아래서 작용하는 법칙으로 규정하고 있다. 그리고 이러한 연기법에 의
해 연기한 현상을 법(法)이라고 부르고, 그 법의 구조를 법계(法界)라고
부른다. 한마디로, 모든 법은 연기하고 있으며, 이렇게 연기하는 구조는
상주한다는 것이 법계상주(法界常住)의 의미다.

• • • • • • • • • • • • • •
35_ 대정장 2, p.85b.

그렇다면 법은 구체적으로 어떤 의미를 갖는 것일까? 지금까지 살펴보았듯이 법은 일차적으로 연기하는 법칙을 의미한다. 법칙이란 필연성과 불변성을 가지고 나타나는 객관적인 현상을 의미한다. 예를 들면, 모든 물질이 서로 잡아당기고 있다는 객관적인 현상이 필연적으로 변함없이 나타날 때, 우리는 이 현상을 만유인력의 법칙이라고 부른다. 그렇다면 이러한 현상은 아무 조건 없이 발생하는 것일까? 사과가 땅에 떨어지는 현상은 사과와 지구 사이에 인력이 작용할 수 있는 조건 아래서만 발생한다. 무중력의 상태에서는 사과가 땅에 떨어지지 않는다.

이와 같이 법칙은 반드시 어떤 조건 아래서의 상호관계이지 사물에 내재하는 법칙은 아니다. 만약 사물이 존재하고, 그 존재가 법칙을 소유하고 있다면 그 존재는 어떤 조건 아래서도 그 법칙으로 작용해야 한다. 다시 말해서 모든 존재는 그 스스로 갖고 있는 법칙에 따라 존재할 수밖에 없다. 이것이 막칼리 고쌀라(Makkhali Gosāla)의 결정론이다.

법칙은 조건 아래서만 필연성과 불변성을 갖는다. 예를 들면, 불에 석유를 부으면 석유가 타서 불이 더욱 치성해진다. 이때 우리는 석유가 연소하는 성질을 가지고 있다고 말한다. 그러나 우리는 석유로 불을 끌 수도 있다. 많은 석유를 낮은 온도에서 조그만 불에 한꺼번에 부으면 석유가 오히려 그 불을 소멸시킨다. 만약 석유가 타는 성질을 가지고 있다면, 이러한 현상은 발생할 수가 없다. 석유가 불을 더욱 치성하게도 하고 불을 끄기도 하는 것은 석유에 타는 성질이 있어서도 아니고, 불을 끄는 성질이 있어서도 아니다. 석유는 조건에 따라서 불을 붙일 수도 끌 수도 있다. 여기에서 고정적인 것은 석유가 아니라 석유가 불을 끌 수 있는 조건과, 불에 탈 수 있는 조건이다. 뿐만 아니라, 석유도 어떤 고유의 성질을 가지고 존재하는 실체가 아니라 연기하고 있는 현상이다.

　　이와 같은 붓다의 연기법은 존재의 인과율이 아니라 법(法)의 인과율로서, 막칼리 고쌀라처럼 결정론에 빠지지 않는다. 붓다가 이야기하는 법(法)은 바로 이러한 연기법, 즉 조건 아래서 필연성과 불변성을 가지고 나타나는 진리로서의 객관적인 법칙을 의미한다. "연기를 보면 법을 보고, 법을 보면 연기를 본다."[36]는 말은 이것을 의미하며, 이것이 법의 첫 번째 의미이다.

　　그렇다면 이러한 연기법의 세계, 즉 법계에서 존재는 어떤 의미를 갖는 것일까? 법계에서 존재는 한낱 망념(妄念)으로만 존재한다. 즉, 존재는 연기법에 의해 나타나는 현상, 다시 말해서 법(法)으로 환원된다. 물이라는 존재를 예로 들어 보자. 물은 'H-O-H'의 구조를 갖는 법이다. 즉, 수소원자 2개 산소원자 1개가 결합한 현상이 물이다. 전기분해하면 물은 다시 수소와 산소로 나누어진다. 따라서 물은 산소와 수소가 분해되지 않도록 하는 조건 아래서 수소와 산소가 결합해 있는 현상일 뿐 존재가 아니다. 물은 산소와 수소가 분해되지 않는 조건 아래서는(조건성) 필연적으로(필연성) 변함없이(불변성) 나타나는 객관적인(객관성) 현상이다. 이와 같이 연기법에 의해서 연기한 현상을 법이라고 부르며, 이것이 법의 두 번째 의미다.

　　법은 연기법에 의해 나타난 현상을 지칭한다. 모든 법은 무아(無我)이고 공(空)이라는 말은 우리가 존재로 생각하고 있는 것들은 존재가 아니라 연기법에 의해 나타난 현상이라는 의미이다. 붓다가 말하는 무

· · · · · · · · · · · · · ·
36_ 若見緣起 便見法 若見法 便見緣起. 『중아함경』 「象跡喩經」 (대정장 1, p.467a).

아(無我)와 공(空)은 모든 존재가 연기한 것임을 표현한 것이다. 따라서 붓다에게 연기(緣起)와 무아(無我)와 공(空)은 동일한 의미다.

이와 같이 연기하는 법계(法界)는 일법(一法)의 세계도 아니고 다법(多法)의 세계도 아니다. 법(法)은 일(一)이나 다(多)로 표현될 수 없다. 일(一)과 다(多)는 서로 다른 공간을 점유하고 있는 존재를 전제로 하는 개념이다. 그러나 법계는 법칙의 세계이기 때문에 일(一)이나 다(多)로 규정될 수가 없다. 우리는 나무가 땅에 뿌리를 내리고, 태양의 빛과 대기 중의 탄소와 토양 속의 양분과 수분을 흡수하여 자란다고 말한다. 나무라는 존재가 다른 공간에 있는 다른 존재들과 시공(時空)으로 구성된 세계 속에서 관계를 맺으면서 성장하고 있다고 생각하는 것이다. 그러나 나무도 태양도 대기도 토양도 모두 존재가 아니라 법이다. 나무라는 법은 주변의 여러 법을 조건으로 그 법들에 의해 길러지고 있는 현상이지, 독자적으로 존재하는 실체가 아니다. 태양이나, 대기나, 토양도 마찬가지다.

나무가 자랄 때 나무만 자라는 것이 아니다. 나무가 자란다는 현상은 주변의 여러 현상들에 대해서 그 현상들의 조건[緣]이 된다. 나무라는 현상의 전개는 다른 현상의 전개에 조건이 된다. 나무가 양분을 흡수함으로써 토양의 질이 변화하고, 광합성작용을 함으로써 대기 중의 산소가 증가한다. 이같이 나무가 자란다는 하나의 현상은 주변의 모든 현상을 변화시킨다. 이와 같이 나무의 성장과 대기나 토양의 변화는 결코 분리할 수가 없다. 나무, 대기, 토양은 개별적으로 존재하는 존재가 아니라 상호간에 조건이 되어 함께 일어나고 있는, 다시 말해서 연기하는 '하나의 현상'이다.

우리는 이러한 법계에 살고 있다. 즉, 인간도 법계라는 하나의 현상 속에 있다. 나무가 법계 속에서 양분을 흡수하고 광합성작용을 하면서 성장하듯이, 인간은 법계 속에서 보고, 듣고, 냄새 맡고, 맛보고, 만지고, 생각하면서 살아간다.

우리는 인식과 행위를 통해 법계에 참여하고 있다. 따라서 인간에게 법계는 인식과 행위의 대상이 된다. 그 결과 분리될 수 없는 법계는 행위하려는 의도에 따라 개별적인 현상으로 분별되어 인식된다. 다시 말하면 인간에게 법계는 마음[意]의 대상이며, 이렇게 마음의 대상으로서의 법계는 마음[意]의 규정을 받아 개별적으로 인식된다. 이렇게 마음[意]에 의해 규정을 받아 개별적으로 인식된 법[現象]이 법의 세 번째 의미다. 12입처(十二入處)에서 내입처(內入處)인 의(意)에 상응하는 외입처(外入處)의 법(法)이 세 번째 의미의 법(法)이다.

만약 우리가 이와 같은 법의 의미를 바르게 알아서 이 세계는 법의 세계이고, 이 법의 세계에 우리가 행위를 통해 참여하고 있다는 것을 안다면, 우리는 여법(如法)한 삶을 영위하게 될 것이다. 그러나 우리는 이와 같은 사실을 알지 못하고 욕탐을 일으켜 연기하는 법을 허구적으로 조작하여 존재로 대상화시킨다. 이렇게 욕탐에 의해 허구적으로 존재화된 법이 유위(有爲; saṅkhata)다. 따라서 유위를 조작하며 살아가는 중생들에게 세계는 존재의 세계로 인식되고, 이러한 존재의 세계는 실천적 관계에서 소유(所有)의 대상으로 인식되기 때문에 중생들은 욕탐(欲貪)에 따르는 여법(如法)하지 못한 삶을 영위한다.

붓다는 이와 같은 법의 실상을 알지 못하는 중생들에게 법계(法界)를 보여 주기 위해서 연기법을 설했다. 붓다의 연기법은 법계의 실상을 알지 못하는 무지한 상태[無明]에서 유위를 조작[行]하여 갖가지 차별된 존재를 인식[識]하면서 살아가는 중생의 무지를 보여 주는 가르침이다. 따라서 붓다가 깨달은 법계와 연기법은 12연기가 전부라고 할 수는 없다. 붓다가 깨달은 법은 전술한 법의 세 가지 의미를 함축하고 있는 것이지만, 중생들에게 설한 12연기는 세번째 의미, 즉 의(意)의 대상으로서의 법, 그 가운데서도 유위(有爲)의 연기구조다. 그리고 붓다는 12연기에 유전문과 환멸문을 시설함으로써 중생들이 유위의 세계에서 무위의 세계로 깨달아 들어가도록 하고 있으며, 이와 같은 무위의 세계는 항상 스스로 깨달아야 할 세계[自覺法]로 이야기된다.

3. 두 계열의 연기설(緣起說)과 이들의 관계

『아함경』과 『니까야』에는 여러 가지 형태의 연기설이 있는데, 이들을 분류하면 크게 두 계열로 나누어진다. 하나는 12입처(十二入處)에서 시작되는 연기설이고, 다른 하나는 노사(老死)의 조건을 통찰하여 그 원인을 찾아가는 연기설이다. 이와 같은 두 계열의 연기설의 의의와 이들의 관계를 살펴보기로 하자. 편의상 12입처에서 시작되는 연기설을 12입처(十二入處) 계열이라고 부르고, 노사(老死)의 조건을 통찰하는 연기설을 12연기(十二緣起) 계열이라고 부르기로 한다.

1) 12입처(十二入處) 계열 연기설(緣起說)

12입처 계열의 연기설은 12입처(十二入處)에서 중생의 세간(世間), 즉 5온(五蘊)이 연기하는 것을 보여 주는 연기설이다. 이 계열의 연기설은 S.N. 35. 23. Sabba에서 시작된다.

비구들이여, 어떤 것이 일체(一切)인가? 안(眼)과 색(色), 이(耳)와 성(聲), 비(鼻)와 향(香), 설(舌)과 미(味), 신(身)과 촉(觸), 의(意)와 법(法), 이것이 일체라고 불리는 것이오. 비구들이여, 만약 "나는 이 지각되는[現量의] 일체와는 다른 일체를 시설(施設)하겠다."라고 말한다면, 그에게는 말만 있을 뿐이어서 질문을 받아도 설명할 수 없고, 게다가 논쟁을 만들 것이오. 그 원인은 무엇인가? 비구들이여, 그것은 지각의 대상이 아니기 때문[37]이오. [38]

붓다의 세계관에서 살펴보았듯이, 붓다는 중생의 세계를 12입처에서 연기한 것으로 본다. '일체(一切)는 12입처(十二入處)다.'라는 말은 모든 것은 12입처에서 발생한 것이라는 의미이다. 그렇다면 12입처는 어떤 것인가? 12입처의 고찰에서 지적했듯이 12입처는 인식(認識) 성립의 두 가지 계기로서, 내6입처(內六入處)는 작용적(作用的) 계기이고 외6입처(外六入處)는 대상적(對象的) 계기이다. 『잡아함경(238)』에서는 다음과 같이 이야기한다.

안(眼)과 색(色)을 인연(因緣)으로 안식(眼識)이 발생한다. 왜냐하면 만약에 안식[眼識]이 생긴다면 모두가 안(眼)과 색(色)을 인연으로 생기기 때문이다. … 의(意)와 법(法)을 인연으로 의

• • • • • • • • • • • • • • • •
37_ 'avisayasmin'의 필자 번역.
38_ S.N. Vol. 4, p.15의 필자 번역.

식(意識)이 발생한다. 왜냐하면 존재하는 의식(意識)은 모두가
의(意)와 법(法)을 인연으로 생긴 것이기 때문이다.[39]

안(眼)과 색(色)을 인연으로 안식(眼識)이 발생한다는 것은 사물을 분별
하는 의식[識]이 보고 듣는 지각활동(작용적 계기)과 지각대상(대상적 계
기)을 통해서 발생한다는 것을 의미한다. 내6입처(內六入處)인 안이비설
신의(眼耳鼻舌身意)는 지각기관을 의미하는 것이 아니라 보고, 듣는 지
각활동, 즉 작용적 계기를 의미한다. 그리고 외6입처(外六入處)인 색성
향미촉법(色聲香味觸法)은 외부의 대상을 의미하는 것이 아니라 지각활
동을 통해서 지각된 대상, 즉 대상적 계기를 의미한다. 사물을 인식하는
의식은 이와 같은 작용적 계기와 대상적 계기에 의해서 발생한다.

사물을 분별하는 의식, 즉 식(識)이 내6입처와 외6입처를 인연으
로 연기한다는 것은 매우 중요한 사실을 보여 준다. 우리는 몸속에 있는
의식이 지각기관을 통해서 외부의 사물을 인식한다고 생각한다. 그런데
붓다는 작용적 계기와 대상적 계기를 통해서 의식이 발생한다고 함으로
써 사물을 분별하는 의식이 시간적인 지속성을 지니고 존재하는 실체가
아니라 지각활동을 통해서 발생하는 무상(無常)한 일시적 현상임을 이
야기하고 있다.『잡아함경(195)』에서 붓다는 다음과 같이 말한다.

안(眼)은 무상(無常)하다. 색(色), 안식(眼識), 안촉(眼觸), 그리고

· · · · · · · · · · · · · ·

39_ 眼因緣色 眼識生 所以者何 若眼識生 一切眼色因緣故 耳聲因緣 鼻香因緣 舌味因緣 意法因緣
意識生 所以者何 諸所有意識 彼一切皆意法因緣生故(대정장 2, p.57c).

안촉(眼觸)을 인연으로 발생한 수(受) 그것도 역시 무상하다.[40]

이 경에서 붓다는 중생들이 자신의 세계를 구성하는 근원인 12입처(十二入處)와 12입처에서 연기한 것들은 무상하다고 말한다. 12입처가 무상하다는 것은 무엇을 의미할까?

　　무상(無常)은 'anicca'의 한역인데, 'anicca'는 'nicca'에 부정접두어 'a'가 붙어 'nicca'를 부정하는 의미를 지닌다. 'nicca'는 '안, 속, 배경(down, back, in, into, within)'을 의미하는 'ni'와 '타고난, 천성의(born)', '살아있는(living at)'을 의미하는 'ja'가 결합한 것으로 추정되는 형용사인데, '안에 살아있는'의 의미에서 원래의 뜻은 '본유적인, 선천적인, 타고난, 본래의'이다. 이와 같은 의미의 'nicca'는 '영원한, 불멸의'의 뜻으로 사용되며, '본래부터 생멸(生滅)이 없는 어떤 본질적 존재가 있음'을 함축하고 있다. 'nicca'는 '본질적으로 불멸하는 존재가 현상의 배후에 있다'는 의미에서의 '영원한'을 의미한다. 'anicca'는 이러한 의미의 'nicca'를 부정하는 개념으로서 '본질적으로 일시적으로도 존속되지 못한다'는 의미를 지닌다. 바꿔 말하면 'anicca'는 어떤 존재가 시간적으로 한순간도 지속적으로 존재할 수 없다는 의미로서, 존재의 '시간적 지속성'과 함께 시간이라는 개념 자체를 부정하는 개념이다.

　　12입처(十二入處)가 무상(無常)하다는 것은 12입처가 시간과 공간 속에 존재하는 사물이 아니라는 것을 시사한다. 앞에서 이야기했듯이 내6입처(內六入處)는 지각활동이고, 외6입처(外六入處)는 지각된 내

40_ 眼無常 若色眼識眼觸 若眼觸因緣生受 … 彼亦無常(대정장 2, p.50c).

제3장 존재론　309

용이다. 필자는 12입처를 인식을 성립하는 두 계기로서 의식의 영역에 속한다고 본다. 의식은 조건에 따라 나타나고 사라질 뿐, 시간과 공간 속에 존재하지 않는다. 12입처가 무상하다는 것은 그것이 마음속에서 연기하는 의식이라는 것을 의미한다. 그리고 이와 같이 무상한 의식에서 연기한 식(識), 촉(觸), 수(受) 등도 역시 무상한 의식이라는 것이 이 경의 의미이다.

붓다가 말하는 중생의 세계는 '의식이 있고, 생각이 있는 한 길 몸속에 있는 세계'다. 12입처는 이러한 중생의 세계가 성립하는 바탕이다. S.N.35.107.Loka에서 붓다는 이것을 다음과 같이 이야기한다.

> 비구들이여, 어떤 것이 세간(世間)의 집(集)인가? 안(眼)과 색(色)에 의존하여 안식(眼識)이 발생한다오. 셋의 만남이 촉(觸)이라오. 촉(觸)에 의존하여 수(受)가, 수에 의존하여 애(愛)가, 애에 의존하여 취(取)가, 취에 의존하여 유(有)가, 유에 의존하여 생(生)이, 생에 의존하여 노사(老死)와 우비고뇌(憂悲苦惱)가 함께 있다오. 이것이 세간의 집(集)이라오.[41]

생로병사(生老病死)의 괴로움을 겪고 있는 중생들의 세계는 12입처에 의존하여 연기한 무상한 의식으로 구성된 세계다. 그렇기 때문에 붓다

• • • • • • • • • • • • • •

41_ 'katamo ca bhikkhave lokassa samudayo. cakkhuñca paṭicca rūpe uppajjati cakkhuviññāṇaṃ. tiṇṇam saṅgati phasso. phassapaccayā vedanā, vedanāpaccayā taṇhā, taṇhāpaccayā upādānaṃ, upādānapaccayā bhavo, bhavapaccayā jāti, jātipaccayā jarāmaraṇaṃ sokaparidevadukkhadoman assupāyāsā sambhavanti.'의 필자 번역. (S.N. Vol. 4, p.87)

는 중생의 세계, 즉 세간의 성립을 설명할 때 12입처에서 시작되는 연기설을 이야기한다. 중생들이 인식하는 모든 존재는 12입처에서 연기한 것이다. 인간 존재도 예외가 아니다. 『잡아함경(306)』에서는 다음과 같이 이야기한다.

> 시각활동[眼]과 형색[色]을 의지하여 시각분별[眼識]이 발생한다. 이들 셋의 만남이 대상접촉[觸]이다. 대상접촉[觸]에서 느낌[受], 생각[想], 의도[思]가 함께 발생한다. 이 네 가지 무색음(無色陰)[42]과 시각활동[眼]과 형색[色], 이것들을 사람이라고 부르고, 이것들에서 사람이라는 관념[想]을 만들고, 중생(satta), 나라(nara), 마토사(mānusa), 마나바(māṇava), 사부(士夫), 복가라(puggala), 기바(jīva), 선두(禪頭; jana)라는 관념[想]을 만든다.[43] 그리고 이와 같이 말한다. "내가 눈으로 형색을 보고, 내가 귀로 소리를 듣고, 내가 코로 냄새를 맡고, 내가 혀로 맛을 보고, 내가 몸으로 촉감을 느끼고, 내가 마음으로 사물[法]을 분별한다."
> 그리고 이와 같이 말한다. "이 존자는 이름은 이러하고, 성은 이러한데, 이렇게 먹고, 이렇게 고락을 받고, 이렇게 장수하고, 이렇게 오래 살고, 수명(壽命)은 이러했다." 비구여, 이것은 관념[想]이고, 이것은 기억[誌]이고, 이것은 언설(言說)이다. 이

42_ 네 가지 無色陰은 五蘊 가운데 色蘊 이외의 受蘊, 想蘊, 行蘊, 識蘊을 의미한다.

43_ nara, mānusa, māṇava, puggala, jana 등은 모두 인간을 의미하는 말이다.

모든 것들은 무상(無常)하고, 유위(有爲)이며, 의도[思]와 소원[願]을 인연으로 생긴 것이다.

무상(無常)하고, 유위(有爲)이며, 의욕[思]과 소원[願]을 인연으로 생긴 것, 그것이 곧 괴로움이다. 그리고 다시 그 괴로움이 생기고, 또다시 괴로움이 머물고, 또다시 괴로움이 사라지고, 또다시 괴로움이 거듭하여 나타나 생기는 일체가 모두 괴로움이다. 만약에 그 괴로움을 남김없이 끊고, 남김없이 토하고, 욕탐을 멀리하고[離欲], 없애고, 그쳐서 다른 괴로움이 상속하지 않고 출생하지 않으면, 이것이 적멸(寂滅)이고, 이것이 승묘(勝妙)이며, 남은 것을 모두 버리고, 모든 갈망하는 마음[愛]이 다하고, 탐욕이 없고, 멸진한 열반이라고 한다. 〈청각활동[耳], 후각활동[鼻], 미각활동[舌], 촉각활동[身], 마음활동[意]도 마찬가지다.〉⁴⁴

우리가 인간이라고 부르는 것은 무엇인가? 이 경은 이 물음에 대한 붓다의 답이다. 우리는 인간을 이 세상에 태어나서 이름을 가지고 일정 기간 존속하면서 고락을 겪으며 살다가 수명이 다하면 죽는 존재로 생각한

44_ 眼色緣生眼識 三事和合觸 觸俱生受想思 此四無色陰 眼色 此等法名爲人 於斯等法作人想 衆生, 那羅, 摩㝹闍, 摩那婆, 士夫, 福伽羅, 耆婆, 禪頭 又如是說 我眼見色 我耳聞聲 我鼻嗅香 我舌嘗味 我身覺觸 我意識法 彼施設 又如是說 是尊者如是名 如是生 如是姓 如是食 如是受苦樂 如是長壽 如是久住 如是壽分齊 比丘 是則爲想 是則爲誌 是則言說 此諸法皆悉無常 有爲 思願緣生 若無常 有爲 思願緣生者 彼則是苦 又復彼苦生 亦苦住 亦苦滅 亦苦數數出生 一切皆苦 若復彼苦無餘斷 吐盡 離欲 滅 息沒 餘苦更不相續 不出生 是則寂滅 是則勝妙 所謂捨一切有餘 一切愛盡 無欲 滅盡 涅槃〈耳, 鼻, 舌, 身觸緣生身識 三事和合觸 觸俱生受想思 此四是無色陰 身根是色陰 此名爲人 如上說 乃至滅盡 涅槃 緣意法生意識 三事和合觸 觸俱生受想思 此四無色陰 四大 士夫所依 此等法名爲人 如上廣說 乃至滅盡 涅槃〉(대정장 2, p.87c).

다. 그러나 붓다에 의하면, 우리가 인간이라고 부르는 존재는, 태어나서 죽을 때까지 존속하는 존재가 아니라, 지각활동을 통해 연기한 의식들로 구성된 5온(五蘊)이라고 하는 다섯 가지 관념이다.

『잡아함경(214)』은 12입처(十二入處)와 12입처에서 연기한 촉(觸), 수(受), 상(想), 사(思)가 마음에서 연기한 의식이라는 것을 분명하게 보여 준다.

> 시각활동[眼]과 형색[色]을 의지하여 시각분별[眼識]이 발생한다. 그것[眼]은 무상(無常)하며, 유위(有爲)이며, 마음에 의존하여 생긴다. 형색[色]과 시각분별[眼識]도 무상(無常)하며, 유위(有爲)이며, 마음에 의존하여 생긴다. 이들 셋의 만남이 대상접촉[觸]이다. 대상접촉[觸]하면 느끼고, 느끼면 의도하고, 의도하면 사유한다.[45] 이들은 모두 무상(無常)하며, 유위(有爲)이며, 마음에 의존하여 생긴 것으로서 촉(觸), 상(想), 사(思)라고 불리는 것들이다. 이비설신의(耳鼻舌身意)도 마찬가지다.[46]

시각활동[眼]은 의식작용이다. 우리는 우리의 의식작용이 외부의 대상을 상대로 활동한다고 생각한다. 지금까지 외6입처(外六入處)를 외부의

• • • • • • • • • • • • • • • •

45_ 『잡아함경(214)』에 상응하는 S.N. 35. 93. Dvayaṃ에는 이 부분이 'phuṭṭho bhikkhave vedeti, phuṭṭho ceteti, phuṭṭho sañjānāti(비구들이여, 대상접촉하면 느끼고, 느끼면 의도하고, 의도하면 관념화한다.)'로 되어 있다. 한편 M.N. 18. Madhupiṇḍika-sutta에서는 'phassapaccayā vedanā, yaṃ vedeti taṃ sañjānāti, yaṃ sañjānāti taṃ vitakketi(대상접촉[觸]을 의지하여 느낌[受]이 있고, 느낀 것을 개념화하고, 개념화한 것을 논리적으로 사유한다.)'라고 하고 있다.

46_ 眼色因緣生眼識 彼無常 有爲 心緣生 色若眼識 無常 有爲 心緣生 此三法和合觸 觸已受 受已思 思已想 此等諸法無常 有爲 心緣生 所謂觸 想 思 耳鼻舌身意 亦復如是(대정장 2, p.54a).

물질로 생각한 것은 우리의 상식으로 색성향미촉법(色聲香味觸法)을 이해했기 때문이다. 그러나 이 경에서는 내6입처 뿐만 아니라 외6입처도 마음에서 연기한 것이라고 말하고 있다. 이 경을 통해서 우리는 12입처가 마음에서 연기한 의식내용임을 알 수 있다.

중생들이 자아라고 생각하고 있는 것들도 모두 12입처에서 연기한 무상한 의식이다. 『잡아함경(273)』은 이 점을 보여 준다.

어떤 비구가 홀로 조용히 사유했다.

"자아는 어떤 것일까? 자아는 무엇을 하는 것일까? 무엇이 자아일까? 자아는 어디에 머물까?"

그는 선정에서 깨어나 부처님을 찾아가서 부처님께 예배하고 한쪽으로 물러나서 부처님께 말씀드렸다. 〈중략〉

부처님께서 비구에게 말씀하셨다. 〈중략〉

"시각활동[眼]과 형색[色]을 의지하여 시각분별[眼識]이 발생한다. 〈중략〉 비구여, 비유하면 두 손을 마주쳐서 소리를 내듯이, 이와 같이 시각활동[眼]과 형색[色]을 의지하여 시각분별[眼識]이 발생한다. 이들 셋의 만남이 대상접촉[觸]이다. 대상접촉[觸]에서 느낌[受], 생각[想], 의도[思]가 함께 발생한다. 이들은 모두 자아가 아니며, 존속하지 않는다. 이 존속하지 않는 자아는 항존(恒存)하지 않고, 안온(安穩)하지 않고 변해가는 자아다. 왜냐하면, 비구여, (그것은) 태어나서 늙고 죽어 사라지는 생(生)을 받는 법(法)이기 때문이다. 비구여, 제행(諸行)은 허깨비 같고 화염같이 순식간에 남김없이 사라지나니 실제로 오고

가는 것이 아니다. 그러므로 비구여 공(空)한 제행(諸行)에 대하여 '공(空)한 제행(諸行)은 항상 머무는 변하지 않는 법이며, 공(空)이며, 자아와 자아의 소유가 없다.'는 것을 알아야 하고, 기뻐해야 하고, 기억해야 한다."[47]

이 경은 우리가 자아라고 생각하고 있는 것은 12입처에서 연기한 의식 현상들로서, 자아라고 할 수 없는 것임을 강조한다. 이 경에서 말하는 제행(諸行)은 중생들의 삶, 즉 신행(身行), 구행(口行), 의행(意行)을 의미한다. 우리는 몸과 말과 마음으로 행위하며 살아가는데, 삶의 실상을 알지 못하는 무지한 중생들은 행위의 주체로서 자아가 있다고 생각한다. 중생들의 자아는 무명(無明)의 상태에서 살아가는 삶을 통해서 만들어진다. 그렇기 때문에 이 경에서는 삶을 통해 발생한 의식들을 유위(有爲)로 조작하여 자아로 여기고 살아가는 삶은 허깨비와 같다는 것을 강조하고 있다.

이 경에서 주목되는 것은 '공(空)한 제행(諸行)'이다. '공(空)한 제행(諸行)'은 무엇을 의미할까? 공(空)의 의미를 이야기한 『잡아함경 (335)』에서 붓다는 다음과 같이 말한다.

47_ 時 有異比丘獨靜思惟 云何爲我 我何所爲 何等是我 我何所住 從禪覺已 往詣佛所 稽首禮足 退住一面 白佛言 世尊 我獨一靜處 作是思惟 云何爲我 我何所爲 何法是我 我於何住 佛告比丘 〈중략〉 緣眼色 生眼識 〈중략〉 比丘 譬如兩手和合相對作聲 如是緣眼色 生眼識 三事和合觸 觸俱生受 想 思 此等諸法非我 非常 是無常之我 非恒 非安隱 變易之我 所以者何 比丘 謂生 老 死 沒 受生之法 比丘 諸行如幻 如炎 刹那時頃盡朽 不實來實去 是故 比丘 於空諸行當知 當喜 當念 空諸行常 恒 住 不變易法 空 無我我所(대정장 2, p.72c).

내가 이제 그대들을 위하여 법을 설하겠다. 처음도 중간도 마지막도 선(善)하며 선의선미(善義善味)이며, 순일하게 청정하므로 충만한 청백(淸白)한 범행(梵行)이니 소위 제일의공경(第一義空經)이다. 잘 듣고 바르게 사유하라. 그대들을 위하여 설하겠다. 어떤 것이 제일의공경(第一義空經)인가? 비구들이여, 시각활동[眼]은 생길 때 온 곳이 없고, 멸할 때 가는 곳이 없다. 이와 같이 시각활동[眼]은 부실하게 생겨서 생기면 멸진한다. '업보(業報)는 있으나 작자(作者)는 없으며' 차음(此陰)이 멸하면 이음(異陰)이 상속할 뿐이다. [48]

우리는 어떤 행위를 할 때, 행위의 작자(作者)로서 자아가 있다고 생각한다. 그러나 우리의 행위에 작자(作者)는 없고 행위와 그 결과, 즉 업보(業報)만 있다는 것이 붓다가 말하는 '공(空)'의 의미다. 우리의 삶에 작자로서의 자아는 없고, 오직 삶과 그 삶의 결과로 이어지는 5온(五蘊)의 상속만 있다는 것이다. '공(空)한 제행(諸行)'은 바로 이러한 삶의 실상을 의미한다. 자아가 없이 무아(無我)로 사는 삶이 '공(空)한 제행(諸行)'이다. 이러한 삶은 언제나 변함이 없다는 사실을 알고 이러한 삶을 즐기면서 잊지 말아야 한다는 것이 『잡아함경(273)』의 가르침이다.

그러나 중생들은 대상접촉을 통해서 발생한 의식을 취하여 자아와 세계로 분별하여 집착한다. 12입처 계열의 연기설은 중생들이 어떻

48_ 我今當爲汝等說法 初中後善 善義善味 純一滿淨 梵行淸白 所謂第一義空經 諦聽 善思 當爲汝說 云何爲第一義空經 諸比丘 眼生時無有來處 滅時無有去處 如是眼不實而生 生已盡滅 有業報而無作者 此陰滅已 異陰相續(대정장 2, p.92c).

게 허구적인 자아와 세계를 취하는지를 보여 주는 연기설이다. 중생들이 자아를 취하는 것은 욕탐(欲貪) 때문이다. 이 점을 보여 주는 것이 『잡아함경(239)』와 『잡아함경(240)』이다.

> 내가 이제 결박에 묶인 법[結所繫法]과 결박하고 있는 법[結法]을 이야기하겠다. 어떤 것이 결박에 묶인 법인가? 안색(眼色), 이성(耳聲), 비향(鼻香), 설미(舌味), 신촉(身觸), 의법(意法) 이것을 결박에 묶인 법이라고 부른다. 결박하고 있는 법은 어떤 것인가? 욕탐(欲貪)을 말한다. 이것을 결박하고 있는 법이라고 부른다. [49]
> 내가 이제 취해진 법[所取法]과 취하고 있는 법[取法]을 이야기하겠다. 어떤 것이 취해진 법인가? 안색(眼色), 이성(耳聲), 비향(鼻香), 설미(舌味), 신촉(身觸), 의법(意法) 이것을 취해진 법이라고 부른다. 취하는 법은 어떤 것인가? 욕탐(欲貪)을 말한다. 이것을 취하는 법이라고 부른다. [50]

위의 두 경은 12입처가 욕탐(欲貪)에 의해 결박되어 취해진 것임을 이야기하고 있다. 12입처가 욕탐에 의해 결박되어 취해진 것은 어떤 의미일까? 『잡아함경(250)』에서 마하구치라(摩訶拘絺羅)와 사리불(舍利弗)은

• • • • • • • • • • • • • • •
49_ 我今當說結所繫法及結法 云何結所繫法 眼色 耳聲 鼻香 舌味 身觸 意法 是名結所繫法 云何結法 謂欲貪 是名結法(『잡아함경(239)』, 대정장 2, p.57c).

50_ 我今當說所取法及取法 云何所取法 眼色 耳聲 鼻香 舌味 身觸 意法 是名所取法 云何取法 謂欲貪 是名取法(『잡아함경(240)』, 대정장 2, p.58a).

이 문제에 대하여 다음과 같은 문답을 한다.

존자 마하구치라가 존자 사리불에게 물었다.
"사리불 존자여, 안(眼)이 색(色)을 묶습니까, 색(色)이 안(眼)을 묶습니까?" 〈중략〉
존자 사리불이 존자 마하구치라에게 대답했다.
"안(眼)이 색(色)을 묶는 것도 아니고, 색(色)이 안(眼)을 묶는 것도 아닙니다. 〈중략〉 그 중간에 욕탐(欲貪)이 있으면 그것이 묶습니다. 마하구치라 존자여, 비유하면 흰 소와 검은 소를 하나의 멍에로 묶는 것과 같습니다. 이때 '검은 소가 흰 소를 묶었는가, 흰 소가 검은 소를 묶었는가?'라고 물을 수 있을까요?"
"아닙니다. 사리불 존자여, 검은 소가 흰 소를 묶는 것도 아니고, 흰 소가 검은 소를 묶는 것도 아닙니다. 중간에 멍에가 있으면 그것이 얽어 묶습니다."
"마하구치라 존자여, 이와 같이 안(眼)이 색(色)을 묶는 것도 아니고, 색(色)이 안(眼)을 묶는 것도 아닙니다. 〈중략〉 그 중간에 욕탐(欲貪)이 있으면 그것이 묶습니다. 마하구치라 존자여, 만약에 안(眼)이 색(色)을 묶거나, 색(色)이 안(眼)을 묶고 … 의(意)가 법(法)을 묶거나, 법(法)이 의(意)를 묶는다면, 세존께서는 범행(梵行)을 건립하여 사람들을 가르쳐서 괴로움을 남김없이 없애도록 하지 않으셨을 것입니다. 안(眼)이 색(色)을 묶지도 않고, 색(色)이 안(眼)을 묶지도 않고 … 의(意)가 법(法)을 묶지도 않고, 법(法)이 의(意)를 묶지도 않기 때문에 세존께서

는 범행(梵行)을 건립하여 사람들을 가르쳐서 괴로움을 남김
없이 없애도록 하신 것입니다. 마하구치라 존자여 세존께서는
시각활동[眼]을 통해서 형색[色]을 보고 좋든 싫든 욕탐을 일
으키지 않지만, 그 밖의 중생들은 시각활동[眼]을 통해서 형색
[色]을 보고 좋거나 싫으면 욕탐을 일으킵니다. 그래서 세존께
서는 욕탐을 끊으면 마음이 해탈한다고 말씀하신 것입니다."[51]

12입처가 욕탐에 결박되어 있다는 것은 지각활동을 할 때 중생들은 지
각된 대상에 대하여 욕탐을 일으킨다는 것을 의미한다. 우리의 마음은
지각활동을 통해서 대상을 인식한다. 이때 마음에 욕탐이 생기면 마음
은 욕탐에 의해 속박되고 취착되어 12입처의 구조, 주관과 객관으로 분
별된 인식의 작용적 계기와 대상적 계기가 된다. 『잡아함경(241)』에서
12입처를 유위이며 심연생법(心緣生法)이라고[52] 한 것은 12입처가 욕탐
이 발생한 중생의 마음[心]이라는 것을 이야기한 것이다. 12입처는 마음
[心]이 욕탐에 결박되어 주관과 객관으로 취해진 것이며, 12입처를 인연
으로 발생한 6식(六識)은 욕탐에 결박된 마음에 의해 발생한 분별이다.

　　12입처를 인연으로 6식(六識)이 발생하면, 그것이 욕탐에 의해
연기한 의식현상이라는 것을 알지 못하는 중생들은 그것을 외부에 존재
하는 대상에 대한 접촉이라고 느낀다. 이것이 촉(觸)이며, 보다 명확하게
말한다면 이것은 무명에서 생긴 촉(觸), 즉 무명촉(無明觸)이다.

· · · · · · · · · · · · · ·
51_ 대정장 2, p.60ab.
52_ 대정장 2, p.58a.

이와 같이 12입처에서 시작되는 연기설은 먼저 욕탐이 있으면 12입처(十二入處)가 집기(集起; samudaya)하고, 12입처를 인연으로 6식(六識)이 발생하면, 이들을 인연으로 6촉(六觸)이 발생하며, 6촉입처(六觸入處)에서 인식된 내용을 존재로 느낄 때, 5온이 성립한다는 것을 보여준다. 욕탐에 결박되고 취착된 마음[心], 즉 12입처가 인식 성립의 바탕이 되어 거기에서 인식이 구성되고, 이렇게 인식이 구성된 마음이 무지의 상태[無明]에 있으면 그것이 존재성립의 바탕이 되어 거기에서 존재가 구성된다는 것을 설명하는 것이 12입처 계열 연기설이다.

12입처를 바탕으로 존재가 구성되는 과정에 촉(觸)에서 수(受), 상(想), 사(思)가 발생한다. 이때 촉에서 발생한 수(受), 상(想), 사(思)는 존재로 구성되기 이전의 의식내용이다. 촉(觸)에서 발생한 수(受), 상(想), 사(思)가 존재로 구성되기 위해서는 새로운 계기가 필요하다. 그것이 애(愛)와 취(取)이다. 촉에서 발생한 의식의 내용에 다시 갈망[愛]이라는 일종의 욕탐이 개입하여 수(受), 상(想), 사(思) 등이 취해짐으로써 존재로 구성되어 유(有; bhava)가 성립된다. 유(有)에는 욕유(欲有), 색유(色有), 무색유(無色有)가 있는데, 이들은 각각 욕탐, 지각[色], 의식작용[受, 想, 思, 識]이 갈애와 취착에 의해 존재로 구성된 것이다. 이와 같은 유(有)는 네 가지 음식[四食], 즉 덩어리음식[摶食], 대상접촉음식[觸食], 의도음식[意思食], 분별음식[識食]이 5온(五蘊)이라는 존재로 구성된 것이라고 할 수 있다.

12입처는 무명의 상태에서 욕탐으로 자아와 세계를 분별하고 살아가는 중생들의 삶의 방식이다. 무지한 범부(凡夫)이건, 깨달은 붓다이건, 지각활동을 통해서 인식하고 행위하는 점에서는 차이가 없다. 그러나 인식과 행위의 대상을 마음에서 연기한 법(法)으로 보느냐, 외부에 실재하는 존재로 보느냐에 따라 삶의 내용은 크게 달라진다. 인식 대상을 존재로 생각할 때는 그 대상이 소유의 대상이 되어 욕탐을 일으키지만 법(法)으로 생각할 때는 행위의 대상이 된다.

12입처는 무명의 상태에서 욕탐으로 자아와 세계를 분별하고 살아가는 중생들의 삶의 방식이며, 이러한 삶을 통해 중생들은 연기한 법(法)을 실재하는 존재로 착각하고 살아간다. 중생들이 겪는 생사의 괴로움은 이와 같은 무명(無明)과 욕탐(欲貪)에서 비롯된 것이다. 따라서 연기한 법(法)을 욕탐으로 취하는 일을 멈추고 무명에서 대상을 접촉하는 촉(觸)을 멸해야 한다. 『잡아함경(221)』에서 붓다는 다음과 같이 말한다.

일체의 취(取)에 이르는 과정[趣一切取道跡]이 있다. 시각활동[眼]과 형색[色]을 의지하여 시각분별[眼識]이 발생한다. 이들 셋의 만남이 대상접촉[觸]이다. 대상접촉[觸]에 의지하여 느낌[受]이 발생하고, 느낌에 의지하여 갈망[愛]이 발생하고, 갈망[愛]에 의지하여 취(取)가 발생하여 취해지는 것을 취하기 때문에 이것을 일체의 취(取)에 이르는 과정[趣一切取道跡]이라고 한다. 이(耳), 비(鼻), 설(舌), 신(身), 의(意)도 마찬가지다.

일체의 취(取)를 단절하는 과정[斷一切取道跡]은 어떠한가? 시각활동[眼]과 형색[色]을 의지하여 시각분별[眼識]이 발생한다. 이들 셋의 만남이 대상접촉[觸]이다. 대상접촉[觸]이 멸하면 느낌[受]이 멸하고, 느낌이 멸하면 갈망[愛]이 멸하고, 갈망

이 멸하면 취(取)가 멸한다. 이와 같이 알아야 한다.[53]

중생들은 이와 같은 취의 과정을 통해서 허망한 자아를 취착하여 생사의 괴로움을 느끼며 살아간다. 따라서 이 과정은 괴로움이 쌓이는 과정이다. 『잡아함경(218)』에서는 이것을 다음과 같이 이야기한다.

> 내가 이제 그대들에게 괴로움이 쌓이는 과정[苦集道跡]과 괴로움이 소멸하는 과정[苦滅道跡]을 이야기하겠다. 괴로움이 쌓이는 과정[苦集道跡]은 어떠한가? 시각활동[眼]과 형색[色]을 의지하여 시각분별[眼識]이 발생한다. 이들 셋의 만남이 대상접촉[觸]이다. 대상접촉[觸]에 의지하여 느낌[受]이, 느낌에 의지하여 갈망[愛]이, 갈망에 의지하여 취(取)가, 취에 의지하여 유(有)가, 유에 의지하여 생(生)이, 생에 의지하여 늙고 병들어 죽는 근심과 슬픔과 번민의 괴로움이 쌓인다. 이와 같이 순전한 괴로움덩어리가 쌓인다. 이(耳), 비(鼻), 설(舌), 신(身), 의(意)도 마찬가지다. 이것을 괴로움이 쌓이는 과정[苦集道跡]이라고 한다.
> 괴로움이 소멸하는 과정[苦滅道跡]은 어떠한가? 시각활동[眼]과 형색[色]을 의지하여 시각분별[眼識]이 발생한다. 이들 셋의 만남이 대상접촉[觸]이다. 대상접촉[觸]이 소멸하면 느낌[受]이 소멸하고, 느낌이 소멸하면 갈망[愛]이 소멸하고, 갈망

53_ 有趣一切取道跡 云何爲趣一切取道跡 緣眼色 生眼識 三事和合觸 觸緣受 受緣愛 愛緣取 取所取故 耳鼻舌身意亦復如是 取所取故 是名趣一切取道跡 云何斷一切取道跡 緣眼色 生眼識 三事和合觸 觸滅則受滅 受滅則愛滅 愛滅則取滅 如是知耳(대정장 2, p.55a).

이 소멸하면 취(取)가 소멸하고, 취가 소멸하면 유(有)가 소멸하고, 유가 소멸하면 생(生)이 소멸하고, 생이 소멸하면 늙고 병들어 죽는 근심과 슬픔과 번민의 괴로움이 소멸한다. 이와 같이 순전한 괴로움덩어리가 소멸한다. 이(耳), 비(鼻), 설(舌), 신(身), 의(意)도 마찬가지다. 이것을 괴로움이 소멸하는 과정[苦滅道跡]이라고 한다.[54]

이 경에서 이야기하는 순전한 괴로움덩어리[純大苦聚]는 중생들이 자아로 취하고 있는 5취온(五取蘊)을 의미한다. 중생들에게 자아라는 존재[有]가 태어나서[生] 늙고 병들어 죽어간다[老病死]고 생각하면서 근심하고, 슬퍼하고, 번민하는 괴로움이 쌓이는 것은 취에 이르는 과정을 통해서 5취온(五取蘊)을 취하여 자아로 집착하기 때문이라는 것이 이 경의 의미이다.

　　가치론에서 살펴보겠지만, 붓다는 중생들이 자아로 취하고 있는 5취온(五取蘊)을 괴로움덩어리로 본다. 5취온을 자아로 집착하며 사는 중생들은 늙고 죽지 않으려는 자신의 욕구와 연기하는 법으로서의 무상한 5온 사이에서 끊임없이 갈등하고 고뇌한다. 따라서 일체의 취에 이르는 과정[趣一切取道跡]은 곧 괴로움이 쌓이는 과정[苦集道跡]이며, 이 과정을 그치는 것이 괴로움이 소멸하는 과정[苦滅道跡]이다. 12입처 계열

· · · · · · · · · · · · · · · · ·

54_ 我今當爲汝等說苦集道跡 苦滅道跡 諦聽 善思 當爲汝說 云何苦集道跡 緣眼色 生眼識 三事和合觸 緣觸受 緣受愛 緣愛取 緣取有 緣有生 緣生老病死 憂悲惱苦集 如是 耳 鼻 舌 身 意亦復如是 是名苦集道跡 云何苦滅道跡 緣眼色 生眼識 三事和合觸 觸滅則受滅 受滅則愛滅 愛滅則取滅 取滅則有滅 有滅則生滅 生滅則老病死 憂悲惱苦滅 如是純大苦聚滅 耳 鼻 舌 身 意亦如是說 是名苦滅道跡(대정장 2, pp.54c-55a).

연기설은 이러한 과정을 보여 주기 위해서 설해진 것이다. 바꿔 말하면, 12입처 계열 연기설은 4성제(四聖諦)의 고집성제(苦集聖諦)와 고멸성제(苦滅聖諦)에 대한 가르침이다.

2) 12연기(十二緣起) 계열 연기설(緣起說)

12입처 계열 연기설은 중생세간의 바탕인 12입처에서 중생들의 세계와 자아가 형성되는 것을 보여 주는데, 12연기 계열 연기설은 중생들이 겪는 괴로움의 근원을 통찰하여 그 근원이 무명이라는 것을 깨닫도록 한다.

    12연기 계열 연기설에는 12지(十二支) 완비형(完備形)과 미비형(未備形)이 있다. 여기에서는 완비형(完備形)과 미비형(未備形)을 대표하는 3개의 경을 살펴보기로 한다.

    12지(十二支) 미비형(未備形)을 대표하는 경은 『잡아함경(285)』이다.

> 나는 과거 정각을 이루지 못했을 때 홀로 고요한 곳에서 선정에 전념하면서 이런 생각을 했다오.
> "세간은 태어나고, 늙어죽고, 죽어가서 다시 태어나는 곤경에 처해 있다. 그런데 이러한 괴로움과 늙어죽음에서 벗어날 줄을 모른다."
> 나는 이런 생각을 했다오.
> "무엇이 있는 곳에 늙어죽음[老死]이 있을까? 무엇에 의존하여 늙어죽음이 있을까?"
> 그때 이치에 맞는 생각을 하자, 통찰지[般若]에 의한 요해(了

解)가 생겼다오.

"생(生)이 있는 곳에 늙어죽음[老死]이 있다. 생(生)에 의존하여 늙어죽음[老死]이 있다."

〈중략〉

나는 다시 생각했다오.

"무엇이 있는 곳에 취(取)가 있을까? 무엇에 의존하여 취(取)가 있을까?"

그때 이치에 맞는 생각을 하자, 통찰지[般若]에 의한 요해(了解)가 생겼다오.[55]

"법(法)을 취(取)하여 즐기고 집착하여 마음에 두고 마음을 속박하는 애욕이 증장(增長)하면,[56] 그 애(愛)가 있는 곳에 취(取)가 있다. 애(愛)에 의존하여 취(取)가 있고, 취(取)에 의존하여 유(有)가 있고, 유(有)에 의존하여 생(生)이 있고, 생에 의존하여 늙고 병들어 죽는 근심과 슬픔과 번민의 괴로움이 있다. 이와 같이 순전한 큰 괴로움덩어리가 쌓인다[純大苦聚集]."

그때 나는 다시 생각했다오.

"무엇이 없는 곳에 늙어죽음[老死]이 없을까? 무엇이 멸하면 늙어죽음이 멸할까?"

그때 이치에 맞는 생각을 하자, 통찰지[般若]에 의한 요해(了解)가 생겼다오.

....

55_ 이 부분의 번역은 이에 상응하는 'yoniso manasikārā ahu paññāya abhisamayo'의 필자 번역임.

56_ '取法味著 顧念 心縛 愛欲增長'의 필자 번역.

"생(生)이 없는 곳에 늙어죽음[老死]이 없다. 생(生)이 멸하면 늙어죽음[老死]이 멸한다."

〈중략〉

나는 다시 생각했다오.

"무엇이 없는 곳에 취(取)가 없을까? 무엇에 멸하면 취(取)가 멸할까?"

그때 이치에 맞는 생각을 하자, 통찰지[般若]에 의한 관찰이 생겼다오.[57]

"취해진 법[所取法]은 무상(無常)하고 생멸(生滅)한다. 이욕(離欲)하고, 멸진(滅盡)하고, 사리(捨離)하여 마음에 두지 않고, 마음이 묶여 집착하지 않으면 애(愛)가 멸한다. 그 애(愛)가 멸하기 때문에 취(取)가 멸하고, 취(取)가 멸하기 때문에 유(有)가 멸하고, 유(有)가 멸하기 때문에 생(生)이 멸하고, 생이 멸하기 때문에 늙고 병들어 죽는 근심과 슬픔과 번민의 괴로움이 멸한다. 이와 같이 순전한 큰 괴로움덩어리가 멸한다[純大苦聚滅]."[58]

이 경은 붓다가 정각(正覺)을 성취하기 전에 사유한 내용이다. 붓다가 문제 삼은 것은 늙고 병들어 죽어가면서 근심하고, 고뇌하는 인간 실존이다. 우리는 왜 늙고 병들어 죽어가는 것을 근심하고 고뇌할까? 그것은 우리가 태어났기 때문이다. 태어나서 죽는다는 것은 생사(生死)의 주체

· · · · · · · · · · · · · · ·

57_ '即正思惟 生如實無間等觀'의 필자 번역.

58_ 대정장 2, pp.79c-80a의 필자 번역.

가 있기 때문이다. 자아가 존재하기 때문에 그 '자아'가 태어나서 죽는다. 생사(生死)는 존재하는 자아가 있기 때문에 나타나는 현상이다.

이와 같이 생사(生死) 문제는 본질적으로 자아의 문제다. 붓다 당시의 사상계에서는 존재론적으로 자아의 상(常), 무상(無常)을 문제 삼았다. 자아는 불생불멸하지만 불멸하는 자아를 발견하지 못한 범부들은 생멸하는 것을 자아로 생각하는 가운데 생사를 인식한다는 것이 정통바라문의 범아일여론(梵我一如論)이고, 자아란 물질의 일시적인 결합체이기 때문에 물질이 흩어지면 자아도 사라진다는 것이 당시 새로운 사상가들의 유물론이다. 그리고 자이나교에서는 생사(生死)는 영혼이 육체와 결합한 상태에서 나타나는 현상이라고 주장한다.

그러나 태어나서 죽는 자아(自我)의 존재는 그 자체로 모순이다. 우리는 내가 태어났다고 말한다. 이 말은 태어나는 행위의 주체인 자아가 있어서 그 자아가 태어난다는 말이다. 그러나 태어났다는 것은 존재하지 않던 것이 존재하게 되었다는 것을 의미한다. 다시 말해서 태어나기 전에는 자아가 존재할 수 없다. 그런데 어떻게 존재하지 않는 자아가 태어나는 행위의 주체가 될 수 있겠는가? 이러한 모순을 용수는 『중론(中論)』「관삼상품(觀三相品)」에서 다음과 같이 지적한다.

생기지 않은 상태의 생(生)이 어떻게 자아를 산출할 수 있겠는가? 산출되어 태어나 지금 생겨있다면 무엇이 다시 산출된다는 것인가?(anutpanno 'yam utpādaḥ svātmanaṃ janayet kathaṃ athotpanno janayate jāte kiṃ janyate punaḥ)**59**

태어난다는 것은 어떤 존재의 태어남이다. 태어나는 것이 존재하지 않으면 태어난다는 말은 무의미하다. 그러나 태어나는 것이 존재한다면 태어난다는 말은 무의미하다. 왜냐하면 이미 존재하는 것은 태어날 필요가 없기 때문이다. 용수는 이와 같이 생사의 주체로서의 자아라는 존재가 태어나서 죽는다는 우리의 일반적인 생각이 모순된 것임을 지적하고 있다.

붓다도 이러한 모순을 단상중도(斷常中道), 유무중도(有無中道) 등을 통해 비판하고 있다. 그리고 12입처(十二入處)의 고찰에서 살펴보았듯이 붓다는 외도들이 존재로 생각하고 있는 것은 그것이 정신적 존재이건 물질적 존재이건 모두 인식된 내용에 대한 느낌을 취하여 개념화한 것에 지나지 않음을 지적하고 있다. 12입처에서 시작되는 연기설은 우리가 존재라고 생각하는 것들이 어떤 과정을 통해 이루어진 것인가를 밝힌 것이다. 그리고 그 결과로서 행위나 현상의 주체가 되는 자아의 존재는 없다는 것이 무아설이다.

앞에 인용한 『잡아함경(285)』에서 붓다는 무아설의 입장에서 생사의 원인을 애(愛)로 규정한다. 그리고 생사의 괴로움을 멸하기 위해서는 애(愛)를 멸해야 한다고 한다. 그렇다면 어떻게 해야 애(愛)가 멸할까? 이 경에서는 구체적으로 애(愛)가 어떤 것인지, 그리고 어떻게 해야 애(愛)가 멸하는지를 말하고 있다. 이 경에서 이야기하는 애(愛)는 어떤

• • • • • • • • • • • • •
59_ 『중론』 「觀三相品」 第14偈.

대상을 취(取)하여 즐기고 집착하여 뒤돌아보고 마음을 속박하는 애욕, 즉 갈망[愛]이다. 이 갈망에 의해서 대상을 취하는 것이 취(取)이다. 그리고 이 갈망[愛]에 의해서 취해진 대상이 소취법(所取法)이다. 붓다는 애(愛)를 멸하기 위해서는 소취법(所取法)이 무상(無常)하게 생멸(生滅)한다는 사실을 관찰해야 한다고 말한다.

그렇다면 갈망[愛]의 대상이 되는 소취법(所取法)은 구체적으로 어떤 것일까? 『잡아함경(283)』에서는 생사의 원인을 애(愛)로 규정하면서 '애(愛)는 결소계법(結所繫法)에 마음이 결박된 상태에서 생긴다.'[60]라고 이야기한다. 이 말씀은 결소계법(結所繫法)이 곧 소취법(所取法)이라는 말씀이다. 『잡아함경(19)』에 의하면 결소계법(結所繫法)은 5온(五蘊)이다.[61] 따라서 소취법(所取法), 즉 애(愛)의 대상이 되는 것은 5온(五蘊)이라는 것을 알 수 있다.

이렇게 생각할 때, 『잡아함경(285)』의 연기설은 12입처 계열 연기설과 밀접한 관계에서 설해진 것임을 알 수 있다. 12입처 계열 연기설은 우리가 존재라고 생각하는 5온(五蘊)이 12입처에서 성립되는 과정을 보여 주는데, 『잡아함경(285)』는 12입처 계열의 연기 과정에 의해 성립된 5온을 대상으로 갈망[愛]이 생기면, 그 갈망[愛]에 의지하여 취(取), 유(有), 생(生), 노사(老死)의 괴로움이 쌓인다는 것을 보여 주고 있다. 이와 같이 『잡아함경(285)』의 연기설은 12입처 계열 연기설과 12연기 계열 연기설의 교량적 역할을 하고 있다.

• • • • • • • • • • • • • •

60_ 若於結所繫法隨生味著 顧念 心縛 則愛生(대정장 2, p.79a).

61_ 色是結所繫法 此法宜速除斷 斷彼法已 以義饒益 長夜安樂 如是受 想 行 識是結所繫法 此法宜速除斷 斷彼法已 以義饒益 長夜安樂(대정장 2, p.4b).

『잡아함경(284)』는 9지(九支)로 구성된 12지(十二支) 미비형(未備形)의 연기설이다.

> 만약에 소취법(所取法)에 따르면서 그것이 주는 즐거움에 집
> 착이 생겨 마음에 두면 마음이 속박되어, 속박된 마음이 달려
> 나가 명색(名色)과 서로 오가며 사귄다. 명색(名色)에 의존하여
> 6입처(六入處)가, 6입처(六入處)에 의지하여 촉(觸)이, 촉(觸)에
> 의지하여 수(受)가, 수(受)에 의지하여 애(愛)가, 애(愛)에 의지
> 하여 취(取)가, 취(取)에 의지하여 유(有)가, 유(有)에 의지하여
> 생(生)이, 생(生)에 의지하여 늙고 병들어 죽는 근심과 슬픔과
> 번민의 괴로움이 있다. 이와 같이 순전한 큰 괴로움덩어리가
> 쌓인다[純大苦聚集].[62]

이 경에서 이야기하는 연기설은 12입처 계열 연기설과는 다른 구조를
보여 준다. 12입처 계열 연기설에서는 촉(觸)을 12입처에서 식(識)이 발
생한 후에 생기는 것으로 이야기하는데, 여기에서는 곧바로 6입처(六入
處)를 의지하여 생기는 것으로 이야기할 뿐만 아니라, 12입처 계열 연기
설의 출발점이었던 6입처(六入處) 앞에 명색(名色)을 배치하고 있다. 소
위 9지연기(九支緣起)로 불리는 이 연기설(緣起說)은 왜 명색(名色)을 6
입처(六入處)의 조건으로 이야기하는 것일까?

• • • • • • • • • • • • • • • •

62_ 若於所取法隨生味著 顧念 縛心 其心驅馳 追逐名色 名色緣六入處 六入處緣觸 觸緣受 受緣愛
愛緣取 取緣有 有緣生 生緣老病死 憂悲惱苦 如是如是純大苦聚集(대정장 2, p.79bc).

명색(名色; nāmarūpa)은 우파니샤드에서 형성된 개념이다. 찬도갸 우파니샤드(Chāndogya-upaniṣad)에서는 명색(名色)에 대하여 다음과 같이 이야기한다.

> 태초에는 일자(一者)인 유(有)만 있었다. … 일자(一者)가 다(多)가 되고 싶어서 화(火, tejas)를 방출했고, 화(火)는 수(水, apas)를 방출했으며, 수(水)는 음식(飮食, anna)을 방출했다. 그 다음에 일자(一者)가 이들 셋 안에 살아 있는 내적 자아로 들어가서 그 셋을 섞어서 각각 또 셋을 만들어 내어 만유(萬有)의 이름(nāma; 名)과 형상(rūpa; 色)을 산출시켰다.[63]

우파니샤드에서 명색(名色)은 현상적 존재의 형태[色; rūpa]와 그 형태를 지닌 존재의 고유한 이름[名; nāma]을 의미한다. 유일한 존재인 유(有; Sat)가 만물을 만들어 모든 존재는 저마다 고유한 형태와 이름으로 존재하게 되었다. 이와 같이 우파니샤드에서는 명색(名色)을 모든 존재에 고유한 이름과 형태로 보았다. 이것은 붓다 당시의 사람들이 모든 존재는 고유한 이름과 형태를 가지고 존재한다고 생각하고 있었다는 것을 의미하며, 이러한 생각은 우리의 일반적인 생각과 다르지 않다. 산은 본래 그 형태와 이름을 가지고 존재하는 산이고, 물은 본래 그 이름과 형태를 가지고 존재하는 물이라고 생각하는 것이 일반적이다.

• • • • • • • • • • • • •
63_ 길희성, 앞의 책, p.33에서 재인용.

그러나 붓다는 명색(名色)에 대하여 『잡아함경(298)』에서 다음과 같이 이야기한다.

> 명(名)은 어떤 것인가? 네 가지 무색온(無色蘊), 즉 수온(受蘊), 상온(想蘊), 행온(行蘊), 식온(識蘊)을 말한다. 색(色)은 어떤 것인가? 4대(四大)와 4대를 취하고 있는 색(色), 이것을 색이라고 부른다. 이 색과 전에 말한 명(名), 이것을 명색(名色)이라고 부른다.[64]

붓다는 명색(名色)을 5온(五蘊)으로 설명한다. 명(名)은 5온(五蘊) 가운데 형태가 없는 수(受), 상(想), 행(行), 식(識)이고, 색(色)은 4대(四大)와 4대(四大)를 취하고 있는 형태[色]라는 것이다. 이러한 설명에 따라서 일반적으로 명(名)은 정신적 존재를 의미하고 색은 물질적 존재를 의미한다고 해석한다. 그러나 이것은 올바른 해석이 아니다. 명은 우리가 마음으로 구성한 개념을 의미하고 색은 그 개념이 적용되는 형태를 의미한다.

명(名)을 수(受), 상(想), 행(行), 식(識)이라고 한 것은 개념이 느끼고 사유하고 행위를 결정하는 가운데 구성되고 분별된 것임을 뜻한다. 그리고 색(色)은 식(識)에 의해서 분별된 형태를 의미한다. 이 경에서 색(色)을 '4대소조색(四大所造色)'이라고 말하기 때문에 지금까지 색(色)을 '물질을 구성하는 4대와 그 4대(四大)로 이루어진 물질'로 이해했다. 그러나 5온의 의미를 고찰하면서 살펴보았듯이 '4대소조(四大所造)'로 한

• • • • • • • • • • • • • •

64_ 云何名 謂四無色陰 受陰 想陰 行陰 識陰 云何色 謂四大 四大所造色 是名爲色 此色及前所說名 是爲名色(대정장 2, p.85a).

역된 빨리(Pāli)어는 'catunnaṃ mahābhūtānam upādāya rūpaṃ'으로서 '4대를 취하고 있는 색(色)'이라는 뜻이다. 그리고 붓다는 4대를 물질을 구성하는 요소로 보지도 않았다.

붓다는 D.N. 11. Kevaddha-sutta에서 다음과 같이 말한다.

비구여, 이 물음은 '존자여, 이들 4대 즉, 지계(地界), 수계(水界), 화계(火界), 풍계(風界)는 어디에서 남김없이 소멸합니까?'라고 물어서는 안 되오. 비구여, 이 물음은 다음과 같이 물어야 하오. 어디에서 지(地), 수(水), 화(火), 풍(風)은 기반을 잃는가? 어디에서 길고 짧음, 가볍고 무거움, 깨끗함과 더러움은 기반을 잃는가? 어디에서 개념/이름[名][65]과 형색[色][66]은 남김없이 소멸되는가?

그때 대답이 있다오.

볼 수 없고, 한계가 없는[67] 식(識)[68]을 모두 버릴 때, 여기에서 지(地), 수(水), 화(火), 풍(風)은 기반을 잃고, 여기에서 길고 짧음, 가볍고 무거움, 깨끗함과 더러움은 기반을 잃고, 여기에서 개념/이름과 형색[名色]은 남김없이 소멸된다. 식(識)이 멸하기 때문에, 여기에서 그것이 소멸된다.[69]

....
65_ 'nāma'의 번역.
66_ 'rūpa'의 번역.
67_ 'anantaṃ'의 번역.
68_ 'viññāṇa'의 번역.
69_ 이중표 역해, 『정선 디가 니까야』, pp.164-165.

붓다는 당시의 유물론자들이 물질을 구성하는 실체라고 주장한 지(地), 수(水), 화(火), 풍(風)을 분별하는 의식, 즉 식(識)에 토대를 둔, 의식에 의해 분별된, '같은 성질을 가진 네 가지 부류(部類)', 즉 4계(四界)로 보았다. 그렇기 때문에 붓다는 분별[識]을 버리면 4대(四大)는 기반을 잃고, 분별에 의해 분별의 대상이 되는 이름과 형태, 즉 명색(名色)이 남김없이 소멸된다고 말하고 있다.

이와 같이 붓다가 이야기하는 명색(名色)은 물질과 정신, 또는 육체와 정신을 의미하는 것이 아니라, 식(識)에 의해서 분별되는 이름[名]과 형태[色]를 의미한다. 우파니샤드에서는 명색(名色)이 객관적 존재에 고유한 이름과 형태를 의미하지만, 붓다에게 사물이 지닌 이름과 형태는 인간의 인식에 의해 대상으로 구성된 명색(名色)이다. 따라서 붓다가 말하는 명색(名色)은 중생의 식(識)에 의해 이름과 형태로 분별된 대상을 의미한다.

『잡아함경(284)』의 9지연기설(九支緣起說)은 연기하는 법계(法界)를 실체들에 의해 구성된 존재의 세계로 착각하고 있는 중생을 기점으로 하고 있다. 5취온(五取蘊)을 자아로 생각하여 그것에 마음이 결박된 상태에서는 마음이 외부의 이름과 형태로 분별되는 존재, 즉 명색(名色)을 뒤쫓아 다닌다는 것이다. 이와 같은 중생들에게 명색(名色)은 6입처(六入處)의 인식대상이고, 6입처(六入處)는 명색(名色)을 지향하는 지각활동이므로 명색(名色)이 6입처의 연(緣)으로 설해진다. 중생들은 외6입처(外六入處)를 밖에 실재하는 것으로 생각하기 때문에 중생의 마음이 연기하는 과정에서 내6입처(內六入處)의 대상인 외6입처(外六入處)는 이름과 형태를 지닌다. 바꿔 말하면, 이름과 형태가 없는 대상은 내6입처

(內六入處)가 지각하지 못한다.

12입처 계열 연기설이 중생들이 자아로 집착하는 5취온이 성립되는 과정을 보여 준다면, 12연기 계열 연기설은 5취온을 자아로 집착하고 살아가는 중생들이 중생의 상태에서 벗어나지 못하고 반복적으로 중생의 삶을 이어가는 모습을 보여 준다. 이와 같이 붓다의 연기설은 두 측면에서 설해지고 있는데, 이들 두 측면의 연기설을 이어주는 연기설이 12지(十二支) 미비형(未備形)의 연기설이며, 9지연기설(九支緣起說)이 그 대표가 된다.

9지연기설(九支緣起說)에서는 12입처 계열 연기설의 출발점인 12입처(十二入處)의 외6입처(外六入處)가 명색(名色)으로 표현된다. 이것은 중생들의 지각활동이 외부의 객관대상에 대한 인지활동이 아니라 식(識)에 의해서 이름과 형태로 분별된 대상에 대한 지각활동이라는 것을 보여 주기 위한 것이다.

이와 같은 9지연기설(九支緣起說)은 식(識)을 전제하고 있다. 그렇기 때문에 명색(名色)에서 시작되는 9지연기설(九支緣起說)은 식(識)에서 시작되는 10지연기설(十支緣起說)로 이어진다. 『잡아함경(287)』[70]과 이에 상응하는 S.N. 12. 65. Nagaraṃ에서 붓다는 정각(正覺)을 성취하기까지의 사유의 과정을 다음과 같이 이야기한다.

비구들이여, 예전에, 정각(正覺)을 성취하지 못한 보살이었을 때, 나는 이렇게 생각했다오.

• • • • • • • • • • • • • • •
70_ 대정장 2, p.80c.

'실로 이 세간은 태어나고, 늙고, 죽고, 소멸하고, 생기는 고난에 빠져 있다. 그런데 이러한 노사(老死)의 괴로움에서 벗어날 줄을 모르고 있다. 실로 언제쯤이나 노사(老死)의 괴로움에서 벗어날 줄을 알게 될까?'

비구들이여, 그때 나는 이렇게 생각했다오.

'도대체 무엇이 있는 곳에 노사(老死)가 있을까? 무엇에 의존하여 노사(老死)가 있을까?'

비구들이여, 그때 통찰지[般若]로 이치에 맞는 생각을 함으로써 나에게 다음과 같은 요해(了解)가 생겼다오.

'생(生)이 있는 곳에 노사(老死)가 있다. 생(生)에 의존하여 노사(老死)가 있다.'

〈중략〉

'도대체 무엇이 있는 곳에 이름과 형색[名色]이 있을까? 무엇에 의존하여 이름과 형색[名色]이 있을까?'

비구들이여, 그때 통찰지[般若]로 이치에 맞는 생각을 함으로써 나에게 다음과 같은 요해(了解)가 생겼다오.

'분별[識]이 있는 곳에 이름과 형색[名色]이 있다. 분별[識]에 의존하여 이름과 형색[名色]이 있다.'

비구들이여, 그때 나는 이렇게 생각했다오.

'도대체 무엇이 있는 곳에 분별[識]이 있을까? 무엇에 의존하여 분별[識]이 있을까?'

비구들이여, 그때 통찰지[般若]로 이치에 맞는 생각을 함으로써 나에게 다음과 같은 요해(了解)가 생겼다오.

'이름과 형색[名色]이 있는 곳에 분별[識]이 있다. 이름과 형색 [名色]에 의존하여 분별[識]이 있다.'

비구들이여, 그때 나는 이렇게 생각했다오.

'그런데 분별[識]은 되돌아가서 이름과 형색[名色]에서 더 이상 가지 못한다. 늙거나, 태어나거나, 죽거나, 소멸하거나, 생긴다 면, 그것은 바로 이름과 형색[名色]에 의존하고 있는 분별[識] 일 따름이다.⁷¹ 분별[識]에 의존하여 이름과 형색[名色]이 있고, 이름과 형색[名色]에 의존하여 6입처(六入處)가 있고, 6입처(六 入處)에 의존하여 대상접촉[觸]이 있고 … 생(生)에 의존하여 노사(老死)와 근심, 슬픔, 고통, 우울, 고뇌가 함께 있다. 이와 같 이 순전한 괴로움덩어리[苦蘊]의 모여 나타남[集]이 있다.'

'모여 나타남[集]이다! 모여 나타남[集]이다!'⁷²

비구들이여, 나에게 이와 같이 이전에 들어본 적이 없는 법(法) 들에 대하여 안목이 생기고, 앎이 생기고, 통찰지[般若]가 생기 고, 명지(明智)가 생기고, 광명이 생겼다오.

비구들이여, 그때 나는 이렇게 생각했다오.

'무엇이 없는 곳에 노사(老死)가 없을까? 무엇이 그쳐 사라지 면[滅] 노사(老死)가 그쳐 사라질까?'

비구들이여, 그때 통찰지[般若]로 이치에 맞는 생각을 함으로

• • • • • • • • • • • • •

71_ 'ettāvatā jīyetha vā jāyetha vā māyetha vā cavetha vā upapajjhetha vā yad idam nāmarūpapaccayā viññāṇam'의 필자 번역. 노사의 근본을 사유하다가 이름과 형색[名色]에 의존하고 있는 분별[識]에 이르러, 이 분별[識]이 이름과 형색[名色]을 벗어나지 못한다는 사실에서 '무엇인가가 생기고 없어 진다는 인식은 이름과 형색[名色]에 의한 分別일 뿐'이라는 것을 깨달았다는 의미이다.

72_ 'samudayo samudayo'의 필자 번역.

써 나에게 다음과 같은 요해(了解)가 생겼다오.

'생(生)이 없는 곳에는 노사(老死)가 없다. 생(生)이 그쳐 사라지면[滅] 노사(老死)가 그쳐 사라진다.'

〈중략〉

비구들이여, 그때 나는 이렇게 생각했다오.

'참으로 나는 깨달음의 길을 이해했다. 이름과 형색[名色]이 그쳐 사라지면[滅] 분별[識]이 그쳐 사라지고, 분별[識]이 그쳐 사라지면[滅] 이름과 형색[名色]이 그쳐 사라지고, 이름과 형색[名色]이 그쳐 사라지면[滅] 6입처(六入處)가 그쳐 사라지고, 6입처(六入處)가 그쳐 사라지면[滅] 대상접촉[觸]이 그쳐 사라지고, … 생(生)이 그쳐 사라지면[滅] 노사(老死)와 근심, 슬픔, 고통, 우울, 고뇌가 그쳐 사라진다. 이와 같이 순전한 괴로움덩어리[苦蘊]의 그쳐 사라짐[滅]이 있다.'

'그쳐 사라짐[滅]이다! 그쳐 사라짐[滅]이다!'[73]

비구들이여, 나에게 이와 같이 이전에 들어본 적이 없는 법(法)들에 대하여 안목이 생기고, 앎이 생기고, 통찰지[般若]가 생기고, 명지(明智)가 생기고, 광명이 생겼다오.

〈중략〉

비구들이여, 이와 같이 나도 실로 옛길을, 옛날의 정각(正覺)을 성취한 분들이 따라간 오래된 지름길을 보았다오. 비구들이여, 어떤 것이 그 옛길, 옛날의 정각을 성취한 분들이 따라간

73_ 'nirodho nirodho'의 번역.

오래된 지름길인가? 그것은 성스러운 8정도(八正道), 즉 정견(正見), 정사유(正思惟), 정어(正語), 정업(正業), 정명(正命), 정정진(正精進), 정념(正念), 정정(正定)이라오. 비구들이여, 이것이 그 옛길, 옛날의 정각을 성취한 분들이 따라간 오래된 지름길이라오. 나는 그 길을 따라갔다오. 그 길을 따라가서 노사(老死)를 체험적으로 깨달았고,[74] 노사(老死)의 모여 나타남[集]을 체험적으로 깨달았고, 노사(老死)의 그쳐 사라짐[滅]을 체험적으로 깨달았고, 노사(老死)의 그쳐 사라짐에 이르는 길[道]을 체험적으로 깨달았다오. 나는 그 길을 따라갔다오. 그 길을 따라가서 생(生), 유(有), 취(取), 갈망[愛], 느낌[受], 대상접촉[觸], 6입처(六入處), 이름과 형색[名色], 분별[識], 조작하는 행위[行]들을 체험적으로 깨달았고, 조작하는 행위[行]들의 모여 나타남[集]을 체험적으로 깨달았고, 조작하는 행위[行]들의 그쳐 사라짐[滅]을 체험적으로 깨달았고, 조작하는 행위[行]들의 그쳐 사라짐에 이르는 길[道]을 체험적으로 깨달았다오.[75]

이 경에서 명색(名色)의 조건을 식(識)이라고 함으로써 연기지(緣起支)는 10지(十支)가 된다. 이 10지연기설(十支緣起說)을 통해서 붓다는 식(識)과 명색(名色)이 상호의존하고 있다는 사실과 생사(生死)는 명색(名色)에 의존하고 있는 식(識)일뿐이라는 사실을 깨달았음을 이야기한다.

74_ 'abbhaññāsiṃ'의 번역.

75_ S.N. Vol. 2, pp.104–106의 필자 번역.

붓다가 깨달은 것은 식(識)과 명색(名色)이 상호의존하고 있다는 사실과 생사(生死)는 명색(名色)에 의존하고 있는 식(識)일뿐이라는 사실이다. 이와 같은 붓다의 깨달음은 구체적으로 무엇을 의미할까?

전술한 바와 같이 명색(名色)은 사유를 통해 구성된 개념[名]과 지각을 통해 분별된 형상[色]이다. 중생들은 이와 같은 명색(名色)에 의지하여 대상을 인식한다. 식(識)이 명색(名色)에 의존한다는 것은 이것을 의미한다. 붓다는『잡아함경(294)』에서는 다음과 같이 이야기한다.

> 어리석은 범부(凡夫)는 무명에 가리고 애욕에 묶이어 이 식신
> (識身)을 얻기 때문에 안에는 이 식신(識身)이 있고, 밖에는 명
> 색(名色)이 있다. 이 둘을 인연으로 촉(觸)이 발생한다.**76**

이 경에서 이야기하듯이 식(識)은 중생들이 자신의 내부에 존재한다고 생각하는 의식이고, 명색(名色)은 중생들이 외부에 이름과 형태를 가지고 존재한다고 생각하는 대상이다. 식(識)과 명색(名色)의 관계는 인식 주관과 객관대상의 관계다. 이들이 상호 의존한다는 것은, 의식은 항상 대상에 대한 의식이고, 대상은 항상 의식에 의해 인식된 대상이라는 것을 의미한다. 바꿔 말하면, '의식 없는 대상 없고, 대상 없는 의식 없다.'는 의미로서, 이것은 의식(意識)의 지향성(志向性)을 의미한다.

붓다는 S.N. 39. Cetanā에서 식(識)이 왜 명색(名色)을 벗어나지 못하는지에 대해서 다음과 같이 설명한다.

• • • • • • • • • • • • •

76_ 愚癡無聞凡夫無明覆 愛緣繫得此識身 內有此識身 外有名色 此二因緣生觸(대정장 2, p.83c).

비구들이여, 의도되는 것과 계획되는 것과 반복되는 것, 이것이 분별[識]이 머무는 바탕이라오. 바탕이 있는 곳에 분별[識]이 머물 곳이 있다오. 분별[識]이 머물면서 성장하는 곳에 이름과 형색[名色]이 나타난다오.[77] 이름과 형색[名色]에 의존하여 6입처(六入處)가 있고, 6입처에 의존하여 대상접촉[觸]이 있고, 대상접촉[觸]에 의존하여 느낌[受]이 있고, 느낌[受]에 의존하여 갈망[愛]이 있고, 갈망에 의존하여 취(取)가 있고, 취(取)에 의존하여 유(有)가 있고, 유에 의존하여 생(生)이 있고, 생(生)에 의존하여 노사(老死)와 근심, 슬픔, 고통, 우울, 고뇌가 함께 있다오. 이와 같이 순전한 괴로움덩어리[苦蘊]의 모여 나타남[集]이 있다오.[78]

여기에서 붓다는 식이 명색을 벗어나지 못하는 까닭은 사량하고, 분별하여 집착한 것을 반연하여 그곳에 머물면서 증장하기 때문이라고 한다. 그렇다면 사량하고 분별하여 집착한 것은 구체적으로 무엇일까? S.N. 12. 64. Atthirāgo에서 붓다는 다음과 같이 이야기한다.

비구들이여, 만약에 덩어리 음식[搏食]에 대하여 탐욕이 있고, 좋아하고, 갈망[愛]이 있으면, 거기에 식(識)이 머물면서 자란다오.[79] 식(識)이 머물면서 자라는 곳에, 그곳에 이름과 형색

77_ 'tasmiṁ patiṭṭhite viññāṇe virūḷhe nāmarūpassa avakkanti hoti'의 번역.

78_ S.N. Vol. 2. p.66의 필자 번역.

79_ 'patiṭṭhitaṁ tattha viññāṇaṁ virūḷhaṁ'의 번역.

[名色]의 출현이 있다오. 이름과 형색[名色]의 출현이 있는 곳에, 그곳에 조작하는 행위[行]들의 증가가 있다오.[80] 조작하는 행위[行]들의 증가가 있는 곳에, 그곳에 미래에 다시 유(有)의 발생이 있다오. 미래에 다시 유(有)의 발생이 있는 곳에, 그곳에 미래에 생(生), 노사(老死)가 있다오. 비구들이여, '미래에 생(生), 노사(老死)가 있는 곳에 슬픔이 있고, 근심이 있고, 불안이 있다.'고 나는 말한다오.

대상접촉 음식[觸食], 의도(意圖) 음식[意思食], 분별 음식[識食]에 대해서도 마찬가지라오.

비구들이여, 비유하면, 염색공이나 화가가 염료나 칠이나 노란색이나 파란색이나 붉은 색으로, 잘 문지른 널빤지나 담벼락이나 흰 천에, 여자의 모습이나 남자의 모습을 손가락 발가락까지 자세하게 그리는 것과 같다오.[81]

이 경은 사량하고 분별하여 집착하는 대상이 네 가지 음식[四食]임을 보여 준다. 네 가지 음식[四食]이 식(識)이 머무는 곳이며, 네 가지 음식[四食]에 대하여 식이 탐욕과 갈망을 가지고 인식의 대상으로 취하는 가운데 인식의 내용이 증가하여 그 대상을 이름과 형태로 분별한다는 것이 이 경의 내용이다. 식이 명색을 벗어나지 못하는 것은 네 가지 음식[四食]을 욕구에 따라 사량하고 분별하기 때문이다. 이와 같은 식과 명색의

80_ 'atthi tattha saṅkhārāṇaṃ vuddhi'의 번역.
81_ S.N. Vol. 2, p.101의 필자 번역.

상호의존은 무명에 뒤덮이고 애욕에 속박된 상태에서 비롯된 것임을 보여 주는 것이 『잡아함경(294)』의 "어리석은 범부(凡夫)는 무명에 가리고 애욕에 묶이어 이 식신(識身)을 얻기 때문에 안에는 이 식신(識身)이 있고, 밖에는 명색(名色)이 있다."는 말씀이다.

식(識)과 명색(名色)이 상호 의존하는 것은 무명(無明) 때문이다. 바꿔 말하면, 무명의 상태에서 욕탐과 갈망을 일으켜 살아가기 때문에 식과 명색이 상호 의존한다. 그렇기 때문에 붓다는 10지연기(十支緣起)를 이야기한 다음에 행(行; 애욕에 결박되어 유위를 조작하는 마음)과 무명(無明)을 더하여 12지가 완비된 12연기(十二緣起)를 이야기한다. 붓다가 정각을 이루기 전에는 식에 이르러 더 나아가지를 못하고 명색으로 되돌아갔으나, 식이 무명에서 비롯된 행의 결과임을 깨달아 무명을 멸함으로써 비로소 정각을 이루게 되었음을 앞에 인용한 『잡아함경(287)』[82]과 이에 상응하는 S.N. 65. Nagaraṃ에서 보여 주고 있다.

이와 같이 12연기(十二緣起) 계열의 연기설은 붓다가 정각에 이르는 과정을 보여 줌과 동시에 무명의 상태에서 욕탐과 갈망에 묶여 살아가는 중생의 전도된 삶의 실상을 보여 주고, 12입처(十二入處) 계열 연기설은 연기하는 법계의 실상에 바탕을 두고, 연기하는 법계(法界)가 중생의 무명과 욕탐에 의해 어떻게 존재의 세계로 취착되는 과정과 구조를 보여 준다.

82_ 대정장 2, p.80c.

4. 12연기의 구조와 의미

1) 12연기의 구조

12연기는 법계의 실상에 무지한 중생들이 5취온(五取蘊)을 자아로 취하여 생사의 괴로움을 느끼며 살아가는 모습을 보여 주는 연기설이다. 따라서 12연기(十二緣起)는 5온(五蘊)의 구조를 갖는다.

무명(無明)은 진리에 무지한 상태에서 연기한 의식들을 종합하여 추상하고 총괄하는 사유작용, 즉 상(想, saññā)을 의미한다. 그리고 행(行)은 이러한 상(想)의 결과를 가지고 유위를 조작하는 의지작용(saṅkhāra)이다. 즉, 상(想)에 의해서 추상하여 총괄된 내용으로 의도에 따라 개념으로 구성하는 작용이다. 그리고 식(識)은 개념화된 내용을 이름과 형태로 분별하는 인식활동이다. 즉, 개념에 명명(命名)하는 의식작용이다. 식(識)은 형태에 따라 각기 다른 이름을 부여하며, 이렇게 식에 의해 이름이 부여된 형태가 명색(名色)이다. 중생들은 연기하는 법계에서 살아가면서 마음에서 연기한 의식 내용을 종합하고 추상하고, 총괄하고 명명하는 가운데 존재의 세계를 허구적으로 구성한다.

이렇게 명색(名色)에 의해 분별되는 허구의 세계에서 명색(名色)을 보고 듣고 냄새 맡고 맛보고 만지고 지각하면서, 지각하는 것을 자아라고 생각하면 이것이 6입처(六入處)이다. 이와 같이 자아를 계탁(計度)하여 그것과 상대하고 있는 이름과 형태로 된 존재를 외부의 대상으로 생각하고 접촉하는 것이 촉이다. 그리고 이와 같은 대상접촉을 통해 발생하는 감정이 수(受)다. 이러한 대상접촉은 다시 그 대상에 대한 사유를 일으키고, 그 대상에 대한 행위를 일으킨다. 즉, 상(想)과 사(思)는 촉

(觸)에서 수(受)와 함께 발생한다.

　　　이렇게 연기한 의식현상을 외부의 존재로 착각하고 대상으로 접촉하는 가운데 우리는 그 대상에 대하여 애착하며, 애착에 의해 다시 새로운 개념을 만들어 취착한다. 그 결과 새로운 내용의 존재가 구성되며, 이렇게 구성된 존재에 기초하여 미래의 생사(生死)라는 모순적이고 허구적인 인식이 있게 된다. 이와 같은 12연기의 구조는 우리가 진리에 무지한 상태에서 어떻게 허위적으로 세계와 자아를 분별하고, 그와 같은 허위적인 분별이 어떻게 증장(增長)하는지를 보여 준다. 한마디로 12연기는 망식(妄識)이 어떻게 발생하고 증장하는지를 보여 주며, 우리의 생사는 이러한 망식(妄識)의 소산임을 보여 준다.

　　　앞에 인용한 S.N. 12. 64. Atthirāgo에서는 이것을 네 가지 음식의 비유로 표현한다.

> 비구들이여, 만약에 덩어리 음식[搏食]에 대하여 탐욕이 있고, 좋아하고, 갈망[愛]이 있으면, 거기에 식(識)이 머물면서 자란다오. 식(識)이 머물면서 자라는 곳에, 그곳에 이름과 형색[名色]의 출현이 있다오. 이름과 형색[名色]의 출현이 있는 곳에, 그곳에 조작하는 행위[行]들의 증가가 있다오. 조작하는 행위[行]들의 증가가 있는 곳에, 그곳에 미래에 다시 유(有)의 발생이 있다오. 미래에 다시 유(有)의 발생이 있는 곳에, 그곳에 미래에 생(生), 노사(老死)가 있다오.

네 가지 음식은 중생이 되도록 하고 중생의 상태에 머물게 하는 것이다.

S.N. 12. 11. Āhārā에서 네 가지 음식의 비유는 12연기로 이어진다.

비구들이여, 이들 네 가지 음식은 어떤 인연(因緣)으로, 어떤
것이 모여서, 어떤 것의 발생으로 인해서, 어떤 것을 근거로 존
재하는가? 이들 네 가지 음식은 갈망[愛]을 인연으로, 갈망이
모여서, 갈망의 발생으로 인해서, 갈망을 근거로 존재한다오.
〈중략〉이 갈망[愛]은 … 느낌[受]을 근거로 존재한다오.〈중
략〉이 느낌[受]은 … 대상접촉[觸]을 근거로 존재한다오.〈중
략〉이 대상접촉[觸]은 … 6입처(六入處)를 근거로 존재한다오.
〈중략〉이 6입처(六入處)는 … 이름과 형색[名色]을 근거로 존
재한다오.〈중략〉이 이름과 형색[名色]은 … 분별[識]을 근거
로 존재한다오.〈중략〉이 분별[識]은 … 조작하는 행위[行]들
을 근거로 존재한다오.〈중략〉이 조작하는 행위[行]들은 … 무
명(無明)을 인연으로, 무명이 모여서, 무명의 발생으로 인해서,
무명을 근거로 존재한다오.

비구들이여, 이와 같이 무명(無明)에 의존하여 조작하는 행위
[行]들이 있고, 조작하는 행위들에 의존하여 분별[識]이 있고,
분별에 의존하여 이름과 형색[名色]이 있고, 이름과 형색에 의
존하여 6입처(六入處)가 있고, 6입처에 의존하여 대상접촉[觸]
이 있고, 대상접촉[觸]에 의존하여 느낌[受]이 있고, 느낌[受]에
의존하여 갈망[愛]이 있고, 갈망에 의존하여 취(取)가 있고, 취
(取)에 의존하여 유(有)가 있고, 유(有)에 의존하여 생(生)이 있
고, 생(生)에 의존하여 노사(老死)와 근심, 슬픔, 고통, 우울, 고

뇌가 함께 있다오. 이와 같이 순전한 괴로움덩어리[苦蘊]의 모여 나타남[集]이 있다오. 그렇지만 무명(無明)이 남김없이 그쳐 사라지면 조작하는 행위[行]들이 그쳐 사라지고, 조작하는 행위들이 그쳐 사라지면 분별[識]이 그쳐 사라지고, 분별이 그쳐 사라지면 이름과 형색[名色]이 그쳐 사라지고, 이름과 형색이 그쳐 사라지면 6입처(六入處)가 그쳐 사라지고, 6입처가 그쳐 사라지면 대상접촉[觸]이 그쳐 사라지고, 대상접촉이 그쳐 사라지면 느낌[受]이 그쳐 사라지고, 느낌[受]이 그쳐 사라지면 갈망[愛]이 그쳐 사라지고, 갈망이 그쳐 사라지면 취(取)가 그쳐 사라지고, 취가 그쳐 사라지면 유(有)가 그쳐 사라지고, 유가 그쳐 사라지면 생(生)이 그쳐 사라지고, 생(生)이 그쳐 사라지면 노사(老死)와 근심, 슬픔, 고통, 우울, 고뇌가 그쳐 사라진다오. 이와 같이 순전한 괴로움덩어리[苦蘊]의 그쳐 사라짐[滅]이 있다오.[83]

네 가지 음식은 중생들이 세계와 자아로 취착하는 소취법(所取法), 즉 5온과 동질의 것이며, 명색과도 크게 다를 바가 없다. 그리고 네 가지 음식[四食]은 12연기의 취(取)와 유(有)의 자리에 있기 때문에 네 가지 음식[四食], 5온(五蘊), 유(有)는 그 내용에 있어서 동질의 것이라 할 수 있다.

　　이렇게 생각할 때 S.N.12.64. Atthirāgo의 연기설은 네 가지 음식[四食; 有]-식주증장(識住增長)-명색(名色; 有)-행증장(行增長)-생노사(生

83_ S.N. Vol. 2, pp. 11-12의 필자 번역.

老死)의 구조를 보여 준다. 그런데 이 구조에서 식(識)과 행(行)은 12연기와는 반대의 순서로 배치되어 있다. 왜 이같이 행(行)을 명색(名色)의 뒤에 배치하였을까? 우리는 여기에서 네 가지 음식[四食]에서 노사(老死)에 이르는 연기(緣起) 구조가 직선이 아니라 나선형(螺旋形)이라는 것을 알 수 있다. 12연기의 행(行)은 무명의 뒤에 나타나는 일회적인 행(行)을 의미하는 것이 아니라 식(識)과 명색(名色)이 상호 의존하는 가운데 살아가는 중생들이 끊임없이 새로운 자아를 구성하는 중생의 삶을 의미한다. 이 경은 이와 같이 중생들이 생사의 괴로움을 느끼는 것은 네 가지 음식[四食]에 식(識)이 머물면서 명색(名色)을 대상으로 분별하는 가운데 유위를 조작하는 삶[行]을 그치지 않고 반복되기 때문이라는 것을 보여 주고 있다.

이와 같이 S.N. 12. 64. Atthirāgo의 연기설은 12연기가 네 가지 음식[四食]에 식(識)이 머물면서 증장함으로써 명색(名色)이 구성되고, 다시 그 명색(名色)에 식(識)이 머물면서 증장함으로써 새롭게 명색(名色)을 구성하는 나선형의 연기구조라는 것을 보여 준다. 이 구조에서 네 가지 음식[四食]이 실재하는 존재라면 우리는 결코 생사의 괴로움에서 벗어날 수 없다. 그러나 네 가지 음식[四食]은 실재하는 존재가 아니라 무명(無明)에서 연기한 무상(無常)한 의식이다. 우리가 생사의 괴로움을 느끼는 것은 네 가지 음식[四食]이 무상한 의식인 줄 모르고, 이것에 욕탐을 일으켜 인식의 대상으로 취하기 때문이다. 중생의 생사(生死)는 네 가지 음식[四食]의 실상에 대한 무지에서 연기한 법(法)을 자기 존재[有]로 취하기 때문에 나타난 망상(妄想)이다. 이 망상(妄想)에서 벗어나기 위해서는 그것이 허구임을 자각해야 한다.

2) 유전문(流轉門)과 환멸문(還滅門)

12연기(十二緣起)의 역관(逆觀)과 순관(順觀), 그리고 유전문(流轉門)과 환멸문(還滅門)은 붓다가 자신의 체험을 우리에게 가르친 것이다. 이러한 12연기는 이론이 아니라 체험된 내용이다. 그렇기 때문에 12연기를 관념적으로 이해하는 것은 진정한 이해가 아니다. 연기법에 대한 관념적인 이해는 한낱 공허한 이론일 뿐이다. 12연기는 관념적이고 논리적인 사변(思辨)에 의해 만들어진 이론이 아니라 9차제정(九次第定)이라는 실질적인 수행을 통해 체험된 진리이다. 따라서 12연기는 실천적 교리와의 관계 속에서 살펴보아야 한다.

　　　12연기는 유전문과 환멸문으로 구성되어 있고, 유전문과 환멸문은 각각 역관(逆觀)과 순관(順觀)으로 통찰하도록 되어 있다. 불교의 진리인 4성제(四聖諦)는 이러한 통찰에 의해서 드러난 진리다. 유전문의 역관을 통해서 밝혀진 진리가 고성제(苦聖諦)이고, 순관을 통해서 드러난 진리가 집성제(集聖諦)이며, 환멸문의 역관을 통해서 드러난 진리가 멸성제(滅聖諦)이고, 순관의 구체적인 방법이 도성제(道聖諦)다. 이와 같이 12연기와 4성제는 불교의 이론과 실천이다. 연기설이라는 이론적 교리의 바탕이 없다면 4성제는 단순한 도덕적 교훈에 지나지 않고, 4성제라는 실천적 교리가 없으면 연기설은 공허한 이론일 뿐이다. 그러나 이들이 함께 함으로써 4성제는 보편적 진리성을 확보하고, 연기설은 실질적인 내용을 갖추게 된다.

　　　12연기의 환멸문은 4성제의 도성제(道聖諦)인 8정도(八正道)와 동일한 것이다. 이들을 비교해 보면 8정도는 12연기의 환멸문이라는 것을 알 수 있다. 무명(無明)은 연기법에 무지한 상태에서 전변설이나 적취설과 같은 사견에 빠져 있는 상태를 의미한다. 따라서 무명을 멸진하기 위해서는 연기법을 바르게 알아야 하며, 정견(正見)은 연기법을 바르게 아는 것을 의미한다. 연기법이라는 진리를 알고 이에 의지해서 마음[意]으로 바르게 사유하고, 입[口]으로 바르게 말하고, 몸[身]으로 바르게 생활하는 것이 정사(正思), 정어(正語), 정업(正業)이다. 그러므로 이것은 무명[邪見]에서 비롯된 신구의(身口意) 삼행(三行)을 정견(正見)에서 비롯된 정행(正行)으로 멸진한 것이라 할 수 있다.

무명에서 비롯된 행(行)을 통해 영위되는 삶은 식(識)이 명색(名色)을 벗어나지 못하고 계속 머물면서 증장하는 중생들의 생사윤회(生死輪廻)다. 이러한 왜곡된 삶은 정행(正行)에 기초한 정명(正命)과 정정진(正精進)을 통해 멸진해야 한다. 8정도의 정념(正念)은 4념처(四念處)를 뜻한다. 그런데 4념처는 전술한 바와 같이 6입처(六入處)에서 시작되는 소위 6촉연기(六觸緣起)를 멸진하는 수행법이다. 따라서 6입처(六入處)에서 유(有)에 이르는 12연기의 연기지(緣起支)는 정념을 통해 멸하게 되며, 이와 같은 수행을 통해 생사라는 허위적인 인식에서 벗어나 마음이 모든 번뇌에서 해탈한 상태가 정정(正定)이다.

이상의 내용을 간단히 도표로 나타내면 다음과 같다.

정견 (正見)	정사 정어 정업 (正思) (正語) (正業)	정명 정정진 (正命) (正精進)	정념 (正念)	정정 (正定)	8정도 (八正道)
|	|	|	|	|	|
무명멸 (無明滅)	(신구의)행멸 (身口意) 行滅	식 명색멸 (識 名色滅)	6입(六入) ㅓ유멸(有滅)	생사멸 (生死滅)	환멸문 (還滅門)
		식주증장멸 (識住增長滅)	6촉연기멸 (六觸緣起滅)		

인식론에서 상술한 바와 같이 붓다는 9차제정을 통해서 연기법을 깨닫고 정각을 성취하여 생사에서 벗어난다. 8정도는 이러한 붓다의 체험을 우리에게 알려준 것이다. 따라서 8정도의 정정(正定)은 9차제정(九次第定)이라는 것을 알 수 있다. 바꿔 말하면, 붓다의 가르침을 통해 연기법을 진리로 받아들여, 8정도를 수행하면 마침내 붓다와 동일한 선정을 통해 동일한 깨달음에 이를 수 있다는 것이 12연기의 환멸문이다.

3) 12지(十二支)의 의미

(1) 무명(無明; avijjā)

무명은 무지한 상태를 의미한다. 그렇다면 무명은 구체적으로 무엇에 대한 무지를 의미할까? 『잡아함경(298)』에서는 그 내용을 자세히 설명하고 있는데, 그 내용은 다음과 같다.

> 전제(前際, pubba-anta), 후제(後際, apara-anta), 내(內), 외(外), 업보(業報), 불법승(佛法僧), 고집멸도(苦集滅道), 인(因), 인소기법(因所起法), 선(善), 불선(不善), 죄(罪), 무죄(無罪), 습(習), 불습(不習), 열(劣), 승(勝), 염오(染汚), 청정(淸淨), 연기(緣起) 등에 대한 무지(無知)[84]

이 내용을 살펴보면 이들은 결코 개별적인 것이 아니라 다음과 같은 맥락으로 이어져 있다.

---

[84]_ 대정장 2, p.85a 참조.

중생들은 시간이 과거, 현재, 미래로 무한하게 존재한다고 알고 있다[前後際에 대한 無知]. 그리고 자아와 세계가 개별적으로 존재한다고 생각하며[內外에 대한 無知], 그 개별적인 자아가 세계 속에서 업(業)을 짓고 그 보(報)를 받는다고 생각하면서[業報에 대한 無知], 생사의 괴로움을 느끼며 살고 있다.

붓다는 이러한 중생의 생사가 무명에서 비롯된 착각임을 자각했다. 시간과 존재가 모두 무명에서 비롯된 허구적인 것[有爲]이며 이들의 실상은 연기하는 법(法)임을 깨달은 것이다. 붓다는 생사를 벗어나기 위해 자신에게 귀의한 사람들에게 4성제[苦集滅道]를 통해 생사의 인(因)과 그 인(因)으로부터 일어나는 법[因, 因所起法]이 무엇인지를 가르쳐서 선악(善惡), 죄무죄(罪無罪), 익혀야 할 것과 익혀서는 안 될 것[習, 不習], 훌륭한 행과 못난 행[劣勝], 도덕적으로 더러운 것과 깨끗한 것[染汚, 淸淨], 즉 실현해야 할 가치 있는 행위와 없애야 할 무가치한 행위를 분별하여 가르쳤으며, 이것은 한 마디로 연기법이다.

따라서 진리를 깨달은 부처님[佛]이 있고, 그 부처님이 깨달아 보여 준 진리[法]가 있으며, 그 진리에 따라 수행하는 사람들[僧]이 있다는 것을 알고, 그 가르침에 따라 선(善), 불선(不善) 등 해야 할 일과 해서는 안 될 일을 분별하여 수행하면 마침내 연기법을 스스로 깨달아 생사의 괴로움에서 벗어날 수 있다.

무명(無明)은 이러한 사실에 대한 무지를 의미한다.

(2) 행(行; saṅkhāra)

행(行)은 유위(有爲)를 조작하는 행위를 의미한다. 『잡아함경(298)』에 의하면, 행(行)은 신(身), 구(口), 의(意) 삼행(三行)을 의미한다고 한다.[85] 한편 『잡아함경(568)』에서는 신행(身行)은 출식입식(出息入息)이고, 구행(口行)은 유각유관(有覺有觀)이며, 의행(意行)은 상사(想思)라고 한다.[86] 이러한 경의 설명에 의하면, 삼행(三行)이란 호흡하며 살아가는 삶을 자아로 취착하여[身行; 出息入息], 개념화된 언어로 세계를 이해하면서[口行; 有覺有觀], 경험을 종합하여 추상하고 총괄하는[意行; 想思] 삶, 즉 유위를 조작하는 삶을 의미한다. 앞에 인용한 『잡아함경(374)』에서 12연기의 6입(六入)에서 취(取)까지의 과정을 제행증장(諸行增長)으로 표현하고 있듯이, 유위(有爲)가 조작되는 12연기의 모든 과정이 행(行)이다.

(3) 식(識; viññāṇa)

식(識)은 6식신(六識身)으로 설명된다. 6식신(六識身)은 보고 듣고 냄새 맡고 맛보고 만지고 사유함으로써 발생한 대상을 분별하는 의식의 집단이다. 이 의식들은 12입처를 인연으로 생긴 것이다. 중생들은 내6입처(內六入處)를 자아로 생각하고, 외6입처를 세계로 생각하면서 살아간다. 이러한 삶을 통해서 연기한 현상을 존재로 대상화하여 이를 분별하는 의식이 식(識)이다. 식(識)은 대상을 분별하면서, 자신까지 존재로 대상화하여 인식한다. 다시 말해서 무명에 의해 유위를 조작하여 그것을 분별하는 의식이 식(識)이다. 이러한 식(識)은 명색(名色)을 벗어나지 못하고 상호 의존하면서 증장하는데, 12연기는 이러한 식(識)의 증장(增長)

85_ 같은 책.
86_ 대정장 2, p.150a.

을 보여 준다.

(4) 명색(名色; nāmarūpa)

식(識)이 행(行)에 의해 조작된 유위(有爲)를 대상으로 취할 때 식(識)에 의해 분별되는 모습[色]과 그 모습에 명명(命名)함으로써 붙여진 이름[名]이 명색(名色)이다. 『잡아함경(298)』에서 명색(名色)을 5온(五蘊)으로 설명하는 것은 명색이 중생의 삶을 통해서 만들어지기 때문이다. 중생들은 대상세계가 외부에 실재한다는 생각에서 그 대상을 보고[色], 그 대상으로부터 느끼고[受], 그 대상에 대하여 사유하고[想], 그 대상에 대하여 의도를 가지고[行], 그것들을 규정하여 분별한다[識].

　　이러한 삶의 태도에서 지각과 지각의 대상, 감정과 감정의 대상, 사유와 사유의 대상, 행위와 행위의 대상, 의식과 의식의 대상이 실재한다고 믿는다. 5온은 이렇게 세계를 존재로 착각하고 그 존재를 대상으로 인식할 때 우리에게 인식되는 다섯 종류의 존재이다. 따라서 식(識)은 항상 이 다섯 종류의 존재[五蘊]에 대하여 개념적으로 인식하게 되며, 식에 의해 존재로 인식된 모든 법은 이름과 형태[名色]를 갖는다.

(5) 6입처(六入處; saḷāyatana)

6입처는 일반적으로 6근(六根)으로 이해되고 있으나, 12입처의 고찰에서 지적했듯이, 이것은 결코 지각기관을 뜻하는 것이 아니다. 이것은 우리가 세계와 관계하는 방법이며, 인식을 구성하는 인식의 바탕이다. 12연기의 체계에서 명색(名色)을 연하여 6입처가 있다는 것은 중생이 관계하는 세계가 허구적으로 조작된 허구적인 존재의 세계임을 의미한다.

즉, 중생들은 존재의 세계에 바탕을 두고, 이 세계에 대하여 보고 듣고 만지고 생각한다는 것이다. 그러나 12입처 계열의 연기설에서는 내6입처와 외6입처가 인연이 되어 식이 성립함을 보여 주고 있다.

식(識)은 외부의 대상에 대한 인식이 아니라 마음에서 연기한 의식 내의 두 계기, 즉 작용적 계기[內六入處]와 대상적 계기[外六入處]에 의해 구성된 것이다. 그러나 구성된 내용을 내외(內外)에 실재하는 존재로 생각하는 중생들에게 외6입처(外六入處)는 명색(名色)으로 인식된다. 12입처 계열 연기설의 구조와 12연기의 구조는 식(識)과 12입처의 관계가 뒤바뀐 모습이라 할 수가 있는데, 이것은 12입처 계열 연기설은 식(識)의 실상(實相)을 보여 주고, 12연기는 실상에 무지한 상태에서의 중생의 의식세계를 설명하기 때문이다. 중생들은 식(識)을 몸속에 있는 존재로 생각하기 때문에, 내부에 식(識)이 있어서 외부세계를 6근(六根)을 통해 인식한다고 믿고 있다. 그렇기 때문에 중생들은 6근(六根)을 인식주관으로 생각하고, 인식된 내용을 객관대상으로 생각한다. 이렇게 중생들에 의해서 인식주관[內六入處]과 객관대상[外六入處]으로 취해진 것이 12입처다.

(6) 촉(觸; phassa)

중생의 인식은 12입처를 인연으로 구성된다. 이렇게 인식이 구성되었을 때, 인식의 내용을 대상으로 접촉하는 것이 촉이다. 중생들은 명색(名色)을 6입처(六入處)로 인식한다고 생각하며, 6입처를 통해서 인식된 명색(名色)을 대상으로 접촉하는 것이 촉(觸)이다. 예를 들면, 책상을 보고 있을 때, 우리는 외부의 책상을 대상으로 접촉하고 있다고 생각한다. 우리는 이러한 대상과의 접촉을 통해서 그 대상, 즉 책상이 외부에 존재한다고 생각한다. 이러한 생각이 촉(觸)이다.

그러나 책상은 외부에 존재하는 것이 아니라 우리의 의식 속에 구성되어 있는 이름과 형태[名色]다. 따라서 외부에 실재하는 대상을 접촉하고 있다는 생각은 착각이다. 12연기에서는 촉(觸)이 무명에서 연기한 것이라고 함으로써 외부의 대상을 접촉하고 있다는 우리의 생각이 착각임을 보여 주고 있다.

(7) 수(受; vedanā)

수(受)는 외부에 실재하는 대상과 접촉하고 있다는 생각[觸]으로부터 발생하는 고락(苦樂)의 감정을 의미한다.

(8) 애(愛; taṇhā)

애(愛)는 갈망을 의미한다. 세계와 자아를 개별적인 존재로 분별하는 중생들은 대상으로부터 생기는 고락의 감정에 따라서 즐거운 대상은 소유하려고 갈망하고, 괴로운 대상은 피하려고 갈망한다. 일반적으로 애(愛)에는 욕애, 색애, 무색애의 삼애(三愛)가 있는데, 그것은 갈망의 대상이 3종임을 뜻한다.

갈망의 대상이 3종이라는 것은 중생들이 존재로 생각하는 대상이 3종임을 의미한다. 붓다는 중생계를 욕계, 색계, 무색계의 3계로 규정하는데, 3계는 중생들이 존재와 자아로 생각하는 것이 무엇인가에 따라 구별된다. 욕계는 존재가 중생들의 욕탐에 의해 규정된 세계이다. 바꿔말하면, 대상을 욕탐에 상응하는 도구로 인식하고 있는 중생계가 욕계이다. 따라서 욕계에서 중생은 욕탐을 지닌 존재이고, 세계는 그 욕탐에 의해 도구화된 세계이다.

색계(色界)는 이와 같은 욕계의 허구성을 벗어나 모든 대상이 지각의 대상으로 평등하게 느껴지는 세계이다. 예를 들면, 욕계에서 책상, 의자, 책장 등이 욕탐에 의해 분별되었다면, 색계에서는 이들이 평등한 나무로 인식된다. 따라서 색계에서의 중생은 대상을 지각하는 존재이고, 세계는 지각의 대상, 즉 색(色)이다.

무색계(無色界)는 이와 같은 대상세계가 지각에 의해 구성된 관념이라는 자각에 의해 색상(色想)이 멸진한 세계다. 따라서 무색계의 중생은 사유하는 존재이고 세계는 사유된 세계다.

이와 같은 3계(三界)의 존재에 대하여 일어나는 갈망이 욕애(欲愛), 색애(色愛), 무색애(無色愛)이다.

(9) 취(取; upādāna)

취(取)는 갈망의 대상을 취착하는 의식이다. 취는 욕취(欲取), 견취(見取), 계취(戒取), 아취(我取)의 4취(四取)로 설명되는데,[87] 욕취(欲取)는 5온(五蘊)을 욕탐으로 취착하는 것을 의미하고, 견취(見取)는 전변설이나 적취설과 같은 사견(邪見)을 취착하는 것을 의미하며, 이러한 사견에서 올바른 윤리적 행위가 아닌 것을 계율로 취착하는 것이 계취(戒取)이다. 그리고 5온을 자아로 취착하는 것이 아취(我取)이다.

• • • • • • • • • • • • • •
87_ 같은 책.

(10) 유(有; bhava)

유(有)는 취에 의해 취착된 존재를 의미한다. 중생들이 무엇을 존재로 취착하느냐에 따라 욕유(欲有), 색유(色有), 무색유(無色有)가 있다.

(11) 생(生; jāti)

자아와 세계를 존재로 대상화함으로써 발생하는 '내가 이 세상에 태어났다.'는 생각이 생(生)이다.

(12) 노사(老死; jarāmaraṇa)

'나는 늙어 죽는다.'는 생각이 노사(老死)이다.

이와 같이 12연기의 각 지(支)는 무명에서 발생한 의식으로서 한마디로 말하면 망상(妄想)이다. 12연기는 중생들이 무명 상태에서 살아가면서 망상을 일으켜 허구적으로 유위를 조작하여 자아와 세계를 분별함으로써 생사의 괴로움을 느끼는 삶을 반복하고 있다는 것을 보여 준다.

가치론

가치론(價値論)은 '당위(當爲)의 학(學)'이다. 우리가 마땅히 실현해야 할 가치가 무엇인가를 탐구하는 실천에 관한 학문이 가치론이다. 따라서 가치론에서는 무엇이 가치 있는 것이고, 그것은 어떻게 실현될 수 있는가를 밝히는 것을 목표로 한다. 4성제(四聖諦)는 이러한 가치론의 요소를 갖추고 있다. 고성제(苦聖諦)와 집성제(集聖諦)는 괴로운 인간실존의 실상을 밝힌 것이고, 멸성제(滅聖諦)는 괴로운 인간실존이 괴로움에서 벗어나기 위해 실현해야 할 가치가 무엇인가를 밝힌 것이며, 도성제(道聖諦)는 이를 실현하기 위한 방법을 밝힌 것이기 때문에 4성제는 가치론의 체계를 갖는다고 할 수 있다. 본장에서 다루려는 붓다의 가치론은 바로 이와 같은 4성제의 체계이다.

Ⅰ. 붓다의 가치론

1. 사실판단과 가치판단의 문제

서양철학에서는 전통적으로 '있는 사실에 관한 학문'과 '있어야 할 것을 위한 실천에 관한 학문'을 별개의 영역으로 다루어 왔다. 서양철학에서는 이 세계에 '사실판단의 대상'과 '가치판단의 대상'이 어떤 형태로든 주어져 있음을 전제로 하고 있다. 이와 같이 '가치판단의 대상'이 있다고 생각하기 때문에 윤리학 또는 가치론이 학문으로 성립한다. 우리는 서양철학에서 이러한 가치론에 관한 다양한 사상을 접할 수 있다. 고전윤리학에서는 크게 '목적주의(目的主義) 윤리설(倫理說)'과 '법칙주의(法則主義) 윤리설(倫理說)'의 두 진영으로 나눈다.

목적주의 윤리학자들은 인생 또는 우주 전체에, 우리가 그 실현을 위하여 진력해야 할 객관적인 목적이 있다는 신념을 그 출발점으로 삼는다. 그러므로 목적주의 윤리학에서는 '인생의 궁극적인 목적이 무엇인가'를 문제 삼고 그것을 발견하는 일을 윤리학의 과제로 삼는다. 법칙주의 윤리학자들은 인생의 목적이 주어져 있다는 사실은 믿지 않으나, 그 대신 선행과 악행을 분간함에 있어서 기준이 될 수 있는 도덕률이 주어져 있다고 믿는다. 따라서 이들은 '보편타당한 행위의 법칙, 즉 도덕률이 무엇인가'를 문제 삼는다.

한편, 선악의 판단은 행위의 결과를 보고 판단해야 하느냐, 동기를 보고 판단해야 하느냐에 따라 결과주의(結果主義)와 동기주의(動機主

義)가 대립하기도 한다. 그리고 이상의 여러 학설들은 이미 여러 학자들에 의하여 그 문제점들이 충분히 드러났기 때문에 어떤 것을 자신의 윤리관으로 삼을 것인가 하는 점에서는 각자가 기호에 따라 선택할 성질의 것 이상의 당위성을 확보하지는 못하고 있다고 할 수 있다.

현대의 윤리학자 무어(G. E. Moor)는 종래의 윤리학설을 형이상학적 윤리설, 자연주의적 윤리설, 직각론적(直覺論的) 윤리설로 분류한다. 전술한 고전 윤리학은 거의가 형이상학적 윤리설에 속하는 것들이다. 즉, 초자연적 초경험적 '실재'에 관한 이론을 근거로, 윤리학이 탐구하는 '인생의 목적' 또는 '행위의 법칙'을 추리해 낼 수 있으며, 또 그렇게 해야 한다는 것이 이들의 신념이다.

한편 자연주의 윤리설은 경험할 수 있는 자연적 사실을 근거로 보편적인 인생의 목적이나 절대적인 행위의 법칙을 추론해 낼 수 있다고 믿는 입장이다. 그리고 직각론적 윤리설은 존재 내지 사실에 관한 인식으로부터 당위 내지 가치에 관한 이론을 추리해 낼 수 있다는 생각을 거부하고, 모종의 선천적 능력을 동원하여 직접적으로 파악된다는 입장이다.[01]

이와 같은 여러 윤리학설은 같은 입장에서도 학자에 따라서 주장하는 내용이 각기 다르기 때문에 실로 윤리학설은 그 수가 사람의 수만큼 많다고 해도 지나친 말이 아니다. 사람들은 저마다 달리 가치를 규정하고 생활하고 있다고 할 수 있는 것이다. 가장 보편적인 행위의 당위성을 요구하는 윤리학 그 자체가 어떤 당위성도 없다고 할 만큼 현대는 가

01_ 김태길, 『윤리학』(서울: 박영사, 1979), pp.21-35 참조.

치의 혼돈상태이다. 현대뿐만 아니라 중세 이후 근세의 서구는 혼돈의 연속으로 생각되며, 그 결과 서구의 사상과 문화가 지배하는 현대사회는 가치의 개인주의시대가 되었다.

인간행위의 보편적 당위성을 추구하는 문제는 인류의 역사가 시작된 이래 계속되는 문제임에도 불구하고 아직까지 그 답을 얻지 못하고 있다. 이와 같이 오랜 역사를 통해서 수많은 철학자들에 의해 추구된 문제가 왜 아직까지 해결을 보지 못하고 있을까? 전술한 바와 같이 서양철학에서 가치론은 존재론과 별개의 영역이다. 즉, 우리의 판단에는 사실판단과 가치판단이 엄연하게 구분된다고 보는 것이 서양철학의 입장이다. 그리고 이와 같은 판단의 대상이 실재한다는 것도 전술한 바와 같이 서양철학의 전제이다.

이와는 달리, 모든 존재는 우리의 마음에서 연기한 것으로 보는 것이 붓다의 입장이고, 사실판단의 대상이건 가치판단의 대상이건, 그것이 있느냐 없느냐를 논하는 것 자체가 허구이고 모순이라는 사실을 깨닫고, 이들 모순된 논의에서 벗어난 것이 붓다의 중도(中道) 철학이다. 이와 같은 붓다의 철학은 인식론, 존재론, 가치론의 내용을 담고 있으며, 붓다의 모든 철학은 가치론으로 귀결된다.

붓다의 가치론을 살펴보기 전에 가치판단과 사실판단의 성격부터 살펴보자. 과연 서양철학자들이 생각하듯이 가치판단과 사실판단은 전혀 다른 성질의 것으로서 엄연하게 구분될 수 있는 것인가? 예를 들어, '이 장미꽃은 붉다.'는 판단은 사실판단이고, '이 장미꽃은 아름답다.'는 판단은 가치판단이다. 이 두 판단에는 장미꽃이라는 주어가 있다. 즉, 사실판단이건 가치판단이건 그것이 성립하기 위해서는 판단의 대상이 외부에 실재해야 하며, 우리는 그것을 그대로 인식할 수 있다는 사실이 전제되어야 한다. 만약 판단의 대상이 되는 존재가 의심스럽다면, 그 존재에 대한 모든 판단은 무의미하다. 이와 같이 가치론은 존재론과 인식론을 전제로 하기 때문에 존재론이나 인식론과 별립(別立)할 수 없다.

그러므로 서양철학의 방법으로 가치론이 논의되기 위해서는 먼저 보편타당한 인식론과 그에 근거를 둔 존재론이 우선되어야 한다. 그러나 서양철학에서 인식론과 존재론은 여전히 해결되지 않은 학문이다. 이렇게 그 바탕이 되는 학문이 해결되지 않은 상태에서 가치론을 논한다는 것은 마치 허공에 집을 지으려는 것과 같이 헛된 일이다. 서양철학에서 저마다 다른 가치론이 대립하고 있는 까닭은 인식론과 존재론이 해결되지 않은 상태에서 무의미한 명제를 가지고 가치의 문제를 논하기 때문이다.

다시 장미꽃으로 돌아가 보자. 연기법의 관점에서 보면 판단의 대상인 장미꽃은 그 자체로 장미꽃이라는 이름으로 존재하는 존재[有]가 아니라 조건에 의지하여 연기한 법(法)이다. 우리는 지각활동을 통해 지각된 일정한 형태와 향기 등[色]에 장미꽃이라는 이름[名]을 붙인 다음에 그러한 형태의 지각내용[色]에 대하여 장미꽃이라는 이름[名]으로 인식한다. 따라서 장미꽃이라는 판단의 대상은 외부에 장미꽃이라는 이름을 가지고 존재하는 사물이 아니라, 우리의 지각활동을 통해 지각된 내용이다. 그리고 그 내용을 장미꽃으로 인식할 수 있는 것은 과거에 보고, 냄새를 맡고, 만져보고, 생각해 본 체험의 내용이 장미꽃이라는 이름과 형태[名色]로 우리의 마음속에 형성되어 있기 때문이다.

이와 같이 장미꽃에 대한 판단의 모든 요소는 외부에 있는 것이 아니라 우리의 마음속에 있다. 장미꽃이라는 개념도, 붉다는 색감도, 아름답다는 느낌도 우리의 의식의 내용이다. 이렇게 생각할 때 판단의 모든 내용은, 그것이 가치판단이건 사실판단이건, 우리의 의식 내용일 뿐 외부에 존재하는 대상이 가지고 있는 것이 아니다.

우리는 꽃에 대해서는 아름다움과 향기를 기준으로 가치를 판단하지만 다른 사물에 대해서는 다른 기준으로 판단한다. 예를 들어, 책상의 경우에는 그 책상이 쓸모가 있는가, 없는가에 가치판단의 기준이 있다. 왜 꽃에 대해서는 향기와 형태로 가치를 정하고, 책상에 대해서는 쓸모로 가치를 정하는 것일까? 우리는 꽃에 대해서는 향기와 아름다움을 구하고, 책상에 대해서는 쓸모를 구하기 때문이다. 이와 같이 모든 가치판단에는 우리의 욕구가 개입된다.

욕구가 개입된다는 측면에서 보면 사실판단도 마찬가지다. '이것은 책상이다.'라는 판단은 얼른 보면 사실판단으로 보인다. 그러나 이것은 엄밀히 말하면 가치판단이다. 책상의 재료가 나무일 경우 책상은 '책을 놓고 보고자 하는 욕구'가 없는 상태, 즉 책상에 대한 지식이 없는 상태(아직 책상을 필요로 하지 않았기 때문에 그 같은 지식이 성립되지 않은 상태)에서는 나무일뿐이다. 따라서 '이것은 책상이다.'라는 사실판단의 보다 본질적인 판단은 '이것은 책을 놓고 보기에 적당한 것이다.'라는 가치판단이다.

꽃도 마찬가지다. 꽃은 우리의 욕구와 상관없이 자연계에 존재하는 사물이라고 생각하기 쉽지만, 우리에게 꽃이 인식되는 것은 꽃이 우리의 관심의 대상이 되기 때문이다. 우리가 '장미는 잎과 줄기 등으로 되어 있다.'고 인식하는 것은 실제로 장미가 그와 같은 사물들로 이루어져 있어서가 아니다. 우리가 아름답게 보이는 부분은 꽃이라고 이름 지어 부르고, 자극하는 부분은 가시라고 이름 지어 부를 뿐, 본래부터 꽃과 가시라는 이름을 가지고 있는 존재가 있는 것은 아니다. 우리가 일으키는 관심에 따라 장미는 다른 내용으로 인식된다. 식물학적인 관심을 가지고 보면 줄기는 외피와 내피로 구성된 것으로 인식되고, 물리학적인 관심을 가지고 보면 줄기는 분자와 원자로 인식된다. 이와 같이 모든 판단에는 우리의 욕구와 관심이 개입되어 있으므로 엄밀한 의미에서는 모든 판단은 가치판단이다.

사실판단이건 가치판단이건, 그 대상이 우리의 외부에 실재한다는 전제를 가지고 추구되는 철학은 그 자체로서 허구이고 모순이다. 따라서 이 두 판단을 구분하여 별개의 영역에서 다루려는 시도는 결코 성공할 수 없다. 붓다의 중도(中道)는 이러한 사실의 자각에서 이루어진 철학적 입장이다. 중도에서는 존재와 인식 그리고 가치가 결코 분리되지 않는다. 진리의 인식은 단순한 사실의 인식이 아니라 가치의 인식이며, 이러한 인식을 통해 드러난 존재의 실상은 우리에게 어떻게 행위할 것인가를 보여 준다.

이와 같이 붓다의 중도철학(中道哲學)은 가치론에 인식론과 존재론이 함축되며, 4성제(四聖諦)는 바로 인식론과 가치론을 함축하는 붓다의 가치론이다.

2. 고락중도(苦樂中道)의 가치론적 의의

전술한 바와 같이 가치론은 필연적으로 정당한 인식론과 존재론을 요구한다. 바꿔 말하면, 정견(正見)이 전제되지 않는 가치의 추구는 무의미하다. 그렇기 때문에 붓다는 고락중도(苦樂中道), 즉 8정도(八正道)를 통해서 정견(正見)을 가지고 살아갈 때 가치 있는 삶이 가능하다는 것을 강조한다.

고락중도(苦樂中道)는 문자 그대로 일부러 고행도 하지 말고, 세속적인 쾌락을 추구하지도 말라는 가르침이다. 그렇다면 붓다는 어떤 가치를 추구했기에 고락중도를 설했을까? 『중아함경』의 「구루수무쟁경(拘樓瘦無諍經)」[02]과 이에 상응하는 M.N. 139. Araṇavibhaṅga-sutta에서 붓다는 고락중도를 다음과 같이 이야기한다.

> 성자(聖者)의 행(行)이 아닌 범부(凡夫)의 하천(下賤)하고 무익한 감각적 쾌락을 추구하지도 말고, 성자의 행이 아닌 고통스럽고 무익한 자신을 괴롭히는 고행을 추구하지도 마시오. 이들 막다른 두 길을 멀리하면 여래가 깨달은 중도가 있으며, 이 길은 안목이 생기고 앎이 생기며, 평온과 수승한 지혜와 깨달음과 열반으로 이끈다오.
>
> 〈중략〉
>
> '성자(聖者)의 행(行)이 아닌 범부(凡夫)의 하천(下賤)하고 무익한 감각적 쾌락을 추구하지도 말고, 성자의 행이 아닌 고통스럽고 무익한 자신을 괴롭히는 고행을 추구하지도 말라.'고 했

02_ 莫求欲樂. 極下賤業 爲凡夫行 亦莫求自身苦行 至苦非聖行 無義相應 離此二邊 則有中道 成眼成智 自在成定 趣智 趣覺 趣於涅槃(대정장 1, p.701b).

는데, 이 말은 무엇을 이야기한 것인가? 성자의 행이 아닌 범부의 하천하고 무익한 감각적 쾌락이 주는 행복과 만족을 추구하는 것은 피해가 있고 근심이 있고 고뇌가 있고 불행이 있는 삿된 길[邪道]이라오. 성자(聖者)의 행(行)이 아닌 범부(凡夫)의 하천(下賤)하고 무익한 감각적 쾌락이 주는 행복과 만족을 추구하지 않는 것이 피해가 없고 근심이 없고 고뇌가 없고 불행이 없는 바른 길[正道]이라오. 성자의 행이 아닌 고통스럽고 무익한, 자신을 괴롭히는 고행을 추구하는 것은 피해가 있고 근심이 있고 고뇌가 있고 불행이 있는 삿된 길[邪道]이라오. 성자의 행이 아닌 고통스럽고 무익한, 자신을 괴롭히는 고행을 추구하지 않는 것이 피해가 없고 근심이 없고 고뇌가 없고 불행이 없는 바른 길[正道]이라오. '성자의 행이 아닌 범부의 하천하고 무익한 감각적 쾌락을 추구하지도 말고, 성자의 행이 아닌 고통스럽고 무익한 자신을 괴롭히는 고행을 추구하지도 말라.'고 한 것은 이것을 이야기한 것이라오.

'이들 막다른 두 길을 멀리하면 여래가 깨달은 중도(中道)가 있으며, 이 길은 안목이 생기고 앎이 생기며, 평온과 수승한 지혜와 깨달음과 열반으로 이끈다.'라고 했는데, 이 말은 무엇을 이야기한 것인가? 정견(正見), 정사유(正思惟), 정어(正語), 정업(正業), 정명(正命), 정정진(正精進), 정념(正念), 정정(正定)이라고 하는 성자의 8정도가 있다오. '이들 막다른 두 길을 멀리하면 여래가 깨달은 중도(中道)가 있으며, 이 길은 안목이 생기고 앎이 생기며, 평온과 수승한 지혜와 깨달음과 열반으로 이끈

다.'라고 한 것은 이것을 이야기한 것이라오.[03]

이 경에서 이야기하듯이 붓다가 추구한 가치는 평온과 사물의 본질에 대한 완벽한 이해[勝智; abhiññā]와 보편타당한 인식[覺], 그리고 모든 괴로움이 멸진한 행복[涅槃]이다. 붓다는 8정도(八正道)가 이와 같은 목표를 성취할 수 있는 길이라고 이야기한다. 정견(正見)을 가지고 살아가면서 바른 선정[正定]을 수행할 때 사물의 본질에 대한 올바른 이해와 보편타당한 인식과 열반을 얻을 수 있다는 것이다.

　　우리는 지금까지 이러한 목표 가운데 두 가지 목표의 구체적인 내용에 대하여 살펴보았다. 인식론의 고찰에서는 9차제정(九次第定)을 통해 진리에 대한 보편타당한 인식이 가능함을 살펴보았고, 존재론의 고찰에서는 사물의 본질이 마음에서 연기(緣起)한 것임을 살펴보았다. 이제 열반은 어떤 것이며 그것을 성취하는 방법은 어떤 것인가를 살펴볼 차례이다.

　　붓다가 세 가지 가치를 추구했다고 해서 실제로 가치에 세 가지가 있는 것은 아니다. 왜냐하면, 사물의 본질에 대한 이해와 보편타당한 인식은 결국 열반을 지향하고 있기 때문이다. 이와 같은 열반을 성취하기 위해서 행하는 수행을 붓다는 범행(梵行; Brahmacariya)이라고 부른다. '범행(梵行)'으로 한역된 'Brahmacariya'는 생사를 초월한 브라만천(天)으로 가는 행위를 의미하는 개념으로서 정통 바라문사상에서 사용하는 개념이다. 붓다가 불교수행에 이 개념을 사용하는 까닭은 붓다가 추구

．．．．．．．．．．．．．
03_ 이중표 역해, 『정선 맛지마 니까야(하)』, pp.388-390.

하는 가치가 바라문 사상에서 주장하는 브라만천(天)으로 돌아가는 데 있어서가 아니라, 자신의 목표도 생사를 초월하는 데 있음을 표현한 것이다. 붓다는 자신이 체득한 열반이 진정으로 생사가 없는 경지라는 의미에서 이 말을 사용한 것이다.

그렇다면 붓다가 성취한 열반은 어떤 경지일까? 열반을 허무적멸(虛無寂滅)한 경지라고 보는 사람도 있고, 현실과는 동떨어진 종교적 이상향으로 생각하는 사람도 있다. 그러나 열반은 결코 허무한 적멸의 경지도 아니고 비현실적인 종교적 이상도 아니다. 『장아함경』의 「청정경(淸淨經)」에서 붓다는 다음과 같이 이야기한다.

혹 어떤 외도(外道) 범지(梵志)가 와서 '사문 석자(釋子)는 갖가지 즐거움을 스스로 즐긴다.'라고 말하거든 너희는 마땅히 이와 같이 대답하라.

'그대들은 그렇게 말하지 말라. 왜냐하면 스스로 즐기는 즐거움에는 여래가 꾸짖는 즐거움이 있고, 여래가 칭찬하는 즐거움이 있기 때문이다. … 사람들이 탐착하는 오욕(五欲)을 연하여 생긴 희락(喜樂)은 여래가 꾸짖는 것이다. … 살생(殺生)이나 투도(偸盜)나 … 방탕(放蕩)하면서 스스로 즐기는 것, 이것이 여래가 꾸짖는 것이며, 겉으로 고행을 행하면서 스스로 즐기는 것, 이것이 여래가 꾸짖는 것이다. 사문 석자(釋子)에게는 이러한 즐거움은 없다. … 벗들이여, 오욕을 인연하여 생긴 즐거움은 속히 제거하여 없애야 하고, … 고행을 하면서 자신의 즐거움으로 삼는 즐거움 등은 속히 제거하여 없애야 하며, 탐

욕을 떠나 탐욕을 떠남으로써 생기는 기쁨과 즐거움으로 초선
(初禪)에 들어가면, … 제4선(第四禪)에 들어가면 이와 같은 즐
거움이 여래가 칭찬하는 것이다.'
'그대들은 이 즐거움 가운데서 어떤 결과를 추구하는가?'라고
묻거든 마땅히 이와 같이 대답하라.
'이 즐거움에는 일곱 가지 결과가 있다. 현재의 삶[現法] 가운
데서 도(道)를 몸소 증득할 수 있으며…'⁰⁴

쾌락주의와 고행주의를 배척한 붓다의 중도(中道)는 진정한 행복과 진
리의 성취에 그 목적이 있다. 그리고 이러한 목적은 다음 세상에 가서 실
현될 수 있는 것이 아니라, 누구나 실천하면 현실에서 성취할 수 있다.
실천적 중도(中道)인 8정도(八正道)는 진리를 깨달아 행복하게 살아가는
삶을 최고의 가치로 삼고 이를 추구하는 바른 길이다.

　　　붓다가 가르치는 최고의 가치는 지혜롭고 행복한 삶이다. 진정한
가치는 진리에 대한 깨달음을 통해 성취된다는 점에서 진리의 인식과
가치의 실현은 결코 별개의 문제일 수가 없다. 그렇기 때문에 8정도(八
正道)는 진리의 인식을 위한 수행법임과 동시에 가치실현의 방법이다.

• • • • • • • • • • • •
04_ 대정장 1, pp.74c~75a의 필자 번역.

II. 4성제의 구조와 의의

1. 4성제의 구조

4성제(四聖諦; catu-ariya-saccāni)는 문자 그대로 거룩한 진리이다. 붓다는 여러 가지 중요한 교리를 가르치고 있으나, 정작 진리(sacca)라는 표현을 하고 있는 것은 4성제이며, 「전유경(箭喩經)」 등에서는 외도들의 사견을 파기하고 붓다가 한결같이 설하는 것은 4성제라고 이야기한다.[01] 그리고 4성제는 의(義)와 법(法)에 상응하고 범행(梵行)의 근본이되어, 지(智)와 각(覺)과 열반(涅槃)으로 나아간다고 강조한다. 붓다는 4성제를 발견하여 사유하고 실천한 결과, 즉 4성제를 3전12행(三轉十二行)으로 수행한 결과 무상(無上)의 정각(正覺)을 얻었다.[02]

붓다가 깨달은 진리가 4성제이고, 붓다는 4성제를 통해 우리에게 자신의 깨달음을 전하고 있기 때문에 붓다의 모든 가르침은 4성제에 포섭된다. 다시 말해서, 12입처[十二處], 18계(十八界), 5온(五蘊), 12연기(十二緣起), 37조도품(三十七助道品) 등의 모든 교리는 4성제를 축(軸)으로 설해지고 있다.

붓다의 모든 교설은, 용수보살이 『중론』에서 설파했듯이, 세속제

01_ 何等法我一向說耶 此義我一向說 苦 苦習 苦滅 苦滅道跡(대정장 1, p.805c).
02_ 대정장 2, pp.103c-104a 참조.

(世俗諦)와 제일의제(第一義諦)의 구조로 설해지고 있다.[03] 6입처(六入處)도 6입처[苦]와 6입처의 집(集), 6입처의 멸(滅)과 6입처의 멸에 이르는 길[道]의 구조로 설해지고 있고, 5온(五蘊)도 5온[苦]과 5온의 집(集), 그리고 5온의 멸(滅)과 5온의 멸에 이르는 길[道]의 구조로 설해지고 있다. 12연기도 무명에서 연기한 생사(生死)의 괴로움[苦]과 괴로움의 집(集)을 보여 주는 유전문(流轉門)과 괴로움의 멸(滅)과 괴로움의 멸에 이르는 길[道]을 보여 주는 환멸문(還滅門)의 구조를 갖는다.

이와 같이 붓다의 모든 가르침은 괴로운 세간과 그 세간의 실상을 보여 주는 세속제(世俗諦)와 세속제에 근거하여 우리가 성취해야 할 최고의 가치와 그 가치실현의 구체적인 방법을 보여 주는 제일의제(第一義諦)의 구조로 설해지고 있다. 이와 같이 4성제는 붓다의 모든 가르침을 구성하는 진리체계이다.

우리는 이미 세간의 구조와 실상, 즉 세속제(世俗諦)인 유전문(流轉門)에 관해서는 구체적으로 살펴본 바 있다. 그러나 제일의제(第一義諦)인 환멸문(還滅門)에 대해서는 그 내용을 구체적으로 살펴보지 않았다. 이에 대해서는 이후에 상세하게 살펴보겠지만, 우선 간단히 언급하면 8정도(八正道)와 9차제정(九次第定)으로 귀결되는, 소위 37조도품(三十七助道品)으로 불리는 수행체계가 환멸문(還滅門)이다. 이와 같이 붓다의 모든 교설은 4성제라는 하나의 진리체계를 형성하고 있다.

• • • • • • • • • • • • •
03_ 諸佛依二諦 爲衆生說法 一以世俗諦 二第一義諦 『중론』「觀四諦品」제8게.

2. 4성제의 의의

4성제(四聖諦)는 네 가지 진리, 즉 고성제(苦聖諦), 고집성제(苦集聖諦), 고멸성제(苦滅聖諦), 고멸도성제(苦滅道聖諦)를 의미한다. 이들 네 가지 진리의 명칭에 빠짐없이 '고(dukkha)'라는 개념이 들어 있는 것은 4성제가 괴로움에 관한 진리이기 때문이다. 따라서 4성제를 이해하기 위해서는 먼저 괴로움을 정확하게 이해해야 한다.

고성제(苦聖諦)는 소위 8고(八苦)로 칭해지는 생(生), 노(老), 병(病), 사(死), 원증회고(怨憎會苦), 애별리고(愛別離苦), 구부득고(求不得苦), 약오음성고(略五陰盛苦)로 설해지고[04] 있다. 이 가운데 '약오음성고'는 'saṅkhittena pañcupādānakkhandā dukkhā'의 한역으로서 '요약하면 5취온(五取蘊)이 고(苦)다.'라는 뜻이다. 생로병사 등의 모든 괴로움은 한 마디로 5취온이라는 것이 이 말의 의미다. 바꿔 말하면, 4성제에서 이야기하는 고(苦)는 한 마디로 5취온이라는 것이다.

그렇다면 5취온이 괴로움이라는 진리를 이야기하는 고성제는 구체적으로 어떤 것일까? '약오음성고(略五陰盛苦)'로 한역된 'saṅkhittena pañcupādānakkhandā dukkhā'를 정확히 번역하면 '요약하여, 다섯 개의 취온(取蘊)은 고(苦)'이다. 즉, 5취온 하나하나가 그대로 괴로움이라는 뜻이다. 생로병사 등이 괴로움이라는 것은 쉽게 납득할 수 있다. 그러나 5취온이 괴로움이라는 말은 쉽게 이해되지 않는다. 살아가기가 괴롭고 늙어 죽는 것이 괴롭다는 것은 누구나 이해할 수 있겠지만, 5취온이 괴로움이라는 말은 쉽게 이해되지 않을 것이다.

• • • • • • • • • • • • • • •
04_ 『중아함경』「分別聖諦經」(대정장 1, p.467bc).

'5취온이 괴로움이다.'라는 말에는 어떤 의미가 함축되어 있을까? 앞에서 언급했듯이, 5취온은 중생들이 삶을 통해 연기(緣起)한 무상한 의식 내용을 질료로 삼아 조작하여 취착하고 있는 허구적인 자아(自我)를 의미한다. 중생들은 5온(五蘊) 가운데 희락(喜樂)과 갈애(渴愛)의 대상이 되는 것을 욕탐(欲貪)으로 취착(取著)하여 자아로 계탁(計度)하는데, 이렇게 계탁된 자아가 5취온이며, 중생으로서의 인간실존이다. '5취온이 괴로움이다.'라는 말은 욕탐으로 취착하여 계탁한 5취온을 자신의 존재로 알고 살아가는 인간 실존은 그 자체로서 괴로움이라는 의미이며, 고성제는 이러한 인간실존을 의미한다.

고성제의 의미를 보다 구체적으로 이해하기 위해 인간 실존으로서의 5취온에 대하여 살펴보자. 독일의 철학자 하이데거(M. Heidegger, 1889-1976)는 인간존재를 해명함에 있어서 인간에 대한 용어 자체를 존재론적으로 현존재(Dasein)라고 표현한다. 인간을 하나의 존재자로 대상화한 다음, 이 대상의 속성을 기술하는 방법으로 인간을 '이성적 동물', '정신적 존재' 등으로 정의하는 종래의 태도에 반하여, '존재를 이해하고 있는 존재자'라는 의미에서 '현존재'로 확정하는 것이다. 즉, '현존재'는 그의 존재에 있어서 바로 이 존재(현존재) 자체가 그 자신에게 문제가 되고 있는 유일한 존재자인 것이다.[05]

그에 의하면 '인간으로 존재한다.'는 것은 언제나 '각자로 존재한다.'는 것이며, '각자 자기 자신으로 존재한다.'는 것은 언제나 '자신의 존재가 문제되어 있는 것으로서 자신의 존재가능성에 관해서 심려(Sorge)

05_ 申午鉉, 『현상학과 실존철학』(한국현상학회편, 앞의 책), pp.174-175 참조.

한다.'는 뜻이며, 이렇게 '존재에 관해서 관심을 가지고 의문을 제기하며 우려를 표명한다.'는 것은 '어떻게 존재할 것인가를 선택하려 함'이다.[06]

　　이와 같은 하이데거의 인간존재 해명은 '식(識)의 증장(增長)'과 5취온(五取蘊)에 관한 붓다의 이야기를 떠올린다. 인간존재를 5온(五蘊)이라는 다섯 가지 존재로 규정하려고 한 당시 외도들의 태도는 인간을 하나의 존재자로 대상화한 다음 이 대상의 속성을 기술하는 태도이다. 붓다가 이와 같은 외도들의 태도를 비판하고 인간존재를 해명하면서 식(識)을 중심으로 구성된 자아가 어떻게 현존하는지를 설명한 것이 식(識)의 증장(增長)에 관한 교설이다.

　　식은 끊임없이 자기 존재[五蘊]에 대하여 관심을 가지고[識住] 새로운 식(識)으로 증장하고 있으며, 이 과정에서 5온이 새롭게 취해져 5취온이 된다는 것이 식의 증장과 5취온을 설하는 경전의 내용이다. 이것을 하이데거 식으로 표현하면, '인간이 5온으로 존재한다는 것'은 언제나 '각자가 취착한 5취온으로 존재한다.'는 것이며, '5취온으로 존재한다.'는 것은 언제나 '자신의 존재, 즉 5취온이 문제되는 것으로서 욕탐의 대상이 되는 온(蘊)에 관심이 머문다[識住].'는 뜻이며, 이렇듯 '5온에 머물면서 증장한다[識住增長].'는 것은 '어떤 온(蘊)으로 존재할 것인가를 선택하여 취착한다.'는 것을 뜻한다.

　　『잡아함경(58)』에서는 5온을 다섯 가지 존재로 이해하려는 태도에 대하여 그것이 잘못된 것임을 다음과 같이 시사하고 있다.

06_ 같은 책.

그때 세존께서 아침에 선정에서 깨어나 여러 비구들 앞에 자리를 펴고 앉으신 후에 비구들에게 말씀하셨다.

"다섯 가지 취온[五取蘊]이 있다오. 다섯은 어떤 것인가? 그것은 색취온(色取蘊), 수(受), 상(想), 행(行), 식취온(識取蘊)을 말한다오."

그때 한 비구가 자리에서 일어나 옷매무새를 가지런히 하고, 한쪽 어깨를 드러내고, 오른쪽 무릎을 꿇고, 합장한 후에 세존께 말씀드렸습니다.

"세존이시여, 다섯 가지 취온[五取蘊]은 색취온(色取蘊), 수(受), 상(想), 행(行), 식취온(識取蘊)이란 말씀이시지요?"

부처님께서 비구에게 말씀하셨다.

"자리에 돌아가서 물으면 그대를 위하여 이야기하겠소."

그때 그 비구는 부처님께 예배하고 본 자리에 돌아와서 부처님께 말씀드렸다.

"세존이시여, 이 5취온(五取蘊)은 무엇이 뿌리고, 무엇이 집기(集起)한 것이며, 무엇이 촉발시킨 것입니까?"

부처님께서 비구에게 이르시었다.

"이 5취온은 욕(欲)이 뿌리이고, 욕(欲)이 집기(集起)한 것이며, 욕(欲)으로 인해 생기고, 욕(欲)이 촉발시킨 것이라오."[07]

이 경에서 붓다는 5취온(五取蘊)을 존재자로 대상화하여 묻고 있는 제자

<hr />

07_ 대정장 2, p.14b의 필자 번역. 원문의 '受陰'은 '取蘊'과 같은 말의 한역이기에 '取蘊'으로 번역함.

에게 다시 생각하여 보다 본질적으로 묻게 하고 있다. 즉, 인간[五取蘊]은 무엇으로 구성되었는지를 묻지 말고, 인간이 어떻게 존재하고 있는지를 묻도록 하고 있다. 그리고 하이데거가 현존재의 존재의미, 즉 현존재의 존재가능성에 대한 지향축을 심려(心慮; sorge)라고 규정하듯이[08] 붓다는 5취온의 존재가능성에 대한 지향축을 욕(欲; chanda)이라고 말한다. 심려와 욕구는 본질적으로 차이가 없다. 왜냐하면, 자신의 존재가능성에 대한 심려는 자신의 존재가능성에 대한 욕구에서 비롯되기 때문이다.

붓다가 자아를 존재자로 대상화하는 태도에서 벗어나 자아의 현존에 대하여 사유해야 한다는 가르침은 『잡아함경(372)』와 이에 상응하는 S.N. 12. 12. Phagguna에 잘 드러나 있다. 붓다가 네 가지 음식[四食: 摶食, 觸食, 意思食, 識食]에 대하여 이야기하자, 팍구나(Phagguna)는 이 네 가지 음식을 먹는 존재가 누구인지를 묻는다. 이때 붓다는 다음과 같이 대답한다.

비구들이여, 이미 존재하는 중생들을 (중생의 상태에) 머물게 하거나, 다시 존재하고 싶어 하는 중생들을 (다시 존재하도록) 돕는 네 가지 음식이 있다오. 그 네 가지는 어떤 것들인가? 첫째는 거칠거나 부드러운, 덩어리 음식[摶食], 둘째는 대상접촉 음식[觸食], 셋째는 의도(意圖) 음식[意思食], 넷째는 분별 음식[識食]이라오. 〈중략〉

이와 같이 말씀하시자, 몰리야 팍구나(Moliya Phagguna) 존자

• • • • • • • • • • • • • •
08_ 신오현, 前揭論文(앞의 책), p.178 참조.

가 세존께 이렇게 말씀드렸습니다.

"세존이시여, 그렇다면 누가 분별 음식[識食]을 먹습니까?"[09]

세존께서는 '온당치 않은 질문'이라고 하시면서 다음과 같이 말씀하셨습니다.

"나는 '먹는다'라고 말하지 않았다오. 내가 '먹는다'라고 말했다면, '세존이시여, 그렇다면 누가 분별 음식[識食]을 먹습니까?'라는 질문은 온당한 질문이오. 그렇지만 나는 그렇게 말하지 않았다오. 그렇게 말하지 않은 나에게는 '세존이시여, 분별 음식[識食]은 무엇을 키우는 음식입니까?'라고 묻는 것이 온당한 질문이오. 그때에 '분별 음식[識食]은 미래에 다시 존재하게 되는 유(有)의 조건이다.[10] 그것이 존재할 때 6입처(六入處)가 있고, 6입처(六入處)에 의존하여 대상접촉[觸]이 있다.'[11]라고 하는 것이 온당한 대답이오."

"세존이시여, 그렇다면 누가 대상접촉을 합니까?"

세존께서는 '온당치 않은 질문'이라고 하시면서 다음과 같이 말씀하셨습니다.

"나는 '접촉한다'라고 말하지 않았다오. 내가 '접촉한다'라고 말했다면, '세존이시여, 그렇다면 누가 접촉합니까?'라는 질문

09_ 'ko nu kho bhante viññāṇāhāram āhāreti'의 번역. 팍구나는 음식을 먹는 존재자가 누구인가를 묻고 있다.

10_ 'viññāṇāhāro āyatiṃ punabbhavābhinibbattiyā paccayo'의 번역. 'punabbhava'를 後有로 번역함. 음식이 생물을 먹여 살리듯이, 네 가지 음식은 미래에 자신의 존재를 다시 존재하게 하는 자양분이 된다는 의미이다.

11_ 'tasmiṃ bhūte sati saḷāyatanaṃ saḷāyatanapaccayā phasso'의 번역.

은 온당한 질문이오. 그렇지만 나는 그렇게 말하지 않았다오. 그렇게 말하지 않은 나에게는 '세존이시여, 무엇에 의존하여 대상접촉[觸]이 있습니까?'라고 묻는 것이 온당한 질문이오. 그때에 '6입처(六入處)에 의존하여 대상접촉[觸]이 있고, 대상접촉[觸]에 의존하여 느낌[受]이 있다.'라고 하는 것이 온당한 대답이오."

〈중략〉

"세존이시여, 그렇다면, 누가 취(取)합니까?"

세존께서는 '온당치 않은 질문'이라고 하시면서 다음과 같이 말씀하셨습니다.

"나는 '취한다'라고 말하지 않았다오. 내가 '취한다'라고 말했다면, '세존이시여, 그렇다면 누가 취합니까?'라는 질문은 온당한 질문이오. 그렇지만 나는 그렇게 말하지 않았다오. 그렇게 말하지 않은 나에게는 '세존이시여, 무엇에 의존하여 취(取)가 있습니까?'라고 묻는 것이 온당한 질문이오. 그때에 '갈망[愛]에 의존하여 취(取)가 있고, 취(取)에 의존하여 유(有)가 있고, 유에 의존하여 생(生)이 있고, 생에 의존하여 노사(老死)와 근심, 슬픔, 고통, 우울, 고뇌가 함께 있다.'라고 하는 것이 온당한 대답이오. 이와 같이 순전한 괴로움 덩어리[苦蘊]의 모여 나타남[集]이 있다오."[12]

12_ 대정장 2, p.102a, S.N.Vol, 2, p.13.

이 경에서 팍구나는 존재하는 자아를 상정하고 있다. 그렇기 때문에 네 가지 음식을 먹는 존재자로서의 자아가 누구인가를 묻고 있다. 그러자 붓다는 팍구나가 언어를 피상적으로 이해하고 있다고 꾸짖고 있다. 붓다는 '네 가지 음식[四食], 즉 네 가지 자양분이 있다.'고 말했다. 이 말을 피상적으로 해석하면 '누군가가 먹는 음식에 네 가지가 있다.'가 된다. 그래서 팍구나는 누가 먹는가를 묻고 있는 것이다.

붓다는 자신의 언어를 피상적으로 이해하는 것을 거부한다. 중생들의 일상 언어는 모든 것을 존재자로 대상화한다. 붓다는 중생들이 모든 것을 존재자로 대상화하는 근원적인 원인을 무명(無明)과 욕탐(欲貪)이라고 본다. 따라서 무명과 욕탐을 제거하도록 가르치는 붓다는 일상적인 언어로 자신의 말을 해석하는 것을 경계한다. 모든 독단적인 형이상학은 근본적으로 모든 것을 존재자로 대상화하고, 그것을 일상적인 언어로 표현하는 가운데 상호 모순대립하고 있다. 붓다의 중도(中道)는 일상적인 언어에 의해 야기되는 모순대립을 벗어난 것이다.

'누가 먹는가?'와 '무엇의 자양분이 되는가?'에는 어떤 차이가 있을까? 예를 들어, 물과 비료로 나무를 기른다고 하자. 이때 물과 비료는 나무의 자양분이다. 이때 우리는 '나무가 물과 비료를 먹고 자란다.'고 말한다. 그러나 붓다는 나무라는 존재자가 물과 비료를 먹고 있는 것이 아니라, 물과 비료가 자양분이 되어 '나무라고 불리는 현상이 생겨서 유지되고 자란다.'고 본다. 즉, 나무는 물과 비료에 의존하여 연기(緣起)한 법(法)이지 존재자가 아니라는 것이다. 이와 같이 우리가 존재자들이 서로 관계하고 있다고 생각하는 세계의 실상은 법(法)이 연기하고 있는 법계(法界)다. 붓다가 '무엇의 자양분이 되는가?'를 묻도록 한 데는 이러한 법계(法界)의 실상을 보도록 하라는 의미가 함축되어 있다.

보고[色] 느끼고[受] 생각하고[想] 행동하고[行] 인식하는[識] 능력을 갖춘 자아가 존재한다는 생각이나, 그와는 반대로 존재하지 않는다는 생각은 모두 이러한 법계의 실상을 모르는 무지에서 비롯된 망념이다. 중생들은 보고 느끼면서 살아가는 가운데 마음에서 연기한 법을 존재자로 대상화시켜 인식함으로써 존재자로서의 자아가 태어나서 죽는다고 생각한다. 자아라는 존재자가 보고 느끼고 사유하고 행동하고 인식하면서 살고 있다고 생각하거나, 그 같은 자아는 존재하지 않고 물질들이 일시적으로 결합한 상태가 있을 뿐이라고 생각하는 것은 모두가 무명과 욕탐에 결박된 중생들의 망념이다. 붓다가 부정하는 것은 이러한 망념일 뿐, 보고 느끼고 인식하는 삶 그 자체가 아니다. 붓다가 이야기하는 무아(無我)는 존재자로 대상화된 자아의 부정일 뿐, 우리의 삶을 부정하는 것이 아니다.

붓다는 중생의 존재의미를 욕(欲; chanda)으로 규정함으로써 중생들이 항상 자신의 존재가능성에 대해 우려하고 있는 불안하고 괴로운 존재임을 밝히고 있다. 5취온은 항상 자기의 존재가능성에 대한 우려에 휩싸여 불안해하고 괴로워하는 인간실존이다. '5취온(五取蘊)이 괴로움이다.'라는 붓다의 말씀은 인간실존의 실상이 괴로움이라는 의미이다.

그렇다면 왜 인간실존은 이렇게 우려 속에서 존재가능성을 추구하면서 불안해하고 괴로워하는 것일까? 그것은 무지(無知)와 욕탐(欲貪) 때문이다. 만약에 우리가 무지와 욕탐에서 벗어난다면, 우리의 삶은 어떻게 될까? 욕탐이 사라지면 인생의 의미는 어디에서 찾아야 할까? 존재가능성을 추구하면, 비록 그것이 불안하고 괴롭기는 할지라도 자신이 추구한 존재가능성이 성취되었을 때 행복과 보람을 느낄 수 있을 것이다. 그런데 어떤 것을 추구할 의욕이 근본적으로 사라진다면 우리의 인생은 죽음이나 마찬가지가 되고 마는 것이 아닐까? 우리는 차라리 괴로운 삶을 선택할지언정 괴로움 없는 죽음을 원하지는 않는다. 따라서 무조건 의욕과 욕구를 버리는 것은 우리가 구하는 답이 아니다.

붓다는 5취온이 괴로움인 까닭을 욕탐이라고 하지 않는다. 붓다는 『잡아함경(84)』에서 5취온이 괴로움인 까닭을 무상(無常)하기 때문이라고 한다.[13] 그리고 5취온은 괴로움이기 때문에 자아가 아니라고 한다.[14] 먼저 무상하기 때문에 괴롭다고 하는 말씀의 의미를 살펴보자.

와쓰지 데쓰로(和辻哲郎)의 지적과 같이 '5온(五蘊)은 무상(無常)하다.'고 할 때의 '무상(無常)'은 원어가 'asassata'가 아닌 'anicca'이다.[15] 붓다가 침묵했던 '세계는 영원한가, 무상(無常)한가?'라는 모순된 명제에 나오는 무상(無常)은 원어가 'sassata(사라지지 않고 존속하는)'와 반대개념인 'asassata'로서 그 의미가 '언젠가는 사라져 영원히 존속하지 못하는'의 의미이지만, '5온은 무상(無常)하다.'라고 할 때의 무상(無常)은 원어가 'nicca'의 반대개념인 'anicca'인 것이다.

'nicca'는 '안, 속, 배경'을 의미하는 'ni'와 '타고난, 천성의, 살아있는'을 의미하는 'ja'가 결합한 것으로 추정되는 형용사인데, '안에 살아있는'의 의미에서 원래의 뜻은 '본유적인, 선천적인, 타고난, 본래의'이다.

• • • • • • • • • • • • • • •

13_ 色(受想行識)是無常 無常則苦(대정장 2, p.21c).

14_ 苦則非我(同揭書).

15_ 和辻哲郎, 앞의 책, p.113 참조.

이와 같은 의미에서 'nicca'는 '영원한, 불멸의'의 뜻으로 사용되고 있다. 따라서 'nicca'로 표현되는 '영원한'이라는 개념은 '본래부터 생멸(生滅)이 없는 어떤 본질적 존재가 있음'을 함축하고 있다. 즉, 'sassata'가 '현존하는 존재가 사라지지 않고 영원히 존속한다.'는 의미에서의 '영원한'을 의미한다면, 'nicca'는 '본질적으로 불멸하는 존재가 현상의 배후에 있다.'는 의미에서의 '영원한'을 의미한다. 따라서 'asassata'가 '현존하는 존재가 영원히 지속되지 못하고 일시적으로 존속하고 있다.'는 의미의 무상(無常)이라면, 'anicca'는 '본질적으로 잠시도 존속하지 못한다.'는 의미의 무상이다. 이와 같이 'anicca'는 어떤 존재가 시간적으로 한순간도 지속적으로 존재할 수 없다는 존재의 '시간적 지속성'과 함께 시간이라는 개념 자체를 부정하는 개념이다.

붓다가 이러한 개념을 사용하여 5온의 무상을 이야기하는 까닭은 5온이 존재자가 아니라 연기하는 법(法)임을 보여 주기 위해서다. 전술한 바와 같이 '연기(緣起)'에는 존재의 개념뿐만 아니라 시간의 개념도 배제되어 있다. 따라서 연기한 법으로서의 5온은 그 본질이 잠시도 존재하지 않는 무상한 것이다. 그렇다면 무상하게 연기한 법인 5온이 왜 괴로움일까? 물이나 산이 그 자체로서 괴로움일 수 없듯이 5온이 괴로움인 것은 그것이 자아로 취착되기 때문이다. 괴로움이란 자신의 뜻(will)에 어긋날 때 느끼는 감정이다. 노사(老死)가 괴로움인 것은 늙기 싫고 죽기 싫기 때문이다. 따라서 5온의 무상함이 괴로움이라는 것은 5온의 무상함이 나의 뜻에 어긋난다는 의미다. 즉, 5온의 무상함은 자아의 뜻에 어긋나기 때문에 5온에서 괴로움을 느끼는 것이다.

그렇다면 괴로움을 느끼는 자아(自我)는 무엇인가? 우리가 생각하고 있는 자아는 자기 동일성을 지닌 '존재자'이다. 그러나 이 자아는 무상한 5온을 취착하여 조작한 허구적 존재이다. 촛불은 초가 녹은 기름과 주변의 산소에 의해 유지된다. 즉, 기름이 연소하는 현상이 촛불이다. 그런데 우리는 '촛불이 탄다.'라고 말한다. 이 말은 촛불이 자기 동일성을 지닌 존재자로서 기름을 흡수하여 비록 일시적이기는 하지만 변함없이 존속하고 있다는 의미이다.

우리는 왜 잠시도 존속하지 않고 계속해서 기름이 연소하는 현상을 마치 하나의 존재자가 존속하고 있는 것으로 생각하는 것일까? 그것은 우리의 잘못된 사유방식[想]에 기인한다. 모든 존재는 시간 속에 머물고 '있지' 않다. 즉, 주변의 조건과 함께 연기하는 '법(法; dhamma)'이지 시간 속에 머물고 있는 '존재자(有; being)'가 아니다.

우리는 모든 것을 '있다'고 말한다. 그렇다면 우리가 '있다'고 하는 것은 무엇일까? '있다'라고 할 때는 항상 '무엇'이 전제된다. 대상이 없는 유무판단(有無判斷)은 무의미하다. 그렇다면 대상은 무엇인가? 대상은 외부에 실재하고 있는가? 그렇지 않다. 예를 들어, '촛불이 있다.'는 판단을 생각해 보자. '촛불이 있다.'는 판단을 하기 위해서는 먼저 '촛불은 어떤 것이다.'라는 판단이 선행되어야 한다. 촛불에 대한 지식이 이미 내적으로 성립되어 있는 상태에서만 '촛불이 있다.'는 판단이 나올 수 있다. 따라서 '촛불이 있다.'는 판단의 실질적인 내용은 '내가 촛불이라고 알고 있는 것이 지금 지각되고 있다.'이다.

촛불은 기름과 열과 산소라고 하는 조건들과 함께 연기하고 있을 뿐 잠시도 존속하지 않는다. 그리고 조건이 변하여 기름이 떨어지거나, 산소가 연소를 통해 탄소와 결합하여 탄산가스로 변하면, 이러한 조건의 변화에 의해 촛불은 사라진다. 즉, 우리가 촛불이라고 생각할 수 없는 상태가 된다. 이렇게 되면 우리는 촛불이 없어졌다고 말한다. 그러나 외부의 사물은 생긴 적도 없어진 적도 없다. 다만 조건만 달라졌을 뿐이다. 이와 같이 촛불은 외부에 대상으로 존재하는 것이 아니라 우리의 마음 속에 관념으로 존재한다. 이 관념은 외부의 촛불이 사라져도 존재한다. 즉, 집기(集起)해 있다. 우리가 '촛불이 생겼다.' '촛불이 타고 있다.' '촛불이 이전과는 달리 변했다.' '촛불이 없어졌다.'라고 말할 수 있는 것은 촛불이라는 관념이 집기(集起; samudaya)하기 때문이다.

그렇다면 이러한 관념은 어떻게 만들어지는 것일까? 전술한 바와 같이 그것은 욕구에 의해 구성된다. 촛불이라는 관념은 '어두울 때 사물을 조명하려는 욕구'에 뿌리를 두고 있다. 흙이나 돌과 같은 자연 상태의 사물에 대한 관념도 근본적으로는 그것들에 대한 관념이 필요해서 만들어진 것이다. 존재에 대한 모든 관념은 그것이 지적 욕구에서건, 실천적 욕구에서건, 모두 욕구 때문에 만들어진다. 여기에서 우리는 붓다가 5온의 근본(존재가능성에 대한 지향축)을 욕(欲; chanda)으로 규정한 이유를 알 수 있다. 인간의 사유는 항상 욕구에 기초해서 이루어지며, 사유의 결과 관념이 구성되면, 구성된 관념으로 대상을 분별하여 인식한다.

관념을 구성하는 작용은 외부의 대상에만 국한되는 것이 아니다. 우리가 '나'라고 생각하고 있는 자아도 욕구에 기초하여 구성된 관념이다. 마치 기름이 부단히 연소하는 현상을 '촛불'이라는 관념으로 대상화하듯이, 법계(法界)에서 보고 느끼고 사유하고 행동하고 인식하는 삶을 통해 연기한 법을 자아로 취착하여 관념으로 대상화한 것이 우리의 자아다.

이렇게 중생들에게 자아라는 '존재자'로 인식되고 있는 것이 5취온(五取蘊)이다. 5취온은 본질적으로 무상한 것임과 동시에 욕탐에 의해 자아로 계탁된 '존재자'다. 따라서 5취온은 그 속에 본질적인 무상함과 욕탐에 의해 구성된 존재자로서의 자아가 대립하고 있다. 우리의 의지는 항상 자아로 생각하고 있는 5온이 불변하기를 바란다. 생로병사가 괴로움인 것은 생로병사가 자아의 변화이기 때문이다. 자아가 변하지 않기를 바라는데, 자아로 취하고 있는 5취온은 잠시도 존속하지 못하고 무상하게 변한다. 따라서 5취온의 무상함은 5취온을 자아로 취하고 있는 한 괴로움이며, 이것이 중생의 모든 괴로움의 본질이다. 이것이 붓다가 '한 마디로 5취온이 괴로움이다[略五盛陰苦].'라고 하신 말씀의 의미다.

붓다는 '5취온이 괴로움이다.'라는 사실을 거룩한 진리, 즉 고성제(苦聖諦)라고 말한다. 5취온을 자아로 취착하는 중생은 그 자체가 괴로움이며, 5온을 자아로 취착하면 언제나 누구나 어디에서나 그렇게 괴로울 수밖에 없다는 사실은 보편타당하고 시공을 초월하여 항상 변함없는 진실이라는 것이다. 그런데 중생들은 괴로운 세계에 살면서도 중생계의 진리 즉 고성제(苦聖諦)를 알지 못하고 있다. 만약 5온(五蘊)은 무상한 것이며, 이것을 존속시키는 일이 불가능하다는 것을 안다면, 5온을 자아로 취하여 존재가능성을 추구하는 삶에는 즐거움이 있을 수 없다는 것을 깨달을 것이다.

그러나 중생들은 이 진리를 모르기 때문에 자신이 존재자로 존재한다고 생각하며, 미래에도 유지될 수 있을 것으로 생각한다. 그 결과 중생은 미래의 존재가능성을 추구하게 되며, 만족할 만한 성과를 얻었다고 생각할 때는 즐거움을 느끼고, 만족스럽지 못하다고 생각될 때는 괴로움을 느낀다.

이러한 중생들에게 가장 큰 괴로움은 죽음이다. 왜냐하면 죽음이란 더 이상 자신을 존속시킬 수 없는 극한상황이기 때문이다. 여기에서 중생들은 내세(來世)를 생각한다. 이들에게 내세(來世)가 있게 된다. 왜냐하면 욕탐에 의해 내세라는 관념이 구성되면, 그것이 실재하는 것으로 인식되기 때문이다. 따라서 5온을 자아로 취착한 중생에게는 생사(生死)와 내세(來世)가 인식되며, 이것이 생사윤회다.

생사윤회는 망념(妄念)이다. 중생들이 생각하는 생사(生死)와 윤회는 자아라는 관념과 무상한 5온(五蘊) 사이에서 일어나는 전도된 착각이다. 따라서 생사윤회를 벗어나기 위해서는 우선 자아로 취하고 있는 존재자로서의 5취온이 그 자체로 괴로움이라는 사실, 즉 고성제(苦聖諦)를 여실하게 알지 않으면 안 된다. 그리고 고성제에 대한 자각이 있을 때 우리는 비로소 참된 가치실현의 길을 모색할 수 있다.

세간이 괴로움이라는 사실의 자각, 즉 고성제에 대한 깨달음은 우리에게 괴로움의 멸진이라는 새로운 가치실현의 길을 요청한다. 괴로움을 멸진하기 위해서는 괴로운 세계와 자아의 실상을 알아야 한다. 끊임없이 존재가능성을 추구하면서 죽음 앞에 불안해하고 괴로워하는 인간실존의 원인을 여실하게 알아서 괴로움의 근본을 없애야만 우리는 괴로움에서 벗어날 수 있다. 고집성제(苦集聖諦)는 바로 이와 같은 인간실존의 원인과 구조적 실상을 보여 주는 진리다. 욕탐을 축으로 존재가능성을 추구하는 가운데 연기하는 법계에서 체험된 의식(과거), 체험하고자 하는 의식(미래), 체험하고 있는 의식(현재)을 욕탐으로 취착함으로써 5취온이라는 인간실존이 집기한다는 사실을 보여 주는 것이 고집성제(苦集聖諦)이다. 이러한 고집성제(苦集聖諦)를 알아서 인간실존의 지향축인 욕탐을 멸진하면 새로운 가치실현의 길이 열린다.

이와 같이 집성제(集聖諦)는 세간의 존재방식과 존재원인을 밝혀 출세간(出世間)으로의 해탈 가능성, 즉 괴로운 인간실존의 근원을 멸진하여 새로운 존재방식으로의 전환이 가능함을 보여 준다. 그리고 멸성제(滅聖諦)와 도성제(道聖諦)는 진정으로 추구해야 할 가치가 무엇이며 그것을 추구하는 방법은 어떤 것인가를 구체적으로 보여 주는 진리다.

III. 멸성제와 도성제의 관계

1. 멸성제(滅聖諦)와 도성제(道聖諦)의 관계

4성제(四聖諦)는 인과관계를 이루고 있다. 고성제(苦聖諦)는 과(果)이고 집성제는 인(因)이며, 멸성제는 과(果)이고 도성제는 인(因)이다. 그런데 멸성제의 인(因)이 되는 도성제, 즉 8정도의 첫 지(支)인 정견(正見)의 내용이 4성제를 아는 것이라고 설명된 점에 대하여 어떤 학자들은 문제를 제기한다. 도성제(道聖諦), 즉 8정도(八正道)의 첫 지(支)인 정견(正見)의 내용은 '4성제에 대한 여실한 앎'이다. 4성제 안에는 멸성제가 포함되어 있다. 다시 말해서 멸성제의 인(因)이 되는 8정도 속에 8정도 수행의 결과인 멸성제가 들어 있다. 멸성제와 도성제의 관계가 인과관계라면 어떻게 이런 일이 있을 수 있을까?

이와 같이 문제를 제기한 후에 '이것은 명백히 모순이다.'[01]라고도 하고, 순환론(循環論)으로 평하기도[02] 한다. 또는 8정도(八正道)가 4성제(四聖諦)에 도입되는 과정에서 정견의 내용이 4성제에 대한 정견으로 됨으로써 사제설(四諦說)이 완성되었다고[03] 주장하기도 한다.

그러나 이러한 주장들은 4성제의 인과관계가 연기관계라는 것을

01_ 和辻哲郎, 앞의 책, p.259.

02_ 宇井伯壽, 앞의 책, p.14.中村元, 『原始佛敎の生活倫理』(東京: 춘추사, 1961), p.27 참조.

03_ 三支充惠, 앞의 책, pp.468-469 참조.

이해하지 못한 것이다. 예를 들어, 원인이 되는 5온의 집(集)이 있는 곳에 그 결과로 괴로움이 있고, 5온이 집기(集起)할 때 그 결과로 괴로움이 집기하며, 5온의 멸이 있는 곳에 그 결과로 괴로움의 멸이 있고, 5온이 멸할 때 그 결과로 괴로움도 함께 멸한다. 따라서 인(因)이 되는 8정도에 과(果)가 되는 멸성제가 포함되어 있다는 것은 집성제에 고성제의 내용이 있는 것과 같이 지극히 당연한 일로써 이것은 모순도 아니고 순환론도 아니다. 그리고 8정도가 4성제에 도입되어 사제설이 완성되었다는 주장은 붓다가 가르친 여러 교리들이 대부분 후대에 체계화된 것이라고 보는 견해로서 붓다의 성도 내용을 과소평가하는 것이다.

　　이들의 주장은 열반을 수행을 통해 얻을 수 있는 어떤 것, 즉 열반을 유소득(有所得)의 경지로 오해한 것이다. 열반이란 대승불교, 특히 중관(中觀), 반야(般若) 계통의 경론에서 강조하듯이 생사에서 추호도 벗어나지 않고 성취하는 무소득(無所得)의 경지이다.[04] 뿐만 아니라, 붓다는 수행이란 '목표에 대한 확실한 지식을 가지고 있을 때' 바르게 실천될 수 있다고 말한다. 올라가야 할 집이 어느 곳에 있는지도 알지 못하면서 사다리를 놓고 지붕에 오르겠다고 하는 것은 허망한 행위라는 것이다.[05]

　　수행은 결과에 대한 확실한 지식이 있어야 하고, 그 결과를 성취할 수 있는 정확한 방법을 알아야만 실천할 수 있다. 우유를 필요로 하는 사람은 잘 먹인 암소의 젖을 짜야 우유를 얻을 수 있다. 그러나 소에서

04_ 涅槃與世間 無有少分別 世間與涅槃 亦無少分別 涅槃之實際 及與世間際 如是二際者 無毫釐別 『중론』 「관열반품」 제20, 21게.

05_ 猶如有人立梯空地 餘人問言 立梯用爲 答曰我欲上堂 又問 堂何所在 答曰 不知 云何 梵志 彼立梯者豈非處妄耶 答曰 如是 彼實處妄 『장아함경』 「포타바루경」(대정장 1, p.111c).

우유가 나온다고 해서 소의 뿔을 쥐어짜서는 아무리 노력해도 우유를 얻을 수 없다. 이와 같이 정견(正見)이 아닌 사견(邪見)으로는 결코 원하는 수행의 결과를 성취할 수 없다.[06] 따라서 정견의 내용이 멸성제에 대한 여실한 앎이라는 것은 지극히 당연하다.

4성제를 반드시 고(苦), 집(集), 멸(滅), 도(道)라는 규격화된 형식으로 이해할 필요는 없다. 용수보살처럼 세속제(世俗諦)와 제일의제(第一義諦)로 이해할 수도 있고, 경전에 자주 나타나는 형식인 고(苦), 집(集), 멸(滅), 미(味), 환(患), 이과출요(離過出要)의 형식으로 이해해도 상관이 없다. 중요한 것은 붓다가 생사의 세계이건 열반의 세계이건 그것이 우리의 마음 밖에 있는 것이 아니라 우리의 마음에서 연기한 것이라는 사실을 깨달아 우리에게 열반의 세계를 선택하도록 가르치고 있다는 점이다.

4성제는 이론적 진리가 아니라 실천적 진리다. 그렇기 때문에 4성제는 고(苦), 집(集), 멸(滅), 도(道)의 순서로 되어 있다. 고(苦)와 집(集)의 순서는 현실의 괴로움을 자각할 때에 그 원인을 추구할 수 있다는 것을 의미한다. 그리고 멸(滅)과 도(道)의 순서는 수행의 목적을 바르게 알아야 올바른 수행이 가능하다는 것을 보여 준다. 바꿔 말하면, 고성제는 집성제를 깨닫도록 하는 원인이고, 멸성제는 도성제를 실천하게 하는 원인이다. 따라서 인과관계에 있는 4성제의 순서에서 멸성제(滅聖諦)가 도성제(道聖諦)의 앞에 위치한 것은 매우 합리적인 배열이다.

4성제는 3전(轉) 12행(行)으로 구성된 실천체계다. 3전(轉) 12행

●●●●●●●●●●●●●●●
06_ 『중아함경』「浮彌經」(대정장 1, p.710b).

(行)은 붓다가 4성제를 가르치고 제자들이 이를 실천하는 단계다. 첫째 단계는 시전(示轉)으로서 4성제라는 진리를 보여 주는 것이다. 이를 통해서 제자들은 4성제라는 진리를 보게 되며, 이것을 견도(見道)라고 한다. 둘째 단계는 권전(勸轉)으로서 4성제라는 진리를 실천하도록 권유하는 것이다. 이를 통해서 제자들은 4성제를 실천하게 되며, 이것을 수도(修道)라고 한다. 셋째 단계는 증전(證轉)으로서 4성제의 증득(證得)을 가르친다. 이를 통해서 제자들은 스스로 4성제를 체득하여 살아가게 되며, 이것을 무학도(無學道)라고 한다. 4성제는 이와 같은 세 단계로 실천되기 때문에 이를 3전(轉) 12행(行)이라고 한다.

　　4성제는 이와 같이 세 단계로 실천되기 때문에 도성제의 정견(正見)도 단계에 따라 차이가 있다. 견도(見道)에서의 정견(正見)은 붓다의 가르침을 통해서 알게 된 4성제에 대한 앎이고, 수도(修道)에서의 정견(正見)은 실천되고 있는 4성제에 대한 앎이며, 무학도(無學道)에서의 정견(正見)은 자신이 직접 체득한 4성제에 대한 앎이다.

　　불교 수행은 맹목적인 수행이 아니라, 먼저 수행의 목표와 과정 그리고 그 결과를 바르게 알고 하는 수행이다. 4성제에 대하여 순서에 문제가 있다고 보는 학자들은 실천체계인 4성제를 이론체계로 이해하고 있다. 그리고 이들은 열반을 수행을 통해 얻게 되는 어떤 새로운 세계로 이해하고 있다. 그래서 중생이 수행을 통해서 열반을 얻기 때문에 열반을 얻기 전에 열반에 대하여 여실하게 안다는 것은 논리적으로 모순이라고 생각한다. 그러나 열반은 무소득(無所得)의 경지다. 『반야심경』에서 "무명(無明)이 없고, 무명의 소멸(消滅)이 없으며, 내지 노사(老死)가 없고, 노사(老死)의 소멸(消滅)까지 없다. 고집멸도(苦集滅道)가 없고,

앎이 없고, 얻음이 없고, 얻지 못함이 없다."고 한 것은 열반이 무소득의 경지임을 이야기한 것이다.

열반은 연기하고 있는 모든 법은 공성(空性)이라는 것을 깨달아 마음속에 형성된 망념이 사라진 경지일 뿐 생사를 떠나서 따로 존재하는 것이 아니다. 생사가 무명에서 비롯된 꿈 같은 착각이라는 것을 깨달아 그 착각에서 벗어나면, 생사가 그대로 열반이다. 의상조사(義湘祖師)가 '법성게(法性偈)'에서 "생사와 열반은 항상 함께 있다[生死涅槃常共和]."고 한 것은 이것을 이야기한 것이다.

불교의 수행은 이와 같이 열반이 무소득이라는 것을 알고서 행하는 것이지, 모르고 수행을 하다가 뒤에 알게 되는 것이 아니다. 정견(正見)이 없으면 어떤 수행도 무의미하다. 정견이 없이 수행하는 것은 모래로 밥을 짓는 것과 같이 어리석은 일이다. 열반에 대하여 바르게 알고 열반을 구해야 열반을 성취할 수 있다. 따라서 열반을 구하는 8정도의 출발점이 멸성제(滅聖諦)를 바르게 아는 정견이라는 것은 지극히 당연한 일이다.

열반은 도성제인 8정도를 수습(修習)한 후에 얻는 것이 아니라 8정도를 수습하는 삶이 열반이다. 바꿔 말하면, 8정도의 수습은 행위이고 열반은 행위를 통한 체험이다. 따라서 멸성제가 도성제를 통해 체험된다는 의미에서 도성제는 멸성제의 인(因)이 되지만, 이들의 관계는 시간적 인과관계가 아니라 행위(실천)와 체험(인식)이 함께 발생하는 연기관계다.

2. 8정도(八正道)의 구조

전술한 바와 같이 8정도는 연기하는 법계의 실상을 여실하게 알아서 여법하게 살아가는 삶이다. 『잡아함경(784)』[07] 와 D.N. 22. Mahāsatipaṭṭhāna-sutta[08]에 의하면 8정도는 4념처(四念處), 4정단(四正斷), 4여의족(四如意足) 등 소위 37조도품의 내용을 함축하고 있다. 붓다가 시설한 수행문이 궁극적으로 열반을 향하고 있다고 할 때, 이것은 지극히 당연한 일이다. 8정도가 도성제로 설해지는 것은 8정도가 모든 수행문을 함축하고 있기 때문이다.

M.N. 44. Cūḷavedalla-sutta에 의하면 8정도는 5취온을 자기존재로 생각하는 망상(妄想)을 제거하는 수행법으로서, 계(戒), 정(定), 혜(慧) 3학(三學)에 포섭된다.

> "현자여, '자기존재라는 망상(妄想)의 소멸에 이르는 길[有身滅道],[09] 자기존재라는 망상(妄想)의 소멸에 이르는 길[有身滅道]'이라고 이야기합니다. 존자여, 세존께서 말씀하신 '자기존재라는 망상(妄想)의 소멸에 이르는 길[有身滅道]'은 어떤 것입니까?"
>
> "위싸카 존자여, 성자(聖者)의 8정도(八正道), 즉 정견(正見), 정사유(正思惟), 정어(正語), 정업(正業), 정명(正命), 정정진(正精

- - - - - - - - - - - - - -

07_ 대정장 2, p.203a.

08_ D.N. Vol. 2, pp.311-313.

09_ 'sakkāyanirodhagāminī paṭipadā'의 번역.

進), 정념(正念), 정정(正定)이 자기존재라는 망상(妄想)의 소멸
에 이르는 길[有身滅道]이라고 세존께서 말씀하셨습니다.”

“현자여, 취착하는 마음[取]¹⁰이 5취온(五取蘊)입니까, 그렇지
않으면, 5취온 이외에 취착하는 마음[取]이 따로 있습니까?”

“위싸카 존자여, 취착하는 마음[取]이 5취온은 아닙니다. 그렇
지만 5취온 이외에 취착하는 마음[取]이 따로 있는 것도 아닙
니다. 위싸카 존자여, 5취온에 대한 욕탐(欲貪),¹¹ 그것이 바로
취착하는 마음[取]입니다.”

“현자여, 자기 자신이 있다고 보는 견해[有身見]¹²는 어떻게 존
재합니까?”

“위싸카 존자여, 성인(聖人)을 무시하고, 성인의 가르침을 이
해하지 못하고, 성인의 가르침에서 배우지 못하고, 참사람[正
士]을 무시하고, 참사람의 가르침을 이해하지 못하고, 참사람
의 가르침에서 배우지 못한, 무지한 범부는 형색[色]을 자아(自
我)로 여기거나, 자아가 형색을 소유(所有)하고 있다고 여기거
나, 자아 속에 형색이 있다고 여기거나, 형색 속에 자아가 있다
고 여깁니다. 느끼는 마음[受], 생각하는 마음[想], 조작하는 행
위[行]들, 분별하는 마음[識]에 대해서도 마찬가지입니다. 느
끼는 마음[受], 생각하는 마음[想], 조작하는 행위[行]들, 분별

• • • • • • • • • • • • •

10_ 'upādāna'의 번역.

11_ 'chandarāga'의 번역.

12_ 'sakkāyadiṭṭhi'의 번역.

하는 마음[識]을 자아(自我)로 여기거나, 자아가 느끼는 마음
[受], 생각하는 마음[想], 조작하는 행위[行]들, 분별하는 마음
[識]을 소유(所有)하고 있다고 여기거나, 자아 속에 느끼는 마
음[受], 생각하는 마음[想], 조작하는 행위[行]들, 분별하는 마
음[識]이 있다고 여기거나, 느끼는 마음[受], 생각하는 마음
[想], 조작하는 행위[行]들, 분별하는 마음[識] 속에 자아가 있
다고 여깁니다. 위싸카 존자여, 이와 같이 자기 자신이 있다고
보는 견해[有身見]가 존재합니다."

"현자여, 자기 자신이 있다고 보는 견해[有身見]는 어떻게 존재
하지 않습니까?"

"위싸카 존자여, 성인(聖人)을 알아보고, 성인의 가르침을 이해
하고, 성인의 가르침에서 배우고, 참사람[正士]을 알아보고, 참
사람의 가르침을 이해하고, 참사람의 가르침에서 잘 배운, 학
식 있는 성인의 제자는 형색[色]을 자아(自我)로 여기지 않고,
자아가 몸을 소유(所有)하고 있다고 여기지 않고, 자아 속에 몸
이 있다고 여기지 않고, 몸속에 자아가 있다고 여기지 않습니
다. 느끼는 마음[受], 생각하는 마음[想], 조작하는 행위[行]들,
분별하는 마음[識]에 대해서도 마찬가지입니다. 느끼는 마음
[受], 생각하는 마음[想], 조작하는 행위[行]들, 분별하는 마음
[識]을 자아(自我)로 여기지 않고, 자아가 느끼는 마음[受], 생
각하는 마음[想], 조작하는 행위[行]들, 분별하는 마음[識]을 소
유(所有)하고 있다고 여기지 않고, 자아 속에 느끼는 마음[受],
생각하는 마음[想], 조작하는 행위[行]들, 분별하는 마음[識]이

있다고 여기지 않고, 느끼는 마음[受], 생각하는 마음[想], 조작
하는 행위[行]들, 분별하는 마음[識] 속에 자아가 있다고 여기
지 않습니다. 위싸카 존자여, 이와 같이 자기 자신이 있다고 보
는 견해[有身見]가 존재하지 않습니다."

"현자여, 어떤 것이 성자(聖者)의 8정도(八正道)입니까?"

"위싸카 존자여, 정견(正見), 정사유(正思惟), 정어(正語), 정업
(正業), 정명(正命), 정정진(正精進), 정념(正念), 정정(正定)이 성
자(聖者)의 8정도(八正道)입니다."

"현자여, 성자(聖者)의 8정도(八正道)는 의도적으로 행위한 것
[有爲]¹³입니까, 의도가 없이 행위한 것[無爲]¹⁴입니까?"

"위싸카 존자여, 성자(聖者)의 8정도(八正道)는 의도적으로 행
위한 것[有爲]입니다."

"현자여, 성자(聖者)의 8정도(八正道)에 세 가지 온(蘊)이 포함
됩니까, 그렇지 않으면, 세 가지 온(蘊)에 성자(聖者)의 8정도
(八正道)가 포함됩니까?"

"위싸카 존자여, 성자(聖者)의 8정도(八正道)에 세 가지 온(蘊)
이 포함되는 것이 아닙니다. 위싸카 존자여, 세 가지 온(蘊)에
성자(聖者)의 8정도가 포함됩니다. 위싸카 존자여, 정어(正語)
와 정업(正業)과 정명(正命)은 계온(戒蘊)¹⁵에 포함되고, 정정

• • • • • • • • • • • • •
13_ 'saṅkhata'의 번역. '有爲'로 한역되는 'saṅkhata'는 '조작하는 행위[行]', 즉 'saṅkhāra'에 의해 조작된
것을 의미한다.

14_ 'asaṅkhata'의 번역.

15_ 'sīlakhandha'의 번역.

진(正精進)과 정념(正念)과 정정(正定)은 정온(定蘊)[16]에 포함
되고, 정견(正見)과 정사유(正思惟)는 혜온(慧蘊)[17]에 포함됩니
다."[18]

8정도는 5취온(五取蘊)을 자기존재라고 생각하는 망상에서 벗어나는 수
행법으로서 계, 정, 혜 3학(三學)에 포섭된다는 것이 이 경의 요지다. 정
견(正見)과 정사유(正思惟)는 혜(慧)에 속하고, 정어(正語), 정업(正業), 정
명(正命)은 계(戒)에 속하며, 정정진(正精進), 정념(正念), 정정(正定)은 정
(定)에 속한다. 이와 같이 8정도는 3학의 구조를 갖기 때문에 멸성제와
함께 5분법신(五分法身)의 구조를 보여 준다. 왜냐하면 계(戒), 정(定), 혜
(慧) 3학의 수행을 통해서 멸성제인 해탈과 해탈지견(解脫知見)을 성취
하기 때문이다.

3. 정념(正念)과 정정(正定)

열반을 목표로 하는 8정도 가운데 가장 중요한 것은 정념(正念)과 정정
(正定)이다. 왜냐하면 열반은 최종적으로 정(定)을 통해서 체험되기 때
문이다. 정념(正念)은 4념처(四念處)의 수행으로서 신(身, kāya), 수(受,
vedanā), 심(心, citta), 법(法, dhamma)에 대한 통찰을 의미한다. 붓다는 『잡

．．．．．．．．．．．．．．．

16_ 'samādhikhandha'의 번역.

17_ 'paññākhandha'의 번역.

18_ 이중표 역해, 『정선 맛지마 니까야(상)』, pp.365-368.

아함경(610)』에서 4념처를 세 가지로 통찰할 것을 강조한다.[19] 그렇다면 세 가지 통찰은 구체적으로 어떻게 하는 것일까?『잡아함경(609)』와 이에 상응하는 S.N. 47. 42. Samudaya[20]에서는 4념처의 집(集; samudaya)과 몰(沒; atthagama)에 대해서 다음과 같이 설하고 있다.

음식[食; āhāra]이 쌓이면[集; samudaya] 몸[身; kāya]이 쌓이고, 음식이 멸하면[滅; nirodha] 몸이 사라진다[沒; atthagama]. 이와 같이 신집(身集)을 따라 관(觀)이 머물고, 신멸(身滅)을 따라 관(觀)이 머물며, 신(身)의 집(集)과 멸(滅)을 따라 관(觀)이 머물면, 곧 의지하여 머물 바 없게 되어 모든 세간에 취할 것이 영원히 없게 된다.

촉(觸)이 쌓이면 수(受)가 쌓이고, 촉이 멸하면 수가 사라진다. 이와 같이 집법(集法)에 따라 수(受)를 관(觀)하여 머물고, 멸법(滅法)에 따라 수(受)를 관(觀)하여 머물며, 집(集)하고 멸(滅)하는 법(法)에 따라 수(受)를 관(觀)하여 머물면, 곧 의지하여 머물 바 없게 되어 모든 세간에 취할 것이 영원히 없게 된다.

명색(名色)이 쌓이면 마음[心; citta]이 쌓이고, 명색이 멸하면 마음이 사라진다. 이와 같이 집법(集法)에 따라 마음[心]을 관(觀)하여 머물고 멸법(滅法)에 따라 마음[心]을 관(觀)하여 머물며, 집(集)하고 멸(滅)하는 법(法)에 따라 마음[心]을 관(觀)

19_ 云何修四念處 謂內身身觀念住 精勤方便 正智正念 … 外身 內外身觀住(대정장 2, p.171b).
20_ S.N. Vol. 5, p.184.

하여 머물면, 곧 의지하여 머물 바 없게 되어 모든 세간에 취할
것이 영원히 없게 된다.

억념(憶念; manasikāra)이 쌓이면 법(法)이 쌓이고 억념이 멸하
면 법이 사라진다. 이와 같이 집법(集法)에 따라 법(法)을 관
(觀)하여 머물고, 멸법(滅法)에 따라 법(法)을 관(觀)하여 머물
며, 집(集)하고 멸(滅)하는 법(法)에 따라 법(法)을 관(觀)하여
머물면, 곧 의지하여 머물 바가 없게 되어 모든 세간에 취할 것
이 영원히 없게 된다.[21]

이 경에 의하면 세 가지 관법(觀法)이란 신(身), 수(受), 심(心), 법(法)이
어떻게 집기(集起)하고 어떻게 멸(滅)하는가를 관(觀)하고 집(集)과 멸
(滅)을 함께 관(觀)하는 것이다. 즉, 몸은 음식을 섭취함으로써 음식이 집
기(集起)한 것임을 관하고, 음식을 섭취하지 않으면 몸도 사라짐을 관한
다음, 음식을 취하면 집기(集起)하고 음식을 취하지 않으면 없어지는 몸
이란 무상한 것임을 관하는 것이 신념처(身念處)의 세 가지 관법이고, 고
락(苦樂) 등의 느낌[受]은 대상과 접촉할 때 생기고 접촉하지 않으면 사
라짐을 관하여 느낌이란 접촉에 의해 생기고 사라지는 무상한 것임을
관하는 것이 수념처(受念處)의 세 가지 관법이다.

그리고 우리의 마음이란 이름과 형태[名色]로 존재화된 대상이
있을 때 나타나고, 이것이 없으면 사라지는 무상한 것임을, 바꾸어 말하
면 유위(有爲)를 조작하는 마음의 무상함, 즉 '제행의 무상'을 관하는 것

• • • • • • • • • • • • •
21_ 대정장 2, p.171b.

이 심념처(心念處)이고, 모든 법은 마음의 기억작용[憶念: manasikāra]에 의해 기억된 것이 모여서 구성된 것임을 관하여 그 실체가 없다는 사실을, 다시 말해서 '제법(諸法)의 무아(無我)'를 관하는 것이 법념처(法念處)이다.

4념처는 이와 같이 신수심법(身受心法)이 무상하게 조건에 따라 쌓이고 사라지는 것을 관찰하여, '제행(諸行)은 무상(無常)'하고 '제법(諸法)은 무아(無我)'이기 때문에 이들을 자아로 취착할 경우 '일체는 괴로움일 뿐'이라는 사실을 자각하는 수행법이다. 그리고 이와 같은 4념처의 수행을 통해 일체가 괴로움이라는 사실의 자각이 있을 때 추구하게 되는 진정한 가치가 괴로움이 없는 세계, 즉 열반이며, 열반은 정정(正定)을 통해서 성취된다.

따라서 소위 3법인(三法印) 또는 4법인(四法印)은 8정도의 정념(正念)과 정정(正定)을 통해 드러난 사실이라고 할 수 있으며, 정념(正念)은 '우리가 왜 정정(正定)을 실천하여 열반이라는 가치를 추구하지 않으면 안 되는가' 하는 가치실현의 당위성을 깨닫는 수행법이라 할 수 있다. 즉, 정념을 통해 일체가 괴로움이라는 자각이 없이는 우리가 추구해야 할 진정한 가치가 무엇인지, 그것은 어떻게 성취할 수 있는 것인지를 결코 바르게 알 수가 없다. 따라서 정정은 반드시 정념을 통해 '무상(無常), 무아(無我), 고(苦)'가 체험된 연후에 바르게 행해질 수 있다.

그렇다면 구체적으로 우리는 어떻게 4념처를 수행할 때 이와 같은 사실들을 명증적(明證的)으로 체험할 수 있을까? 4념처는 주관과 객관을 분별하는 상태에서 주관으로 생각되는 것[內]과 객관으로 생각되는 것[外]을 관찰하고, 주관과 객관의 상호관계를 관찰하여 주객의 분별이 허구이고 모순임을 깨닫는 수행법이다. '무상(無常)'과 '무아(無我)'는 바로 이러한 허구의 자각이다. 그리고 주객이 분별된 상태에서 허구를 가치로 추구할 때 그것은 결코 우리에게 행복이라는 진정한 가치가 될 수 없다는 사실의 자각이 '일체개고(一切皆苦)'의 자각이다.

신념처(身念處)에서 음식의 쌓임[食集]이 몸의 쌓임[身集]이라고 했을 때, 음식은 객관이고 몸은 주관이다. 그런데 이 주관과 객관을 통찰하면 주관은 객관에 의해 유지되고 있음이 드러난다. 나의 몸이 아니었던 음식을 내가 먹으면 나의 몸이 된다. 그리고 나의 몸속에 있던 세포나 분뇨나 땀 등은 나의 몸을 벗어나면 객관이 된다. 내신관(內身觀)이란 이렇게 자신의 몸을 관하는 것이라 할 수 있고, 외신관(外身觀)이란 자신의 몸을 중심으로 몸이 되기 전의 음식과 나의 몸에서 배설된 분뇨, 땀 등을 관하는 것이라 할 수 있다. 그리고 내외신관이란 객관이 주관이 되고 주관이 객관이 되는 주객의 상호관계와 그로 인한 주객의 무분별성(無分別性)을 통찰하는 것이다. 주관적 존재와 객관적 존재가 대립하고 있다고 생각되던 존재의 세계에서 자신의 몸을 통찰함으로써 주객이 구별될 수 없는 연기하는 법계(法界)를 발견하는 것이 신념처(身念處)이다. 우리는 신념처(身念處) 수행을 통해 이와 같은 법계를 깨닫고 나의 몸이라고 취할 것이 전혀 없음을 깨닫게 된다. 우리는 신념처(身念處) 수행을 통해 자신이 망념으로 취착하고 있는 몸은 무상한 것임을 자각함과 동시에 무아임을 체득하게 되는 것이다.

수념처(受念處)도 마찬가지다. 고락(苦樂)의 성질을 가진 존재가 대상으로 존재하고 그 존재로부터 그 성질을 느끼는 감정이라는 존재가 있어서 고락을 느끼는 것이 아니라, 대상접촉을 통해서 고락의 감정이 발생하고 있음을 관찰하여 나의 느낌이라고 취할 것이 아무것도 없음을 깨닫는 것이 수념처(受念處)이다.

명색(名色)과 심(心)의 관계도 마찬가지이다. 여기에서의 마음[心]은 식(識)을 의미하는데,[22] 우리가 대상을 이름과 형태로 분별하는 의식, 즉 마음은 대상 없이 독자적으로 존재하는 것이 아니라, 대상에 대한 의식현상임을 관찰하여, 나의 마음으로 취할 수 있는 것은 아무것도 없음을 깨닫는 것이 심념처(心念處)이다.

마지막으로 법(法)이란 12입처(十二入處)가 보여 주듯이 의(意)의 대상, 즉 객관의 총체이다. 이 법들은 전술한 바와 같이 모두 마음의 작용에 의해 법으로 규정된 것이다. 따라서 이들은 그 자체로 존재하는 것이 아니다. 이것을 관찰하여 제법(諸法)이 무아(無我)임을 깨닫는 것이 법념처(法念處)이다.

이와 같이 4념처는 신(身), 수(受), 심(心)의 무상함과 마음에서 연기한 법(法)의 무실체성(無實體性: 無我)을 체득하는 수행법이며, 주객(主客)의 대립 상태에서 연기하는 법계의 실상을 깨닫는 수행법이다. 다시 말해서 신(身)은 5온의 색(色)을 의미하고, 수(受)는 수(受)를 의미하고, 심(心)은 상(想), 행(行), 식(識)을 의미하고, 법(法)은 마음에서 연기한 것을 의미하므로, 4념처는 5온을 통찰하여 그 실상을 깨닫는 수행법이라고 할 수 있다.

붓다의 침묵[無記]에서 언급했듯이, 『장아함경』의 「청정경」에서

• • • • • • • • • • • • • • • •

22_ 『잡아함경(55)』에서는 '名色集則 識集'이라고 한다. 따라서 '心集'은 '識集'을 의미한다(대정장 2, p.15b 참조).

는 외도들의 상호 모순된 모든 사견은 촉인연(觸因緣)에서 비롯된 것으로 규정하고 6입신(六入身), 촉(觸), 수(受), 애(愛), 취(取), 유(有), 생(生), 노사(老死)의 6촉연기를 설한 후 악사견(惡邪見)을 멸하기 위해서는 4념처에서 삼행(三行)을 수행해야 한다고 한다. 그리고 그 결과 8해탈이 있게 된다고 한다.[23] 이것은 4념처(四念處)가 6촉연기(六觸緣起)와 8해탈(八解脫)의 관계에서 설해진 것임을 보여 준다.

4념처는 5온의 실상을 깨닫는 수행법이고, 그 과정에서 5온의 실상을 깨달아 가는 과정에 8단계의 해탈을 얻게 되는데, 이것이 8해탈이다. 다시 말해서 4념처의 수행을 통해 5온이 무상하고 무아임을 깨달아 가는 과정이 9차제정(九次第定)이며, 이 과정에서 8해탈을 얻게 된다. 이와 같이 8정도의 정정(正定)을 의미하는 9차제정은 4념처를 수행하는 과정에 닦게 되는 선정(禪定)이기 때문에 8정도에서 정념(正念)은 정정(正定) 앞에 위치한다.

그렇다면 5온을 대상으로 통찰하는 수행법인 4념처(四念處) 수행의 과정에 9차제정(九次第定)을 닦게 된다는 것은 구체적으로 어떤 것일까? 5온(五蘊)은 행(行)에 의해 조작된 유위(有爲)다. 따라서 유위를 멸하고 무위를 성취하기 위해서는 행을 멸진해야 한다. 4념처는 5온을 통찰하여 5온이 행에 의해 조작된 유위임을 깨닫는 수행이다. 인식론의 고찰에서 살펴보았듯이, 9차제정은 신구의(身口意) 삼행(三行)을 차례로 멸진하는 수행이다. 붓다는 『잡아함경(474)』에서 9차제정의 수행을 통해 삼행(三行)이 멸하는 과정을 다음과 같이 이야기한다.

• • • • • • • • • • • • •
23_ 대정장 1, p.76ab 참조.

부처님께서 아난에게 말씀하셨다.

"초선(初禪)을 바르게 수행할 때 언어(言語)가 적멸(寂滅)하고, 제2선(第二禪)을 바르게 수행할 때 각관(覺觀)이 적멸하고, 제3선(第三禪)을 바르게 수행할 때 희심(喜心)이 적멸하고, 제4선(第四禪)을 바르게 수행할 때 출입식(出入息)이 적멸하고, 공입처(空入處)를 바르게 수행할 때 색상(色想)이 적멸하고, 식입처(識入處)를 바르게 수행할 때 공입처상(空入處想)이 적멸하고, 무소유입처(無所有入處)를 바르게 수행할 때 식입처상(識入處想)이 적멸하고, 비상비비상입처(非想非非想入處)를 바르게 수행할 때 무소유입처상(無所有入處想)이 적멸하고, 상수멸(想受滅)을 바르게 수행할 때, 상수(想受)가 적멸한다. 이것을 점차로 제행(諸行)이 적멸(寂滅)한다고 한다."[24]

이 경에서 구체적으로 신행(身行), 구행(口行), 의행(意行)을 언급하지는 않지만, 여기에서 말하는 제행(諸行)은 신구의(身口意) 삼행(三行)을 의미한다. M.N. 44. Cūḷavedalla-sutta에서는 다음과 같이 말한다.

"위싸카 존자여, 숨을 들이쉬고 내쉬는 일[入息出息; assāsapassāsā]은 신체적인 것이며, 몸과 연결된 것입니다. 그러므로 숨을

• • • • • • • • • • • • • • • • •

24_ 佛告阿難 初禪正受時 言語寂滅 第二禪正受時 覺觀寂滅 第三禪正受時 喜心寂滅 第四禪正受時 出入息寂滅 空入處正受時 色想寂滅 識入處正受時 空入處想寂滅 無所有入處正受時 識入處想寂滅 非想非非想入處正受時 無所有入處想寂滅 想受滅正受時 想受寂滅 是名漸次諸行寂滅(대정장 2, p.121b).

들이쉬고 내쉬는 일[入息出息]은 몸으로 조작하는 신행(身行; kāya-saṅkhāra)입니다. 위싸카 존자여, 먼저 사유하고 숙고하고 나서 뒤에 말을 합니다. 그러므로 사유하고 숙고하는 일[覺觀; vitakkavicārā]은 언어로 조작하는 구행(口行; vacī-saṅkhāra)입니다. 위싸카 존자여, 생각하고 느끼는 마음[想受; saññā ca vedanā] 은 마음에 속한 것[25]이며, 마음과 연결된 것[26]입니다. 그러므로 생각하고 느끼는 마음[想受]은 마음으로 조작하는 의행(意行; citta-saṅkhāra)입니다."[27]

이와 같이 신구의(身口意) 삼행(三行)을 설명하면서 이들이 멸하는 순서는 구행(口行), 신행(身行), 의행(意行)의 순서라고 이야기한다.[28] 위의 두 경을 통해서 우리는 9차제정이 삼행(三行)을 순차적으로 적멸하는 수행법이라는 것을 알 수 있다. 삼행의 적멸은 삼행에 의해 조작된 유위(有爲), 즉 5온의 적멸을 의미한다.

　　그렇다면 왜 구행(口行)이 맨 처음에 멸할까? 우리는 모든 사물을 개념화하여 명명(命名)하고, 이렇게 명명된 개념이 언어다. 우리는 사물을 보고 그것을 언어로 표현한다. 유각유관(有覺有觀)을 구행이라고 하는 것은 개념화된 언어를 사용하여 대상을 지각하고 사유하는 것이 구행이라는 뜻이다. 일상적으로 말하는 행위뿐만 아니라, 언어를 사용하

25_ 'cetasikā'의 번역.
26_ 'cittapaṭibaddhā'의 번역.
27_ 이중표 역해, 『정선 맛지마 니까야(상)』, p.370.
28_ 같은 책.

여 지각하고 사유하는 행위가 모두 구행인 것이다.

언어를 사용하여 지각하고 사유하는 이유는 언어가 지각하고 사유하는 대상을 지시하고 있다고 생각하기 때문이다. 다시 말해서 언어가 실재하는 존재를 지시한다고 생각하기 때문에 우리는 언어로 존재를 지각하고 사유한다. 이 과정에서 자신도 대상을 지각하고 사유하는 존재자가 된다. 행(行)을 통해 유위를 조작하고, 조작된 유위를 지각하고 사유함으로써 지각하고 사유하는 존재자, 즉 작자로서의 자아라는 유위가 조작되는 것이다. 따라서 중생의 자아와 세계는 행에 의해 조작된 허구이며, 이 허구를 언어로 지각하고 사유함으로써 실질적인 존재로 착각하는 행위가 구행이다.

신행(身行)이 숨을 들이쉬고 내쉬는 일을 의미한다고 해서 단순히 호흡을 의미하는 것으로 이해해서는 안 된다. 이 경에서도 이야기하고 있듯이, 호흡을 신행이라고 하는 것은 호흡이 몸으로 행하는 생리작용이기 때문이다. 다시 말해서 호흡을 비롯하여 몸에서 이루어지는 여러 가지 생리작용을 통해서 우리는 자신의 몸이 존재한다고 생각하게 되는데, 이것을 신행이라고 하는 것이다.

우리가 자신의 몸을 호흡을 하고 생리작용을 하는 존재로 생각하는 것은 사유작용의 결과이다. 우리는 호흡하면서 보고, 듣고, 생각하며 살아가는 가운데, 호흡하면서 보고, 듣는 일을 하는 몸이라는 존재자가 있다는 생각을 일으킨다. 즉, 업보만 있을 뿐 작자는 없는데, 없는 작자를 계탁한다. 이렇게 없는 작자를 계탁하는 행위가 의행(意行)이다.

의행을 통해서 호흡의 작자로 계탁된 것이 몸[身]이다. 그리고 이렇게 몸이 있다고 생각하기 때문에 그 몸을 통해 지각하는 대상이 실재한다고 생각하여 그것을 언어로 지각하는 행위가 구행(口行)이다. 따라서 구행은 신행에 의지하고 신행은 의행에 의지한다고 할 수가 있는데, 실제로 앞에 인용한 M.N. 44. Cūḷavedalla-sutta에서 멸하는 순서는 구행, 신행, 의행의 순서이지만, 생기는 순서는 의행(意行), 신행(身行), 구행(口行)의 순서라고[29] 말한다.

행(行)의 적멸을 통해 성취되는 열반은 세계가 사라진 허무가 아니라 세계를 존재로 생각하는 망념의 멸진이며, 동시에 연기하는 법계에 대한 깨달음이다. 그리고 그 깨달음에 상응하는 삶의 정립(定立), 즉 여법한 삶의 실현이다. 이와 같이 8정도는 열반을 성취하는 길이며, 열반은 어떤 다른 세계로의 초월이 아니라 8정도를 자신의 삶으로 삼고 살아갈 때 성취되는 행복한 삶이다.

• • • • • • • • • • • •

29_ 위싸카 존자여, 想受滅定에서 나온 비구에게는 마음으로 조작하는 意行이 맨 처음 생깁니다. 그 후에 몸으로 조작하는 身行이 생기고, 그 후에 언어로 조작하는 口行이 생깁니다(위의 책, p.371).

IV. 무아의 세계

4성제(四聖諦)는 괴로운 중생계, 즉 세간의 존재방식[苦聖諦]과 존재원인[集聖諦]을 밝힘으로써 세간을 벗어날 수 있는 가능성, 즉 출세간의 가능성[滅聖諦]과 그 실현의 길[道聖諦]을 보여 준다. 그렇다면 출세간은 어떤 세계일까? 그것은 무아(無我)의 세계다. 고성제는 우리에게 세간의 괴로움은 무상한 5온(五蘊)과 계탁(計度)된 자아(自我) 사이의 갈등이라는 사실을 알려주고, 집성제는 중생들이 자아로 취착한 5취온(五取蘊)은 욕탐과 갈망[愛]에 의해 망념이 모인 것임을 알려준다. 그리고 멸성제는 욕탐과 갈망을 없애면 우리가 자아로 취착하고 있는 5취온(五取蘊)이라는 망념이 사라져서 모든 괴로움이 사라진다는 사실을 알려준다.

이렇게 망념의 멸진을 통해 5취온이라는 허망한 자아(自我)가 사라진 무아의 세계가 출세간(出世間)이며, 멸성제는 이러한 출세간의 존재방식을 보여 준다. 붓다가 5온은 무상하며, 무상(無常)한 것은 고(苦)이고, 고(苦)인 것은 무아(無我)라고 말하고 있는 것은 이러한 5온의 실상이 5온을 자아로 취착하고 있는 세간에서는 고(苦)이며, 출세간에서는 무아(無我)임을 표현한 것이다.

그렇다면 무아의 세계인 출세간의 세계는 구체적으로 어떤 세계일까? 『중아함경』의 「분별성제경(分別聖諦經)」에서는 중생들이 애착하고 있는 내6입처(內六入處; 주관)와 외6입처(外六入處; 객관) 그리고 6계(六界; 세계)에서 해탈하여 물들지 않고 집착하지 않고 끊고 버리고 토하고 없앤 무욕(無欲)의 세계이며, 이들이 멸하고 존재하기를 멈추고 사라진 세계라고 한다.[01] 무아의 세계는 자아와 세계가 남김없이 사라진 그야말로 자아가 없는 그리고 세계도 없는 경지라 할 수 있다.

도대체 어떻게 이런 세계가 가능하며 그 세계는 구체적으로 어떤 세계일까? 모든 존재와 생명이 사라진 허무와 죽음의 세계일까? 그렇지 않으면 무언가 새로운 세계가 중생계의 피안(彼岸)에서 우리를 기다리고 있는 것일까? 이 문제는 아비달마불교 이후 불교인의 계속된 의문이었으며, 현재에도 문제가 되고 있을 뿐 아니라, 붓다 당시의 유력한 제자들에게도 큰 의문의 하나였던 것 같다. 『잡아함경(249)』은 아난(阿難) 같은 제자도 이러한 의문에 휩싸여 있었음을 보여 준다.

존자 아난(阿難)이 존자 사리불(舍利弗)에게 물었다.
"6촉입처(六觸入處)를 떠나서 욕(欲)이 멸(滅)하고 쉬고 사라져
버린 뒤에 다시 남는 것이 있습니까?"[02]

이와 같은 아난의 질문에 사리불은 "남음이 있는가, 없는가, 남는 것도 있고 남지 않는 것도 있는가, 남는 것도 아니고 남지 않는 것도 아닌가를 묻는 것은 모두 무의미한 말[虛言]이다." 라고 대답한다. "6촉입처(六觸入處)가 멸진하면 모든 허위를 떠나 반열반(般涅槃)을 얻게 되며, 이것이

. . . .
01_ 諸賢 云何愛滅苦滅聖諦 謂衆生實有愛內六處 眼處 耳鼻舌身意處 彼若解脫 不染不著 斷捨吐盡 無欲 滅 止沒者 是名苦滅 … 如是外處 更樂 覺 想 思 愛亦復如是 諸賢 衆生實有愛六界 地界 水火風空識界 彼若解脫 不染不著 斷捨吐盡 無欲 滅 止沒者 是名苦滅(대정장 1, p.468bc).
02_ 대정장 2, p.60a의 필자 번역.

붓다의 말씀(佛說)"이라는 것이다.[03]

　　그렇다면 허위의 세계는 어떤 세계이고 열반의 세계는 어떤 세계일까? 허위의 세계와 열반의 세계는 항상 대립적인 개념으로 묘사된다. '유위(有爲)와 무위(無爲)', '무명(無明)과 명(明)', '유루(有漏)와 무루(無漏)', '생사(生死)와 열반(涅槃)', '세간(世間)과 출세간(出世間)', '결박(結縛)과 해탈(解脫)' 등의 대립적인 개념은 허위의 세계와 열반의 세계를 표현하는 개념이다.

　　이와 같은 대립적 구조는 세계가 우리의 선택 여하에 따라 결정된다는 선택의 자유와 함께 가치선택의 당위를 보여 준다. 어느 세계를 선택할 것인가는 자유이지만, 자신이 진정한 행복을 원한다면 열반을 선택하지 않으면 안 된다는 것을 이들 대립된 개념들은 함축하고 있는 것이다.

　　열반, 즉 무아(無我)의 세계는 강요되는 세계가 아니라 법계의 실상을 알고 행복을 추구할 때 스스로 기꺼이 선택하는 자유롭게 선택되는 세계다. 무아의 세계의 구조와 실상은 이미 멸성제와 도성제의 고찰에서 언급한 바 있지만, 여기에서는 자아를 계탁(計度)하여 나타나는 허위의 세계와 무아의 세계를 대조하고 비교함으로써 그 의미와 가치를 더욱 분명하게 드러내고자 한다.

⋯⋯⋯⋯⋯⋯⋯⋯

03＿ 尊者舍利弗語尊者阿難 六觸入處盡 離欲 滅 息沒已 有餘耶 此則虛言 無餘耶 此則虛言 有餘無餘耶 此則虛言 非有餘非無餘耶 此則虛言 若言六觸入處盡 離欲 滅 息沒已 離諸虛僞 得般涅槃 此則佛說(같은 책).

1. 결박(結縛)과 해탈(解脫)

결박이란 문자 그대로 자유를 구속함이요, 해탈이란 구속에서 벗어난 자유로운 상태다. 그렇다면 무엇이 무엇을 구속하는 것이 결박이고, 무엇이 무엇으로부터 벗어나는 것이 해탈일까?

『잡아함경(239)』에 의하면, 구속하는 것[結法]은 욕탐이다. [04] 그런데 구속된 것[結所繫法]을 『잡아함경(19)』에서는 5온(五蘊)이라고 하고,[05] 『잡아함경(239)』에서는 12입처(十二入處)라고 한다.[06] 그런데 해탈하기 위해서는 구속하는 욕탐[結法]을 멸진해야 한다고 하면서, 구속된 것[結所繫法]도 끊어 없애야 한다고[07] 한다. 그리고 해탈하는 것은 마음[心]이라고 하며, 마음[心]이 해탈하면 고(苦)를 끊고[08] 생사의 두려움을 초월할 수 있다고[09] 한다.

이와 같은 말씀은 우리의 상식과는 어긋난다. 붓다의 말씀에 의하면, 구속된 것은 5온(五蘊)과 12입처(十二入處)인데, 구속에서 벗어나 해탈하는 것은 마음[心]이다. 구속된 자와 구속에서 벗어난 자가 다르다는 말씀이다. 뿐만 아니라 구속된 것을 끊어 없애야 한다고 이야기한다. 왜 구속된 자가 해탈하는 자와 다르며, 구속된 자는 무엇 때문에 끊어 없애야 하는 것일까? 그리고 구속된 자가 없어진 뒤에 해탈한다는 마음[心]은 어떤 것일까?

· · · · · · · · · · · · · ·

04_ 云何結法 謂欲貪(대정장 2, p.57c).

05_ 五蘊是結所繫法(대정장 2, p.4b).

06_ 眼色 耳聲 … 意法 是名結所繫法(대정장 2, p.57c).

07_ 結所繫法 宜速除斷 『잡아함경(19)』(대정장 2, p.4b).

08_ 心得解脫者 則能斷苦 『잡아함경(239)』(대정장 2, p.1b).

09_ 心解脫者 則能越生老病死怖 『잡아함경(4)』(같은 책).

지금까지 살펴본 바와 같이 5온(五蘊)이나 12입처[十二處]는 중생들이 자아와 세계로 취착한 것이며 그것을 취착한 원인은 욕탐이다. 5온이나 12입처는 욕탐과 함께 집기(集起)한 것이다. 따라서 5온이나 12입처는 결법(結法)인 욕탐에 묶여있는 상태이며, 이것이 중생의 세계이고 허위의 세계다. 욕탐에 결박되어 취착하기 이전에는 이들은 5온이나 12입처가 아니다. 5온의 경우는 네 가지 음식[四食]이었고, 12입처의 경우는 연기하는 마음[心]이었다. 즉, 존재화되고 대상화되기 전의 이들은 연기하고 있는 마음이다. 이 마음이 욕탐에 결박되어 집기(集起)한 것이 5온과 12입처이기 때문에 5온과 12입처는 욕탐에 결박된 상태의 마음을 의미한다. 따라서 욕탐이 멸진하면 욕탐에 의해 집기한 허망한 5온과 12입처도 사라지며, 그 결과 연기하는 마음은 욕탐에서 벗어나게 된다. 사리불이 6촉입처(六觸入處)의 멸진을 통해 허위의 세계에서 벗어나 진실의 세계, 즉 열반을 얻을 뿐이라고 이야기한 까닭이 여기에 있다.

그렇다면 해탈하는 마음[心]은 무엇이고 구속하는 욕탐은 무엇일까? 자아를 취착하여 유지하려는 마음이 욕탐이고, 욕탐이 사라진 마음이 해탈한 마음이다. 욕탐도 마음이고 욕탐에서 벗어난 마음도 마음이다. 두 마음은 본래 하나다. 그런데 마음에 욕탐이 생기면 그 욕탐에 의해 스스로가 결박된다. 결소계법(結所繫法)이 되는 것이다. 따라서 욕탐을 없애면 결소계법도 사라지며 이것이 심해탈(心解脫)이다.[10]

우리가 생사윤회하는 것은 욕탐 때문이다. 마음이 욕탐에 결박되어 결소계법(結所繫法)이 되면 결박된 마음에 생사(生死)가 인식된다. 예

• • • • • • • • • • • • • •
10_ 愛欲斷者 始來說名心善解脫『잡아함경(22)』(대정장 2, p.5a).

를 들면, 책을 놓고 보기에 적합한 책상은 우리의 마음에서 생긴 관념이다. 이 관념이 있으면, 이 관념과 일치하는 것을 책상이라고 부른다. 그리고 책상이라는 관념에 상응하는 것이 새로 나타나면, 책상이 생겼다고 생각한다. 그런데 그 책상은 변한다. 다리가 부서지기도 하고, 삐걱거리기도 한다. 책상이 책상이기를 바라는 사람, 즉 책을 놓고 보고자 하는 욕망이 있는 사람은 이 책상을 유지시키기 위해 다리를 새로 붙이고 못을 박아 삐걱거리지 않게 한다. 그러나 언젠가는 더 이상 책상의 구실을 못하게 되면, 책상이 없어졌다고 생각한다. 그러나 본래 책상은 없다. 단지 책상은 욕망에 의해 구성된 허위일 뿐이다. 따라서 책상이 허위임을 아는 사람은 책상이 생기고 없어진다고 생각하지 않는다.

자아로 취착되고 계탁된 5온이나 12입처는 저 책상과 같은 것이다. 따라서 그것이 자아라고 생각하는 사람에게 생사의 인식은 피할 수 없다. 그러나 이것은 허위일 뿐 자아도 없고 생사도 없다. 그것을 자아라고 생각하는 무명과 그로 인한 욕탐이 있을 뿐이다. 이 욕탐에 의해 마음은 오직 자아의 유지에 골몰한다. 그러나 자아라고 생각하는 것은 생겼다가 늙고 병들어 죽어 간다. 욕탐에 의해 구속된 마음은 오직 이것을 변하지 않게 유지할 수 있는 방법만을 선택한다. 이것이 구속이다. 그러나 결국 더 이상 자아로 생각할 수 없는 상태, 즉 죽음이 도래할 때 더 이상 선택의 여지도 없어진다. 결국 마음은 자유를 완전히 상실한다.

해탈은 자유이다. 자유란 여러 가지 가능성에 대한 선택을 의미한다. 생사에서의 해탈이란 죽음을 통해 자유를 완전히 상실하게 될 위기에서의 탈출을 의미한다. 자아를 망념으로 취착하지 않는 마음은 항상 모든 가능성을 선택할 수 있는 자유로운 상태에 있다. 이렇게 자유로운 상태에서 어떤 가능성을 선택하려는 마음, 이것은 그것이 의지라는 측면에서는 욕탐과 동질의 것이지만 자유성이 확보되어 있기 때문에 전혀 다른 모습으로 표출된다. 그것이 원(願)이다. 원(願)의 원어 'paṇidhi(sk. praṇidhāna)'는 앞(before, in front)의 의미인 'pra'와 놓음(laying down), 간직함(keeping)의 뜻을 가진 'nidhāna'의 합성어로서 노력, 정진의 의미로 사용되는 개념이다. 노력이란 미래의 어떤 결과를 성취하기 위한 행동이다. 따라서 미래에 자신의 뜻을 세워놓고, 그 뜻의 실현을 위해 노력한다는 의미를 원(願)이라는 단어는 함축하고 있다. 이와 같은 단어의 의미가 보여 주듯이, 원(願)으로서의 의지는 욕탐(欲貪)으로서의 의지와는 전혀 다른 모습으로 작용한다.

욕탐은 과거의 체험을 모아서 5온을 구성한 후, 이 5온을 자아로 취착하고, 취착된 자아를 유지하기 위해 자신의 존재가능성을 선택하는 의지이다. 자아를 유지하는 데 가장 유리한 방법이 욕탐이 바라는 선택이기 때문에 존재가능성을 위한 욕탐의 선택은 이미 결정된 상태다. 욕탐은 비록 미래의 존재가능성을 추구한다 할지라도 목적은 과거에 취착된 자아에 있다. 즉, 과거지향적이다. 욕탐은 자아의 유지를 최상의 목표로 하기 때문에 자아가 잘 유지되고 있다고 생각될 때는 행복을 느끼고 거기에 안주하려고 한다.

그러나 자아로 취하고 있는 5취온은 본래 무상한 것이기 때문에 잠시도 유지될 수 없다. 따라서 욕탐에는 근본적으로 만족이 있을 수 없다. 행복은 언제나 순간적이고 다시 불안에 휩싸이기 때문에, 어떻게 하면 보다 더 안전하게 자아를 유지할 수 있을까에 골몰한다. 그러나 결과는 항상 마찬가지일 뿐이다. 끊임없이 자신의 존재가능성을 추구하지만 항상 제 자리에 맴도는 것이 욕탐을 축으로 하는 무지한 범부의 삶이다.

이와 같은 범부들은 항상 '무엇'을 원한다. '무엇이 되고 싶다.' '무엇을 갖고 싶다.'라는 의지가 욕탐의 징표이다. 그들이 '무엇'을 원하는 것은 그것이 자신을 유지하는 데 도움이 된다고 믿기 때문이다. 의사가 되고 싶다는 것은 의사라는 직업이 수입이 많아서 안심하고 자신을 유지할 수 있다고 믿기 때문이며, 재산을 갖고 싶다는 것은 재산이 자신을 안락하게 유지시켜 준다고 믿기 때문이다.

'무엇'을 추구하는 사람은 항상 타인이 적이나 경쟁의 상대로 인식된다. 왜냐하면 자신이 원하는 것을 타인도 원하기 때문이다. 따라서 자신의 욕구가 타인에 의해 좌절될 때 심한 분노가 생긴다. 그리고 그 타인을 제거하여 자신의 욕구를 충족시키려는 어리석음에 빠진다. 이와 같이 욕탐을 축(軸)으로 하는 삶에는 탐(貪), 진(瞋), 치(癡)가 끊임없이 이어진다. 무상하고 무아인 5온의 실상에 대한 무지에서 마음은 욕탐에 물들고, 욕탐의 충족을 위해 타자와 대립하는 가운데 분노에 물들고, 분노심에서 더욱더 큰 어리석음에 빠져드는 것이 결박된 마음의 모습이며, 이것이 붓다가 말하는 세간(世間), 즉 5온(五蘊)과 12입처(十二入處)다.

원(願)은 욕탐이라는 결박에서 해탈한 의지로서, 5온은 무상하여 잠시도 유지될 수 없음을 자각한 상태에서 일어나는 삶의 의지이다. 바꾸어 말하면, 무아(無我)의 체득에서 비롯된 의지의 참모습이다. 원(願)을 축(軸)으로 미래의 가능성을 추구하는 삶에는 자기의 유지란 있을 수 없다. 자기는 항상 법계와 함께 연기하는, 지금 여기에 있는 현존일 뿐이다. 현존이란 시간적으로는 존재하지 않는다. 왜냐하면 현존은 오직 지금 여기에 있을 뿐, 과거에도 없고, 미래에도 없기 때문이다. 과거에도 없고 미래에도 없기 때문에 현재에도 있다고 할 수 없다. 왜냐하면 현재란 과거와 미래라는 허구적인 관념을 통해 대상화된 시간이기 때문이다.

우리는 시간도 존재화시켜 대상으로 인식하는 가운데 과거, 현재, 미래로 분별한다. 그러나 시간은 대상화될 수 없다. 시간이 과거, 현재, 미래로 인식되는 것은 다른 존재와 마찬가지로 체험을 망념으로 취착하기 때문이다. 『금강경(金剛經)』에서 과거심(過去心)도 불가득(不可得)이요, 미래심(未來心)도 불가득(不可得)이요, 현재심(現在心)도 불가득(不可得)이라고 설파한 것은 바로 이러한 현존을 이야기한 것이다.

취착된 자아가 멸진한 상태에서 어떤 가능성을 선택하려는 의지가 원(願)이다. 원(願)의 원어 'paṇidhi'라는 말의 의미가 보여 주듯이 원(願)은 미래지향적(未來志向的)이다. 미래지향적(未來志向的)이란 미래에 자신이 '무엇'이 되겠다는 의미가 아니다. 자신이 '무엇'이 되겠다는 것은 피상적으로는 미래를 지향하고 있지만 실제로는 과거에 묶여있는 상태다. 자아라고 생각하고 있는 존재는 과거의 체험을 취착하여 계탁한 허구적 존재이고, 미래에 되고자 하는 '무엇'이라는 것도 이미 과거의 경험을 통해 존재화된 것이기 때문이다. 즉, '나는 의사가 되겠다.'는 말은 '나'라는 존재가 '의사'라는 존재로 되겠다는 말이며, 이때 '나'는 미래에 '의사'가 되어도 변함없는 '나'일 뿐만 아니라, 내가 미래에 될 의사도 과거나 현재에 의사라고 하는 존재와 다른 것이 아니다. 의사란 질병을 치료해서 돈을 버는 직업이고, 의사라는 직업은 자신이 의사가 되기 이전에 이미 세간에 존재하는 직업이다. 따라서 그가 의사가 되겠다는 것은 지금 소유하지 못하고 있는 것을 앞으로 소유하겠다는 것일 뿐, 순수한 의미에서의 '새로운 자기 가능성의 추구'는 아니다. 욕탐에 의한 존재가능성의 추구는 무명에 의해 자아와 세계를 존재화 시키고, 그 존재의 세계 속에서 자아가 자기의 소유[我所]를 추구하는 것에 지나지 않는다. 그리고 이것은 이미 존재화된 것의 추구이기 때문에 과거지향적이며, 미래지향적이라고 할 수 없다.

그렇다면 어떤 것이 미래지향적일까? 이것은 현존(現存)을 자각한 입장에서 가능한 '행위가능성(行爲可能性)'의 추구다. 붓다는『잡아함경(335)』에서 다음과 같이 현존의 모습을 이야기한다.

내가 이제 그대들을 위하여 법을 설하겠소. 처음도 좋고, 중간도 좋고, 마지막도 좋으며, 선의선미(善義善味)이며, 순일하게 청정함이 충만한 청백(淸白)한 범행(梵行)이니 소위 제일의공경(第一義空經)이오. 잘 듣고 바르게 사유하시오. 그대들을 위하여 이야기하겠소. 어떤 것이 제일의공경(第一義空經)인가? 비구들이여, 안(眼)은 생길 때 온 곳이 없고 멸할 때 가는 곳이 없소. 이와 같이 안(眼)은 부실하게 생겨서 생기면 멸진하는 것으로서, 업보(業報)는 있으나 작자(作者)는 없으며, 이 온(蘊; 陰)이 멸하면 다른 온(蘊)이 상속할 뿐이오. 그러나 속수법(俗數法)은 제외된다오. 이비설신의(耳鼻舌身意)도 마찬가지이며 속수법(俗數法)은 제외되나니, 속수법이란 이것이 있는 곳에 저것이 있고, 이것이 나타날 때 저것도 나타난다[此有故彼有 此起故彼起]는 것이오. 즉, 무명(無明)을 조건으로 행(行)이 있고, … 내지 순대고취(純大苦聚)가 집기(集起)한다오. 그리고 이것이 없는 곳에는 저것도 없고, 이것이 사라질 때는 저것도 함께

사라진다오. 즉, 무명(無明)이 멸하면 행(行)이 멸하고 … 순대
고취가 멸한다오.[11]

우리가 자아가 들어 있는 곳이라고 생각하는 6입처(六入處)는 잠시도 지
속하지 않고 변하고 있다. 이것이 현존이다. 그런데 이것을 변함없는 자아
라고 생각하고 있는 것이 무명에 의해 전도된 중생이다. 현존은 끊임없이
새로운 모습으로 변화한다. 즉, 차음(此陰)이 멸하면 이음(異陰)이 상속한
다. 따라서 업(業)과 보(報)만 있을 뿐 불변하는 자아로서의 업의 작자(作
者)는 있을 수 없다. 그러나 무명에 의해 자아를 취착하여 분별하는 중생
들은 멸(滅)한 온[기억 속의 5온]과 상속된 온[현존하는 5온]과 기대하는 온
[추구하는 5온]을 욕탐으로 취착하여 과거, 현재, 미래에 걸쳐 존재하고 있
는 동일한 자아와 세계로 착각한다. 이것이 생사의 세계이다.

　　그러나 본래는 업(業)에 따른 보(報)로서 온(蘊, 五蘊)의 상속만 있
을 뿐이어서, 5온을 자아나 세계로 취착하지 않으면 생사는 인식되지 않
는다. 자기는 항상 자신이 지은 업의 결과[報]로 현존하고 있으며, 이 현
존은 새로운 업을 통해 새로운 현존으로 상속된다. 이렇게 공의 세계에
는 '과거의 나'도 없고, '미래의 나'도 없으며, '현재의 나'도 없다. 오직 업
보(業報, 행위와 그 결과)로서 현존할 뿐이다. 이것이 공(空)의 의미이고 무
아(無我)의 의미이다. 이와 같이 붓다의 업설(業說)은 공과 무아의 실상
을 보여 주는 불교의 핵심이다.

- - - - - - - - - - - - - -
11_ 대정장 2, p.92c.

그런데 이 경에서 모든 것은 무상하게 생멸한다고 설하면서 속수법(俗數法)은 제외된다고 하는 말씀이 시선을 끈다. 속수법이란 문자 그대로 세속에 속하는 법이다. 즉, 이 경에서도 설명하고 있듯이 무명을 조건으로 생사가 있게 되는 12연기의 유전문(流轉門)이 속수법이다. 그렇다면 모든 것은 무상하여 공하다고 설하는 경에서 속수법은 제외된다고 하는 까닭은 무엇일까?

5온이 멸하지 않고 집기하는 유전문(流轉門)에서는 과거의 5온이 욕탐에 의해서 새롭게 생긴 5온과 함께 나타난다[集起]. 이것은 진리에 대한 무지의 상태[無明]에 있을 때 나타나는 망념으로서, 이와 같은 망념의 집기(集起)가 곧 괴로움의 집기이다. 다시 말해서, 무명이 멸하면 망념은 모두 사라지므로, 결국 공한 실상을 알지 못하는 가운데 집기한 중생의 세계는 무명에서 비롯된 허구의 세계임을 깨달아야 한다는 의미에서 속수법은 공(空)의 세계에서 제외된다고 하고 있다.

한편 이 말은 단순히 중생들을 깨우치기 위한 방편이 아니라 연기법의 불변성과 진리성을 현시한 것이기도 하다. 전술한 바와 같이 연기법은 세간과 출세간의 차별이 없이 모든 법계에 적용되는 진리이다. 즉, 중생의 세계는 무명에서 연기한 것이고, 해탈의 세계는 명(明)에서 연기한 세계이다. 그런데 전술한 바와 같이 연기에는 시공(時空)의 제약이 없다. 자아라는 존재가 삼세(三世)라는 시간과 세계라는 존재 속에 살고 있는 것이 아니라, 자아와 세계는 한 곳에, 즉 자아가 있는 곳에 세계가 있고, 동시에 자아가 나타날 때 세계가 함께 나타난다. 이것이 자아와 세계가 분별되지 않는 법계이다. 그리고 이때 자아는 '존재하는 자아'가 아니라 '행위하는 자아[業]'이고, 세계는 '존재하는 세계'가 아니라 '행위에 대한 결과[報]로서의 세계'이다.

이와 같은 법계(法界)에서 인과는 필연적이며 무시간적이다. 업(業)을 지은 후에 보(報)가 나타나는 것이 아니라, 업(業)과 보(報)는 함께 연기한다. 오물을 버리는 나의 행위[業]가 있는 곳에 오물로 더럽혀진 세계[報]가 있고, 내가 오물을 버릴 때[因], 바로 그때 더러운 세계[果]가 나타난다. 그리고 더러운 세계가 보일 때[因] 바로 그때 나의 마음이 괴롭다[果]. 더러운 세계가 보기 싫어서[因] 더러운 오물을 버리던 '나'가 깨끗이 오물을 치울 때[果], '오물을 버리는 더러운 나[此陰]'는 멸하고 '오물을 치우는 깨끗한 나[異陰]'가 상속하며, 이때 바로 깨끗한 세계가 나타난다. 그리고 깨끗한 세계가 보일 때 나의 마음은 즐겁다. 이것이 공(空)한 법계에서 무아가 살아가는, 자아와 세계가 연기하고 있는 법계의 실상이다.

그러나 중생들은 자아와 세계를 개별적인 존재로 생각하여 이미 멸한 5온을 기억 속에 모아 두고 그것을 과거에 존재했던 자기와 세계라고 생각하고, 행위하는 현존을 세계 속에 존재하고 있는 자아라고 생각하며, 미래의 자기 존재와 세계를 추구한다. 즉, 중생들은 연기하는 법계의 실상에 무지한 까닭에 이미 멸한 5온과 아직 나타나지 않는 5온에 항상 마음을 묶어두고 이들을 모으기 때문에 이들이 의식 속에서 사라지지 않고 집기(集起)한다. 중생들은 연기하는 법계에 살면서 무상한 의식을 마음속에 모아두기[集起] 때문에 스스로를 시공 속에서 태어나서 죽어가는 존재자로 착각한다.

12연기의 유전문은 이와 같은 중생계의 실상을 보여 주는 교리이다. 따라서 12연기에는 연기라는 법계실상의 이치와 집기라는 허구적 중생계의 이치가 공존하고 있다. 환멸문을 통해서 멸진해야 하는 것은 집기(集起)를 유발(誘發)하는 무명(無明)과 그로부터 연기하여 집기(集起)한 망념(妄念)일뿐, 법계에서 연기하고 있는 현존 그 자체는 아니다. 중생들이 착각하고 있다 할지라도, 중생들도 깨달은 사람들과 다름없이 법계에서 연기하고 있는 현존이다.

이렇게 생각할 때 '업보는 있으나 작자(作者)는 없다.'는 것이 제일의공경(第一義空經)의 핵심이다. 이 말은 자아가 존재하는 자아가 아니라 살고 있는 현존(現存)임을 의미한다. 업(業)은 행위를, 보(報)는 행위의 결과를 의미한다. 우리는 업(業)을 자신이 짓고 보(報)도 자신이 받는다고 생각한다. 즉, 작자(作者)와 수자(受者)는 동일한 자아라고 생각하는 것이다. 그러나 이 자아는 욕탐에 의해 취착된 망념일 뿐, 어디에도 존재하지 않는다.

작자(作者)가 없다면 누가 업을 짓느냐고 반문하는 것이 중생이다. 중생들은 항상 무엇이 존재하며, 존재하는 것이 행위를 한다고 생각한다. 존재하는 자동차가 달리고, 존재하는 나무가 자라는 것이 아니다. 기름이 연소하여 움직이고 있을 때[業] 자동차라고 부르고, 수분과 비료에 의해 자라나고 있을 때[業] 나무라고 부를 뿐이다. 자동차는 기름이 연소하면 그 힘으로 움직이게 하는 조건[緣]들과 함께 연기하고 있는 법(法)이고, 나무는 비료 등과 같이 자라나게 하는 조건들[緣]과 함께 연기하고 있는 법(法)이다. 이와 같이 모든 명사는 존재의 지시어가 아니라 연기하는 법의 지시어다. 우리가 자아라고 생각하고 있는 존재도 사실은 존재가 아니라 법계에서 연기하고 있는 법이다.

현존은 항상 업(業), 즉 행위로 존재한다. 그리고 그 현존은 반드시 보(報)라는 새로운 모습으로 변화함과 동시에 그 보(報)는 다시 업 (業)이라는 현존으로 존재하게 된다. 예를 들어, 의술을 익히는 현존은 그 결과 질병을 치료할 수 있는 현존이 됨과 동시에 질병을 치료할 수 있는 현존은 질병을 치료하는 현존으로 일한다. 이때 의술을 배우는 현존을 우리는 의과대학생이라 부르고, 질병을 치료하는 현존을 의사라고 부를 뿐 의과대학생과 의사는 동일한 존재가 아니다. 그렇다고 의과대학생이 없이 의사는 있을 수 없다. 따라서 의술을 배우는 현존이 인(因)이라면 질병을 치료하는 현존은 과(果)라고 할 수 있다. 이와 같이 현존은 업보 (業報)일뿐 업을 지어서 보를 받는 존재자, 즉 작자(作者)가 아니다.

현존은 인과의 법칙에 따르는 삶이다. 이 현존은 잠시도 머무르지 않는다. 질병을 치료하는 현존이 처음으로 환자를 치료할 때와 많은 경험이 축적되어 환자를 치료할 때와는 같을 수가 없다. 미숙하게 환자를 치료하는 현존은 풋내기 의사라고 불리고, 능숙하게 치료하는 현존은 노숙한 의사라고 불린다. 이와 같이 현존은 끊임없이 행위하고, 그 결과 끊임없이 새로운 모습을 나타낸다. 이와 같이 현존은 명사(名詞)로 지시되는 존재자(存在者)가 아니라, 동사(動詞)로 표현되는 동사적 존재다.

원(願)은 바로 이러한 현존의 자각에서 미래의 가능성을 선택하는 의지(意志)다. 원은 '무엇이 되겠다.'는 식으로 어떤 '존재자'를 선택하는 의지가 아니라 '어떻게 하겠다.'는 식으로 '행위'를 선택하는 의지다. 자신을 존재자로 착각한 중생의 '욕탐'은 존재가능성을 선택하지만, 자신을 현존으로 자각한 불보살(佛菩薩)의 '원(願)'은 행위가능성을 선택한다. 원(願)을 축으로 행위가능성을 추구하는 사람은 '의사가 되겠다.'는 생각을 하지 않고 '질병을 치료하겠다.'고 생각한다. 현존에게는 의사로서의 자기 존재는 무의미하다. 오직 병고에 시달리는 사람을 고통으로부터 구원하겠다는 자비심이 충만할 뿐이다.

　따라서 원을 축으로 행위가능성을 추구하는 현존에게 타인은 적이 아니라 현존에 의미를 부여하는 은인이며, 이 은인에 대해 항상 고마움과 자비심을 일으킨다. 이렇게 지혜로운 생각으로 원을 일으키면 자비가 나타나며, 욕탐을 축으로 하는 탐진치(貪瞋痴)의 결박에서 벗어나 지혜와 원력(願力)과 자비(慈悲)가 충만한 해탈(解脫)을 성취하게 된다.

　현존은 행위를 통해 항상 새로운 현존으로 나아간다는 의미에서 원(願)은 미래지향적이다. 원은 미래지향적이기 때문에 선택에 제약이 없다. 지금 실천하지 못하고 있는 것은 노력을 통해 앞으로 얼마든지 실천할 수 있다. 의사로서 환자를 치료할 수도 있고, 환자를 치료하면서 중생들을 깨우칠 수도 있고, 가난한 이웃을 도울 수도 있고, 고뇌에 빠진 사람의 다정한 벗이 될 수도 있다. 이렇게 원은 동시에 무제약적으로 행위를 선택할 수 있는 무제약적인 절대자유의지(絕對自由意志)다.

　원을 축으로 행위가능성을 추구하는 현존에는 죽음이 있을 수 없다. 죽음이란 자기 유지가 불가능한 상태, 즉 존재가능성을 추구하는 중생에게 나타나는 존재선택의 종점이지만, 무아를 체득하여 행위가능성을 추구하는 현존에게는 새로운 행위가능성의 계기가 된다. 작자(作者)는 없지만 업보는 있으므로 죽음을 통해 없어지는 것은 망념에 의해 취착된 존재하는 자아일 뿐, 법계와 함께 연기하고 있는 행위하는 현존은 법계와 함께 연기하기 때문에 생긴 적이 없듯이 멸할 것도 없다. 작자를 상정한 중생들에게는 차음(此陰)이 멸하고 이음(異陰)이 상속하는 것이 죽음으로 인식되지만, 작자(作者)가 없음을 자각한 현존에게는 죽음이란 착각일 뿐이다.

　　　원(願)을 축으로 하는 현존에는 괴로움도 있을 수 없다. 괴로움이란 무상(無常)한 5온과 불변하기를 바라는 자아 사이의 갈등이며, 유지될 수 없는 자아를 유지하기 위해 노력하는 가운데 느끼는 감정이다. 그러나 행위가능성을 추구하는 현존에게는 항상 행위에 따라 결과가 나타나기 때문에 행위는 에누리 없이, 그리고 잠시의 간격도 없이, 현존 속에 보(報)가 연기하는 즐거움이 있다. 붓다는『증일아함경』의「마왕품(馬王品)」에서 존재가능성을 추구하는 세간(世間)과 행위가능성을 추구하는 출세간(出世間)의 차이를 다음과 같이 이야기한다.

> 음식[食]에 9종(九種)이 있음을 관찰해야 한다. 4종(四種)의 인간식(人間食)과 5종(五種)의 출인간식(出人間食)이 있다. 어떤 것이 4종(四種)의 인간식(人間食)인가. 일자(一者)는 덩어리음식[搏食]이고, 이자(二者)는 대상접촉음식[更樂食; 觸食]이며, 삼자(三者)는 의도음식[念食; 意思食]이고, 사자(四者)는 분별음식[識食]이다. … 출세간의 징표가 되는 5종식(五種食)이란 무엇인가? 일자(一者)는 선정음식[禪食]이고, 이자(二者)는 원음식[願食]이며, 삼자(三者)는 4념처음식[念食]이고, 사자(四者)는 8해탈음식[八解脫食]이며, 오자(五者)는 기쁨음식[喜食]이다.[12]

전술한 바와 같이 네 가지 음식[四食]은 5온(五蘊), 즉 세간을 형성하여

....
12_ 대정장 2, p.772b.

유지시키는 자양분이다. 그런데 이 경에서는 다시 출세간을 이루어 유지시키는 자양분으로 선(禪), 원(願), 념(念), 8해탈(八解脫), 희(喜)가 설해지고 있다. 이것은 출세간, 즉 열반의 세계란 선정(禪定)을 통해 망념을 가라앉히고[禪食], 욕탐을 원으로 바꾸어서[願食], 정념(正念)을 잃지 않고[念食], 8해탈을 성취하여[八解脫食], 항상 기쁨으로 살아가는[喜食] 삶, 즉 원(願)을 축(軸)으로 행위가능성을 추구하는 삶이라는 것을 보여 준다. 이와 같이 결박은 마음[心]이 욕탐을 축으로 존재가능성을 지향하는 것을 의미하고, 해탈은 욕탐을 버리고 원(願)을 축으로 행위가능성을 지향하는 것을 의미한다.

2. 무명(無明)과 명(明)

해탈에는 심해탈(心解脫)과 혜해탈(慧解脫)이 있다. 마음이 욕탐(欲貪)에서 벗어나는 것이 심해탈(心解脫)이고, 무명(無明)에서 벗어나는 것이 혜해탈(慧解脫)이다.[13] 명(明)은 무명(無明)을 여읨으로써 얻게 되는 혜해탈을 의미한다. 그렇다면 혜해탈은 심해탈과 어떤 차이가 있는가?

전술한 바와 같이 중생들은 지각하고[色] 느끼고[受] 사유하고[想] 유위를 조작하여[行] 분별하는[識] 현존이다. 심해탈은 이 과정에서 유위를 조작하는 행(saṅkhāra)에서 이루어지는 해탈이다. 행(行)은 욕탐을 축으로 존재가능성을 추구하는 의지이다. 행(行)의 원어 'saṅkhāra'는 바로 이러한 행의 작용을 잘 보여 준다. 'saṅkhāra'는 '결합(conjunc-

. . . .

13_ 於欲離欲心解脫 離無明故慧解脫 『잡아함경(1027)』(대정장 2, p.268b).

tion), 함께(together with)'의 의미가 있는 'saṁ'과 '하다(doing), 만들다(making)'의 의미가 있는 'kāra'의 합성어로서, '여러 가지를 종합하여 만든다.'는 의미가 있다. 그렇다면 무엇으로 무엇을 만드는 것일까? 붓다는『잡아함경(46)』과 이에 상응하는 S.N. 22. 79. Khajjani에서 행(行)을 다음과 같이 설명한다.

> 비구들이여, 그대들이 행(行; saṅkhāra)이라고 말하는 것은 무엇인가? 유위를 조작한다(saṅkhataṁ abhisaṅkharoti). 그렇기 때문에 행(行)이라고 불린다. 어떤 유위를 조작하는가? 색성(色性)으로(rūpattāya) 색(色; rūpa)이라는 유위를 조작하고, 수성(受性)으로(vedanattāya) 수(受; vedanā)라는 유위를 조작하고, 상성(想性)으로(saññattāya) 상(想; saññā)이라는 유위를 조작하고, 행성(行性)으로(saṅkhārattāya) 행(行; saṅkhāra)이라는 유위를 조작하고, 식성(識性)으로(viññāṇattāya) 식(識; viññāṇa)이라는 유위를 조작한다. 비구들이여, 유위를 조작한다. 그렇기 때문에 행이라고 불린다.[14]

이와 같이 행(行)은 색(色), 수(受), 상(想), 행(行), 식(識)의 공통된 특성을 모아서 5온이라는 유위를 조작하는 작용이다. 그렇다면 색성(色性) 등은 어떻게 생긴 것이며, 그것을 종합하여 만든 유위란 구체적으로 무엇을 의미하는 것일까? 전술한 바와 같이 5온은 연기한 의식이 존재화된

⋯⋯⋯⋯⋯⋯
14_ S.N. Vol. 3, pp. 86-87의 필자 번역.

것이다. 따라서 행(行)은 체험을 통해 발생한 의식들을 공통된 특성끼리 종합하여 존재화시키는 작용이라고 할 수 있고, 유위는 그 결과 존재화된 것을 의미한다고 할 수 있다.

그렇다면 존재화는 어떤 과정을 통해서 이루어지는 것일까? 일반적으로 존재에는 이름이 주어진다. 책상이라는 존재에는 책상이라는 이름이 주어지고, 인간이라는 존재에는 인간이라는 이름이 주어진다. 즉, 명사로 존재를 지칭한다. 명사는 개념에 붙인 명칭이다. 따라서 존재화는 개념화라고 할 수 있다.

개념은 사고(思考) 작용에 의해 여러 가지 표상을 비교하여 이들 표상이 가지고 있는 공통된 속성을 추상(抽象)한 후, 그것을 총괄하여 언어라는 기호를 붙이는 데서 성립된다. 즉, 개념의 성립은 표상에서 출발하여 비교, 추상, 총괄, 명명(命名)의 과정을 밟아 완성된다. 그리고 개념과 개념이 비교될 때는 동일한 순서의 과정을 밟아 한층 추상적인 개념이 성립된다.[15]

5온(五蘊)은 바로 이러한 개념성립의 구조를 갖고 있다. 붓다는 위의 경에서 다음과 같이 말한다.

> 비구들이여, 그대들이 색(色; rūpa)이라고 말하는 것은 무엇인가? '시달린다(ruppati).' 그렇기 때문에 '시달리는 것(rūpa)'이라고 불린다. 〈중략〉
>
> 비구들이여, 그대들이 수(受; vedanā)라고 말하는 것은 무엇인

- - - - - - - - - - - - - -
15_ 김준섭, 앞의 책, pp.33-34.

가? '느낀다(vediyati).' 그렇기 때문에 '느낌(vedanā)'이라고 불린다.〈중략〉

비구들이여, 그대들이 상(想; saññā)이라고 말하는 것은 무엇인가? '생각한다(sañjānāti).' 그렇기 때문에 '생각하는 것(saññā)'이라고 불린다.〈중략〉

비구들이여, 그대들이 행(行; saṅkhāra)이라고 말하는 것은 무엇인가? '유위(有爲; saṅkhataṃ)를 조작한다(abhisaṅkharoti).' 그렇기 때문에 '조작하는 것(saṅkhāra)'이라고 불린다.

비구들이여, 그대들이 식(識; viññāṇa)이라고 말하는 것은 무엇인가? '분별한다(vijānāti).' 비구들이여, 그렇기 때문에 '분별하는 것(viññāṇa)'이라고 불린다.[16]

이 경에 의하면, 색(色)은 몸으로 지각함으로써 생긴 표상이고, 수(受)는 느낌으로써 생긴 표상이다. 상(想)은 이들 표상을 서로 비교하여 어떤 속성이 많고 어떤 속성이 적은가를 사유하여 추상하고 총괄하는 작용이다. 상(想)의 원어 'saññā'는 'saṃ(함께)'과 'jñā(알다)'의 합성어로서, 여러 가지 표상을 함께 비교하고 추상하여 총괄하는 작용을 의미한다.

행(行)은 상(想)을 통해 추상되고 총괄된 공통된 속성으로 개념을 구성하는 작용이다. 여러 가지 표상 가운데 지각의 속성을 총괄하여 색(色)이라는 개념을 구성하고, 느낌의 속성을 총괄하여 수(受)라는 개념을 구성하는 것이 행(行)이다. 따라서 행(行)이 유위를 조작하는 데 질료

• • • • • • • • • • • • • • • • •

16_ S.N. Vol. 3, pp.86–87. 대정장 2, pp.11b–12a.

가 되는 색성(色性), 수성(受性), 상성(想性), 행성(行性), 식성(識性) 등은 상(想)에 의해 비교되고 추상되어 총괄된 내용이라고 할 수 있으며, 행(行)은 이들을 질료로 다양한 개념을 산출하는 작용이라고 할 수 있다.

식(識)은 행(行)을 통해 구성된 개념에 각기 다른 이름을 붙여서[命名] 대상을 이름으로 분별하는 작용이다. 다시 말해서, 대상을 분별하여 인식하는 것을 의미하는 식(識)은 바로 행(行)을 통해 구성된 것에 이름을 붙이고, 그 이름에 따라 사물을 분별하는 분별심(分別心)을 의미한다.

이와 같이 5온은 전체적으로 개념 형성의 구조를 가지고 있으며, 이러한 5온의 구조를 통해서 조작된 개념(概念)이 유위(有爲)다. 그리고 개념에 부여된 이름이 존재를 지시하기 때문에 유위(有爲)는 곧 개념화된 존재라고 할 수 있다. 따라서 세간을 이루고 있는 5온(五蘊)은 표상의 존재화된 모습이며, 표상의 존재화는 상(想)에 기인한다고 할 수 있다. 왜냐하면 우리에게 주어진 표상은 일회적인데, 상(想)이 이것을 기억하고 모아서 비교하고 추상하여 총괄함으로써 시간적으로 존속하는 존재로 만들기 때문이다.

그렇다면 왜 상(想)은 표상들을 모아서 비교하고 추상하여 총괄하는 것일까? 그것은 표상이 무상한 것임을 알지 못하기 때문이다. 다시 말해서 우리가 얻게 되는 표상이 어떤 존재로부터 주어진다고 생각하기 때문에 그 존재를 파악하기 위하여 표상들을 모아 비교하고 추상하여 총괄한다. 따라서 과거의 표상들을 모으고 비교하고 추상하여 총괄하는 것은 무지의 상태에서 이루어지는 사유작용이라 할 수 있으며, 이것이 무명이다. 무명은 이와 같이 진리에 무지한 상태에서 일어나는 사유작용을 의미한다.

그렇다면 무명을 멸진한 명(明)의 상태에서는 어떤 사유작용을 하게 될까? 우리의 사유작용이 표상을 질료로 한다면, 표상이 사유의 질료가 되기 위해서는 기억되어야 한다. 왜냐하면 사유란 둘 이상의 표상이 없이는 성립될 수 없는데, 우리가 체험하는 표상은 일회적이기 때문이다. 상(想)은 비교하고 추상하는 작용이기 이전에 이들 표상을 기억하여 모으는 작용이기도 하다. 즉, 상의 보다 근본적인 작용은 기억작용이라고 할 수 있다. 그런데 문제는 기억된 표상들에 대하여 그 표상들이 어떤 존재로부터 우리에게 주어진 것이고, 우리는 표상을 수동적으로 얻게 된다고 생각하는 데 있다. 즉, 체험 속에는 표상만 있을 뿐인데, 거기에서 표상을 제공하고 있는 존재와 그 표상을 받아들여 인식하는 존재가 개별적으로 존재하고 있다고 생각하는 것이 무명이다.

이와 같은 무명의 상태에서 개념을 만들고 개념들을 분별하여 인식하는 것이 중생이다. 그리고 이러한 중생들의 의식이 식(識)이다. 따라서 식에 의해 인식될 때 법계(法界)는 존재들의 세계로 인식된다. 중생들에게는 모든 것이 존재로 인식된다. 이렇게 존재로 인식된 세계는 우리가 그것과 실천적 관계를 맺을 때 소유의 대상이 된다. 그리고 존재는 소유의 대상이기 때문에 중생들은 그 존재를 소유하고자 하는 욕탐을 축(軸)으로 존재가능성을 추구하게 된다.

그러나 표상을 있는 그대로 관찰하면, 이것은 항상 일회적이며, 동일한 조건에서는 동일한 현상이 나타난다는 사실을 알 수 있다. 다시 말해서 표상의 비교를 통해서 연기의 인과율(因果律)을 발견하게 된다. 우리에게 표상을 일으키는 현상은 조건에 따라 여러 가지 다른 현상으로 변화하고 있으며, 이러한 현상의 변화는 우연적인 것이 아니라 조건에 따라 필연적으로 발생한다는 사실을 알게 된다. 우리가 체험하는 모든 현상은 존재가 아니라 '조건에 의존하여 연기하는 법'이라는 것을 깨닫게 되며, 이것이 연기하는 법(法)에 대한 안목(眼目)이다.

법(法)은 주변의 다른 법과 함께 상호 영향을 주고받으면서 변역(變易)한다. 그리고 조건에 의한 변역(變易)은 우연적인 것이 아니라 필연적이라는 의미에서 법과 법 사이에 인과율이 있다. 그러나 법의 변역은 일률적인 것이 아니라 조건이 되는 주변의 수많은 다른 법에 의해 다양한 가변성을 지닌다. 이러한 법과 실천적 관계를 맺을 때, 법은 행위의 대상이 된다. 예를 들어, 콩을 존재로 인식할 때는 그 콩을 소유할 것인가, 말 것인가가 문제되지만, 조건[緣]에 따라 변역하는 법으로 인식할 때는 콩가루로 만들 것인가, 콩나물로 만들 것인가, 아니면 심어서 가꿀 것인가 등이 문제되는 것이다.

이때 우리가 어떤 하나의 행위를 선택할 수 있는 근거는 인과율이다. 콩이라는 법에 볶아서 부순다는 조건이 주어지면 반드시 그 조건에 의하여 콩가루라는 법으로 된다는 연기의 인과율이 없다면, 우리는 콩가루로 만들겠다는 행위를 선택할 수가 없다. 이와 같이 인과율을 법의 인과율로 이해할 경우 우리의 자유의지는 인과율과 모순되는 것이 아니라 오히려 인과율에 의존하고 있음이 드러난다. 명(明)은 이와 같이 세계를 법계로 인식하고 법과 법 사이의 연기하는 인과관계를 깨달은 상태에서의 사유작용이다.

상(想)이 명(明)의 상태에 있을 때, 행(行)은 욕탐에서 벗어나 원(願)을 축(軸)으로 행위가능성을 추구하게 된다. 이렇게 명의 상태에서 존재를 소유의 대상으로 취착하지 않고, 행위의 대상으로 법을 선택하는 것이 심해탈이라면, 법을 존재화하지 않고 여실하게 사유하는 지혜가 혜해탈이다. 따라서 심해탈이 있을 때 혜해탈이 있고, 혜해탈이 있을 때 심해탈은 완전해진다고 할 수 있다.

3. 유위(有爲)와 무위(無爲)

붓다는 "유위는 생주이멸(生住異滅)하고, 무위는 불생부주불이불멸(不生不住不異不滅)한다."[17]고 말한다. 이러한 붓다의 말씀은 일견 유위(有爲)와 무위(無爲)가 별립(別立)하는 것으로 오해되기 쉽다. 그러나 유위와 무위는 결코 별개의 것이 아니다. 전술한 바와 같이 유위(saṅkhata)란 행(saṅkhāra)에 의해 조작된 것이기 때문에 유위와 무위의 차이는 그것이 허구인가 진실인가의 차이가 있을 뿐이다. 어떤 사물이 마음의 작용에 의해 존재로 대상화되어 인식될 때, 그것을 유위라 하고, 법으로 체험될 때 그것을 무위라고 한다.

유위가 생주이멸(生住異滅)한다는 것은 우리가 존재로 대상화하여 인식하고 있는 모든 것은 우리에게 '생기고 머물고 변질되고 사라지는 것'으로 인식된다는 의미이다. 예를 들어, 책상을 존재로 인식할 경우 어떤 재료로 책상이 만들어지면[生], 그것이 책상의 상태를 유지하다가[住], 부서져서[異], 없어진다[滅]. 우리는 이때 책상이 생겼다가 어느 정도 존재하다가 변하여 없어졌다고 생각한다. 과연 책상이 생겼다가 없어진 것일까? 앞에서 지적했듯이, 책상은 외부에 실재하는 존재가 아니

•••••••••••••••
17_ 『잡아함경(293)』(대정장 2, p.83c).

다. 단지 책을 놓고 보기에 적당한 것을 우리가 책상이라고 부를 뿐이다.

만약 어떤 책상이 나무로 된 책상이라면, 우리는 그 나무가 책을 놓고 보기에 적당한 상태가 유지되는 동안을 책상이 존재하고 있다고 말하고, 책을 놓고 보기가 전과 같지 않을 때 책상이 변했다고 말하며, 책을 놓고 볼 수가 없을 때 책상이 없어졌다고 말한다. 즉, 책상이 생주이멸(生住異滅)하는 것은 책을 놓고 보기에 적당한 상태라는 기준에서 법(法)을 인식한 결과이다.

존재자(存在者)는 시간 속에서 아무리 짧은 순간이라도 자기 동일성을 유지할 수 있어야 한다. 그러나 자기 동일성을 잠시라도 지속할 수 있는 존재자는 어디에도 없다. 우리는 책상이 생겨서 얼마 동안은 변화하지 않고 존속했다고 생각하지만, 책상은 한 순간도 동일하게 존속하지 않는다. 주변의 습기에 의해 부패하거나 건조한 상태에서는 마르게 되며, 충격이 가해지면 이음새에 틈이 생기고, 손으로 문지르면 흠이 생긴다. 그런데도 책상이 그대로 유지되고 있다고 생각하는 것은 그것이 책을 놓고 보려는 우리의 의도를 충족시키고 있기 때문이다.

이와 같이 존재의 자기 동일성은 존재의 고유성이 아니라 그것을 존재로 파악하는 우리의 마음이 구성한 허구이다. 이렇게 존재자의 자기 동일성을 허구적으로 구성하는 것이 행(行)이고, 이 행에 의해 구성된 허구적 존재자가 유위(有爲)이다. 이러한 유위로서의 존재자가 우리에게 생주이멸(生住異滅)하는 것으로 인식된다.

무위(無爲)는 왜 생주이멸(生住異滅)하지 않을까? 생주이멸(生住異滅)이라는 개념은 '존재자(存在者)'에 기초한 개념이다. 생기고 없어지는 '존재자'가 없다면 생주이멸(生住異滅)이란 개념은 나올 수가 없다. 그런데 존재자는 행(行)에 의해 조작된 허구다. 따라서 행이 존재자를 조작하지 않은 상태에서는 생주이멸이 있을 수 없다. 이와 같이 무위가 생주이멸하지 않는다는 것은, 무위법이라는 불변의 존재가 있다는 말이 아니라, 허구적으로 존재를 조작하지 않으면 법은 생주이멸하는 것으로 인식되지 않는다는 것을 의미한다.

연기법은 인과율(因果律)이다. 인과율은 변화를 설명하는 법칙이다. 인과율이 존재 사이의 법칙으로 이해될 경우, 인(因)과 과(果) 사이에는 생멸의 관계가 이루어진다. 인(因)이 멸해야 과(果)가 생길 수 있는 것이다. 유위는 생주이멸(生住異滅)한다는 말에는 인과율을 존재 사이의 법칙으로 이해하면 모든 존재는 생주이멸하는 것으로 인식된다는 의미가 함축되어 있다.

그러나 인과관계는 법 사이의 연기관계이다. 법은 인과율에 따라 연기한다. 책상은 평평한 판자와 다리가 결합된 법이다. 이 법은 언제나 적합한 여건이 주어지면 반복될 수 있다. 그리고 이 법은 우리에게 '책을 놓고 보기에 적합하다.'는 행위의 대상으로 인식된다. 그러면 우리는 이 법에 책상이라는 이름을 붙인다. 책상이라는 개념은 존재를 지칭하는 것이 아니라 연기하고 있는 법과 실천적 관계를 맺을 때, 적합한 여건이 주어져 있는 상태에 대하여 우리가 편의상 분별하는 법을 지칭한다. 붓다는 이와 같이 연기하는 법을 편의상 분별할 때 이것을 시설(施設, paññatti; sk. prajñapti; 假名)이라고 한다.

만약 안(眼)과 색(色)과 안식(眼識)과 안촉(眼觸) 그리고 안촉을 인연하여 생기는 수(受)가 없다면, 세간(世間)도 없고 세간을

시설(施設)하지도 않을 것이다.[18]

이와 같이 생(生), 유(有), 취(取), 애(愛), 수(受), 촉(觸), 6입(六入), 명색(名色), 식(識), 행(行)에 대하여 싫어하고 욕탐을 떠나 멸진한 법, 이것을 다문비구(多聞比丘)라 부르며, 이것을 여래(如來)가 시설한 다문비구(多聞比丘)라고 한다.[19]

위의 두 경에서 세간(世間)과 다문비구는 시설된 것이라고 하고 있다. 즉, 보고[眼] 보여지고[色] 인식하고[識] 느끼는[受] 행위가 연기할 때 그것을 세간이라는 개념으로 표현하고, 집기한 법, 즉 마음에 연기한 법들을 취착함으로써 집기한 망상을 취착하지 않고 멸진하는 행위에 대하여 그것을 다문비구라는 개념으로 표현한다는 것이다. 이와 같이 붓다가 사용하는 모든 개념은 존재를 지칭하는 것이 아니라 연기하는 행위를 지시하며, 붓다는 그것을 시설(施設)이라고 하고 있다.

시설(施設)의 원어 'paññatti; sk. prjñapti'는 동사 'prajña'에서 파생된 여성명사다.[20] 'prajña'는 '앞에, 전에(before, in front)' 등의 의미가 있는 접두어 'pra'와 '알다(knowledge)'의 의미인 동사 'jña'가 결합한 것인데, 'pra'는 주로 운동을 지시하는 동사와 결합한다. 예를 들면, 'kṛ(do, make)'와 결합한 'prakṛ'는 '전에 없던 것을 새로 생산한다(produce)'의 의미이고, 'gaṁ(go)'과 결합한 'pragaṁ'은 '앞으로 나가다(go forward)', '진

• • • • • • • • • • • • • •
18_ 『잡아함경(230)』(대정장 2, p.56b).
19_ 『잡아함경(360)』(대정장 2, p.100bc).
20_ 이곳에서는 편의상 빨리어 대신 이에 상응하는 산스크리트어로 개념을 분석한다.

행하다(proceed)', '도달하다(reach)', '성취하다(attain)'의 의미를 갖는다. 이와 같이 'pra'는 공간적으로는 전방을, 시간적으로는 미래를 지시하는 개념이다. 따라서 'prajña'는 일반적으로 '알다' '이해하다'의 의미로 사용되지만, 이것은 'vijña'나 'saṁjña'와는 성격이 다르다. 'vijña'는 '분별하여 안다'는 의미이고 'saṁjña'는 '함께 안다'는 의미인데, 'prajña'는 '미래에 대하여 안다'는 의미이다.

　　예를 들면, '사과'가 무엇을 의미하고 '배'는 무엇을 의미하는지를 분별할 줄 아는 것이 'vijña(識)'이고, '물질은 형태와 연장(延長)을 갖는다.' '적다는 것은 많지 않다는 것이다.' '무는 유가 아니다.' '2+3=5이다.'와 같이 어떤 사물에나 보편적으로 적용되는 개념을 아는 것이 'saṁjña(想)'이다. 그리고 'prajña(慧)'는 '우유는 유산균을 넣어 발효시키면 야쿠르트가 되고, 따뜻한 곳에 방치하면 부패하며, 건조시키면 분유가 된다.'와 같이 어떤 행위를 선택하면 미래에 어떤 결과가 있게 될 것인가에 대해 알아서 '자신의 원(願)에 따라 행위를 선택할 줄을 안다.'는 것을 의미한다. 따라서 'vijña'는 일반지(一般知)라고 할 수 있고, 'saṁjña'는 보편지라고 할 수 있다면, 'prajña'는 실천지라고 할 수 있다.

　　우리는 이 세 가지 개념을 불경 속에서 발견할 수 있다. 즉, 5온의 상(想, saññā; sk. sāmjñāna)과 식(識, viññāna; sk. vijñāna)은 각각 'saṁjña'와 'vijña'에서 파생된 명사이고, 지혜(paññā; sk. prajñā)는 'prajña'에서 파생된 명사이다. 전술한 바와 같이 상(想)은 여러 가지 표상을 종합하여 비교하고 추상하여 총괄하는 작용이고, 식은 행에 의해 구성된 개념을 분별하는 작용을 의미한다. 붓다는 이들은 무명의 상태에서 일어나는 사유작용이라는 의미에서 부정적으로 본다. 붓다가 상이나 식을 부정적으로 보는 까닭은 전술한 바와 같이 상과 식이 행과 더불어 법을 존재화하는 사유작용이기 때문이다. 그러나 'paññā(지혜)'는 진리를 깨닫는 사유작용, 즉 명의 상태에서 일어나는 사유작용이기 때문에 긍정적으로 본다.

'prajña'라는 원어가 함축하고 있듯이 지혜는 현재의 행위가 미래에 어떤 결과를 가져올 것인가에 대해 생각하는 사유작용이다. 지혜란 어떤 상황에 접했을 때 그 상황에 대하여 어떤 행동으로 대처하면 어떤 결과가 되고 어떤 행동으로 대처하면 어떤 결과가 될 것인가를 사유하여 아는 것이다. 행위의 결과를 안다는 것은 선택해야 할 행위가 어떤 것인지를 안다는 것을 의미한다. 즉, 여러 가지 행위가능성 가운데 가장 마음에 드는 결과를 이끌어낼 수 있는 행위가 어떤 것인지를 안다는 의미다. 이렇게 선택해야 할 행위가 어떤 것인지를 알기 위해서는 행위[業]와 결과[報] 사이의 인과관계를 알아야 한다. 행위와 결과 사이의 인과관계를 모른다면 결코 행위를 선택할 수 없기 때문이다. 따라서 지혜는 행위가 결과를 이끌어낸다는 자각, 즉 인과관계는 존재 사이의 관계가 아니라 업(業)과 보(報) 사이의 관계임을 깨닫고 원(願)을 축(軸)으로 행위가능성을 추구하는 현존의 사유작용이다.

이렇게 업보 사이의 인과관계를 여실하게 이해하는 것이 지혜이고, 이 지혜에 의한 행위의 선택을 위해 편의상 법을 개념화한 것이 시설(施設, paññatti; sk. prajñapti)이라고 할 수 있다. 따라서 문법적으로는 존재를 지칭하는 명사와 동일한 형태이지만, 이것이 존재의 지시어가 아니기 때문에 명사는 아니다. 이것을 가명(假名)으로 한역한 것은 바로 'paññatti'의 이 같은 특징을 잘 드러낸 것이라고 할 수 있다.

한편 'paññatti'에는 가명의 의미와 함께 편의상 그렇게 표현한다는 의미가 있다. 시설(施設)은 이러한 의미를 취한 번역이라고 생각된다. 연기하는 현상은 동적(動的)이다. 즉, 끊임없이 변화하고 있다. 이와 같이 변화하는 현상에 대하여 그것을 개념으로 표현하는 것은 현상의 변화를 우리가 분별한 것이다. 예를 들어, 맑은 하늘에 구름이 생기고 구름이 비가 되어 내린다고 할 경우, 실제로 맑은 하늘에 구름과 비가 생겼기 때문에 그렇게 인식하는 것은 아니다. 대기는 조건에 따라 부단히 변역하는 연기하는 법이다. 대기는 습도와 온도 등에 의해 부단히 변화하고 있다. 이렇게 변화하는 대기에 대하여 대기 중의 수분이 응축되지 않은 상태를 맑은 하늘이라 하고, 수분이 응축된 상태를 구름이라 하며, 수분이 물방울을 형성하여 낙하하는 현상을 비라고 한다.

우리가 이렇게 대기라는 하나의 현상에 대하여 맑은 하늘, 구름, 비라는 여러 가지 개념을 구성하는 것은, 첫째로 대기의 변화가 우리의 감관을 통해 다르게 지각되기 때문이며, 이렇게 지각된 표상을 비교하고 추상하고 총괄한 결과이다. 맑은 하늘에서 비가 내리기까지의 변화는 맑은 하늘-구름-비라는 세 단계의 변화가 아니라 불가분의 연속적 변화인데, 이것을 세 단계로 구분하는 것은 우리의 의식이다. 맑은 하늘이라는 개념은 대기의 상태 가운데 우리가 맑은 하늘로 생각할 수 있는 범위에 있을 때의 대기의 상태를 지시하는 것이고, 구름이란 우리가 구름으로 생각할 수 있는 범위에 있을 때의 대기의 상태를 지시하는 것이다. 본질적으로는 맑은 하늘, 구름, 비의 구분이 있을 수 없으나, 편의상 우리가 설정해 놓은 기준으로 파악할 때 하나의 현상은 여러 가지 현상으로 구별되며, 'paññatti'는 '편의상 설정한 기준'이라는 의미를 함축하고 있다.

연기하는 현상은 이전의 현상과 현재의 현상 그리고 미래의 현상 사이에 분단이 있을 수 없다. 모든 현상은 지금 여기에서 하나의 현상을 형성할 뿐이다. 모든 현상은 상호의존적인 관계를 갖는다. 하나의 사과는 주변의 기압, 온도, 대기의 상태에 의해 우리가 사과라고 생각할 수 있는 상태가 유지되고 있는 현상이다. 사과는 태양, 공기, 지구 등 우주 전체와 함께 연기하고 있다. 태양이 내리쬐는 곳에 위치하면 사과는 마르고, 사람이 먹어버리면 사과는 사라진다. 그렇다고 해서 없어진 것은 없다. 다만 주변의 조건에 의해 사과라고 생각할 수 없는 상태로 될 뿐이다. 즉, 연기하는 하나의 현상이 공간적으로 우리에게 인식될 때 우리가 설정한 기준에 의해 구분되고 있을 뿐이다.

　　이와 같이 연기하는 세계는 시간적으로나 공간적으로 분리될 수 없다. 유위(有爲)는 이러한 실상을 여실하게 이해하지 못한 중생들이 욕탐으로 분별하여 존재화시킨 것이다. 이렇게 분별되고 존재화된 유위는 중생의 마음에 무상하고 생주이멸(生住異滅)하는 것으로 인식된다. 그러나 연기하는 하나의 현상을 생주이멸(生住異滅)한다고 할 수는 없다. '무위(無爲)는 불생(不生), 부주(不住), 불이(不異), 불멸(不滅)한다.'는 말은 이것을 의미한다.

　　이와 같이 무위는 연기의 인과율에 의해 변역하는 현상을 의미한다. 행(行)에 의해 조작된 대상을 식(識)으로 인식한 것이 유위(有爲)이고, 행의 작용을 멈추고 지혜로 인식한 인과율에 의해 연기하는 현상이 무위(無爲)다. 유위와 무위는 이와 같이 우리의 인식 태도에 의해 구별될 뿐, 개별적인 존재가 아니다.

4. 생사(生死)와 열반(涅槃)

세간법과 출세간법은 우리의 인식태도에 의해 구별될 뿐, 결코 별립(別立)하고 있는 것이 아니다. 생사(生死)와 열반(涅槃)도 마찬가지이다. 생사는 자아를 존재하는 자아로 취착했을 때 인식되는 허위이며, 열반은 행위하는 현존을 깨달았을 때 인식되는 진실이다. 인간은 의지를 지향축으로 끊임없이 자신의 존재가능성을 추구하는 현존이다. 이러한 존재방식은 출세간이라고 해서 다르지 않다. 세간과 출세간의 차이는 무명(無明)의 상태에서 욕탐을 지향축으로 하느냐, 명(明)의 상태에서 원(願)을 지향축으로 하느냐의 차이일 뿐이다.

고성제(苦聖諦)와 집성제(集聖諦)는 세간의 진리일 뿐만 아니라, 무명(無明)이 사라지면 그대로 출세간의 진리다. 욕탐을 축(軸)으로 존재가능성을 추구하는 중생은, 무명에서 벗어나 명의 상태가 되면, 원(願)을 축(軸)으로 행위가능성을 추구하는 현존으로 전환된다. 세간을 떠나 따로 출세간은 있을 수 없으며, 욕탐을 축으로 할 때 극복할 수 없는 존재선택의 끝이요 괴로움인 생사는 원을 축으로 할 때 새로운 행위선택의 가능성이며 열반이다. 그렇기 때문에 중생은 죽음 앞에서 좌절하지만, 보살은 미래의 행원(行願)을 세운다.

진리는 그것을 우리가 알든 모르든 변치 않는다. 다만 진리를 알면 진리에 따라 살고, 모르면 어긋나게 살아갈 뿐이다. 붓다는 무명에 의해 전도된 5취온(五取蘊)의 존재방식을 생사의 괴로움이라고 이야기한다. 이것이 고성제이다. 그리고 이러한 존재방식은 그 원인이 갈망에 의한 망념의 집기(集起)라는 사실을 밝힌 것이 집성제이다. 『잡아함경(270)』에서 붓다는 5온이 무상한 유위임을 깨달아 무명을 없애고 무아를 체득하면 자연스럽게 열반을 얻게 된다고[21] 한다. 그리고 『잡아함경(63)』에서는 "다문성제자(多聞聖弟子)는 6촉입처(六觸入處)에 머물면서 무명을 염리(厭離)함으로써 명이 생기고, 명이 생기면 전에 생겼던 무명에 의한 촉(觸)은 멸하고 그 후에는 명에 의한 촉(觸)이 집기(集起)한다."[22]라고 한다. 보고 느끼고 사유하고 행위하고 인식하는 삶 자체에 문제가 있는 것이 아니라, 진리에 대한 무지에서 보고 느끼고 인식하는 것이 문제이며, 따라서 진리를 알면 그 진리에 상응하는 삶, 즉 바르게 보고 느끼고 사유하고 인식하는 삶이 나타난다.

　　그렇다면 명(明)에 의한 촉(觸)이 집기(集起)한 삶은 어떤 것일까? 『증일아함경』의 「마왕품(馬王品)」에서는 출세간의 다섯 가지 음식[五種食], 즉 선식(禪食), 원식(願食), 염식(念食), 8해탈식(八解脫食), 희식(喜食)을 이야기한 다음에, "세간의 이양(利養)을 취착하면 5분법신(五分法身)을 이룰 수 없다."[23]라고 함으로써 5분법신이 원(願)을 지향축으로 행위 가능성을 추구하는 삶이라는 것을 시사하고 있다. 따라서 5취온(五取蘊)은 무명(無明)에 의한 촉(觸)이 집기(集起)한 것이고, 5분법신은 명(明)에 의한 촉(觸)이 집기(集起)한 것이라고 할 수 있다. 5분법신이 5취온(五取蘊)과 마찬가지로 온(蘊)으로 취급되어 계온(戒蘊; sīlakkhandhaṃ), 정온(定蘊; samādhikkhandhaṃ), 혜온(慧蘊; paññākkhandhaṃ), 해탈온(解脫蘊;

21　無常想修習 多修習 能斷一切欲受 … 無明 所以者何 無常想者 能建立無我想 聖弟子住無我想 心離我慢 順得涅槃(대정장 2, pp.70c~71a)

22　多聞聖弟子住六觸入處 而能厭離無明 能生於明 彼於無明離欲而生於明 不有 不無 非有無 非不有無 非有我勝 非有我劣 非有我相似 我知 我見 作如是知 如是見已 所起前無明觸滅 後明觸集起(대정장 2, p.16b).

23　汝等 比丘 莫趣想著之心 向於利養 當念捨離 其有比丘著利養者 不成五分法身 不具戒德(대정장 2, p.772c).

vimuttikkhandhaṃ), 해탈지견온(解脫知見蘊; vimuttiñāṇadassanakkhandhaṃ) 으로 불리고 있음[24]은 명(明)에 의한 촉(觸)의 집기(集起)가 5분법신이라 는 것을 보여 준다.

5분법신은 본질적으로는 5취온(五取蘊)과 다르지 않다. 5취온이 무명에서 욕탐을 축으로 존재가능성을 추구하는 가운데 존재로 취착된 자아임에 반하여, 5분법신은 명(明)에서 원(願)을 축으로 행위가능성을 추구하는 행위하는 현존이라는 차이가 있을 뿐이다. 따라서 법을 자각 한 상태에서는 '자아란 무엇인가' 또는 '나는 무엇이 되고 무엇을 소유할 것인가'가 문제되는 것이 아니라, 지금 여기에서 '어떤 행위를 선택할 것 인가'가 문제된다. 5분법신은 바로 이같이 어떤 행위를 선택할 것인가를 문제 삼고서 선택한 행위를 실천하고 있는 현존이다.

6근(六根)을 통해 지각되는 대상을 존재로 취착함으로써 자신의 몸을 이루고 있는 육신과 대상이 되는 존재를 분별하여 욕탐에 상응하는 존재를 소유하려 하고, 욕탐에 상응하는 자신의 육신을 만들고 유지시키 려 하는 가운데 살생, 투도, 망어, 사음 등을 행하는 것이 5취온의 색(色) 이라면, 색이 무상하게 연기한 법임을 깨달아 욕탐을 버리고 주변의 이 웃들을 행복하게 함으로써 자신의 행복이 이들과 함께 연기한다는 연기 의 도리에 따라, 온갖 악행을 멀리하는 것이 5분법신의 계신(戒身)이다.

욕탐을 추구하기 때문에 욕탐에 어긋나는 대상에 대해서는 괴로 움을 느끼고, 상응하는 것에 대해서는 즐거움을 느끼는 가운데 고락(苦

• • • • • • • • • • • • • • • •

24_ Kinnu kho te ānanda, sāriputto sīlakkhandhaṃ vā ādāya parinibbuto, samādhikkhandhaṃ vā ādāya parinibbuto, paññākkhandhaṃ vā ādāya parinibbuto, vimuttikkhandhaṃ vā ādāya parinib- buto, vimuttiñāṇadassanakkhandhaṃ vā ādāya parinibbutoti(S.N. Vol. 5, p.162).

樂)을 느끼는 자아와 고락을 주는 대상을 분별하여 끊임없이 고락을 느끼는 산란한 마음이 5취온의 수(受)이고, 욕탐을 떠나 계율을 실천함으로써 항상 고요한 마음으로 생활하는 것이 5분법신의 정신(定身)이다.

무명(無明)의 상태에서 고락을 주는 대상에 대하여 사유하는 것이 5취온의 상(想)이라면, 행위의 대상에 대하여 그 인과를 사유하는 것이 5분법신의 혜신(慧身)이다.

상(想)에 의한 사유(思惟)의 결과를 가지고 존재[有爲]를 구성하여 그것을 소유하려고 하는 것이 5취온의 행(行)이라면, 사유를 통해 발견된 인과율에 의해 가장 가치 있는 행위를 자유롭게 선택하여 실천하는 것이 5분법신의 해탈신(解脫身)이다.

행(行)에 의해 조작된 존재[有爲]를 대상으로 분별하는 가운데 존재의 생멸과 자아의 생사를 인식하는 것이 5취온의 식(識)이고, 일체의 법은 무아(無我)이고 공(空)이어서 업보(業報)만 있을 뿐 존재자나 작자(作者)는 없다는 깨달음을 통해서 생사와 생멸이 본래 없음을 확실하게 인식하는 것이 5분법신의 해탈지견신(解脫知見身)이다. 지각활동을 통해서 지각하고[色], 지각된 것에 대하여 느끼고[受], 느낀 것을 사유하고[想], 사유한 결과에 의해 행위하고[行], 행위한 결과를 인식하는[識] 자아를 계탁한 중생의 삶의 방식이 5취온(五取蘊)이라면, 5분법신은 계율을 지키고[戒], 그로 인해 마음의 안정을 얻으며[定], 안정된 마음에서 지혜롭게 사유하여[慧], 그 결과에 따라 행위를 선택하여 실천함으로써[解脫], 생사와 생멸이 허위임을 깨닫는[解脫知見] 현존의 삶의 방식이다. 그리고 이와 같은 5분법신을 성취하여 살아가는 삶이 열반이다. 『중아함경』의 「공경경(恭敬經)」에서 붓다는 열반을 얻는 과정에 대하여 다음과 같이 이야기한다.

> 비구들이여, 모든 범행인(梵行人)을 공경하고 존중하라. 비구가 모든 범행인을 공경하고 존중하지 않고서는 위의법(威儀法)을 갖출 수 없으며, 위의법을 갖추지 않고서는 학법(學法)을 갖출 수 없으며, 학법을 갖추지 않고서는 계신(戒身)을 갖출 수 없으며, 계신을 갖추지 않고서는 정신(定身)을 갖출 수 없으며, 정신(定身)을 갖추지 않고서는 혜신(慧身)을 갖출 수 없으며, 혜신을 갖추지 않고서는 해탈신(解脫身)을 갖출 수 없으며, 해탈신(解脫身)을 갖추지 않고서는 해탈지견신을 갖출 수 없으며, 해탈지견신을 갖추지 않고서는 열반을 갖출 수 없다. 만약 비구가 범행인(梵行人)을 공경하고 존중하면 반드시 위의법(威儀法)을 갖추게 되고, … 해탈지견신(解脫知見身)을 갖추면 반드시 열반을 갖추게 된다.[25]

계(戒)의 원어 'sīla'는 습관(習慣)을 뜻한다. 중생들은 무명의 상태에서 진리에 어긋나게 살아가는 습관에 길들여있다. 중생들은 주객(主客)을 분별하여 객관을 소유의 대상으로 인식한다. 중생들은 주관과 객관을 개별적 존재로 생각한다. 주관은 객관이 없어도 존재하고, 객관은 주관이 없이도 존재한다고 생각한다. 따라서 중생들은 객관에 대하여 그것이 자신의 존재 유지에 방해가 되면 없애고자 하고 유익하면 어떤 수단

• • • • • • • • • • • • • • •

25_ 대정장 1, pp.486c~487a.

을 써서라도 소유하고자 한다. 그 결과 살생(殺生), 투도(偸盜), 망어(妄語) 등의 악행(惡行)을 저지른다.

주관과 객관은 결코 개별적으로 존재할 수 없다. 눈[眼]이 없으면 색(色)이 있을 수 없고, 색이 없으면 눈이 있을 수 없다. 빛이 없는 곳에서 사는 지렁이나 두더지, 박쥐 등은 눈이 퇴화하여 없다는 것은 이것을 입증한다. 눈과 색은 본다는 행위를 통해 나타난다. 즉, 눈과 색은 본다는 행위의 결과다. 이것이 업보(業報)는 있으나 작자(作者)는 없다는 공(空)의 의미이며, 업보의 세계에서는 주객(主客)이 분리되지 않는다.

계(戒)는 이와 같이 자아와 세계를 삶의 결과로 인식하여 진리에 순응하는 습관을 익히도록 시설된 것이다. 다른 생명은 나의 생명과 서로 의존하여 하나의 삶을 이루는 것이므로 그것은 곧 나의 생명과 다를 바가 없다. 따라서 불살생(不殺生)은 주관과 객관이 본래 둘이 아니라는 진리에 순응하는 삶이며, 우리는 진리에 순응하여 불살생에 길들여져야 한다. 투도(偸盜)나 망어(妄語)도 마찬가지이다. 세계는 본래 하나의 삶이기 때문에 훔칠 것도 없고 속일 것도 없다. 그렇기 때문에 붓다는 진리에 따르는 습관을 익히기 위해서 먼저 그렇게 살아가는 사람들을 존중하고, 그들의 삶의 태도와 방법을 배워야 한다고 한 것이다.

우리가 고락(苦樂)의 감정을 느끼고 마음이 산란해지는 것은 잘못된 습관으로 살아가기 때문이다. 주객을 분별하여 자기 존재를 애착하기 때문에 취착된 자아의 유지에 방해가 되는 것은 괴로움[苦]으로 느끼고, 유익한 것은 즐거움[樂]으로 느끼면서 살아간다. 고락(苦樂)의 감정에 휩싸인 산란한 마음은 진리에 순응하는 습관에 길들여짐으로써 고요한 상태로 안정된다. 이것이 정(定)이다. 마음이 자아를 취착함으로써 생겼던 욕탐으로부터 벗어난 심해탈(心解脫)은 정(定)을 통해서 성취된다.

　　과거에 체험된 표상들을 종합하여 비교하고 추상하여 총괄하는 사유작용, 즉 상(想)은 마음이 정(定)의 상태가 되면 혜(慧)가 되어 과거의 체험들을 통찰하여 그것이 인과적으로 연기하고 있음을 깨닫게 된다.

　　유위(有爲)를 조작하는 행(行)은 상(想)이 무명의 상태에 있을 때 발생한다. 그러나 상(想)이 혜(慧)로 변화하면 행(行)도 변화한다. 무명의 상태에서 허구적으로 유위(有爲)를 조작하여 존재가능성을 추구하는 행(行)은 명(明)의 상태에서 혜(慧)에 의해 파악된 인과율을 토대로 행위가능성을 추구하게 되며, 이것이 해탈신(解脫身)이다. 해탈신(解脫身)은 욕탐을 축으로 존재가능성을 추구하던 의지가 욕탐에서 벗어나 원(願)을 축(軸)으로 행위가능성을 추구하는 의지로 변화된 것이다.

　　행위가능성을 추구하면 우리의 인식에도 변화가 있게 된다. 해탈신을 성취하여 행위가능성을 추구하면, 행(行)에 의해 허구적으로 조작된 유위(有爲)들을 분별하던 식(識)은 유위(有爲)의 허구성을 통찰하여 무아를 깨닫게 된다. 인과적으로 연기하는 현상 속에는 업보만 있을 뿐 작자(作者)는 존재하지 않는다는 사실이 실천을 통해 체험적으로 자각되는 것이다. 이러한 자각은 생사(生死)는 존재자를 허구적으로 조작한 결과 나타난 허위일 뿐이며, 연기(緣起)한 모든 법(法)은 시간적으로나 공간적으로 불가분의 관계로 맺어져 있는 하나의 법계(法界)는 사실의 체험이다. 이와 같은 체험을 바탕으로 행위를 통해 법계와 하나가 되어 살아가는 삶이 여법(如法)한 삶이고, 이와 같은 삶이 생사를 초월한 열반이다.

　　앞에 인용한 「공경경(恭敬經)」에서 진리에 어긋난 습관에서 벗어나 열반을 증득하기까지의 과정을 '공경범행(恭敬梵行) - 구위의법(俱威儀法) - 구학법(俱學法) - 구계신(俱戒身) - 구정신(俱定身) - 구혜신(俱慧身) - 구해탈신(俱解脫身) - 구해탈지견신(俱解脫知見身) - 구열반(俱涅槃)'의 순서로 이야기하는 것은, 지금까지 서술한 바와 같이, 5분법신이 행위하는 현존의 구체적인 삶의 방식이라는 것을 보여 준다.

5분법신은 모두가 해탈신(解脫身)이다. 계(戒)는 색(色)으로부터의 해탈이고, 정(定)은 수(受), 혜(慧)는 상(想), 해탈은 행(行), 해탈지견은 식(識)으로부터의 해탈이다. 5취온으로서의 삶과 5분법신으로서의 삶은 마음[心]이 욕탐과 무명에 결박되어 있느냐, 욕탐에서 벗어나 명(明)의 상태에 있느냐에 의해서 정해진다. 따라서 해탈에는 욕탐에서 벗어난 해탈과 무명에서 벗어난 해탈이 있으며, 욕탐(欲貪)에서 벗어난 해탈이 심해탈(心解脫)이고, 무명(無明)에서 벗어난 해탈이 혜해탈(慧解脫)이다.

계정혜 3학(三學)은 이와 같은 해탈을 얻기 위해 수행해야 할 덕목이다. 해탈하여 열반을 성취한 성자의 삶의 태도를 본받아 이를 실천함으로써[戒] 마음이 욕탐에서 벗어나 심해탈[定]을 성취하게 되며, 욕탐에서 해탈된 마음으로 사유함으로써 무명에서 벗어나 혜해탈[慧]을 성취하게 되는 것이 3학이다. 3학을 실천하여 심해탈(心解脫)과 혜해탈(慧解脫)을 구족하고, 자유롭게 행위가능성을 추구하는 삶이 구해탈(俱解脫)이다. 마음이 욕탐에서 해탈하여 정(定)을 성취하고, 무명에서 해탈하여 지혜롭게 사유할 때 우리는 해탈한 삶을 영위할 수 있기 때문에 해탈의 완성은 구해탈(俱解脫)이다.

5분법신의 정신(定身)은 심해탈(心解脫)을 성취한 삶을 의미하고 혜신(慧身)은 혜해탈(慧解脫)을 성취한 삶이며 해탈신(解脫身)은 구해탈

(俱解脫)을 성취한 삶을 의미한다. 9차제정(九次第定), 8해탈(八解脫) 등은 바로 이러한 내용을 함축하고 있다. 9차제정은 지계(持戒)를 통해 욕탐이 없이 대상을 통찰하는 초선(初禪)에서 무명과 욕탐이 멸진한 멸진정에 이르는 과정을 보여 주며, 이 전 과정은 5온과 5분법신의 구조를 보여 준다. 지각활동에 의해 지각되는 대상[色]에 대하여 그것을 욕탐 없이 지각하는 것이 초선(初禪)이고, 지각을 통해 생긴 표상에서 느끼는 고락(苦樂)의 감정을 멸해가는 과정, 즉 마음이 욕탐에서 해탈하는 과정이 색계(色界)의 4선(四禪)이다. 따라서 4선은 5온의 수(受)를 대상으로 하는 수행이라고 할 수 있다.

공처(空處)에서 비유상비무상처(非有想非無想處)에 이르는 무색계(無色界)의 선정(禪定)은 순수한 사유(思惟)의 영역에서 이루어지는 선정으로서 상(想)을 대상으로 하는 수행이며, 멸진정(滅盡定)은 수(受)와 상(想)이 멸진한 정이므로 모든 유위를 조작하는 행과 그것을 인식하는 식(識)을 대상으로 한다고 할 수 있다. 이와 같이 9차제정(九次第定)은 중생들의 존재방식인 5취온이 선정을 통해 점차 5분법신으로 환원되는 모습을 보여 주며, 8해탈(八解脫)은 이 과정에서 얻어지는 단계적인 해탈이다.

무명의 상태에서 욕탐을 축으로 존재가능성을 추구하는 5취온(五取蘊)은 9차제정을 통해 욕탐과 무명을 멸진함으로써 5분법신으로 환원된다. 따라서 5온을 떠나 5분법신이 따로 있는 것이 아니라, 우리가 지혜를 성취하면 5취온이 곧 5분법신이 된다. 붓다는『잡아함경(750)』과『잡아함경(901)』에서는 이것을 다음과 같이 이야기한다.

모든 선법(善法)은 모두 명(明)을 근본으로 한다.[26]

비유컨대, 세간에서 만들어지는 것은 모두 땅에 의지하여 건립되듯이, 일체의 선법(善法)은 내6입처(內六入處), 외6입처(外六入處), 6촉입처(六觸入處), 5온(五蘊)에 의지하여 건립된다.[27]

이들 경에서 말하는 선법(善法)은 5분법신을 의미한다고 할 수 있다. 그리고 땅이 세간의 바탕이 되듯이 6입처, 5온 등의 중생신(衆生身)이 5분법신(五分法身)의 바탕이 되며, 5분법신은 명(明)을 근본으로 이루어진다는 것이 이들 경의 의미다. 이러한 이해는 대승경전에서도 나타난다. 『대반야경(大般若經)』에서 "반야바라밀다(般若波羅蜜多)를 배워야 모든 중생을 계온(戒蘊), 정온(定蘊), 혜온(慧蘊), 해탈온(解脫蘊), 해탈지견온(解脫知見蘊)에 머물게 할 수 있다."[28]고 하는 것도 5분법신이 지혜[般若: 明]에 의해 여법한 모습으로 환원된 5취온의 실상임을 시사하는 것이라고 할 수 있다.

이와 같이 생사와 열반은 결코 따로 존재하는 것이 아니다. 무명의 상태에서 욕탐을 축으로 살아갈 때 우리 삶은 생사의 괴로움을 겪게 되지만, 심해탈(心解脫)과 혜해탈(慧解脫)을 성취하여 해탈신(解脫身)으로 살아가면, 우리의 삶 그 자체가 열반이다. 그렇기 때문에 『잡아함경

• • • • • • • • • • • • • • •

26_ 若諸善法生 一切皆明爲根本 明集 明生 明起(대정장 2, p.198c).

27_ 譬如世間所作 皆依於地而得建立 如是一切善法 皆依內六入處而得建立(대정장 2, p.225c).

28_ 若菩薩摩訶薩 欲令十方殑伽沙等世界有情 以已威力 諸犯戒者皆住戒蘊諸散亂者皆住定蘊 諸愚癡者皆住慧蘊 未得解脫者皆住解脫蘊 未得解脫知見者皆住解脫知見蘊 應學般若波羅蜜多(대정장 5, p.15c).

(104)』에서 사리불은 열반을 성취한 아라한의 사후에 대하여 사견에 빠져있는 염마카 비구에게 다음과 같이 이야기한다.

> 그때 염마카라는 비구가 악사견(惡邪見)을 일으켜 "내가 부처님의 설법을 이해한 바에 의하면 누진아라한(漏盡阿羅漢)은 몸이 무너져 수명을 마치면 다시는 아무것도 존재하지 않게 된다는 것이다."라고 말했다. 〈중략〉
> 사리불이 다시 물었다.
> "색(色: 五蘊)과는 다른 여래가 따로 있는가?"
> "아닙니다."
> "색 가운데 여래가 있는가?"
> "아닙니다."
> "5온이 없이 여래가 있는가?"
> "아닙니다."
> "이와 같이 염마카여, 여래는 법을 여실하게 보고서 무소득에 여법하게 머물라고 하신 것일 뿐 달리 시설(施設)하신 바가 없다."[29]

이와 같이 생사와 열반, 유위와 무위, 세간과 출세간은 결코 별립(別立)하는 것이 아니다. 멸성제(滅聖諦)도 고성제(苦聖諦)나 집성제(集聖諦)와 떨어져 있는 진리가 아니다. 고성제와 집성제를 여실하게 알아서 여법

29_ (대정장 2, pp.30c-31b).

(如法)하게 살아가면, 그것이 바로 멸성제와 도성제다.

5. 무아(無我)의 세계

지금까지 살펴본 바와 같이, 세계와 자아는 시공을 초월하여 불가분의 관계로 맺어진 하나의 법계이다. 열반은 하나의 법계에서 자아와 세계를 분별하지 않고 여법하게 살아가는 삶을 의미한다. 우리는 이러한 법계에 살고 있다. 한 개인의 행위는 그 개인의 행위로 끝나는 것이 아니라 법계의 변화로 나타난다. 하나의 돌이 수면에 떨어지면 호수의 모든 수면으로 물결이 퍼져나가듯이, 우리의 행위 하나하나는 법계를 새로운 모습으로 변화시킨다. 법계는 우리의 행위, 즉 업을 조건으로 연기하고 있다.

한편 우리의 삶은 법계를 조건으로 연기하고 있다. 불신(不信)으로 연기한 법계에 사는 중생들은 타인을 믿지 못하고, 타인을 믿지 못하는 중생의 업으로 인해 법계는 불신으로 가득 찬 법계가 된다. 이것이 인과이며 이와 같은 인과관계 속에서 법계와 중생은 함께 연기하고 있다. 중생의 업은 법계를 변화시키고, 법계의 변화는 중생을 변화시킨다. 따라서 법계와 중생은 둘이 아니다. 나의 업(業)은 법계라는 보(報)로 나타나고, 법계라는 인(因)은 나의 업(業)을 일으킨다. 무아는 이와 같이 자아(自我)와 법계(法界)가 둘이 아니라는 의미에서, 즉 자타(自他)가 있을 수 없다는 의미에서 '나의 없음'이다.

인과는 불변의 법칙이지만 일률적인 것은 아니다. 사랑이 사랑을 낳고 미움이 미움을 낳는다는 것은 불변의 법칙이지만, 사랑을 미움으로 변화시키고 미움을 사랑으로 변화시키는 법칙도 있다. 인과가 일률적으로 이해되는 것은 인과를 존재 사이의 법칙으로 생각하기 때문이다. 미움이라는 존재가 있어서 그것이 새로운 미움을 만드는 인(因)이라고 한다면, 미움에서 사랑으로의 변화는 불가능하다. 미움이란 갈등하고 있는 상황이다. 즉, 주변의 조건과 함께 연기하고 있는 법이다. 따라서 그 조건들이 무엇인지를 여실하게 알면, 우리는 조건을 변화시킴으로써 미움을 사랑으로 변화시킬 수 있다. 이와 같이 인과율(因果律)은 존재의 법칙이 아니라 업보의 법칙이며 행위의 법칙이다. '업보(業報)만 있고 작자(作者)는 없다.'는 「제일의공경(第一義空經)」의 말씀은 이것을 의미한다. 참된 자아는 존재가 아니라 '행위[自我]와 그 결과[法界]'인 업보(業報)이며, 이것이 공(空)의 의미다.

　　무아(無我)의 세계는 바로 공의 세계다. 공의 세계에는 존재는 없고 행위만 있다. 행위는 무한한 선택의 가능성과 무제약적인 자유 속에서 이루어진다. 인과율에 의해 보장된 행위의 결과에 대하여 원하는 결과에 상응하는 행위를 자유롭게 선택함으로써 원하는 결과를 성취할 수 있다.

　　'행위하는 현존'이 '존재하는 자아'로 전락할 때 우리는 자유를 상실한다. 미운 존재에 대해서는 미워할 수밖에 없고, 사랑스러운 존재에 대해서는 사랑할 수밖에 없다. 그 결과 미움은 더욱 큰 미움으로 발전하고, 사랑은 더욱 큰 사랑으로 발전하며, 미워하는 존재와는 만나는 것 자체가 괴로움이고, 사랑하는 존재와는 떨어져 있는 것 자체가 괴로움이 된다. 존재로의 전락은 자유의 상실과 함께 모든 것이 괴로움으로 귀착되며, 결국은 가장 사랑하는 자신과의 이별을 의미하는 죽음을 피할 수 없게 된다.

가치의 선택에서도 그렇다. 우리는 어떤 존재가 가치 있는 존재인가를 분별하여 그것을 소유함으로써 가치를 실현했다고 믿는다. 그러나 그 가치는 행복을 주는 것이 아니라 괴로움의 원인이 된다. 많은 가치를 소유하고 있다고 믿을수록 행복보다는 걱정과 근심만 커간다. 왜냐하면 그것은 다른 사람도 탐내는 것이라서 상실하게 될 것을 염려하기 때문이다. 그러나 아무리 잘 지켜도 죽음은 모든 가치를 무화(無化)시킨다.

행위하는 현존, 즉 무아(無我)의 자각은 상실된 자유를 회복시킨다. 어떤 사람이 나를 미워하는 것은 내가 미운 존재라서가 아니라 나의 행위가 그로 하여금 미운 행위를 하도록 했기 때문이다. 이러한 사실을 안다면 그 사람을 미워할 것이 아니라 나의 행동을 변화시켜야 한다. 여기에서 자유로운 선택의 길이 열린다. 나를 미워하기 때문에 미워할 수밖에 없는 것이 아니라, 나를 사랑하도록 할 수 있는 수많은 행위가능성 가운데서 지혜롭게 많은 선택을 할 수가 있다.

이와 같이 공의 세계, 무아의 세계에서 가치는 행위의 선택을 통해 창조하는 것이지, 기존의 가치를 소유하는 것이 아니다. 미워하는 사람을 사랑함으로써 그 사람과 사랑을 나눌 수 있다면, 그것이 가치 있는 일이다. 가치는 창조하는 것이기 때문에 자신의 노력에 따라 얼마든지 많은 가치를 창조할 수 있으며, 많은 가치를 창조할수록 그만큼 행복해진다. 그리고 소유하고 있는 존재가 없기 때문에 걱정이 있을 수 없다.

이와 같은 공의 세계에서는 이 세상의 모든 것이 평등하게 인식된다. 미운 사람, 고운 사람이 따로 없다. 나의 행위에 따라 미운 사람도 되고 고운 사람도 될 뿐이다. 실로 이 세계의 모든 것은 실체가 없는 공

(空)이며, 공(空)이기 때문에 우리는 자유롭게 가치를 창조할 수 있다.

연기하는 법계(法界)는 실상(實相)이 공(空)하여 자유로운 가치 선택의 장이 되고 있다는 자각을 통해 자유롭게 행위를 선택하는 것이 해탈(解脫)이다. 해탈의 경지에서 본다면 생사는 '행위하는 현존(現存)'이 '존재하는 자아(自我)'로 전락한 상태에서 인식하는 한갓 허위일 뿐, 행위하는 자아는 법계와 함께 시공을 초월해 연기하고 있음을 깨닫게 된다. 이것이 해탈지견(解脫知見)이다. 해탈지견에서 보면 이 세상은 상주하는 법계(法界)이며, 적정(寂靜)한 열반(涅槃)이다. 자타의 분별이 없어서 투쟁이 없고, 투쟁이 없으므로 언제나 평화롭다.

이것이 무아의 세계이다. 무한한 자유로 절대 평등한 법계에서 원대로 가치를 창조하고, 누구와도 평화롭게 공존하는 세계가 열반이다. 그리고 원을 축으로 가치 있는 행위를 지혜롭게 선택하면서 자비심으로 행위가능성을 선택하는 5분법신이 우리가 성취해야 할 무아(無我)이며 진아(眞我)다.

1. 經論

- 長阿含經 22권   대정장 1
- 中阿含經 60권   대정장 1
- 雜阿含經 50권   대정장 2
- 增一阿含經 51권   대정장 2
- 別譯雜阿含經 16권   대정장 2
- 起世經 10권   대정장 1
- 佛說信佛功德經 1권   대정장 1
- 大般若波羅蜜多經 600권   대정장 5, 6, 7
- 金剛般若波羅蜜經 1권   대정장 8
- 維摩詰所說經 3권   대정장 14
- 大般涅槃經 40권   대정장 12
- 四分律 60권   대정장 22
- 阿毘達磨俱舍論 30권, 世親 造, 玄奘 譯,   대정장 30
- 中論 4권, 龍樹 造, 鳩摩羅什 譯,   대정장 30
- 大智度論 100권, 龍樹 造, 鳩摩羅什 譯,   대정장 25
- 顯揚聖教論 20권, 無着 造, 玄奘 譯,   대정장 31
- 大乘阿毘達磨雜集論 16권, 安慧 造, 玄奘 譯,   대정장 31
- 吉藏, 法華義疏   대정장 34
- 窺基, 妙法蓮華經玄贊   대정장 34
- 澄觀, 大方廣佛華嚴經疏   대정장 35
- 智顗, 維摩經玄疏   대정장 38
- Nagarjuna, *Mulamadhyamakakarika*, ed. and tr. Kenneth K. Inada Tokyo:
      The Hokuseido Press, 1970.

2. PALI NIKAYA

- Dīgha Nikāya, ed. T.W.Rhys Davids and J.E.Carpenter, 3, Vols., London;
  PTS, 1890-1911.
    tr, T.W. and C.A.F.Rhys Davids, Dialogues of the Buddha, 3 Vols.,
    London; PTS, 1899-1921.
- Majjhima Nikāya, ed. V.Trenckner and R.Chalmers, 3 Vols.,London; PTS,
  1887-1901.
    tr. I.B.Homer, Middle Length Sayings, 3 Vols., London; PTS, 1954-
    1959.
- Samyutta Nikāya, ed. L.Feer, 6 Vols., London; PTS, 1884-1904.
    tr. C.A.F.Rhys Davids and F.L.Woodward, The Book of the Kindered
    Sayings, 5 Vols., London; PTS, 1917-1930.
- Aṅguttara Nikāya, ed. R.Moris and E.Hardy, 5 Vols., London; PTS, 1885-
  1900.
    tr. F.L.Woodward and E.M.Hare, The Book of the Gradual Sayngs, 5,
    Vols., London; PTS, 1932-1936.

3. 著述

● 佛敎學 關係

- 金東華 , 『原始佛敎思想』, 서울; 보련각, 1988.
  _____, 『佛敎倫理學』, 서울; 문조사, 1971.
  _____, 『俱舍學』, 서울; 文潮社, 1971.
- 이중표 , 『정선 디가니까야』, 광주; 전남대학교출판부, 2014.
  _____, 『정선 맛지마니까야(상)』, 광주; 전남대학교출판부, 2016.
  _____, 『정선 맛지마니까야(하)』, 광주; 전남대학교출판부, 2016.
- 和辻哲郎, 『原始佛敎の實踐哲學』, 東京;岩波書店, 昭和 15.
- 木村泰賢, 『原始佛敎思想論』, 東京; 大法輪閣, 昭和 43.
- 舟橋一哉, 『原始佛敎思想の硏究』, 京都; 法藏館, 昭和 27.
- 山本啓量, 『原始佛敎の哲學』, 東京; 山喜房佛書林, 昭和 48.
- 水野弘元, 『原始佛敎』, 京都; 平樂寺書店, 1956.

- 三枝充悳, 『初期佛教の思想』, 東京; 東洋哲學研究所, 1978.
- 安井廣濟, 『中觀思想の研究』, 京都; 法藏官, 1961.
- 宇井伯壽, 『佛教思想研究』, 東京; 岩波書店, 昭和 18.
  _____, 『印度哲學研究』第2卷, 東京; 岩波書店, 昭和 40.
- 上野順瑛, 『無我輪廻の倫理的構造』, 京都; 平樂寺書店, 1967.
- 赤沼智善, 漢 巴四部四阿含互照錄, 名古屋; 破塵閣書房, 昭和 4.
- D.J.Kalupahana, *Buddhist Philosophy*, Honolulu; The University Press of Ha-
  waii, 1975.

  _____, Causality: *The Central Philosophy of Buddhism*, Honolulu; The
  University Press of Hawaii, 1975.

  _____, *The Philosophy of the Middle Way*, New York; State University
  of New York Press, 1986.
- Th. Stcherbatsky and Jaideva Singh, *The Conception of Buddhist Nirvana*,
  Delhi; Motiral Banarsidass, 1977.
- T.R.V.Murti, *The Central Philosophy of Buddhism*, London; George Allen and
  Unwin Ltd, 1970.
- E.Conze, *Buddhist Thought in India*, Michigan; The University of Michigan
  Press, 1967.

● **인도철학 관계**

- 吉熙星 ,   인도철학사, 서울; 민음사, 1984.
- 元義範 ,   『인도철학사상』, 서울; 집문당, 1980.
- 鄭炳朝 ,   『인도철학사상사』, 서울; 경서원, 1980.
- 鄭泰爀 ,   『인도철학』, 서울; 학연사, 1988.
  _____,   『인도종교철학사』, 서울; 김영사, 1985.
- 朴錫一 譯, 『우파니샤드』, 서울; 정음사, 1978.
- M.Hiriyanna, *The Essentials of Indian Philosophy*, London; George Allen
  and Unwin Ltd., 1974.
- S. Radhakrishnan and Ch.A.Moore, *A Sourcebook in Indian Philosophy*,
  Princeton; Princeton University Press, 1973.
- S.Dasgupta, *A History of Indian Philosophy*, 5 Vols., London; Cambridge
  University Press, 1969.

● 일반철학서

- 金俊燮,『논리학』, 서울; 정음사, 1979.
- 金泰吉,『윤리학』, 서울; 박영사, 1979.
- 李廷玟, 李秉根, 李明賢 편,『언어과학이란 무엇인가』, 서울; 문학과지성사, 1977.
- 韓國現象學會 편,『현상학이란 무엇인가』, 서울; 심설당, 1987.
- 韓端錫,『헤겔철학사상의 이해』, 서울; 한길사, 1981.
- 헤겔,『철학강요』, 서동익 역, 서울; 을유문화사, 1975.
- I.M.보헨스키,『현대철학』, 한전숙 역, 서울; 정음사, 1974.
- 요한네스 헤센,『인식론』, 이강조 역, 서울; 서광사, 1986.
- D.W.햄린,『인식론』, 이병욱 역, 서울; 서광사, 1987.
- 에드문드 훗설,『현상학의 이념, 엄밀한 학으로서의 철학』, 이영호, 이종훈 역, 서울; 서광사, 1988.
- I.Kant, *Kritik der Reinen Vemunft*, Hamburg; Felix Meiner Verlag, 1971.
- E.Husserl, *Die Krisis der europaischen Wissenschaften und die transzendentale Phanomenologie*, Hamburg; Felix Meiner Verlag, 1969.
- M.Heidegger, *Sein und Zeit*, Tubingen; Max Niemeyer Verlag, 1972.

4. 論文

- 高翊晋,「阿含法相의 체계성연구」, 동국대학교 석사학위청구논문, 1971.
　　　　,「반야심경에 나타난 연기론적 교설에 대하여」, 동국사상 제4집, 1968.
　　　　,「아함의 무아윤회설」, 동국사상 제6집, 1971.
- 權奇悰,「Paramita의 성립에 대한 고찰」, 동국사상 제4집, 1968.
- 金仁德,「中論의 중요사상과 논리형식」, 불교학보 제19집, 1982.
- 元義範,「붓다의 변증적 破棄法」, 불교학보 제11집, 1974.
- 李仲杓,「無記의 의미에 대한 고찰」, 한국불교학 제11집, 1986.
　　　　,「十二處說考」, 한국불교학 제13집, 1988.
　　　　,「아함경에 대한 새로운 이해」, 동국사상, 1989.
- 蘇光熙,「현상학적 자아론」, 한국현상학회 편『현상학이란 무엇인가』, 1987.
- 孫鳳鎬,「생활세계」, 　　　　.
- 申龜鉉,「현상학적 환원과 그 철학적 의의」, 　　　　.

- 申午鉉, 「현상학과 실존철학」, _____.
- 尹明老, 「훗설에 있어서 현상학의 구상과 지향적 함축」, _____.
- 車仁錫, 「현상학에 있어서의 지향성과 구성」, _____.
- 韓荃淑, 「현상학에 있어서의 선험성의 문제」, _____.

● 述語의 개념을 분석하는 데 참고한 사전

- M.Williams, *Sanskrit-English Dictionary*, London : Oxford University Press, 1982.
- T.W.Rhys Davids and W.Stede, *The Pali Text Society's Pali-English Dictionary*, London : Routledge and Kegan Paul Lte., 1979.

붓다의 철학

중도, 그 핵심과 사상체계

© 이중표, 2018

2018년 8월 27일 초판 1쇄 발행
2025년 1월 7일 초판 4쇄 발행

지은이 이중표
발행인 박상근(至弘) • 편집인 류지호 • 편집이사 양동민
편집 김재호, 양민호, 김소영, 최호승, 하다해, 정유리 • 디자인 쿠담디자인
제작 김명환 • 마케팅 김대현, 이선호, 류지수 • 관리 윤정안
콘텐츠국 유권준, 김대우, 김희준
펴낸 곳 불광출판사 (03169) 서울시 종로구 사직로10길 17 인왕빌딩 301호
　　　대표전화 02) 420-3200 편집부 02) 420-3300 팩시밀리 02) 420-3400
　　　출판등록 제300-2009-130호(1979. 10. 10.)

ISBN 978-89-7479-443-9 (93220)

값 29,000원

- **정선 디가 니까야**
  『디가 니까야』 가운데 가장 핵심적인
  12개의 경을 선정하여
  번역하고 주석과 해설을 덧붙였다.
  불교 교리의 정수를 담았다.
  이중표 역해 | 532쪽 | 28,000원

- **정선 맛지마 니까야**
  『맛지마 니까야』 가운데 가장 핵심적인
  70개의 경을 선정하여 번역하고 주석과
  해설을 덧붙였다. 37조도품과 9차제정 등
  불교 수행의 모든 과정을 담았다.
  이중표 역해 | 888쪽 | 39,000원

- **정선 쌍윳따 니까야**
  『쌍윳따 니까야』 2,889개의 경 가운데
  500여 개의 경을 선정하여
  번역하고 주석과 해설을 덧붙였다.
  온(蘊)·처(處)·계(界)·연기의
  교학과 37도품의 수행 체계를
  핵심 주제로 설명한다.
  이중표 역해 | 788쪽 | 39,000원

- **니까야로 읽는 반야심경**
  『반야심경』의 '반야'와 '공(空)' 사상의
  원류를 초기경전 『니까야』에서
  찾아 분석하였다. 『니까야』를 통해
  『반야심경』의 탄생 배경과 사용된
  용어들의 진의를 알 수 있다.
  이중표 역해 | 272쪽 | 23,000원

- **니까야로 읽는 금강경**
  산스크리트어, 빨리어, 한문 원전의
  꼼꼼한 해석을 바탕으로
  『금강경』 속 언어의 모순, 관념, 보살,
  깨달음, 자비, 지혜를 하나의 흐름으로
  파악할 수 있도록 하였다.
  『금강경』이 설하는 언어의 세계와
  보살의 길을 바르게 이해하는
  방법을 제시한다.
  이중표 역해 | 400쪽 | 28,000원

- **불교란 무엇인가**
  초기불교와 대승불교를 아우르는
  세밀한 구성과 신앙적 측면까지 고려해
  저술된 불교개론서이다. 현대인들이
  느끼는 불교에 관한 궁금증에 답해주고,
  불교를 이해하는 데 도움을 주는
  최고의 '불교 안내서'이다.
  이중표 지음 | 358쪽 | 18,000원

- **붓다가 깨달은 연기법**
  붓다가 깨달은 진리가 '연기법'이라는
  사실에는 이론의 여지가 없다. 붓다가
  어떻게 연기법의 사유를 할 수 있었고, 이
  를 통해 4성제라는 진리에 도달할 수 있었
  는지 구체적인 방법을 알려준다.
  이중표 지음 | 384쪽 | 20,000원

- **근본불교**
  『아함경』과 『니까야』를 통해 중도·연기
  열반 등의 핵심 교리를 왜곡 없이
  붓다의 원음으로 통찰하고, 중관·유식
  화엄 등의 대표적인 대승 사상이
  근본불교와 같은 맥락임을 밝혔다.
  이중표 지음 | 294쪽 | 17,000원

- **붓다의 연기법과 인공지능**
  『아함경』과 『니까야』를 통해 중도
  연기·열반 등의 핵심 교리를 왜곡 없이
  붓다의 원음으로 통찰하고, 중관
  유식·화엄 등의 대표적인 대승 사상이
  근본불교와 같은 맥락임을 밝혔다.
  조애너 메이시 지음 | 이중표 옮김 | 432쪽 | 22,000원

- **불교와 양자역학**
  양자역학과 공(空) 사상은 '무아'로
  일치한다는 공통점을 과학적 근거와
  세밀한 불교 교리로 녹여 하나로 융합
  시켰다. 과학과 종교의 지식이 지혜로
  변화하고, 그 지혜는 자비와 사랑으로
  귀결할 수밖에 없음을 보여준다.
  빅 맨스필드 지음 | 이중표 옮김 | 312쪽 | 20,000원